▶ 交通运输类“十三五”创新教材
▶ 中华人民共和国内河船舶船员适任考试培训教材

船舶辅机

中国海事服务中心组织编审
主编 ◎ 刘德宽 赵峰 彭秋平

大连海事大学出版社

图书在版编目(CIP)数据

船舶辅机 / 刘德宽,赵峰,彭秋平主编. — 大连：大连海事大学出版社, 2020.12(2024.3 重印)
中华人民共和国内河船舶船员适任考试培训教材
ISBN 978-7-5632-4039-5

Ⅰ. ①船…　Ⅱ. ①刘… ②赵… ③彭…　Ⅲ. ①船舶辅机—技术培训—教材　Ⅳ. ①U664.5

中国版本图书馆 CIP 数据核字(2020)第 243132 号

大连海事大学出版社出版

地址:大连市黄浦路523号　邮编:116026　电话:0411-84729665(营销部)　84729480(总编室)

http://press.dlmu.edu.cn　E-mail:dmupress@dlmu.edu.cn

大连日升彩色印刷有限公司印装　　大连海事大学出版社发行

2020 年 12 月第 1 版　　2024 年 3 月第 4 次印刷

幅面尺寸:184 mm×260 mm　　印张:19.25　　字数:468 千

出版人:刘明凯

责任编辑:张　冰　　责任校对:宋彩霞

封面设计:解瑶瑶　　版式设计:解瑶瑶

ISBN 978-7-5632-4039-5　　定价:54.00 元

前 言

根据《内河船舶船员适任培训和考试大纲(2019 版)》,中国海事服务中心组织在内河船舶运输领域有着丰富教学和培训经验的专家在2016 年培训教材的基础上重新编写了“中华人民共和国内河船舶船员适任考试培训教材”,并组织实践经验丰富的海事管理机构专家和船公司的指导船长、轮机长对教材进行了审定。

在本套教材编写前,中国海事服务中心组织参编专家对内河船舶运输现状进行了广泛的调研和深入的讨论,确保教材内容符合船上实际,反映最新航运技术和与航运相关的最新法律、法规、规范与标准,并在表达方式上通俗易懂,符合内河船舶船员业务学习和技能培训的需要。

本系列教材分驾驶专业和轮机专业两类:驾驶专业包括《船舶操纵》《船舶值班与避碰》《船舶引航》《船舶管理(驾驶专业一类)》《船舶操纵与引航(二、三类)》《船舶管理(驾驶专业二、三类)》;轮机专业包括《主推进动力装置》《船舶辅机》《船舶电气设备》《船舶管理(轮机专业一类)》《船舶机械设备操作与管理(二、三类)》《船舶电气设备操作与管理(二、三类)》《船舶管理(轮机专业二、三类)》。

《船舶辅机》由重庆交通大学刘德宽、江苏海事职业技术学院赵峰、广西交通职业技术学院彭秋平主编,南通航运职业技术学院江元河、江苏海事职业技术学院惠节参编。全书由刘德宽负责统稿,大连海事大学宋立国、中国海事服务中心陈佳主审。

《船舶辅机》全书内容共分十四章。第一章为船用泵操作与管理,第二章为船舶管系操作与管理,第三章为活塞式空气压缩机操作与管理,第四章为舵机操作与管理,第五章为锚缆机械操作与管理,第六章为辅助起货机操作与管理,第七章为分油机操作与管理,第八章为船舶锅炉操作与管理,第九章为制冷装置操作与管理,第十章为空调装置操作与管理,第十一章为含油污水处理装置操作与管理,第十二章为生活污水处理装置操作与管理,第十三章为船舶固废垃圾处理,第十四章为机舱辅助设备检修。本书适用于内河船舶轮机专业船员适任考试培训,也可供航运企业内部培训使用,还可作为大、中专院校内河船舶轮机专业或同类专业的教学参考书。

在教材编写过程中得到了各海事机构、航运院校、船员培训机构、航运企业等相关单位的关心和大力支持，特致谢意！由于时间仓促，书中难免存在错误和疏漏，欢迎广大读者和专家批评指正。

中国海事服务中心

2020 年 7 月

扫码学习《深入学习贯彻党的二十大精神　加快建设交通强国　当好中国式现代化开路先锋》

目　录

第一章
船用泵操作与管理

泵是用来输送流体或提高流体机械能的设备。泵是船上类型最多、数量最多、应用最广的机械设备，凡是需要移位的流体均是由泵来进行输送的。本章主要介绍泵的基本概念，介绍各种泵的理论知识。

第一节 船用泵的分类与性能

一、船用泵的分类

泵的种类繁多，为了便于管理和应用，在此将船用泵按用途和工作原理进行分类，需重点掌握按工作原理的分类方法。

1. 按泵在船上的用途分

按在船上的用途，泵可分为：

(1)船舶动力装置用泵，如燃油泵、润滑油泵、锅炉给水泵等。

(2)船舶通用泵，如舱底水泵、压载水泵、消防泵等。

(3)特殊船用泵，如货油泵、洗舱泵、泥浆泵等。

2. 按泵的工作原理分

按工作原理，泵可分为：

（1）容积式泵——依靠工作部件的运动或转动，使泵内容积空间周期性变化而实现吸、排液体的泵。根据工作部件是移动或转动，容积式泵可分为往复式泵和回转式泵。往复式泵包括往复泵和柱塞泵。回转式泵包括齿轮泵、叶片泵、螺杆泵等。

（2）叶轮式泵——靠叶轮带动液体高速回转从而把机械能传递给所输送液体的泵。根据泵的结构特点，可分为离心泵、漩涡泵和轴流泵等。

（3）喷射泵——利用工作流体产生的高速射流引射所输送流体的泵。根据工作液体的不同，包括水喷射泵、蒸汽喷射器和空气喷射器等。

二、泵的性能参数

为了表明泵的性能优劣、流量的大小、压头的高低、吸入性能的好坏，便于进行比较和选用，在泵的铭牌和说明书上通常给出泵的各种性能参数。

1. 流量

流量是指泵在单位时间内所输送液体的数量。其包括体积流量 Q 和质量流量 G，其关系为 $G = Q\rho$。流量单位有 m^3/h、L/min。泵铭牌上标注的流量为额定体积流量。

2. 扬程

扬程又称压头或排出压力，是指泵传递给单位重量液体的能量，或单位重量液体通过泵后所获得的机械能。常用符号“H”表示，单位用液柱高度“m”表示。

扬程又可以理解为泵能克服管路系统的阻力，吸、排液面的压差，以及排送几何高度的能力。泵的工作扬程可用下式进行估算：

$$H = \frac{p_d - p_s}{\rho g} \tag{1-1}$$

式中：p_d——泵的排出压力表读数，Pa；

p_s——泵的吸入压力表读数，Pa；

ρ——液体密度，kg/m^3；

g——重力加速度，9.8 m/s^2。

应当指出，容积式泵铭牌上标注的往往为额定排出压力，它是指按照实验标准泵连续工作所允许的最高排出压力。容积式泵工作时的实际排出压力是不断变化的，且不允许超过额定排出压力。压力和扬程可按下式进行换算：

$$H = \frac{p}{\rho g} \tag{1-2}$$

由式（1-2）可知，1 MPa ≈ 100 m 水柱高度，即 1 MPa 的压力能将液体压送至约 100 m 高度。

3. 功率

泵的功率有输出功率和输入功率之分。

（1）输出功率（有效功率）——泵排出的液体在单位时间内实际获得的能量，用 P_e 表示，单位常用 W 或 kW。泵的输出功率可用下式计算：

$$P_e = \rho g Q H \approx (p_d - p_s)Q \approx p_d Q \tag{1-3}$$

式中：Q ——泵的体积流量，m^3/s；

H ——泵的工作压头，m。

(2)输入功率(又称轴功率)——泵轴在单位时间内所得到的能量，用 P 表示。在泵铭牌上标注的功率是额定工况下的轴功率。

4. 效率(总效率)

效率是指泵的输出功率与输入功率之比值，用 η 表示。即：

$$\eta = P_e / P \tag{1-4}$$

在实际工作中，泵不可避免地会产生各种能量损失，不可能将轴功率全部转变为有效功率，因此有效功率总是小于轴功率。可见，效率是表明泵在工作时经济性好坏或能量损失大小的参数，其值越大，经济性越好。泵的能量损失包括以下几方面：

(1)容积损失——因液体漏泄、液体中含气体等造成的流量损失，用容积效率 η_v(实际流量与理论流量之比)表示。

(2)水力损失——液体在泵内流动因摩擦、撞击、漩涡等造成的损失，用水力效率 η_h(实际扬程与理论扬程之比)表示。

(3)机械损失——运动部件与运动部件和液体间的摩擦所造成的能量损失，用机械效率 η_m(水力功率与轴功率之比)表示。

5. 转速

转速是指泵轴每分钟回转次数，用 n 表示，单位是 r/min。

6. 允许吸上真空高度 $[H_S]$

允许吸上真空高度是指泵在不发生汽蚀的前提下，泵进口处能达到的最大真空度，用水柱高度来表示，单位为 m。

允许吸上真空高度是表明泵吸入性能好坏的重要指标，铭牌上所标注的允许吸上真空高度是通过试验得到的，一般为 2.5~7.0 m。

7. 汽蚀余量

为了保证泵不产生汽蚀，泵吸入口处单位质量液体所具有的能头(压力水头和速度水头)相对于汽化压力能所富余的能量，称为“汽蚀余量”，用 Δh 表示。

三、泵的正常工作条件

泵的正常工作条件包括泵正常吸入的条件和正常排出的条件两方面。

1. 泵正常吸入的条件

要使泵能正常输送液体，就必须保证泵能正常吸入液体，要保证泵能正常吸入液体就必须满足以下两个条件：

(1)在泵内必须形成足够大的真空度或足够低的吸入压力 p_s，以便于液体能顺利地被吸入。

(2)必须保证泵内的最低吸入压力(p_{smin})大于被输送液体在输送温度下所对应的饱和汽化压力(p_v)，即 $p_{smin} > p_v$，以避免液体汽化而产生“汽蚀”现象。

影响泵吸入压力的主要因素有以下几方面：

(1)吸入液面的压力。在其他条件一定的条件下,吸入液面压力越低,泵的吸入压力也就越低,其吸入性能越差,泵越容易发生"气穴"。

(2)吸入高度。吸入高度是指泵在液面之上距离吸入液面的垂直距离。泵的吸入高度越高,泵越不容易吸入液体即吸入压力就越低。当吸入液面上作用的是标准大气压时,大多数泵的允许吸入高度一般为 5~6 m。

对于吸入条件很差的泵(如热水泵、凝水泵等),应将其装于吸入液面之下,以提高泵的吸入性能,避免"气穴"发生。泵吸入口低于吸入液面的垂直距离称为注流高度或负吸高。

(3)泵的流量。在其他条件一定的情况下,泵的流量越大,吸入压力越低,吸入性能越差,泵越容易发生"气穴"。

(4)液体温度。输送液体温度越高,其汽化压力值越大,泵输送过程中越容易发生"气穴"。为避免泵"气穴"的发生,应尽可能降低输送液体的温度。

(5)吸入管路阻力。如其他条件不变,吸入管路的阻力越大,吸入压力越低,泵越容易发生"气穴"。管路的阻力与泵的流量大小、管径粗细、泵阀开度、吸入管路的弯曲情况、滤器是否脏堵、液体的温度高低等因素均有关。

2. 泵正常排出的条件

(1)泵必须能产生足够高的排出压力,以克服排出液面的压力、排吸液面的高度差和排出管路的阻力。

(2)容积式泵的工作压力不允许超过额定工作压力;叶轮式泵的扬程不超过关闭扬程,但尽可能接近额定工作扬程。

第二节 离心泵

离心泵属于叶轮式泵的一种,它依靠叶轮的高速回转将能量传递给液体,使液体能量提高,从而实现液体的输送。离心泵结构简单、重量较轻、造价低廉、规格齐全,故使用广泛。

一、离心泵的基本结构和工作原理

离心泵的型式很多,按泵轴的布置方式分为立式离心泵、卧式离心泵;按液体进入叶轮的方式分为单吸式离心泵、双吸式离心泵;按叶轮的数目分为单级离心泵、多级离心泵;按泵壳结合面方式分为轴向分裂式离心泵、径向分裂式离心泵。下面以卧式单级离心泵为例说明其结构和工作原理。

1. 离心泵的基本结构

如图 1-1 所示,离心泵主要由泵壳 3、叶轮 1、叶片 2、泵轴 6、泵盖和轴封等部件构成。叶轮装于泵轴的一端,靠键传动并用螺母压紧在泵轴上,泵轴的另一端伸出泵壳与原动机相连。在泵轴伸出泵盖处设有轴封装置,以控制泵的漏泄,泵轴由电机传动并带动叶轮高速回转。

(1)叶轮。叶轮是将原动机的机械能传递给被输送液体的传递部件,对泵的工作性能有决定性影响。如图 1-2 所示,叶轮按有无盖板分为闭式叶轮、半开式叶轮和开式叶轮;按叶片

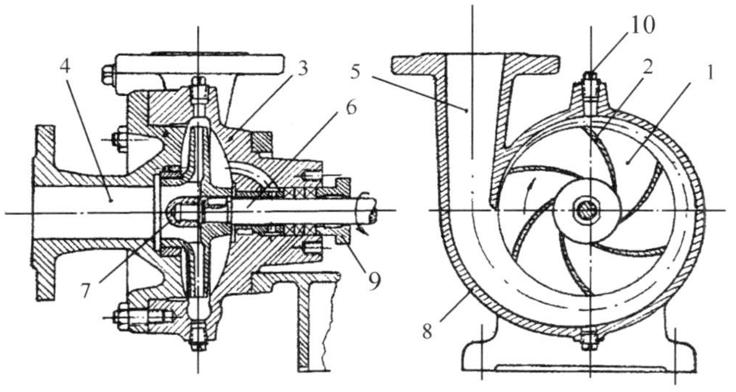

图 1-1　离心泵的基本结构图

1—叶轮;2—叶片;3—泵壳;4—吸入接管;5—扩压管;6—泵轴;7—固定螺帽;8—蜗室;9—填料压盖;10—放气旋塞

的出口角不同分为前弯叶片、后弯叶片和径向叶片;按泵吸入方式不同分为单吸式离心泵和双吸式离心泵。由于闭式叶轮效率高,后弯叶片产生的总压头中静压头所占的比例大。所以,在内河船舶上,绝大多数的离心泵均采用单吸、后弯叶片的闭式叶轮。

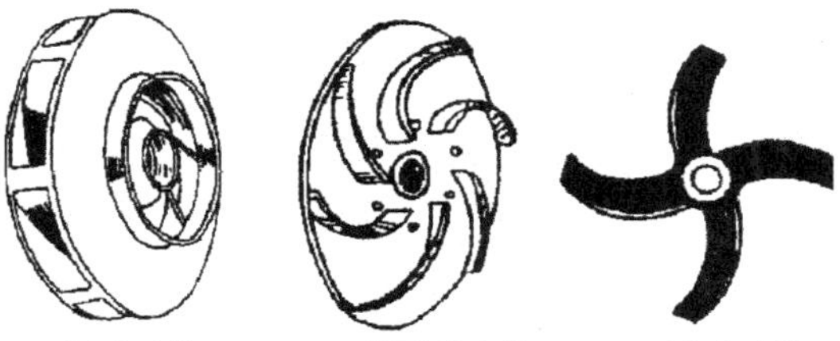

(a) 闭式叶轮　(b) 半开式叶轮　(c) 开式叶轮

图 1-2　离心泵叶轮

(2)泵壳。离心泵的泵壳常用铸铁、钢或青铜制造。其作用是将从叶轮甩出的液体收集起来,在流经扩压管时将动能转换为压力能。单级离心泵均采用蜗壳式泵壳;多级离心泵一般均采用导轮式泵壳。

(3)阻漏环。阻漏环一般设置在泵壳或泵盖与叶轮进口之间,其目的是控制叶轮进口处的径向间隙,减小泵内液体漏回吸入口的数量,以提高泵的容积效率。

如图 1-3 所示,阻漏环的基本型式有平环式[见图 1-3(a)与(b)]和曲径式[见图 1-3(c)]两种。装在泵体上的为静环,装在叶轮上的为动环。动、静环可成对设置;若只设置一个环,通常设为静环。平环式阻漏效果稍差,但结构简单,制造与安装工艺要求不高;曲径式阻漏效果较好,但制造与安装工艺要求较高。所以,一般多采用平环,曲环仅用于压头较高的离心泵中。

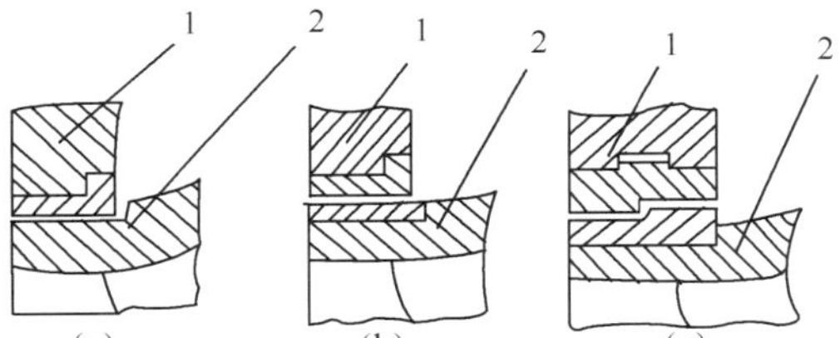

(a)　(b)　(c)

图 1-3　阻漏环

1—泵壳;2—叶轮

阻漏环的径向间隙会因磨损而增大,故工作中应注意检查与测量。当径向间隙超过规定值时,则应修理或更换。

(4)填料轴封。在泵轴穿出端盖处设置轴封装置,以阻止泵内液体的外漏和空气渗入泵内。填料密封是离心泵中最常用的一种轴封装置,在内河船舶上使用的离心泵,基本上均采用填料密封。

如图1-4所示,在填料函6中装有多根软填料3,填料通过压盖4用螺栓压紧并调节,允许有少量滴漏。填料函内加装了一个青铜制的水封环2(有的填料轴封未装)。水封环由断面呈“H”形的两半圆环组成,内径约大于泵轴直径。泵工作时,少量排出液体经水封管或泵壳内的流道引入水封环内,然后沿轴向两侧的填料渗出,形成良好的水封。水封的作用是防止空气从轴封处进入泵内,也可冷却和润滑泵轴。安装水封环时,应注意水封环一定要对准泵体上的引水孔,以免失去水封作用或泵轴烧坏。

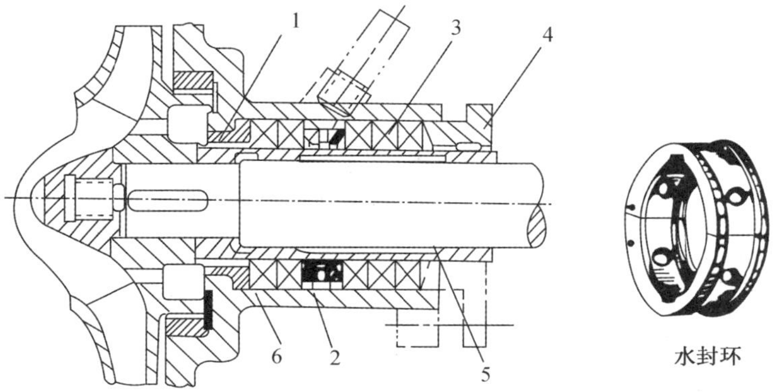

图1-4　带水封环的填料轴封

1—填料内盖;2—水封环;3—填料;4—填料压盖;5—轴套;6—填料函

(5)机械轴封。如图1-5所示,在泵轴伸出端盖处设静环2,静环通过静环密封圈1实现与端盖间的密封,并借助防转销钉8定位于端盖上;动环3与泵轴的密封是靠动环密封圈4实现的,以控制泵内液体沿泵轴向外漏泄;弹簧座6由固定螺钉7固定在泵轴上,动环靠弹簧5的张力紧压在静环端面上,并使动、静环磨损后间隙能得到自动补偿。

机械轴封装置有四个密封面:

①动环与静环间的动密封面。它是机械式轴封装置中最重要的密封面,借助于动环、静环精密配合和合适的弹簧张力,从而形成了良好的动密封。

②动环密封圈紧箍于轴上构成的静密封面,要求动环密封圈箍紧于轴上的力要合适。

③动环密封圈与动环之间构成的静密封面。

④静环密封圈与泵壳之间构成的静密封面。

机械密封与填料密封相比,机械轴封密封性能好,漏泄量少,使用寿命长,摩擦损失的功率小。但制造和安装工艺复杂,价格昂贵,含固体杂质的液体不宜使用。

2. 离心泵的工作原理

如图1-1所示,在吸入接管和泵内充满液体时,叶轮在原动机的带动下高速回转,叶轮中的液体受叶片的推压,随叶轮一起回转,液体受离心力作用,自叶轮中心向外甩出,其流速得以很大提高,并由泵壳收集起来,在流经扩压管时,将绝大部分动能转变为压力能而排出。与此

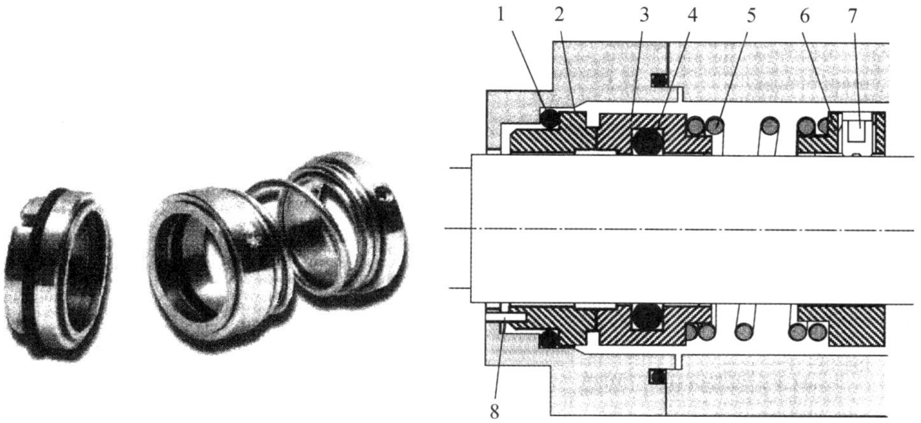

图 1-5 机械轴封的结构和原理图

1—静环密封圈；2—静环；3—动环；4—动环密封圈；5—弹簧；6—弹簧座；7—固定螺钉；8—防转销钉

同时，叶轮中心由于液体甩出而形成真空，吸入口的液体就源源不断地进入叶轮内，进入的液体获得能量又被甩出。由此可见，只要泵不停地运转，液体就能连续不断地被吸入和排出，实现液体的连续输送。

由离心泵压头方程可知，离心泵产生的压头除主要取决于叶轮的直径和转速外，还与叶片出口安装角有关。为获得较高的压头，除增大离心泵叶轮外径和转速外，还可采用后弯叶片的叶轮，所以在管理中，应防止泵反转或双吸叶轮前、后方向装反。

离心泵的压头仅与液体在叶轮中的运动速度有关，而与被输送液体的性质无关。当泵用于输送空气时，由于空气的密度很小，所获得的能量也很少，此能量不足以克服管路阻力将空气排出泵外，即离心泵空泵起动时，没有将泵内空气排出泵外的能力，泵内不能形成足够大的真空而吸入，即无自吸能力。

3. 离心泵轴向力的产生与平衡

离心泵叶轮两侧，在吸入口以外两侧压力相等，吸入口与对应部分是高压，存在压差，就产生了将叶轮推向吸入侧的一个力，即轴向力。此力的大小正比于泵的工作压头和叶轮吸入口面积，为了避免叶轮受轴向力而造成叶轮与泵壳碰撞与摩擦，就必须平衡轴向力，其平衡有以下几种方法。

（1）采用止推轴承。利用推力轴承来承受不平衡的轴向推力。此法适用于单级、小型离心泵。

（2）采用双吸叶轮。对于大型离心泵，采用双吸叶轮，让液体从叶轮的两侧进入，使叶轮两侧的液体压力自然平衡，轴向力自动平衡。此法适用于低压头大流量的离心泵。

（3）采用叶轮对称布置。如图 1-6 所示，根据双吸叶轮能自动平衡轴向力的原理，对于多级离心泵，可将叶轮两两一组，对称地安装在泵轴上，这样泵轴的受力将自然平衡。应特别注意的是离心泵的级数必须为偶数。

（4）采用平衡环-平衡孔（管）。如图 1-7 所示，在叶轮的后盖板上加工一圆环或装一个直径与叶轮吸入口直径相同的平衡环 2；在平衡环以内的后盖板上钻有几个小孔，即平衡孔 1，平衡环用以阻止叶轮背面的液体进入其内，平衡孔 1（或平衡管 3）用以把平衡环内腔室的液体

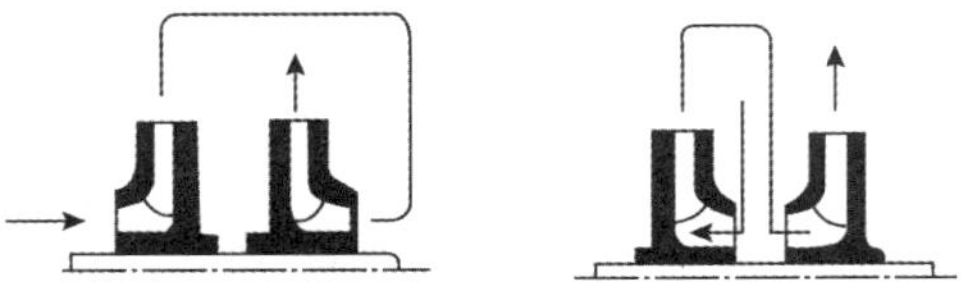

图 1-6　叶轮对称布置

引至叶轮吸入口，以平衡轴向力。图 1-7(a)所示为平衡环-平衡孔式，此法比较简单，但有一部分液体经平衡孔直接流回叶轮吸入口，使容积效率降低(一般降低 3%~6%)，并使泵的吸入性能恶化。图 1-7(b)所示为平衡环-平衡管式，此法结构比较复杂，虽然容积效率同样降低，但不影响吸入性能。此种方法适用于单级、小型离心泵，在内河船舶上的离心泵广泛采用。

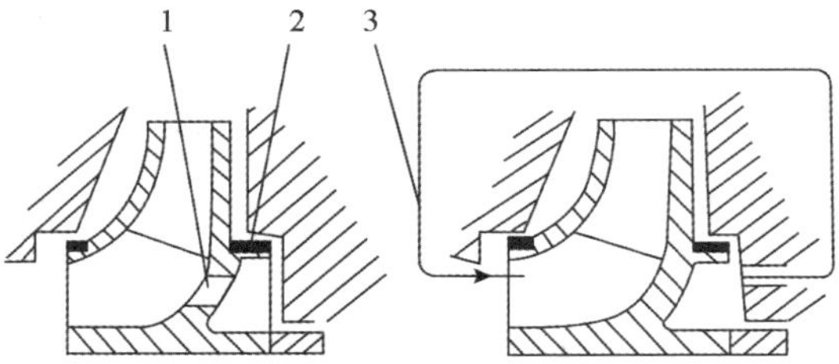

(a)平衡环-平衡孔式　(b)平衡环-平衡管式

图 1-7　带平衡环-平衡孔(管)的结构

1—平衡孔；2—平衡环；3—平衡管

(5)采用液力自动平衡装置。此装置适用于多级离心泵轴向推力的平衡，由于内河船舶上多级离心泵使用较少，故在此不做介绍。

二、离心泵的特性曲线

在转速一定时，表征泵压头、轴功率、效率、允许吸上真空高度与流量之间的关系曲线，称为定速特性曲线。离心泵的特性曲线是通过实验得到的。如图 1-8 所示，下面对定速特性曲线做定性分析：

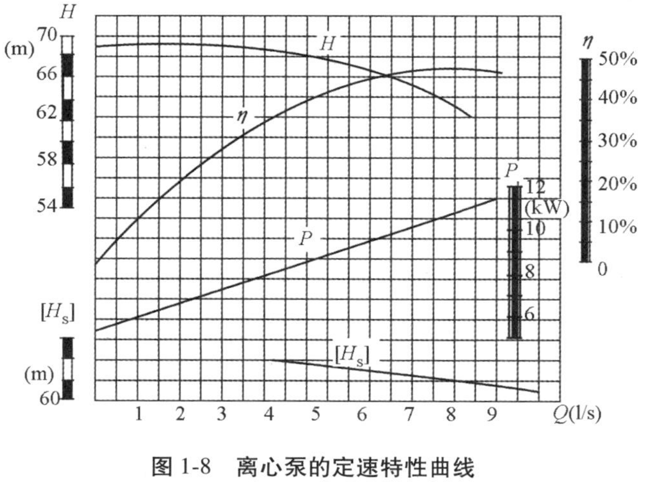

图 1-8　离心泵的定速特性曲线

(1)由扬程与流量($H-Q$)曲线可知，压头随流量的增大而降低，当泵的流量为“0”时(排出阀关闭),离心泵的压头最大,此压头称为离心泵的封闭压头。封闭压头比额定压头略大一些,但大不了多少,即使短时间将排出阀关闭运行,泵也不会过载。因此,在离心泵排出端不需要设置安全阀。

(2)由功率与流量($P-Q$)曲线可知,泵的轴功率随流量的增大而增加。当流量为“0”时,离心泵的轴功率最小(一般为额定功率的35%~50%)。由此可知,为了减小离心泵的起动负荷,将排出阀关闭起动离心泵,即离心泵“封闭”起动。但泵“封闭”运行的时间不能太长,否则液体获得的能量将转化为热能,导致泵过热,发生碰擦甚至咬死现象。

在此应当指出的是容积式泵决不允许采用“封闭”起动。

(3)由效率与流量($\eta-Q$)曲线可知,离心泵在额定转速下有一个最高效率点,在$H-Q$曲线上与其相应的点称为最佳工况点。一般最佳工况点就是设计的额定工况,此工况下的性能参数定为额定参数。显然,从经济的角度出发,应尽量使泵运行在最佳工况点上。

一般把比最高效率低5%~7%的区间定为泵的适宜工况区。显然,$\eta-Q$曲线上效率最高点的左右愈平缓,泵的适宜工况区就愈宽。

三、离心泵的工况调节

离心泵的特性曲线和管路特性曲线的交点称为工况点,通过改变工况点就可以得到离心泵不同流量和压头的方法,称为“工况调节”。工况调节既可用改变泵的特性的方法来实现,也可用改变管路特性的方法来实现。船用泵常用的工况调节方法有以下几种:

1. 节流调节法

通过改变排出阀的开度,改变泵运行工况,从而得到不同流量和压头的方法,称为节流调节法。

节流调节法简便易行,被广泛采用,但经济性较差。关小吸入阀开度也能调节流量,但会造成吸入压力降低,泵的吸入性能恶化,严重时会发生“汽蚀”,故不宜采用。

2. 回流(或旁通)调节法

回流(或旁通)调节法是指改变旁通阀的开度,使部分液体经旁通阀回流,以改变供入主管路的流量来调节流量。回流调节的范围较广,但经济性很差。

3. 变速调节法

当泵的转速升高或降低时,泵的压头特性曲线会平行地上移或下移,使泵的工况点沿管路特性曲线上移或下移,从而使泵的流量增大或减小。变速调节能在较大范围内改变泵的流量,并保持较高的效率,但因泵一般为交流电动机驱动,转速难以调节,故它的使用受限。

四、离心泵的并、串联工作

1. 离心泵的并联工作

当一台泵的流量无法满足系统需要时,可将两台或多台泵进行并联工作,以满足系统对流量的要求。

如图1-9所示,具有压头H_1、H_2特性的两台不同规格泵,当单独向管路R供水时,流量分

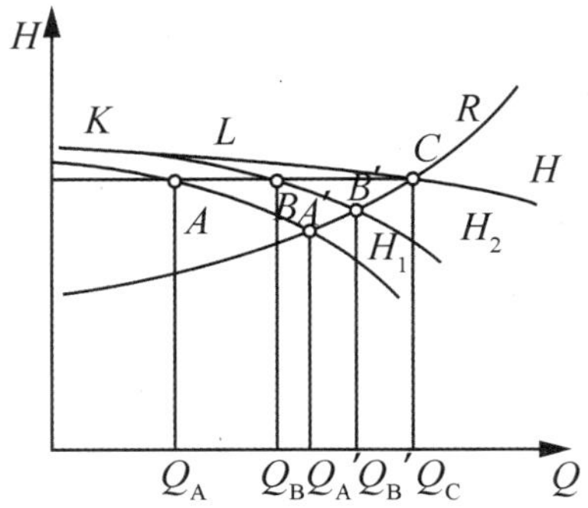

图 1-9　离心泵并联工作

别为 Q'_A、Q'_B。当两台泵并联工作时，可按“压头相等，流量累加”的原则做出并联后的压头特性曲线 H，此时工况点移到 C 点，相应的流量也就改变为 Q_C，且 $Q_C < (Q'_A + Q'_B)$。这是由于并联工作时，系统中的流量增大，流阻增高，而使泵在较高的压头下工作，因此，泵的实际流量也就相应减少。

必须指出，并联工作时泵的封闭压头均高于管路的静压头，因此泵最好是同型号或压头相近，以防止发生压头较低的泵无法排液或液体倒灌。

2. 离心泵的串联工作

当一台泵的压头无法满足管路系统的需要时，可将两台或多台泵进行串联工作，以满足对压头的要求。

如图 1-10 所示，串联工作特性曲线 H 可按“流量相等，压头累加”的原则做出。串联后的工况点为 C，$H_C = H_A + H_B$，$Q_C = Q_A + Q_B$。

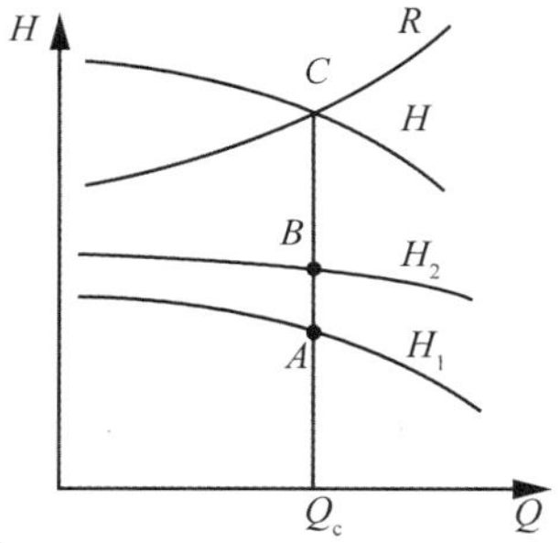

图 1-10　离心泵串联工作

串联工作时，各泵的特性不一定要相同，但其额定流量应相近，否则有的泵将不能在高效率区工作。串联在后面的泵吸、排压力都比单独工作时高，应注意密封性和强度是否满足要求。

五、离心泵的汽蚀现象

1. 泵的汽蚀现象

在吸入过程中，泵进口处的吸入压力高于或接近液体在输送温度下的饱和蒸发压力 p_V 时，在泵内叶片根部附近的液体压力可能已经达到或低于了汽化 p_V，液体就会发生汽化，溶解于液体中的气体也会逸出，会产生大量的气泡，此现象称为“气穴”。“气穴”发生在泵内压力最低的地方，即在叶轮的叶片根部。

当气泡随液体流动，进入压力较高区域（叶轮外缘的叶片、盖板、蜗壳和导轮等处）时，由于蒸汽的迅速凝结，气体重新溶于水中，气泡在周围压力的作用下破裂，产生局部的高真空，周围的液体质点以极高的速度冲向真空中心，造成非常大的冲击与振动。若这些气泡正好处于叶轮外缘叶片、盖板、蜗壳、导轮等处的壁面上，液体质点就会以极高的速度冲击和打击此处的金属表面，此现象称为“水击”。“水击”发生在泵内压力较高的地方，一般是在叶轮出口的叶片、盖板或泵壳处发生。

如图 1-11 所示，在工作中，泵长期发生“气穴”，叶轮外缘的叶片、盖板、蜗壳、导轮等就会长期受到“水击”作用而发生疲劳；另外，由液体中逸出的氧气等借助气泡凝结时的放热，也会对金属起化学腐蚀作用。泵长期在“水击”和化学腐蚀的作用下，其结果是造成叶轮外缘的叶片、盖板、蜗壳、导轮等处发生疲劳破坏，造成腐蚀麻点、金属疲劳脱落、蜂窝状甚至穿孔等破坏。这种由“气穴”加“水击”而造成泵零件材料破坏的现象，称为“汽蚀”现象。

在船上最容易发生“汽蚀”现象的离心泵主要有以下几种：

（1）输送液体温度较高的泵，如锅炉给水泵、热水循环泵等。

（2）吸入液面真空度较大的泵，如海水淡化装置中的凝水泵等。

（3）工作过程中吸高会显著变化的泵，如液货泵等。

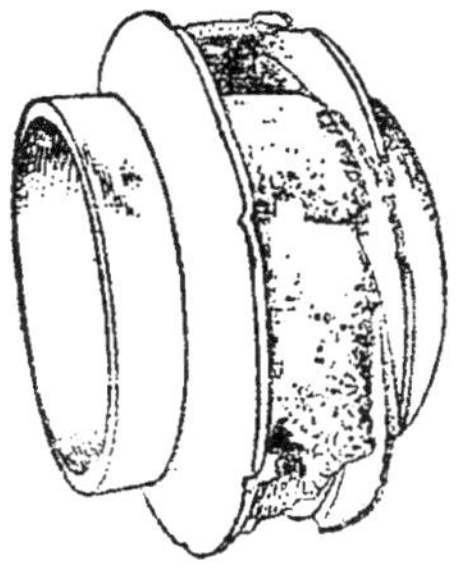

图 1-11　叶轮的“汽蚀”现象

2. 泵发生“汽蚀”的危害

离心泵在设计不合理、安装不符合要求、维护管理不当的情况下，均容易发生“汽蚀”现象。特别是在维护管理中，由于轮机人员的疏忽，很容易造成泵在工作中发生“汽蚀”，从而对泵的工作造成危害，产生不利的影响。具体危害主要包括以下几方面：

（1）产生疲劳破坏。如果泵长期发生“汽蚀”现象，会造成叶轮外缘的叶片、盖板、蜗壳、导轮等处产生腐蚀麻点、疲劳脱落、穿孔或蜂窝状的破坏。

（2）引起振动、噪声。发生“汽蚀”会造成泵内局部、瞬时高压，引起频率为 600～25 000 Hz 的噪声和振动。

（3）降低压头、流量和效率。发生“气穴”的过程中，由于产生了大量的气泡，泵的吸入减少，叶轮传给液体的能量减小。所以，发生“汽蚀”现象后，泵的流量、压头和效率均会降低。

（4）附加化学腐蚀。水中逸出的氧气等借助蒸汽凝结时的放热，也会对金属产生化学腐蚀。

3. 泵的“汽蚀”余量

实践证明，当泵吸入口处的压力即吸入压力 p_S 大于被输送液体的饱和蒸汽压力 p_V 时，泵已经产生“汽蚀”现象。这是因为泵吸入口处不是泵内压力最低的地方，液体自泵吸入口流至叶轮进口还存在能量损失，使叶轮进口靠近前盖板的压力最低处的压力 p_b 等于或小于 p_V 而发生“汽蚀”现象。由于 p_b 无法测得，我们仅能测得泵吸入口处的压力 p_S 和流速 V_s，为了保证泵不产生“汽蚀”，泵吸入口处单位质量液体所具有的压力能和速度能相对于汽化压力能需有富余能量，该富余能量称为“汽蚀余量”，用 Δh 表示。即：

$$\Delta h = \frac{p_s}{\rho g} + \frac{v_s^2}{2g} - \frac{p_V}{\rho g} \quad (m) \tag{1-5}$$

式中：v_s ——泵吸入口的平均流速，m/s；

p_V ——饱和蒸汽压力，Pa。

泵工作时，吸入口处液体实际所具有的“汽蚀”余量，称为有效“汽蚀”余量，用 Δh_a 表示。

当泵刚好发生“汽蚀”时，泵吸入口处的“汽蚀”余量称为最小“汽蚀”余量，用 Δh_{min} 表示，并由试验测出。为了保证泵不发生“汽蚀”，对于输送清水的离心泵，通常把最小“汽蚀”余量 Δh_{min} 加 0.3 m 液柱的安全量作为必需“汽蚀”余量，用 Δh_r 表示，即：

$$\Delta h_r = \Delta h_{min} + 0.3 \quad (m) \tag{1-6}$$

必需“汽蚀”余量 Δh_r 由泵进口部分的几何形状和流量决定，与装置的吸入条件无关。Δh_r 越小表明泵的吸入性能越好。必需“汽蚀”余量 Δh_r 和允许吸上真空高度 $[H_s]$ 都是用来衡量泵抗“汽蚀”性能的参数，只是表示方法不同。必需“汽蚀”余量 Δh_r 与泵所输送的液体温度和作用于吸入液面上的压力无关。目前，离心泵大多标注必需“汽蚀”余量 Δh_r。

4. 减免泵发生“汽蚀”的措施

（1）从维护管理方面减免泵发生“汽蚀”的措施

①减小吸入管路的阻力 h_W。开足吸入阀，定期清洗吸入滤网，减少吸入管路的弯头（尽可能避免直角转弯）和阀件，尽可能采用大直径的吸入管，尽可能缩短吸入管的长度。

②减小泵的流量。减小泵的流量，实际上就是降低了液体在吸入管路中的流速，使其在吸入管路中的速度水头 $v_s^2/2g$ 和阻力损失 h_W 下降，提高了液体实际具有的“汽蚀”余量，避免“汽蚀”的发生。在实际工作中，如遇到离心泵发生“汽蚀”，采取关小排出截止阀的开度来降低泵流量的方法，就可以消除泵的“汽蚀”。

③降低泵的安装高度 H_g。泵的安装高度即吸水高度，在同等条件下，泵的安装高度越低，液体在泵吸入口处所具有的有效“汽蚀”余量就越多，越能保证液体进入泵后，到达压力最低处所具有的能量大于输送温度下的饱和蒸汽压力值，这样就不会发生“气穴”。为了泵不发生“汽蚀”，必须保证 $H_g \leq [H_g]$（允许几何安装高度）。

④降低输送液体的温度。降低输送液体的温度实际就是降低了输送液体的饱和蒸汽压力 p_V，p_V 越小，不发生“汽蚀”的条件就越容易满足即 $p_s > p_V$。当然降低输送液体的温度是有条件的，不是什么地方均能实现。但是，在船上对有的离心泵降低输送液体的温度是可行的。如锅炉给水泵、热水循环泵等，当这些泵在工作中发生“汽蚀”时，就可以采取降低输送热水的温度，来避免“汽蚀”的发生。

(2)从设计制造方面减少“汽蚀”发生的措施

①改进泵和叶轮入口处的形状和粗糙度,以降低液体在泵内流动时的阻力损失。

②叶轮前加装导轮。

③加大叶轮进口直径或采用双吸叶轮。

④采用铜合金或不锈钢材料来制造叶轮。

六、离心泵的自吸装置

离心泵没有自吸能力,为实现离心泵的自吸,船上常在需要自吸的离心泵上加装自吸装置。自吸装置可为手动控制或自动控制,自动控制的应用较多,不经常使用或使用时间较短的离心泵可手动控制。空气喷射器和水环泵是常用的两种离心泵自吸装置。

1. 离心泵的水环泵自吸装置

水环泵有单作用和双作用两种,主要用作真空泵来排送气体,可作为离心泵的自吸泵。如图 1-12 所示为单作用水环泵。在泵体 3 内部的圆环形空间内,偏心地装有带若干前弯叶片的开式叶轮 1(小型泵采用径向叶片),叶轮两侧紧贴着侧盖 2。在与泵体连成一体的侧盖上靠近叶轮轮毂处有较大的吸入口 4 和较小的排出口 5,分别与吸入管和排出管相通。

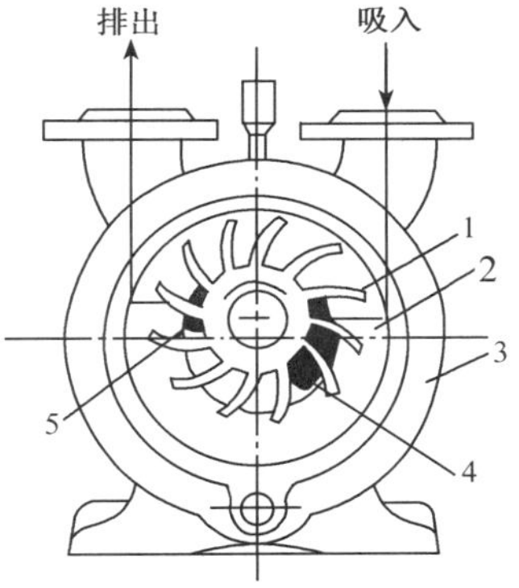

图 1-12 单作用水环泵

1—叶轮;2—侧盖;3—泵体;4—吸入口;5—排出口

工作前,泵内须充满工作水。当叶轮带动水一起旋转时,形成紧贴泵体内壁的水环。于是,在水环内表面、叶轮轮毂表面及两面侧盖之间形成月牙形工作空间,该空间被叶轮的叶片分隔成若干互不相通且容积不等的空间。空间按图示箭头方向转过右半周时,容积不断增大,吸入管中的气体通过吸入口 4 不断吸入。而当空间转过左半周时,容积又不断减小,使其中气体被压缩压力升高,气体最终从排出口 5 排出。水环泵工作中,工作水会因汽化、漏泄和排气携水等原因而不断减少,为此,需连续向泵内补水,以保证水环泵的正常工作,同时也使部分工作水随气体不断排出而得以更换,限制泵的温升。

图 1-13 示出了水环泵作为离心泵自吸装置的工作原理。电动机 4 在驱动离心泵 1 的同时,还通过摩擦离合器 5 驱动水环式真空泵 6。装满水的气液分离柜 3 通过下部补水管向水环泵预充工作水。工作前,打开截止止回阀 2。起动离心泵,水环泵也同时运转,将离心泵及其吸入管路中的空气经水环泵吸气管路抽走,排往气液分离柜。在分离柜中气、液分离,空气经

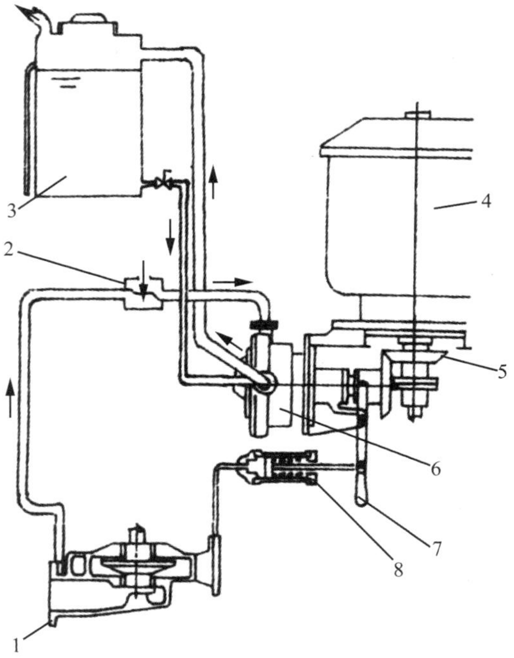

图 1-13　水环泵作为离心泵的自吸装置

1—离心泵；2—截止止回阀；3—气液分离柜；4—电动机；
5—摩擦离合器；6—水环式真空泵；7—控制杆；8—液压缸

逸气管逸出，而分出来的水则落入柜中，再经下部补水管向水环泵连续补水。一段时间后，离心泵吸入管中的气体全部被抽走，水即进入离心泵。当离心泵自吸成功并建立起相应的排出压力后，排压克服液压缸 8 中的弹簧力而推动活塞，使摩擦离合器脱开，水环泵即停止运转。此时，水环泵吸、排管内的压力恢复为大气压力，截止止回阀 2 在重力的作用下自动关闭，使水环泵与离心泵隔离。松开控制杆 7 与液压缸中活塞杆的连接插销，可手动操纵控制杆来控制离心泵。

离心泵的水环泵自吸装置在使离心泵完成自吸以前离心泵处于干转状态，因而离心泵不允许使用机械轴封和以水润滑的轴承。

2. 离心泵的空气喷射器自吸装置

如图 1-14 示出了空气喷射器作为离心泵自吸装置的工作原理。将控制箱 5 上的选择开关置于 AUT(自动)位置，按下起动按钮起动离心泵，因泵尚未建立排压，压力继电器 4 的常闭触头闭合，电磁阀 1 开启，压力为 0.5~0.7 MPa 的压缩空气通过该阀，一路去打开常闭式气动阀 3，另一路作为工作液体进入空气喷射器，开始抽吸离心泵及其吸入管中的气体。在按下起动按钮的同时，控制电路中的时间继电器也开始计时。

当计时时间到达时间继电器的设定值后，其常开触头闭合，控制电路使主电路接通，离心泵起动运转。此时，若离心泵自吸已成功，泵即会建立起排出压力，使压力继电器 4 的常闭触头断开，电磁阀 1 关闭，空气喷射器停止工作，泵进入正常运转。运转中如因吸入过多气体使排压降低而使压力继电器 4 常闭触头闭合，空气喷射器 2 又会自动重新投入工作，抽吸离心泵中的气体。

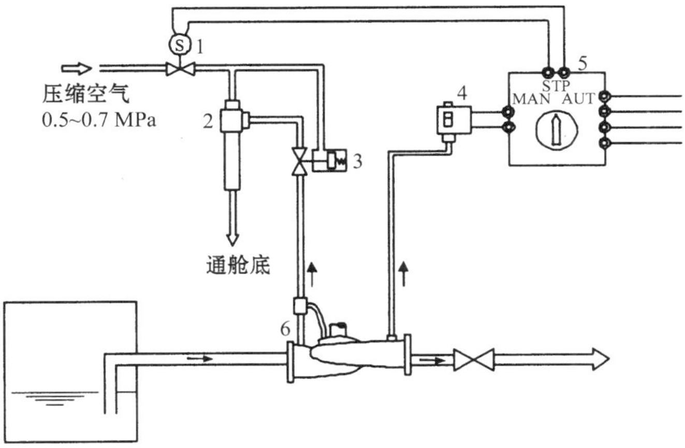

图 1-14 作为离心泵自吸装置的空气喷射器

1—电磁阀;2—空气喷射器;3—气动阀;4—压力继电器;5—控制箱;6—离心泵

这种自吸装置靠 0.5~0.7 MPa 的压缩空气为离心泵抽气引水,结构简单可靠,离心泵可延时起动。但延时时间需根据泵的实际状况在 0~180 s 内准确调节,正确的调节是使延时时间较短,但不能短于自吸所需时间,避免自吸成功前起动泵而造成干转。另外,可通过将选择开关置于“MAN(手动起动)”和“STP(关闭)”位置,手动控制空气喷射器 2 的工作。

七、离心泵的运行管理

1. 仪表监视

仪表监视主要是监视吸入真空表、排出压力表、电流表等仪表的读数是否正常、稳定。

2. 声响监听

声响监听是指注意监听泵在运行中,有无异常振动、机械敲击声等。

3. 润滑监视

润滑监视是指检查润滑油量是否符合要求,轴承室液位一般在视液镜 1/2 高度左右;检查轴承的润滑油温是否正常,轴承工作温度不宜超过 70 ℃。

4. 轴封监视

对于机械轴封装置,允许微量漏泄,要求轴封不应发热;对于填料轴封,要求有一定的漏泄,一般以“一滴一滴”地漏泄为宜,不允许漏泄成线。

八、离心泵的操作

1. 离心泵的起动前检查与起动操作

(1)外部检查。检查泵周围有无妨碍其运转的杂物,如有则加以清除;检查机座及所有连接部件,如有松动则加以紧固。

(2)润滑检查。检查轴承室的油位是否在观察镜 1/2 高度左右,若油量不足则加油;油脂润滑的离心泵加足油脂。

(3)灵活性检查。新安装或经检修后的离心泵,第一次起动前,必须用手盘动联轴器,检查泵转动是否灵活,有无卡阻、轴线失中等情况。

(4)转向检查。对新安装或经过检修的泵,在第一次起动前,必须检查其转向是否正确。其方法是采用"点动"进行检查,所谓"点动"是指按下控制箱上的"起动"按钮后,立即按下"停止"按钮使泵停转,观察泵在停止前的转向是否与泵要求的转向一致,若转向不一致,可将电机的三根接线中的其中任意两根交换连接即可。

(5)引水排空。由于离心泵没有自吸能力,所以起动前就需要将吸入管路和泵内的空气驱除干净并充满水。具体做法是,先将泵壳顶部的空气旋塞拧下,从排出管路灌水,驱除吸入管路和泵内空气,直至从放气孔流出不带气泡的水为止,然后旋上并拧紧空气旋塞即可。在船上,离心泵一般不需要引水,若是需要自吸的离心泵,一般均设有自吸装置或真空箱进行自吸。

(6)封闭起动。为了减少泵的起动负荷和对电网的冲击,离心泵起动时需要采用"封闭起动"。所谓"封闭起动"是指开足吸入阀,关闭排出阀,起动离心泵的方式。

(7)起动泵。当泵起动前的检查工作完成后,按下起动按钮,泵就运转起动了。此时要仔细观察转速表、吸入真空表、排出压力表读数是否正常,并注意聆听运转有无异响。

(8)开阀供水。当泵的转速和排出压力正常后,可慢慢开启排出阀供水。应避免泵长时间"封闭"运行,泵封闭运行的时间一般不超过 2 min。

2. 离心泵的停止操作

(1)卸载。停止离心泵前,先关闭排出阀,以减小停泵时的负荷。

(2)停泵。按下控制箱上的"停止"按钮,停止泵的运转。

(3)关阀。待泵完全停止后,关闭吸入阀及其他管路上的相关阀件。

(4)维护。离心泵停转后,若发现离心泵在运行中有异常情况应予以消除,根据天气状况或停用时间长短,决定是否放掉泵内存水以防冻结,做好停泵后的清洁工作等。

九、离心泵的常见故障分析与处理

离心泵的常见故障分析与处理见表 1-1。

表 1-1 离心泵常见故障与处理

故障现象	故障原因	排除方法
1. 泵起动后不出水	①未引水、引水装置失灵或底阀漏水	检查引水装置和底阀并引水
	②吸入端漏气严重	消除漏气
	③吸入管露出液面	加接吸入管或提高吸入液面
	④吸高太大	降低吸高
	⑤吸入管流阻太大	清洗滤器,开足吸入阀
	⑥吸、排阀未开或底阀锈死	打开吸、排阀或检修底阀
	⑦吸液温度过高	降低水温
	⑧叶轮松脱、淤塞或损坏	检查或更换叶轮
	⑨转速太低或反转	检查泵或电源

续表

故障现象	故障原因	排除方法
2. 流量不足	①转速不足	检查泵或电源
	②阻漏环磨损严重	修理或更换阻漏环
	③吸入管或轴封漏气	消除漏气
	④吸入液面低以致吸入部分液体	提高吸入液面
	⑤吸、排阀未开足	开足吸、排阀
	⑥发生了“汽蚀”现象	提高吸入压力
3. 填料轴封漏泄严重	①填料轴封处间隙过大	压紧填料压盖
	②填料失效	更换填料
	③轴封处产生裂痕	修理或更换
	④轴弯曲或轴线不正	校直或更换泵轴，校正轴线
4. 工作时产生噪声和振动	①地脚螺栓松动	上紧地脚螺栓
	②联轴器对中不良或轴线不正	校正轴线
	③轴承磨损或损坏	更换轴承
	④泵轴弯曲	校直或更换
	⑤泵内有杂物	清除杂物
	⑥发生“汽蚀”	提高吸入压力

第三节 往复泵

一、往复泵的基本结构和工作原理

1. 往复泵的基本结构

往复泵是容积式泵的一种，它是靠活塞的往复运动，泵缸容积发生周期性变化来实现吸、排液体的泵。如图 1-15 所示，往复泵的主要部件包括活塞 2、泵缸 1、吸入阀 3、排出阀 4、活塞杆、传动装置、密封装置等，并由活塞 2、泵缸 1、吸入阀 3 和排出阀 4 构成了往复泵内的工作容积。

2. 往复泵的工作原理

如图 1-15 所示，活塞杆在原动机或人力的作用下，当活塞从左边止点位置往右边止点运动时，泵缸容积增大，排出阀 4 关闭，吸入阀 3 开启吸入液体，直至活塞到达右边止点位置。当活塞从右边止点位置往左边止点运动时，泵缸容积减小，压力升高，迫使吸入阀关闭，排出阀打

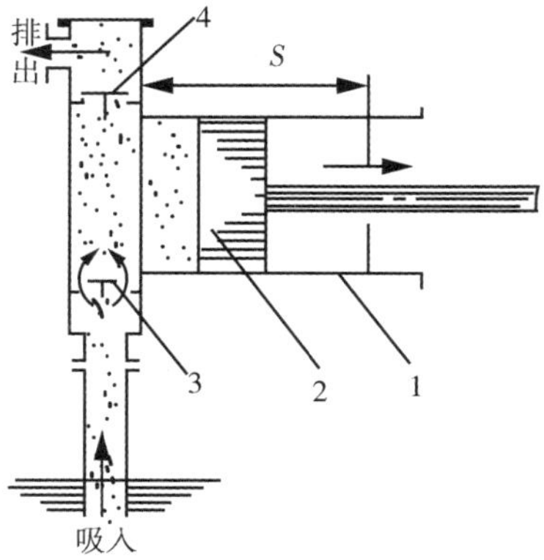

图 1-15　往复泵工作原理图

1—泵缸；2—活塞；3—吸入阀；4—排出阀

开而排出液体，直至活塞到达左边止点位置。因此，只要活塞不断地做往复运动，液体就能不断地被吸入和排出，从而实现液体连续地输送。

往复泵的流量是随时间在不断变化的、是不均匀的，往复泵流量的不均匀可采用多作用泵和在泵的排出口安装空气室进行改善。

二、往复泵的容积效率和作用数

1. 往复泵的容积效率

由于往复泵内受各种间隙、惯性、气体等因素的影响，实际流量总是小于理论流量。实际流量与理论流量之比值称为容积效率，影响其值的因素主要包括以下几方面。

（1）漏泄的影响。泵的外漏包括活塞杆填料、管路接头、泵盖与缸体接合面之间等处的漏泄；泵的内漏包括吸、排阀关闭不严，活塞与缸套间隙等处的漏泄。

（2）运动部件惯性的影响。由于受惯性的影响，阀的动作迟滞，吸、排阀不能即时开启和关闭而造成液体的流失。

（3）气体的影响。由于吸入压力较低，溶解在液体中的气体逸出，甚至液体本身汽化而产生气体；从吸入管路和填料等处漏入气体。

（4）液体黏度和泵本身结构的影响。

2. 往复泵的作用数

作用数是指泵轴每回转一周所吸、排液体的次数。往复泵作用数常有一至四作用，其中三作用往复泵的流量最为均匀。

（1）单作用往复泵——往复泵的泵轴每回转一周，往复泵吸、排液体各一次的泵。如图 1-16 所示，这种泵只有一个工作空间，吸入与排出过程是交替进行的，所

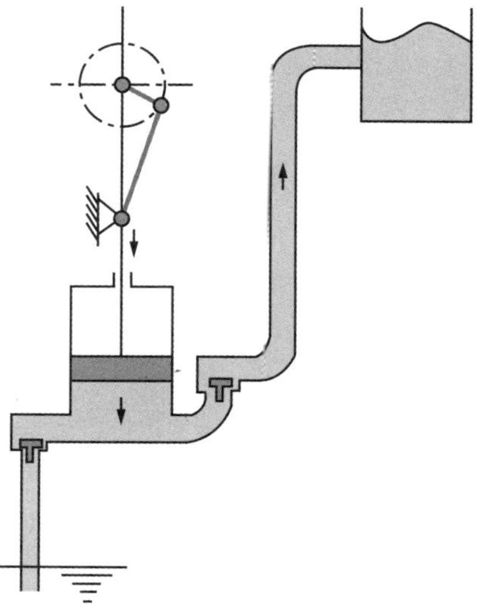

图 1-16　往复泵的单作用图

以它的流量是断续且最不均匀的。

（2）双作用往复泵——往复泵的泵轴每回转一周，泵吸、排液体各两次的泵。如图 1-17 所示，这种泵有两个工作空间，吸、排液体在各自的空间进行，流量比相同尺寸的单作用泵几乎大一倍，且流量要均匀得多。

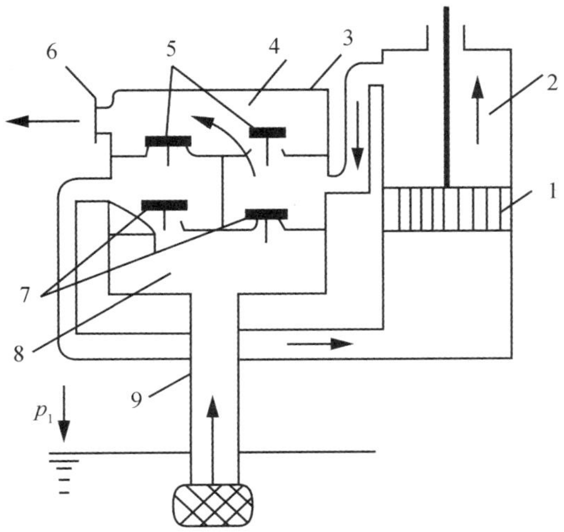

图 1-17 往复泵的双用图

1—活塞；2—泵缸；3—阀箱；4—吸入腔；5—排出阀；6—排出口；7—吸入阀；8—吸入腔；9—吸入管

（3）三作用往复泵——往复泵的泵轴每回转一周，泵吸、排液体各三次的泵。如图 1-18 所示，三作用往复泵往往是一根曲轴上有三个曲柄，每一个曲柄各带一个单作用缸。

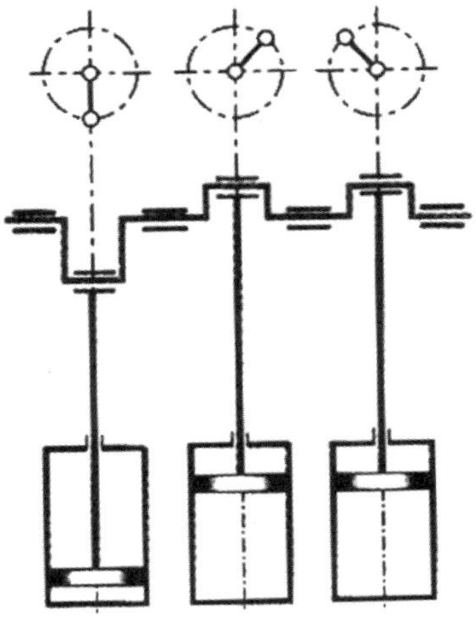

图 1-18 往复泵的三作用图

（4）多作用泵——往复泵的泵轴每回转一周，泵吸、排液体各多次的泵。

一般奇数多作用泵由多个单作用泵组合而成，而偶数多作用泵则由两个或多个双作用泵组合而成。如三作用泵由三个单作用泵构成，四作用泵则由两个双作用泵构成。

三、往复泵的特性

(1)有自吸能力。泵在起动时,靠自身工作就能抽除泵内与吸入管路中的空气,从而吸入液体的能力,称为自吸能力或干吸能力。自吸能力的好坏与泵的型式和吸入管路的密封性能有重要关系。

(2)理论流量与工作压力无关。理论流量取决于转速、缸径、活塞行程和作用次数。在额定工作压力范围内,实际流量几乎与工作压力无关。因此,往复泵不能采用改变排出阀开度的方法来调节流量,否则会引起排出压力很高、功率消耗很大,甚至发生超负荷的危险。往复泵流量只能采用变速、回流(或旁通)和吸入部分空气的方法来调节。

(3)额定排出压力与泵的尺寸和转速无关。往复泵能产生的最高压力主要取决于原动机的功率、泵的强度、密封性和轴承承载能力。实际工作压力却取决于管路特性和泵的特性,若使用不当,可能出现实际工作压力高于额定工作压力的情况,造成泵损坏或原动机过载。为了限制泵的最高工作压力,保证泵的安全,所以,在往复泵的排出口必须设置安全阀。

(4)流量不均匀。泵缸内的活塞做不等速运动,造成泵的流量不均匀;管路中的液体做变速运动而产生惯性影响。单作用泵尤甚,多作用泵也只是有所改善而已。

(5)转速不能太高。泵的转速过高,阀迟滞所造成的容积损失会相对增加,水阀撞击引起的噪声和磨损将加剧。此外,液流的惯性阻力损失也将增加,特别是在吸入行程,易导致缸内压力过低而发生"汽蚀"现象。所以,电动往复泵的转速一般为 200~300 r/min,最高不超过 500 r/min。

(6)不宜输送含有固体杂质的液体。由于液体与泵缸、活塞、水阀、阀座直接接触,且它们之间均是较精密的配合面,如有杂质进入,会加快工作表面的磨损,甚至将水阀搁起,使泵工作失常。

(7)结构较复杂,易损件较多。

以上为往复泵的特点,特别指出的是其中第(1)、(2)、(3)点是所有容积式泵的共同特点。

四、往复泵的维护管理

往复泵在运行和停运中,需要进行必要的维护与保养,在运行中主要通过看、听、摸、闻等方式进行管理。

1. 查看

主要是通过观察吸、排压力表读数是否在正常范围内,发现异常情况应即时采取措施,以免损坏泵;观察填料箱漏泄情况,其漏泄以滴漏不成线为宜;观察润滑油量是否足够,特别注意滑油压力是否在要求范围内,滑油压力在说明书要求范围内即可;观察油温是否正常,油温一般应小于 60 ℃。

2. 聆听

留心聆听运转中的往复泵各连接部件有无异响。

3. 触摸

用手触摸填料箱、减速箱、十字头及各轴承是否发热,一般轴承温度不超过 70 ℃,用手触摸时以不烫手为宜。

4. 吸闻

仔细吸闻并辨别往复泵在运行中有无异常的气味，特别是电机或电线因高温而发出的胶臭味。

5. 防冻

停用泵时，若外界温度低于 0 ℃，应将泵缸内的存水全部放干净，以防泵缸或管路冻裂。

6. 防锈

泵长期停用时，泵应拆开，将水擦干净，涂抹油脂后再装配保管。

五、往复泵的操作

(1)检查泵各部件的技术状况，检查泵内、外有无妨碍泵运转的物件，有则进行清除，保证泵的正常起动与运转。

(2)检查灵活性。对刚检修过的泵，起动前应先用人力转动泵轴 1~2 圈，检查泵有无卡阻，转动是否灵活。

(3)检查润滑油量。检查润滑油箱内的滑油量是否足够，需要进行人工加油的摩擦部位，进行适量加油。

(4)检查泵的转向。对于用油润滑的电动往复泵或刚进行检修后的往复泵，检查其转向是否与要求一致。

(5)正确开关阀件。全开吸、排管路的截止阀。

(6)起动泵。检查工作完毕后，按下“起动”按钮泵即起动，泵起动后应立即观察各仪表的读数是否符合要求。

六、往复泵的常见故障分析与处理

往复泵的常见故障分析与处理见表 1-2。

表 1-2 往复泵的常见故障分析与处理

故障现象	故障原因	排除方法
1. 不能供液或流量不足	①吸入容器无液体	向容器内充注液体
	②吸入阀未开足或温度高导致汽化	开足吸入阀或降低温度
	③吸入管路漏气	检查管路，消除漏气
	④吸入滤器堵塞	清洗滤器
	⑤泵阀损坏、漏泄或搁起	维修或更换泵阀，清除搁起脏物
	⑥活塞环、缸套或填料磨损	维修活塞环、缸套或更换填料
	⑦安全阀调压值太低或漏泄或弹簧太松	调节或维修安全阀或换新弹簧
	⑧检修时漏装泵阀	重新安装安全阀

续表

故障现象	故障原因	排除方法
2. 安全阀顶开或电机过载	①排出截止阀未开或排出管路堵塞	开足排出阀或消除堵塞
	②排出压力太高但安全阀失灵	消除排压高,校验安全阀
	③轴承、填料太紧或活塞因故咬死	调整间隙、松紧或检修
	④泵缸中有异物卡死	拆卸检修
3. 异响	①泵缸中有敲击声,可能是泵缸中异物或活塞固定螺帽松动	拆卸检修
	②泵缸中有摩擦声,可能是活塞环断裂或填料过紧	拆卸检修
	③泵阀撞击,可能是弹簧断裂或弹性不足	换新弹簧
	④传动部件摩擦间隙过大	调整间隙或换新部件
4. 摩擦部件发热	①间隙过小	调整间隙
	②润滑不足	改善润滑
	③摩擦表面脏污	清洗滑油滤器和摩擦表面
5. 阀箱有异响	①泵阀弹簧断裂或弹性不足	换新弹簧
	②泵阀升程过大	减小泵阀升程
	③泵阀阀盘压盖螺帽松动	打开阀箱盖,上紧螺帽

第四节 齿轮泵

齿轮泵的种类和型式很多,齿轮泵按齿形可分为正齿泵、斜齿泵和人字形齿轮泵;按啮合方式可分为外齿轮泵和内齿轮泵;按转动方向可分为可逆转齿轮泵和不可逆转齿轮泵。

一、外啮合齿轮泵的基本结构和工作原理

1. 外啮合齿轮泵的基本结构

如图 1-19 所示,齿轮泵的主要部件包括泵体 3、主动齿轮 1、从动齿轮 2、主从动轴、轴承、端盖、轴封装置等。主、从齿轮装于泵体内,泵体两侧是端盖,并用螺栓将其连接为一体,这样由泵体 3、主动齿轮 1、从动齿轮 2 和两侧端盖在泵内构成两个空间,即吸入腔和排出腔。主动轴的一端伸出泵盖,此处需要设置轴封,主动齿轮由原动机传动;从动齿轮由主动齿轮传动。在齿轮泵的泵体与端盖之间装有调节垫片,此垫片用以调节齿轮泵的轴向间隙和起到密封的作用。齿轮泵内存在三个间隙,其分别为轴向间隙(或端面间隙)、径向间隙(或齿顶间隙)和啮合间隙。

2. 齿轮泵的工作原理

如图 1-19 所示，当原动机带动主动轴转动，主动齿轮按图示方向转动时，在左侧（吸入腔）一方由于轮齿退出啮合，吸入腔容积增大，压力降低，油液从吸入口进入并充满整个吸入腔。随着齿轮转动，吸入腔油液通过齿槽带至右侧；右侧（排出腔）因轮齿进入啮合，容积减小，挤压液体压力升高而排出。因此，只要齿轮泵在原动机带动下连续不停地运转，油液就能不断地被吸入和排出，从而实现油液的输送。

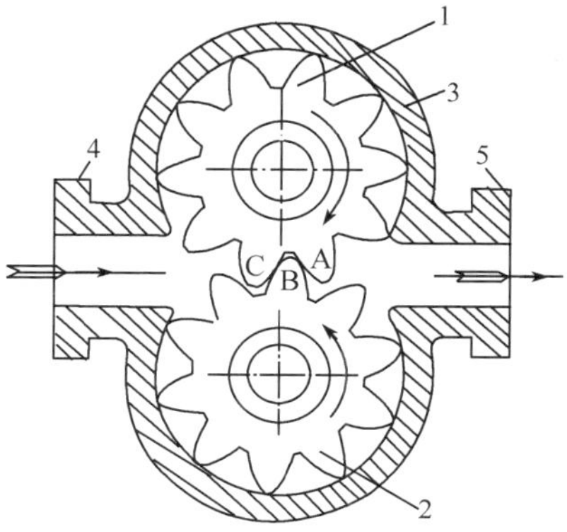

图 1-19　齿轮泵的工作原理图

1—主动齿轮；2—从动齿轮；3—泵体；4—吸入口；5—排出口

从齿轮泵工作原理分析可知：

（1）齿轮泵不能反转。转向决定泵的吸、排方向，改变泵的转向就会改变泵的吸、排方向。

（2）齿轮泵存在径向不平衡力。由于排出腔压力高，吸入腔压力低，吸、排腔两侧存在压力差和主、从齿轮的机械传动，从而产生径向不平衡力。

3. 齿轮泵的困油现象

（1）困油现象

为了保证齿轮运转平稳，吸、排油的连续，同时避免吸、排腔相互沟通，就会出现两对轮齿同时啮合的情况，这样就会在两啮合线与泵端盖间形成一个封闭容积，此容积称为齿封容积或困油容积。随着齿轮的连续转动，此容积先缩小（困油压缩），压力骤然增加；然后突然增大（困油膨胀），压力骤然降低产生真空，从而引起该空间压力骤变的现象，此现象称为困油现象。

（2）困油的危害

在工作中，齿轮泵发生困油时，会对泵造成很多危害，最主要的危害包括：

①造成油温升高而加快滑油变质。

②齿轮和轴承负荷增加而降低泵的使用寿命。

③导致泵的流量减小。

④泵及系统产生振动和噪声，工作不平稳。

（3）消除困油的方法

齿轮泵的困油，为泵的工作带来了很多危害，消除齿轮泵困油的主要方法包括：

①卸压槽法；

②卸压孔法；

③修正齿形法；

④采用斜齿轮或人字齿轮等。

下面主要介绍消除齿轮泵困油最常用的卸压槽法。卸压槽是指在油泵的两端盖内侧，沿两齿轮节圆公切线方向，相应于排、吸腔位置各挖的一个或两个凹槽（称为卸压槽）。

如图 1-20 所示，在困油压缩阶段，排油侧的凹槽将困油空间与排出腔沟通，使困油空间的油压不至积聚升高；在困油膨胀阶段，吸油侧的凹槽将吸入腔与困油空间提前沟通，从而使困油空间的压力不会积聚降低而形成太大的真空。通过卸压槽就解决了在困油过程中，困油空间压力骤升和骤降的问题，从而消除了困油现象。

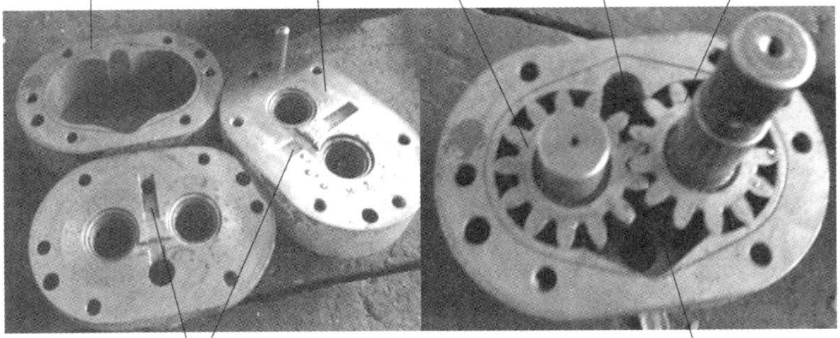

图 1-20　齿轮泵零件图

卸压槽的型式有对称卸压槽、非对称卸压槽和单卸压槽三种。运用卸压槽法消除困油现象是我国对齿轮泵的生产、设计所推荐的方法，也是最常用的一种卸压方法。

4. 齿轮泵的容积效率及影响因素

(1) 容积效率是指泵的实际流量与理论流量的比值，称为容积效率。齿轮泵的容积效率值总是小于 1。

(2) 影响齿轮泵容积效率的因素主要包括以下几个方面：

①吸入过程因油液不能完全充满泵的吸入腔。主要原因是油液流动阻力过大、泵的转速过高和泵吸高太大等原因造成油液不能充满吸入腔。

②气体的影响。由于油温和吸入阻力的影响，吸入压力较低，从而使外界气体进入、溶于油中的空气析出、油液自身汽化而占据一部分吸入腔空间。

③漏泄的影响。漏泄包括外漏和内漏。外漏主要发生在轴封处；内漏包括轴向间隙、径向间隙和啮合间隙处，其中以轴向间隙影响最为严重。

④泵工作压力的影响。泵的工作压力越高，漏泄量就越大，泵的容积效率也就越小。

5. 齿轮泵径向力

(1) 齿轮泵径向力的产生

如图 1-21 所示，在工作过程中，齿轮泵的吸入腔是低压，排出腔是高压，由于吸、排腔存在压差，排出腔的液体沿着径向间隙往吸入腔方向漏泄，在两齿轮面上均产生一个指向吸入侧的液压径向力。从动齿轮是由主动齿轮传动的，在两齿轮的轮齿啮合处，由机械传动产生一个机械径向力。以上两种径向力分别作用在两个齿轮上，分别将其合成后作用在两个齿轮上的合力大小不相等，方向不相同，且作用于从动齿轮上的径向力大于主动齿轮。

(2) 齿轮泵径向力的危害

泵在工作过程中，由于齿轮上存在不平衡的径向力，齿轮与泵轴被推向泵的吸入一侧，造成轮齿、泵壳、轴承磨损加剧，泵间隙快速增大，泵的功耗增加等。

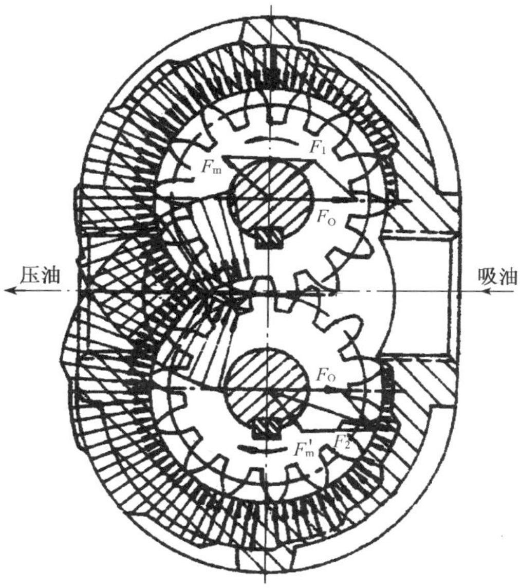

图 1-21 齿轮泵径向力分布图

(3)齿轮泵径向力减小的方法

减小齿轮泵径向力的方法有多种。如图 1-21 所示为减小齿轮泵径向力最常用的方法,即缩小排出腔作用于轮齿上的面积。必须指出的是齿轮径向力只能减小而不能消除。

二、齿轮泵的工作特点

齿轮泵除具有容积式的共同特性(自吸能力、理论流量与工作压力无关、额定压力与泵尺寸和转速无关)外,还具有如下特点:

(1)齿轮泵的吸、排方向取决于原动机的回转方向,齿轮泵不能反转。

(2)流量连续,但存在脉动。流量脉动率与齿数和齿形有关。齿数多,脉动率小。

(3)主、从动齿轮存在不平衡径向力。这是由于沿主、从齿轮圆周方向液压力分布不均匀所致。工作压力越高,不平衡的径向力就越大。常采用缩小排油口油液的作用面积,以减小径向力。

(4)齿轮泵结构简单,价格低廉。

(5)齿轮泵内部摩擦面较多且间隙较小,适用于输送洁净且具有润滑性的油液。

三、可逆转齿轮泵

可逆转齿轮泵分为可逆转外齿轮泵和可逆转内齿轮泵。可逆转外齿轮泵与普通外齿轮泵在结构上的差别主要是在泵内多安装了四个单向阀,由于应用较少,在此不做介绍。下面主要介绍可逆转内齿轮泵。

1. 带月牙形隔板的可逆转内齿轮泵

图 1-22 所示为带月牙形隔板的可逆转内齿轮泵的结构图,俗称月牙泵,它常用作制冷压缩机轴带润滑油泵。

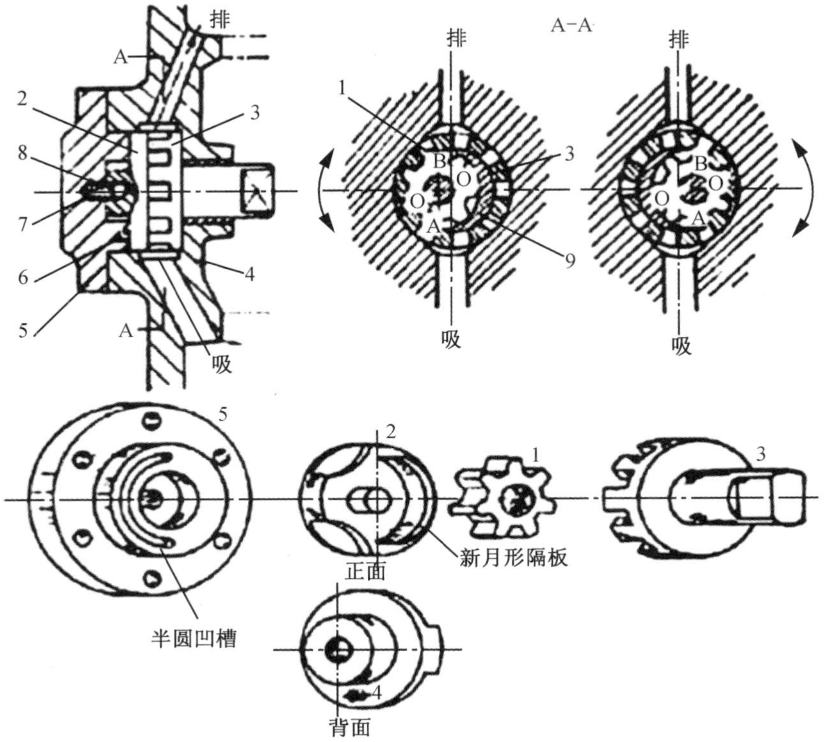

图 1-22　可逆转内齿轮泵结构图

1—外齿轮；2—底盘；3—内齿轮；4—泵体；5—盖板；6—销钉；7—弹簧；8—钢球；9—月牙形隔板

内齿轮 3 通常与泵轴制成一体，为主动齿轮；外齿轮 1 直径较小，由主动齿轮传动，为从动齿轮，滑套在底盘 2 的偏心短轴上。底盘 2 的正面还加工有月牙形隔板 9，背面装有限位销钉 6，销钉一端伸入盖板 5 的半圆形凹槽中；底盘的直径与内齿轮的外径相同，两者圆心重合；在底盘背面的中心孔内装有弹簧 7 和钢球 8，既使内齿轮与外齿轮的端面贴合，又使底盘与盖板之间有合适的间隙。内齿轮包容外齿轮并带动其做同向旋转，同一泵中，外齿轮比内齿轮转得快。

如图 1-22 所示，在 A-A 剖面左图中，当泵轴做逆时针方向旋转时，内齿轮对外齿轮啮合齿的作用力传至偏心短轴上，使底盘以钢球为中心也做逆时针回转，直至销钉 6 转至半圆凹槽的终端为止，月牙形隔板刚好处在左图所示位置。此时，内、外齿轮在下半周脱离啮合而吸油，在上半周进入啮合而排油。

当泵轴做顺时针方向旋转时，内齿轮对外齿轮啮合齿的作用力传到偏心短轴上，该力对底盘的中心产生一转矩，使底盘以钢球为中心做顺时针回转，直至销钉 6 由凹槽的下端转至上部终端，月牙形隔板也相应随底盘转过 180°，如 A-A 剖面右图所示位置。此时，内、外齿轮仍在下半周脱离啮合而吸油，在上半周进入啮合而排油，即泵的吸、排方向保持不变。

2. 转子泵的基本结构及工作原理

如图 1-23 所示，其外转子 2 比内转子 1 多一个齿，两者的圆心 O_2、O_1 偏心，转向相同，转速不等。转子啮合线与前盖 5 和后盖 6 形成若干个密封腔。转轴 3 带动内、外转子转动时，密封腔容积发生变化，通过前、后盖上的吸、排口即可进行吸排。

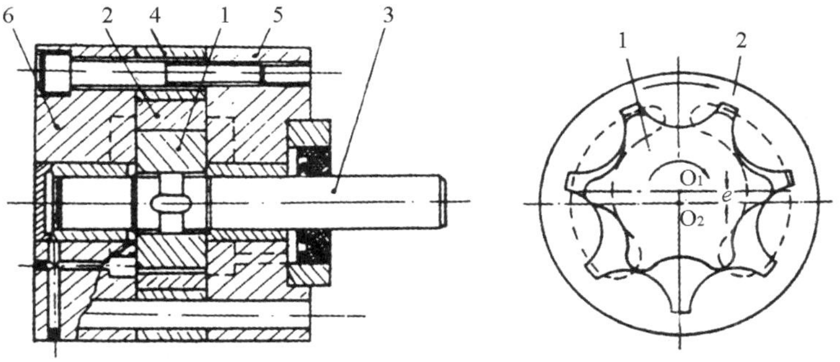

图 1-23　转子泵结构图

1—内转子;2—外转子;3—转轴;4—泵体;5—前盖;6—后盖

转子泵吸入(侧向吸入)性能好,转速一般为 1 500~2 000 r/min,最高可达 10 000 r/min 以上;而且齿数少,工作空间容积大,流量大,结构简单紧凑,相对滑动速度很小,运转平稳,噪声小,寿命长。但转子泵压力脉动较大,密封性较差,容积效率较低。

四、齿轮泵的操作

(1)检查灵活性。对刚检修过的泵,起动前应先用人力转动泵轴 1~2 圈,检查泵有无卡阻,转动是否灵活。

(2)检查阀件开关情况。吸、排管路上的截止阀一定要全部打开,以避免泵发生汽蚀和过载。

(3)检查转向。新安装或检修后第一次起动的泵,起动前一定要检查泵的转向是否正确,避免泵反转而不能输送油液。

(4)起动泵。检查工作完毕后,按下“起动”按钮泵即起动,泵起动后应立即观察各仪表的读数是否符合要求。

五、齿轮泵常见故障分析与处理

齿轮泵的常见故障分析与处理见表 1-3。

表 1-3　齿轮泵的常见故障分析与处理

故障现象	故障原因	排除方法
1. 泵不能排油或流量不足	①泵不能回转或转速太低	检查电源或拆检油泵
	②电动机转向弄反	重新接线
	③吸入管或吸入滤器堵塞	检查管路或清洗滤器
	④吸油管口露出液面	加油至油尺基准线
	⑤吸入管漏气	检查管子消除漏气
	⑥吸、排阀忘开或开度不足	开足吸、排阀
	⑦内部间隙太大或安全阀漏泄	拆泵检查
	⑧起动前泵内无油	向泵内灌油

续表

故障现象	故障原因	排除方法
2. 泵磨损太快	①油液含磨料性杂质	加强过滤或更换油液
	②长期空转	防止空转
	③排出压力过高	设法降低排出压力
	④泵装配失误	检修校正
3. 工作噪声太大	①吸入滤器堵塞	清洗滤器
	②吸入滤器容量太小	换用大容量的滤器
	③吸油管太细或堵塞	更换或疏通管路
	④漏入空气	消除漏气
	⑤油箱内有气泡	检查回油管,防止发生气泡
	⑥油位太低	加油至油标线
	⑦泵产生机械摩擦	拆检泵轴、齿轮、啮合面和轴承

第五节 螺杆泵

一、螺杆泵的结构和工作原理

螺杆泵是船上常用的一种回转式容积泵。螺杆泵按螺杆数目分为单螺杆泵、双螺杆泵和三螺杆泵等;按密封性分为密封型与非密封型两类,下面介绍各种螺杆泵的结构和工作原理。

1. 单螺杆泵的结构和工作原理

(1)单螺杆泵的结构

如图 1-24 所示,构成单螺杆泵的主要部件包括主动螺杆 1、泵缸 2、万向轴 3、传动轴 4、挠性保护套 9、销轴 10 等。其中主动螺杆 1 用金属制成,截面是半径为 R 的圆,螺杆可视为由圆心 O_1 以螺距 t 绕半径为 e 、轴线为 K 的圆柱体旋转而成图 1-24(c)所示的示意图,属单头螺纹。泵缸 2 用丁腈橡胶制成,其截面是由两个中心距为 e 、半径为 R 的半圆弧用两段长 $4e$ 的直线连接而成的。整个泵缸可视为由这样的截面以 2 倍于螺杆的螺距($T=2t$)绕 O 轴旋转而成,内表面呈双头螺纹。螺杆和泵缸的啮合将吸、排口完全隔断,属于密封型螺杆泵。

(2)单螺杆泵的工作原理

当泵在原动机带动下运转时,螺杆和泵缸之间与右端吸入口相通,工作容积不断增大而吸入液体,然后形成与吸口隔离的封闭容腔(轴向长度为 T),继而左移与排出口相通,该空间容积随着螺杆啮合,容积不断减小而排出液体。

单螺杆泵运转时泵缸和传动轴 4 的轴线位置不变,而螺杆轴线 K 相对于泵缸轴线 O 则以 e 为半径,按与螺杆相反转向做圆周运动,故主动轴与螺杆间需设万向轴 3。为了保护万向轴

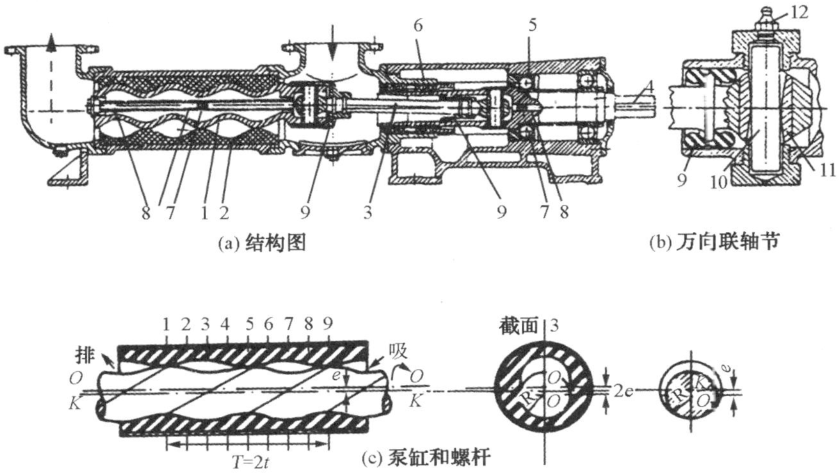

图 1-24 单螺杆泵结构图

1—主动螺杆;2—泵缸;3—万向轴;4—传动轴;5—轴承;6—填料函;7—小活塞;8—弹簧;9—挠性保护套;10—销轴;11—销轴套;12—注油口

连接部分不受工作液体侵蚀,通常还设有隔离作用的挠性保护套 9,如图 1-24(b)所示。万向轴联轴节的销轴 10 与销轴套 11 间的润滑,靠从注油口 12 向联轴节内注入润滑脂来保证。注油时小活塞 7 克服弹簧 8 的张力移动,让出空间存油;以后靠弹簧推活塞挤出润滑脂补充其损耗。

单螺杆泵在船上多用作污油泵或油水分离器的供给泵。在管理中应避免干转,否则会因螺杆与衬套间的摩擦热而使橡皮衬套接触面烧坏。为此,起动前需引液。

2. 双螺杆泵的结构和工作原理

(1) 双螺杆泵的结构

如图 1-25 所示,构成双螺杆泵的主要部件包括主动螺杆 9、从动螺杆 10、泵体 8、衬套 7、同

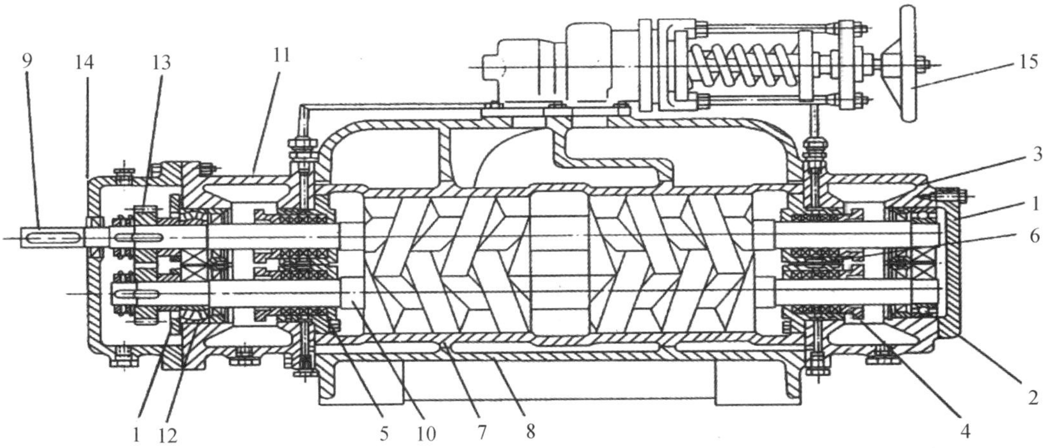

图 1-25 双螺杆泵结构图

1—压盖;2—滚动轴承;3、6、11—填料函;4—填料压盖;5—填料;7—衬套;8—泵体;9、10—主、从动螺杆;13—同步齿轮;14—齿轮箱;15—安全阀

步齿轮 13、滚动轴承 2、安全阀 15 和轴封装置等。主、从动螺杆上有两段长度相等、旋向相反，齿形为矩形截面的螺纹，属于非密封型螺杆泵，从动螺杆由同步齿轮传动。同步齿轮和滚动轴承装于泵体外面，需设单独的润滑系统。螺杆两端设有 4 个带“H”形液封环的填料轴封装置。

(2)双螺杆泵的工作原理

如图 1-25 所示，由主动螺杆 9、从动螺杆 10、衬套 7 在泵内螺杆两端构成吸入空间，在两螺杆中部形成排出空间。当主动螺杆在原动机驱动下，通过同步齿轮传动从动螺杆转动时，在螺杆两端由于螺牙退出啮合，容积增大，压力降低而吸入液体；在螺杆中部由于螺牙进入啮合，容积减小，压力升高而排出液体。因此，只要泵在原动机带动下，连续转动时，就能使液体连续不断地吸入与排出，实现液体的输送。

由双螺杆泵的结构和工作原理可知，双螺杆泵的轴向液压力基本平衡，径向液压力由轴承承受。

3. 三螺杆泵的结构和工作原理

(1)三螺杆泵的结构

如图 1-26 所示，构成三螺杆泵的主要部件包括主动螺杆 2，从动螺杆 1、3，泵体 4，泵缸 5，平衡活塞 19，平衡轴套 7、8，安全阀，轴承和轴封装置等。由主动螺杆 2 与从动螺杆 1、3 的啮合，并与泵缸 5 形成了泵的工作容积，在螺杆的下端和上端分别构成了吸入容积和排出容积。三螺杆泵的主、从动螺杆均是双头螺杆；其啮合线连续，能将吸入腔与排出腔完全隔开，属于密封型的螺杆泵。

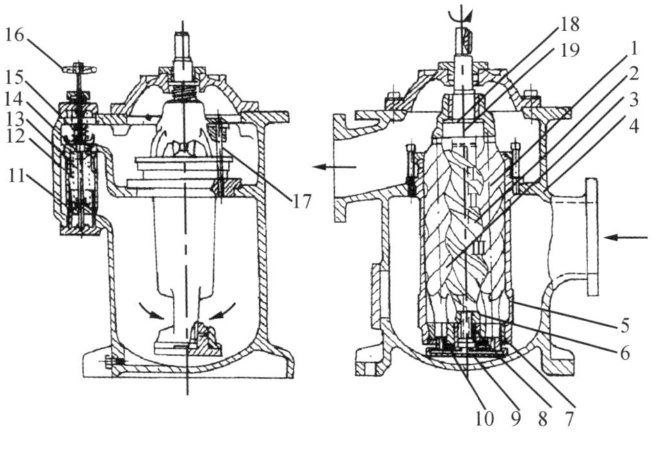

图 1-26　三螺杆泵结构图

1、3—从动螺杆；2—主动螺杆；4—泵体；5—泵缸；6、18—推力垫圈；7、8—平衡轴套；9—盖板；10—推力垫块；11—防转滑销；12、15—弹簧；13—调节螺杆；14—阀芯；16—手轮；17—泄油管；19—平衡活塞

如图 1-26 所示，在泵的排出端装有安全阀，当泵工作压力达到安全阀设定值时，将吸、排腔沟通，使泵的工作压力不进一步增高而过载，保证泵的安全。当转动安全阀手轮 16，改变其弹簧张力，就能改变泵的排出压力，实现调节压力的作用。该泵的吸入口设置在泵体的中部，可保证停用后，泵内存有液体，以避免下次起动时发生干转。

(2)三螺杆泵的工作原理

如图 1-26 所示，由主动螺杆 2，从动螺杆 1、3，泵缸 5，在螺杆的下端构成吸入容积，由于螺牙退出啮合，容积逐渐增大(容积Ⅳ)，不断吸入液体至封闭；接着此封闭容积沿轴向不断向上推移，轴转动一周其前进一个导程(容积Ⅱ、Ⅲ)；此容积到达排出端(排出容积即容积Ⅰ)，由于螺牙进入啮合，其容积逐渐减小，压力升高而排出液体，直至该容积消失。因此，只要螺杆在原动机的带动下不断地转动，液体就能不断地被吸入和排出，从而实现液体的连续输送。由工作原理可知：

①一般来讲，螺杆泵吸、排端是确定的，而泵的吸、排端决定于主动螺杆的转向，故螺杆泵不能反转。

②由于吸、排端存在压差，故主、从动螺杆上存在不平衡的轴向力，工作压力越高，其值越大。

③吸、排腔是靠螺杆与泵缸的径向间隙和螺牙的啮合实现密封的。螺杆长度的导程数越多，密封性能越好。

(3)三螺杆泵的轴向力及其平衡

在工作中，由于三螺杆泵是单侧吸入，吸入端压力低，排出端压力高，这样在主、从动螺杆的两端面上就产生了压差，从而产生了一个将主、从动螺杆推向吸入端的力，即轴向力。轴向力的存在对泵工作影响较大，所以，在三螺杆泵中，轴向力的平衡是采用设于排出端的平衡活塞、吸入端的平衡轴套以及推力垫圈来实现的。

三螺杆泵在起动阶段，从动螺杆是靠主动螺杆来传动的。当泵压力建立起来后，从动螺杆是靠液压力驱动使其转动的。所以，三螺杆泵磨损较小，使用寿命长，这是三螺杆泵用作主机润滑油泵的主要原因。

为了防止螺杆泵排出压力过高而引起泵体损坏或电机过载，在泵的排出端设有双向安全阀。三螺杆泵一般都采用机械式轴封装置，其结构和原理请参阅离心泵有关部分。

二、螺杆泵的工作特点

螺杆泵除具有容积式泵的共同特性(有自吸能力、理论流量与工作压力无关、额定压力与泵尺寸和转速无关)外，还具有如下特点：

(1)流量与压力范围广。三螺杆泵的流量一般为0.6~600 m^3/h，工作压力一般为0.34~34 MPa。

(2)流量均匀无脉动，工作压力稳定，不会产生困油现象，故运转平稳、噪声小。

(3)泵的转速可以很高。因螺杆的回转惯性小，且液体从轴向吸入不做回转运动，不受离心力影响，吸入性能好，故适用转速高。转速一般为1 450~3 000 r/min，由透平带动的滑油泵甚至高达10 000 r/min以上。

(4)泵内液体的扰动小，所以液体不易起泡，且单螺杆泵对杂质不太敏感，故特别适宜用作油水分离器的供给泵。

(5)输送液体的种类和黏度范围广。螺杆泵可输送蜜糖、汽油及合成液体等各种黏度的液体。

(6)螺杆的加工和装配要求较高，价格高(约为同类规格齿轮泵的5倍)。

三、螺杆泵的日常管理

(1)起动前应保证泵内有液体,以防止干转。因此,新泵或检修后的泵在起动前应向泵内灌注工作液体,并打开排出管路上的放气旋塞,以驱尽吸入管路和泵壳内的空气。

(2)泵应在吸、排截止阀全开的状态下起动,以防电机过载或吸入空气。当泵在油温低、黏度大的情况下起动时,还应在旁通阀全开的情况下起动。但起动后应立即关闭旁通阀,以免油液长时间回流而发热,造成机损事故。

(3)螺杆泵应防止反转,以免吸、排方向改变时不能输液和推力平衡装置丧失作用而使泵损坏。

(4)三螺杆泵吸入管路必须装设40~60目滤器,油面应超过滤器顶面100 mm以上。

(5)运转中要严防吸入空气、油温太低、黏度过高,以免引起泵的损坏,产生过大的振动和噪声。

(6)停泵时,应在断电后先关闭排出阀,待泵完全停转后再关闭吸入阀,以保证泵完全停转以前,泵内始终有油和停转后泵内存有油液。

(7)螺杆泵的螺杆较长,刚性较差,在拆装和取出时应特别注意防止受力弯曲。吸、排管路应可靠地固定,并与泵的吸、排接口自然对中,尽量避免牵连泵体变形;泵轴与电机轴的联轴节应在泵装完之后自然地对中;备用螺杆保存时最好悬吊固定,以免水平放置而变形;使用中应防止过热,以免螺杆因膨胀而顶弯。

四、螺杆泵常见故障分析与处理

螺杆泵的常见故障分析与处理见表1-4。

表1-4 螺杆泵常见故障分析与处理

故障现象	故障原因	排除方法
1. 不能排液或流量不足	①吸油管露出液面	加油至油尺基准线
	②吸油管漏气	检查管子消除漏气
	③吸入管或吸入滤器堵塞	检查管路或清洗滤器
	④吸、排阀忘开或开度不足	开足吸、排阀
	⑤泵反转或转速太低	重新接线或检查电源
	⑥内部间隙太大或安全阀漏泄	拆泵检查
	⑦安全阀调节压力太低	重调安全阀
	⑧旁通阀开度太大	重调旁通阀开度
2. 油液或泵体发热	①工作压力太高	调低安全阀开启压力
	②旁通阀开度太大	关闭或调小旁通阀开度
	③油黏度太大	选用适当黏度的油液
	④排出阀开度太小	开足排出阀

第六节 叶片泵

叶片泵又叫滑片泵或刮片泵,属于容积式泵。它在船上常用作液压系统的动力油泵或其他工作系统的输油泵,稍加改进还可以用作油马达使用。叶片泵可分为单级泵和多级泵、单作用泵和双作用泵、定向定量泵和变向变量泵等。下面主要介绍在船上常用的单级单作用泵和单级双作用泵的基本结构和工作原理。

一、叶片泵的基本结构与工作原理

1. 单作用叶片泵的基本结构与工作原理

(1)单作用叶片泵的基本结构

图 1-27 为单作用叶片泵的工作原理图。其结构是在泵体内装有内、外表面均为圆柱形的定子 2,圆柱形转子 1 偏心地安装在定子内。在转子的叶片槽中装有可滑移的叶片 3,在定子和转子的两侧端面紧贴配油盘,配油盘上有呈对称布置、圆弧形的配油窗口(如图中虚线所示)。转子与泵轴采用花键连接,泵轴穿过一侧配油盘并伸出泵盖,与原动机相连,即转子是通过泵轴由原动机驱动而转动的。在工作中,叶片受离心力和叶片底部液压油的作用,顶部紧贴于定子内壁。

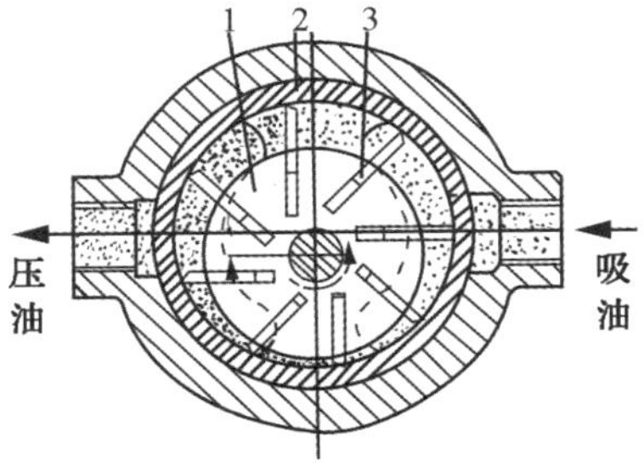

图 1-27 单作用叶片泵的工作原理图

1—转子;2—定子;3—叶片

(2)单作用叶片泵的工作原理

如图 1-27 所示,在泵内,由定子 2、转子 1、叶片 3 和前后配油盘构成了许多工作空间(或容积)。泵按图示方向回转,当定子与转子同心时,泵的工作容积不会变化,所以泵不吸、排油而空转。当定子与转子有如图 1-27 所示的偏心时,泵右侧工作容积会不断增大、压力降低而吸入液体,左侧工作容积会不断减小、压力升高而排出液体,即泵实现右侧吸入左侧排出;当定子与转子的偏心方向相反时,泵就会左侧吸入而右侧排出。所以,只要改变泵偏心的方向,就能改变泵的吸、排方向。当只改变泵定子与转子偏心距 e 的大小时,泵的吸、排方向不变,但泵每一转所吸、排的液体量就会变化。

从以上的分析可知,单作用叶片泵的工作原理可概括为当定子与转子同心时,泵空转不吸、排油;当改变定子与转子偏心的方向和偏心距 e 的大小时,就能改变泵吸、排方向和吸、排油量。

2. 双作用叶片泵的基本结构与工作原理

(1)双作用叶片泵的基本结构

图 1-28 为双作用叶片泵的工作原理图。其结构是在泵体 4 内装有定子 2、转子 1,定子与转子同心安装,其两侧分别装有配油盘,转子上装有叶片 3,转子与泵轴以花键连接并穿过一侧配油盘和端盖由原动机传动。

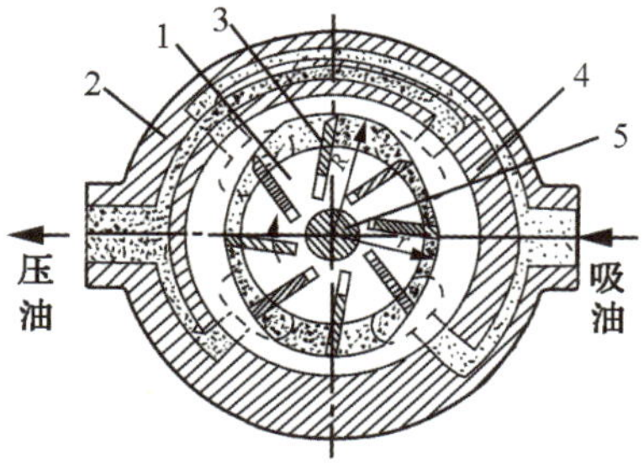

图 1-28 双作用叶片泵原理图

1—转子;2—定子;3—叶片;4—泵体;5—泵轴

定子 2 的外表面为圆柱形,内表面由两段长半径为 R 的圆弧、两段短半径为 r 的圆弧曲线和连接四段圆弧曲线的四段过渡曲线(一般为等加速等减速曲线)构成,定子的内表面形状近似为椭圆形。

转子 1 上开有斜向叶片槽,其内装有叶片 3 并可沿槽滑动,叶片与槽的间隙很小,一般为 0.015~0.030 mm,此间隙基本上不能用测量的方法测出,一般根据叶片在槽内的滑动情况来判断间隙是否合适,以叶片在自重的作用下能缓慢滑入槽底为宜。

如图 1-29 所示,叶片 3 顶部一侧有倒角,安装时倒角的方向应沿转向朝后;在工作时,为了减小叶片在槽内的滑动阻力,使叶片在压油区便于回缩,叶片沿回转方向朝前倾斜了一定角度,即叶片前倾布置。在工作时,在离心力和叶片底部液压力的作用下,叶片顶部始终紧贴于定子内表面。

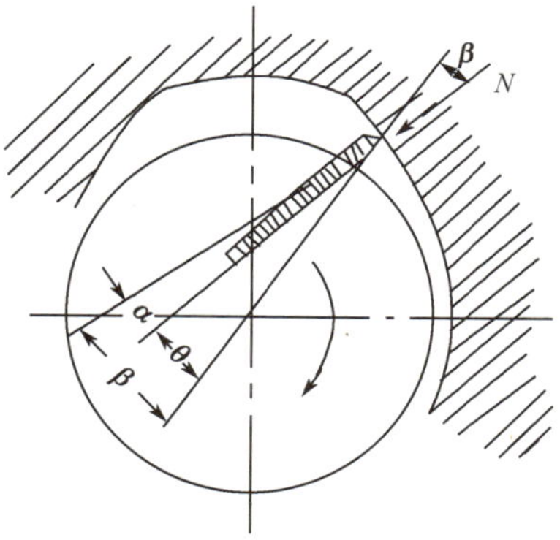

图 1-29 叶片的倒角与倾角

在定子与转子两侧的配油盘上,各开设有四个配油窗口,用以将液体引入和引出泵的工作容积。配油盘紧压在定子两侧端面上,转子在定子内要能转动,配油盘与转子端面之间就必须要有间隙,即轴向间隙。其值一般为 0.015~0.045 mm,此间隙可以通过“压铅法”进行测量,但不能调整，对泵容积效率的影响最大。

（2）双作用叶片泵的工作原理

如图 1-28 所示，在泵内，由定子 2、转子 1、叶片 3 和前后配油盘构成了许多工作容积。泵按图示方向运转时，在图示左侧上部和右侧下部，转子上的叶片由短半径 r 顺时针转向长半径 R 处时，两相邻叶片 3 工作空间的容积逐渐增大，压力降低，经配油盘的左上和右下配油窗口吸入液体；在图示左侧下部和右侧上部，转子上的叶片由长半径 R 向短半径 r 处转动时，两相邻叶片 3 工作空间的容积逐渐减小，压力升高，经配油盘左下和右上的配油窗口排出液体。只要泵不停地运转，就能不断地从右侧吸入液体，从左侧排出液体，实现液体的输送。

当相邻两叶片同时位于吸、排配油口之间的封油区时，它们正好将吸、排口隔开，保证密封。此时叶片顶端正好是与定子内壁的圆弧部分接触，叶片在槽内无伸缩，两叶片间的容积不变，而且无压力的变化，从而避免了泵发生困油。

从以上分析可知，转子每转一周，每相邻叶片间的工作空间就两次吸油和两次排油，故称为双作用叶片泵。此泵因吸、排空间左、右对称（叶片为偶数），径向力基本平衡。为此，双作用叶片泵又称为平衡式或卸荷式叶片泵。

二、叶片泵的工作特点

叶片泵除具有容积式泵的共同特点外，它还具有以下特点：

（1）结构紧凑，流量较均匀，运转平稳，噪声小。

（2）单作用叶片泵是变向变量泵，其流量大小与偏心距有关，吸、排方向与偏心方向有关；双作用叶片泵为定向定量泵。

（3）单作用叶片泵存在不平衡径向力，双作用叶片泵则径向力平衡。

（4）双作用叶片泵的内部密封性较好，工作压力和容积效率较高（一般结构的单级双作用叶片泵压力高达 7 MPa，容积效率高达 0.85~0.95）。

（5）不能反转，否则会改变吸、排方向，而且会导致叶片滑移困难或机损事故。

（6）对油清洁度和黏度均较敏感。若油液中含有杂质，不但会加剧精密工作面的磨损，甚至会导致叶片在槽中咬死。

三、叶片泵的管理要点

叶片泵的管理类似于齿轮泵，但下列各项应特别注意：

1. 干净清洁

对部件进行检查时，一定要将相互配合的零件清洁干净。特别是在装复时，一定要用干净的油进行清洗，清洁干净后才能装复。

2. 部件检修

拆卸时，应将拆下的精密部件放置在干净毛巾上，避免零部件碰伤。对各工作部件的表面进行认真检查，有无擦伤、划伤等。特别是要对转子部件进行检查，如叶片顶部磨损严重，可将叶片根部磨出 1×45°角或磨成圆弧，然后将其颠倒使用，但必须保证叶片顶部与两侧端面的垂直度。当转子与配油盘接触面有严重擦伤时，可对其端面进行研磨，但叶片也应同时研磨，使其轴向宽度始终比转子宽度窄 0.005~0.010 mm；定子端面也应研磨，以保证合适的轴向间隙。

3. 间隙达标

拆检叶片泵时，应检查叶片泵的轴向间隙、叶片与叶片槽的间隙，保证各处间隙在使用说明书或相关标准的要求范围内。

4. 装配正确

叶片泵在装配时，要防转子的正反面装反（即双作用泵的叶片应前倾）；配油盘与定子的相对位置必须用定位销正确定位，两侧的配油盘不能互换，避免配油盘上的三角槽不起作用。

5. 管路畅通

叶片泵在起动前或运行中，一定要将吸入阀和排出阀全开，避免吸入阻力过大而发生“汽蚀”和排出压力过高而损坏泵组。

6. 防止反转

在起动泵前，一定要检查泵的转向，避免泵的吸、排口改变而不能输送液体；转向改变后，会造成叶片由前倾变为后倾，使叶片在叶片槽内回缩困难甚至卡死；转向改变后，会使叶片由后倒角变成前倒角，造成泵内密封不良，容积效率降低；配油盘上的三角形卸荷槽不起作用，造成泵在工作时发生困油现象。

第二章
船舶管系操作与管理

第一节 管路系统的分类与作用

船舶管路系统是指由为完成一定作用的管路（管子及其附件）、机械设备、仪表和容器等所组成的整体。其作用是输送和排出工质，保证船舶航行性能和安全以及满足船舶正常航行与人员生活的需要。

船上的管路纵横交错，遍布全船。现代大型船舶上有多达数十种管系，但概括起来，可将各种船舶管系分为以下两大类：

动力管系，又称动力系统。它是指为船舶动力装置服务的管路系统。有燃油、润滑、冷却、压缩空气、排气等系统。

船舶管系，又称船舶系统。它是指为保证船舶的正常航行和安全以及船员、旅客生活所必需而设置的管路系统。其包括压载水、舱底水、消防水、蒸汽、通风和空调、日用海淡水等系统。

一、动力管系

1. 燃油系统

燃油系统的主要任务是向主机、副机及锅炉提供数量足够和质量可靠的燃油。

1）燃油系统的组成、布置和要求

燃油系统主要由燃油舱（柜）、沉淀柜、日用柜、驳运泵、调驳阀箱、分油机、粗细滤器、低压输送泵、加热设备及有关的管路和阀件等组成。上述设备按其功能不同主要分为：注入、贮存、驳运、净化、供给等几个部分。

(1)注入:在主甲板两舷设有带标准法兰的用以注入的直角截止阀。标准法兰与舷外供油管的法兰对接,可实现预定的注入。

(2)贮存:燃油一般贮存在深油舱或双层底油舱(柜)中,油舱(柜)及系统的布置必须符合下列要求:

①燃油舱(柜)尽可能布置成为船体结构的一部分。布置于双层底内的燃油舱(柜),如与滑油舱(柜)、淡水舱(柜)、锅炉水舱(柜)相邻布置时,应以隔离空舱隔开。

②燃油舱(柜)和管系不得直接位于锅炉或其他高温热表面的上方。一般情况下应避免使用孤立架设的燃油柜。

③除轻油舱(柜)外都必须设有加温设备。

④燃油舱(柜)设有透气管与测深管,还必须有溢流管。

(3)驳运:系统中设驳运泵与调驳阀箱,以便将任一油舱(柜)的燃油驳至沉淀柜,或各油舱(柜)之间的调驳。驳运泵有轻柴油与重柴油之分,并可互为替代。

(4)净化:燃油的净化主要有重力沉淀、滤器过滤和离心分离三种方法。

燃油在沉淀柜和日用油柜中储存的同时进行重力沉淀。一般燃油在沉淀柜中至少应存放12 h。沉淀柜和日用油柜设有透气管、溢流管和放残阀,以便适时放出水分和残渣,放残阀必须是自闭式的。日用油柜必须设置两个,轻、重油各一个。日用油柜的位置应高于主、副机喷油泵位置(若仅依靠重力油柜提供燃油,为保证系统连续供油,则油柜必须位于主、副机喷油泵上方至少1 m处),并尽可能与沉淀柜并排放置。出油管附近设有轻重燃油转换阀。各油柜之间设有旁通阀,供应急时使用。日用油柜和沉淀柜的出口管设有可就地关闭和机舱外(一般为上甲板)遥控的速闭阀,在应急情况下,拉动控制杆使其钩头脱离滑动板,在弹簧的作用下,阀门迅速关闭,切断供油。为了保证沉淀效果,沉淀柜和日用油柜须设有加热和保温设备,日用油柜出口管的高度按规定高于柜底80 mm。

分油机是净化效果最好的设备,一般设置1~2台,根据油中水和杂质的含量确定分水还是分杂,是单独工作还是串联或并联工作。一般重油分油机在燃油含杂质较多时,采用串联并且先分水后分杂的顺序工作。分油机将燃油从沉淀柜分至日用柜。

(5)供给:燃油供应设备有日用油柜、燃油输送泵、滤器等。经分油机驳入日用柜的燃油已基本符合燃烧要求,再经燃油输送泵经管路分别输送到主、副机喷油泵和锅炉喷油器处。输送泵一般选用螺杆泵或齿轮泵。

对船舶燃油系统的要求是在船舶横倾10°、纵倾7°时仍能正常工作。船用燃油的闪点应不低于60~65 ℃(某些应急动力装置用油可不低于42 ℃)。

2)燃油系统的管理要点

(1)航行中要密切注意沉淀柜和日用柜的油位,及时驳油与分油,每班要定时放残。大风浪中航行要尽量保持油柜的高油位,注意观察滤器进出口压差,并勤洗滤器,以防油柜底部沉渣泛起堵塞滤器而造成断油停车的事故。

(2)供油系统中要避免空气的存在,特别是在拆装滤器和高压油管后,应注意及时驱气。

(3)油舱之间的相互调驳一定要确认各阀门开关是否准确,要杜绝将燃油误驳至舷外造成恶性污染事故。

(4)换油:燃用重质油料的主机,在进出港等机动航行中,按需要可换用轻油,以确保主机正反向起动可靠;也有利于在停机前洗净管系中的剩余重油,避免其在管系中凝固,易于再次起动。当正常航行时再换用重油，这个过程称为换油。

在轻、重燃油（低温轻油与高温重油）转换过程中，必须防止油温的突然升高或降低；否则会使喷油泵的柱塞或喷油器的针阀卡住咬死。

2. 润滑系统

1）润滑系统的组成

润滑系统的任务主要是向主、副机运动部件提供足量而洁净的润滑油，并且具有减小摩擦，带走部分热量和洗涤摩擦面及密封、防蚀、减噪等作用。

中高速船用柴油机润滑系统也常称为曲轴箱润滑系统，所用滑油为曲轴箱油，又称为系统油。曲轴箱润滑系统为循环系统，主要由滑油贮存舱（柜）、滑油循环柜、滑油泵、净化设备及滑油冷却器等组成。

（1）滑油贮存舱（柜）：大型船舶常在双层底下设有贮油舱，贮油舱的四周应设有干隔舱与其他油水舱隔开，并设有测量管。通过滑油驳运泵将舱中滑油驳至重力柜，由重力柜向主、副机循环柜补油。中小型船舶一般常将滑油贮存于滑油储存柜中，滑油储存柜应设有透气管与溢流管。

（2）滑油循环柜：常用于干式曲轴箱的大型低速柴油机，而小型高速柴油机则利用曲轴箱作为滑油循环柜，也称为湿式曲轴箱。

（3）滑油泵：滑油泵常设有两台，其中一台备用。主机自带滑油泵的可仅设一台。为保证滑油压力稳定和流速均匀，常采用螺杆泵，在泵的吸入端管上一般装有真空表，为保证正常吸油，真空度应不超过 0.03 MPa。泵的排出管上装有安全阀和调节压力、流量旁通阀。其调定压力为管路正常供油压力的 1.1 倍。

（4）净化设备：主要是滑油分油机、滑油滤清器。

①滑油分油机：分油机通过吸入管从循环柜中吸入滑油，经加热器预热后送至分油机进行净化处理，净油返回循环柜中。事实上，这是一个独立的净化系统。在主机运转中可对循环柜中的滑油进行连续的净化处理，其净化速率应保证每一天内的净化油量为循环柜贮油量的 2~3 倍。

②滑油滤清器：滑油泵的进口端和出口端分别设有粗、细滤器，滤器一般为双联式，以便于在运转中对滤器进行拆洗。装在进口端的一般为粗滤器（有时还用磁性粗滤器），装在出口端的一般为细滤器，前后装有压力表，平时可根据滑油流经滤器前后的压力差来判断滤器的工作情况（燃油滤器亦同）。若压差增大，超过设定值，表明滤器已变脏堵塞，需立即清洗；若无压力差或压力差变小，则表明滤网破损或滤芯装配不对，需立即拆卸检查。

（5）滑油冷却器：循环流动的润滑油对运行中的主、副机摩擦面有冷却作用，这样润滑油的温度就会逐渐升高，必须通过冷却器进行冷却，让多余的热量通过冷却器中流动的海水（江水）带走，以保持润滑油一定的温度。目前常用的滑油冷却器有管壳式与板式两种。

2）润滑系统的管理要点

（1）确保滑油的工作压力。滑油工作压力可用滑油泵的旁通阀调节，其值应满足说明书要求，同时应满足滑油压力高于冷却介质的压力。

滑油压力过高会加大油泵与管路负荷，滑油易漏泄，易氧化变质；滑油压力过低，则因供油不足加剧机件磨损，严重时会发生重大机损事故。因此，船舶柴油机均应设滑油低压报警装置和失压安全保护装置。

（2）确保滑油的工作温度。滑油温度过低，黏度增大，摩擦阻力增大，滑油泵耗功增加；滑油温度过高，黏度降低，润滑性能变差，零部件磨损增大，滑油易氧化变质。

通常，滑油进口温度应保持 40~55 ℃（中高速机取上限）；最高温度不允许超过 65 ℃（中高速机为 70~90 ℃）；进出口温度差一般为 10~15 ℃，滑油温度一般可通过滑油冷却器的旁通阀调节。

（3）保证正常的工作油位。定时检查循环柜油位，不足时及时补充。油位过低，油温将会升高，加速氧化变质，严重时将有断油危险；油位过高将可能造成溢油危险。

（4）备车和完车时的管理

①备车时应提前对滑油系统进行加温，一般在开航前 2 h 开启分油机，其加热温度掌握在 82 ℃以下循环分离，使系统中的滑油逐步预热到 38 ℃左右，即可起动滑油泵，使滑油在系统中循环并对机件预热，防止柴油机起动时运动部件出现干摩擦现象。

②主机完车后，应继续让系统运转 20 min 左右，使柴油机各润滑表面继续得到冷却。另外，还应做到定期取油样化验分析，定期检查与清洁滑油冷却器等。

3. 冷却系统

冷却系统的任务是维持柴油机部件有一合适的温度；保证正确的配合间隙；保证滑油的合适黏度，以使柴油机正常连续运行。目前，柴油机一般采用淡水强制冷却，其淡水是利用海水（或江水）冷却。在系统布置上，淡水属闭式循环，海水（或江水）属开式循环。

1）海水系统

海水系统主要由海水泵、滤器、热交换器、通海阀等组成。其主要作用是通过热交换器对滑油、淡水与增压空气等进行有效的冷却。对海水系统的管理要点如下：

（1）根据不同的河段、吃水及河水含沙情况，正确选用左、右位海底门，保证海水系统的畅通。

（2）定期清洗海底门，维持稳定的海水压力。

（3）寒冷天气要加强管理，防止系统冻结。

2）淡水系统

淡水系统主要由淡水泵、淡水冷却器、膨胀水箱等组成，其主要作用是对柴油机内部进行有效的冷却，减小受热部件的热负荷，保证气缸摩擦面间的油膜等。

膨胀水箱的作用主要是为柴油机淡水系统存、补淡水；同时可用于排放系统中的空气，投放药剂、补充淡水等。若箱中有加热装置，可对冷却淡水加热用以暖缸。

3）对淡水系统的管理要点

（1）淡水压力应高于海水压力，防止冷却器漏泄时海水漏入淡水中。

（2）淡水温度应根据说明书调整至正常工作范围，出口温度一般取接近上限值，进出口温差不大于 12 ℃。

（3）淡水温度常用冷却器管路上的海、淡水旁通阀来调节，淡水合理的流动路径应是自下而上流动，流量可用淡水泵的出口阀调节，进口阀始终处于全开的位置上。

（4）定期检查膨胀水箱水位，及时补水，定期进行水质处理。

（5）备车时应开动淡水泵进行冷却系统驱气，还应加热暖缸，使水温达到 45 ℃左右。

（6）航行中，如果发现冷却水压力、膨胀水箱水位剧烈波动，膨胀水箱翻泡，可能是缸套或缸盖有穿透性裂纹。

(7)机动航行时,应控制温度的波动范围。主机完车后,冷却水应继续循环 20~30 min。

4. 压缩空气系统

压缩空气系统主要由空压机、空气瓶、减压阀、安全阀等组成。其作用主要是起动主机、副机、鸣汽笛、海淡水压力柜的充气、吹洗海底门等。

船规要求:为主机服务的空压机至少 2 台,其中至少 1 台应为独立驱动。空压机的总排量应在 1 h 内使空气瓶由大气压力升至柴油机连续起动所需要的压力。供主机起动用的空气瓶至少 2 个,其容量要求在额定工作压力的上限且在不补气的情况下,对每台可换向的主机在冷态下正倒车交替连续起动不少于 12 次,对每台不能换向的主机在冷态下连续起动不少 6 次。

其安全阀的开启压力不应大于工作压力的 1. 1 倍。对设置易熔塞的空气瓶,易熔塞的熔化温度不应超过 90 ℃,但不低于 70 ℃。

压缩空气系统的管理要点:

(1)要始终维持空气瓶中足够的工作压力。

(2)定时泄放空气瓶及系统中的凝水。

(3)注意空压机曲轴箱中的润滑状况。

(4)定期清洗系统中的滤器。

(5)定期进行安全阀效用试验。

5. 排气系统

柴油机排气系统主要由排气总管、膨胀接头、废气涡轮增压器、废气锅炉及消音器等组成。排气管不应布置在燃油柜或燃油管法兰接头的垂直下方,且其间距不应小于 450 mm。系统的主要作用是利用废气中的能量驱动废气涡轮增压器和加热废气锅炉中的水,最终将主、副废气排入大气。另外,系统还有降低排气噪声等作用,对于油船,还应有熄灭火星的作用。

除废气锅炉外,锅炉烟道不应与柴油机的排气管相连接,排气管与配电板、燃油柜或燃油管保持一定的距离,以免引起火灾。排气管和消音器要装设冷却水套或包扎绝热层,表面温度不得超过 60 ℃,以免灼伤工作人员。

排气系统的管理要点:

(1)定期清洁废气涡轮及其邻近管道中的结炭。

(2)定期清除废气锅炉和消音器上的烟灰及结焦等。

二、船舶管系

1. 舱底水系统

舱底水系统是由舱底水泵(污水泵)、舱底水总管、支管、吸水口滤器、分配阀箱、泥箱和油水分离器等组成。系统的主要作用是将机舱与货舱的舱底积水排除,防止积水过多湿损货物,影响机器的正常工作,妨碍船舶安全航行。另外,在应急情况下,可以排除机舱的大量进水为堵漏争取时间。

1)舱底水系统的布置原则

(1)在每个舱的最低处设置污水井,污水井内设有吸水口与舱底水管相连。机舱内至少设置两个以上污水吸口,并至少有一根吸入支管与舱底水泵吸口相连。每个吸水口均应装设带止回阀的过滤网箱，网孔直径不大于 10 mm，滤孔的总面积不小于吸水管截面积的 3 倍，污水井内还设一个泥箱，使污物和泥沙沉淀，不被吸入管内。但用于应急吸入时吸入口应直通。

(2)舱底水系统不允许水倒流回舱室，因此，舱底水系统的吸口应设止回阀。

(3)为了便于在机舱内对各舱室舱底水的抽吸集中管理，通常采用截止止回式的舱底水吸入阀箱。

(4)舱底水泵要有自吸能力，除设有一台专用污水泵外，还应与排量较大的压载泵或消防泵等接通，必要时可代替污水泵，平时又不妨碍各自的工作。

(5)保证船舶向任何一舷倾斜不超过 5°时，均能排干舱底积水。

(6)舱底水系统必须配有符合《中华人民共和国水污染防治法》要求的油水分离器和向岸上排放的标准排放接头。

2)舱底水系统的管理要点：

(1)定期清洗污水井和吸水口滤器，保持系统通畅。

(2)做好油水分离器的管理维护工作，保证良好的工作状态。

(3)严格按规定程序进行排放含油污水，并按要求认真填写油类记录簿。

2. 压载水系统

压载水系统主要由海底门、滤器、压载水泵、阀箱、压载舱、通海阀等组成。压载水系统的主要作用是通过调整吃水(注入、排出或调驳)使船舶具有适当稳性高度；减小水上受风面积，以利于船舶操纵；空载时使螺旋桨有一定的吃水，减轻船体振动；减小船体因空载引起的过大弯曲力矩和剪力等。

1)压载水系统的布置原则

(1)压载舱

首尾尖舱、双层底舱、深舱、散货船的上下边舱等均可以用作压载舱。货船的压载水量一般占船舶载货量的 50%~70%，油船压载占 40%~60%。

(2)压载泵

压载泵一般布置 2 台，通常为离心泵。压载水泵可以兼作主海水泵，也可兼作舱底水泵，但压载管系不可兼作舱底管系。压载泵的排量要满足 2~2.5 h 内能将最大的一个压载舱灌满或排空，在 6~8 h 内将全船所有的压载舱灌满或排空。

(3)阀箱

压载水管的注水管和排水管是同一根水管，所以水在管中是双向流动的，要采用截止阀，不能采用止回阀。为了便于集中控制，减少管路数量，通常采用调驳阀箱。

(4)海底门

海底门一般位于机舱的舭部，位于空载水线下 300 mm 处。在进水口处，沿着船壳板表面装设有海底阀门格栅，防止吸入海水中的杂物。在进水口里面装有锌板，防止腐蚀，并且装有吹洗装置(通常为压缩空气或蒸汽)，用来吹除进水口处的杂物和结冰。在海底门顶部设有透气管，该管直接引至水线以上主甲板处，该管根部设有铸钢截止阀。

(5)压载水管

压载水管一般从双层底内通过货舱，如不可避免要穿过油舱或淡水舱，则应设有管隧将其隔离。

2)压载水系统的管理要点

(1)因压载水泵一般容量较大,在起动前,首先要注意电网负荷,不可盲目起动。

(2)起动时要求采用封闭起动。

(3)起动后的压力根据需要用旁通阀调节。

(4)在排水过程中应注意流量。流量过大,会使舱内水来不及集中而造成低压停泵,此时应稍等一会儿再起动排水。

(5)如果对舱内注入或调驳,切不可将阀开错。

3. 消防系统

船舶消防系统的作用是预防和制止火灾的发生和蔓延,并可迅速灭火,将火灾的损失减至最低程度。

船舶消防系统实际上是指船舶的灭火系统。根据船舶建造规范和我国有关法规的规定,船舶应设置固定式消防系统,使用有效的灭火剂,如水、二氧化碳、泡沫干粉等。固定消防系统主要分为水消防系统、二氧化碳消防系统、泡沫消防系统和干粉消防系统等。

4. 蒸汽系统

在柴油机型动力装置船舶上,为加热(重油)润滑油、主机暖缸、机舱保温以及日常生活中供应热水、取暖、厨房用气,需设置蒸汽系统。燃油辅锅炉或废气锅炉产生的蒸汽送入蒸汽分配联箱,再由蒸汽分配联箱送至所需蒸汽处。乏汽凝水通过大气冷凝器(或凝水柜)返回热水井,再由锅炉给水泵送至锅炉。蒸汽管路必须布置在机、炉舱内容易看到且便于接近的地方,并包扎有绝热层。除加热管路和吹洗管路外,蒸汽管路一般不应敷设在花铁板下面。若两台或以上锅炉的蒸汽管相连通,则应在每台锅炉至总管的连接管上加设一只截止止回阀。

热水井是锅炉给水和炉水投药处理的场所,锅炉给水泵的额定工作压力至少应大于锅炉额定工作压力的 1.3 倍。

为保证锅炉正常工作和确保蒸汽质量,锅炉要定期进行上、下排污和水质化验与处理。

5. 通风和空调系统

通风系统主要由风机、风帽、风筒、风管等组成。其主要作用是对货舱、机舱、客舱和船员住室、工作室等进行通风,排除废气,补充新鲜空气。

在炎热的夏季或寒冷的冬季,利用空调站对空气进行温度、湿度、气流速度、净化除尘、噪声等方面的处理,然后通过管路送到各个居住舱室,以改善旅客和船员生活条件的装置称为空调系统。

1)通风管系的布置要求

(1)通风帽应设在开敞的甲板上,并远离排气口、天窗和升降口,自然通风帽要能转动。

(2)通风筒装设在干舷甲板开敞处和开敞的上层建筑甲板上。穿越甲板时要用接管加强。如果通风筒甲板接管的高度超过 900 mm,则应有适当的加强支撑。

(3)通风管是布置在甲板下面的通风管路,一般做成矩形截面。通风管不允许穿过舱壁甲板以下的水密舱壁,同时还要保证防火分隔的完整性。

2)通风系统的管理要点

(1)定期清洗通风头、通风管,防止其脏污严重。

(2)定期检查通风管支撑,以防松动。

(3)定期检查通风机的径向、轴向间隙,保证其间隙在规定范围之内,若超出应进行调整。

(4)定期检查叶轮的磨损或损坏情况,若过度磨损或损坏应更换。

(5)严格按操作规程操作通风机。

6. 供水系统

供水系统的作用是满足船员和旅客日常生活用水需要,可分为饮水系统、洗涤水系统和卫生水系统。

(1)饮水系统主要供应厨房用水、饮用水和医疗用水等。

(2)洗涤用水系统主要供应浴室、洗衣室、洗物池和洗盆等处的冷热洗涤水。

(3)卫生水系统从舷外吸取的海水供卫生间、洗脸间和浴室等处冲洗用水。

供水方式分为重力供水和压力供水两种形式,目前,船舶基本采用压力供水方式。

1)对供水系统的要求

(1)采取分区供水,即将全船划分为几个用水区,各区直接从压力水柜的输出管上引出一路供水干管,并设截止阀,分别控制。客船通常按甲板层或客舱等级来划分供水区域。

(2)供水干管应力求避免穿过起居室、粮库和物料舱等处,通常各种供水主管铺设在各层甲板两边走道上方,然后再由主管引出支管到附近的各室内用水设备。

(3)当几个用水区域相距较远时,可按分区设置热水器,分别向集中在各自分区的几个用水处供应热水,以免热水管路过长。

(4)压力水柜应符合压力容器的相关规定和要求。

2)供水系统的管理

日用供水系统的管理主要是保持压力水柜的压力,及时补气,使其压力维持在正常范围内。若压力过大,则会导致压力水柜水位太低,水泵起停频繁;若压力过低,则压力水柜供水高度降低,达不到用水部位。

第二节 管路系统的布置及标识

一、机舱管路系统的布置

(1)船舶管路应能保证其工作的可靠性,在部分管路发生故障时,仍然能继续维持工作。

(2)管路应布置成直线,尽可能减少弯头,如需弯曲,曲率半径应大些。在满足需要的情况下,附件的数量应尽量减少,布置的位置应便于检修。

(3)管路应加以固定,以避免因温度变化或船体变形而损坏。一般要求每隔 2~4 m 有一支架,防止管子移动或下垂,但是这些支架应不妨碍管路受热引起的膨胀。

(4)承受胀缩或其他应力的管子,应采取管子弯曲或膨胀接头等补偿措施。

(5)重要管路中的阀都应装上开关标志。

(6)根据管路所输送的工质及工作条件(温度、压力)而选用接头垫片。

(7)在安装或修理管路及附件时,应做好管系内部的清洁工作。

二、机舱管路系统的标识

由于船舶管系种类繁多,为了便于管理人员识别各种管路所输送的工质和流向,按国标管路外表通常按系统涂有不同颜色的油漆予以标示,见表 2-1。透气、测量和溢流管路则依其介质而定。管路上还有用标志颜色表示的介质流向的箭头符号。

表 2-1 管路识别

管路	颜色
燃油	棕
滑油	黄
海水	绿
淡水	灰
压缩空气	浅蓝
消防水	红
舱底水	黑
蒸汽	银白

三、机舱管路系统的要求

(1)淡水管不得通过油舱,油管也不得通过淡水舱,如不可避免,应在油密隧道或套管内通过。其他管子通过燃油舱时管壁应加厚,且不得有可拆接头。

(2)钢管应有防止锈蚀的保护措施,并在加工后施以保护涂层。

(3)油管及油柜应避免设在锅炉、烟道、蒸汽管及消声器的上方。如有困难,则应采取有效措施,防止油类物质滴在上述管路或设备的热表面上。

(4)所有蒸汽管和温度较高的管路,应包扎绝热材料,绝热层表面温度一般不应超过 60 ℃。可拆接头及阀件处的绝热材料应便于拆换。

(5)在船上的每一个液舱、空舱和污水井中,都装设一根直径为 30~50 mm 的直管,称为测深管。利用测深尺从测深管上端口坠入舱底,然后把尺收上来观察尺的浸湿长度,从而决定舱中液体的存量和液面高度以及干隔舱中有无液体。

(6)空气管又称透气管,其作用是保证液舱在注入或排出液体时,使空气能自由地从管中排出或进入舱中。

(7)溢流管是指用泵灌注的液舱柜,在舱柜顶部均设一根管子,将可能溢出的液体引入到溢流柜内或有剩余空间的贮存柜内,此管称为溢流管。对于装水的液舱柜则引到开敞处所或其溢流柜内,对于滑油和燃油则防止从空气管溢出而导致污染。

(8)应避免燃油舱柜的空气管、溢流管和测量管通过居住舱室,如有困难时,通过该类舱室的管子不得有可拆接头。

第三节 船舶系统

一、机舱舱底水系统

舱底水系统一般由水泵、水管、水吸口、阀件、吸入滤网及有关附件组成。下面以某一客船为例介绍舱底水系统的组成。该系统由机舱舱底水系统和应急舱底水系统组成。

1. 机舱舱底水系统

图 2-1 所示为某船机舱舱底水系统。机舱中所产生的含油污水会自动向舱底的各污水井汇聚而形成舱底水。如污水井液位达到一定高度，可利用日用舱底泵将其中污水输送至容积较大的舱底水舱进行储存。在适宜的条件下，可使用油水分离器对舱底水舱中的含油污水进行处理，然后在含油浓度低于 15ppm 的情况下排放入海。

此外，油水分离器也可以直接从各污水井吸入舱底水。日用舱底泵还可以经阀 BMV15 将舱底水通过通岸接头排到港口接收设施，以满足某些海域不允许任何舱底水入海的要求。日用舱底泵采用的是自吸能力较强的往复泵，一般不需引水便可实现自吸。在必要的时候，也可经阀 BMV93 将海水引入泵腔，以提高吸入性能。

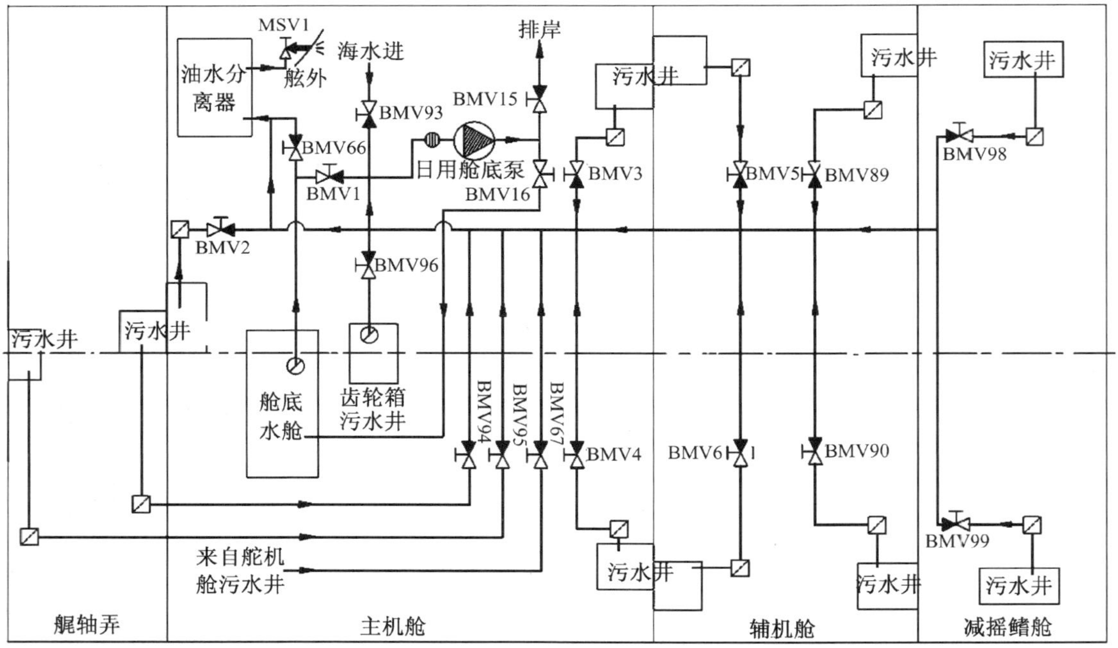

图 2-1 机舱舱底水系统

2. 应急舱底水系统

某船应急舱底水系统如图 2-2 所示。舱底泵和舱底消防总用泵 No. 1/No. 2 均可以将舱底水直接排送到舷外。舱底泵为自吸离心泵，采用的是空气喷射器自吸装置。No. 1/No. 2 舱底消防总用泵还可以作为消防泵，向消防总管提供足够压力的海水。两台舱底消防总用泵结构完全相同，为两级自吸离心泵（采用了水环泵自吸装置），其中，第一级用于泵送舱底水，出口通往舷外；第一、二级串联后泵送消防水，出口通往消防总管。系统中各阀大部分是电液遥控蝶阀，可以在驾驶台或集控室控制站进行遥控操作。

机舱之外的健身房、测深仪舱等处的舱底水可以通过本系统排出舷外，但机舱舱底水不能随意通过本系统入海，只有在因船体或管路破损而导致机舱大量积水时，才允许通过本系统向舷外应急排水。

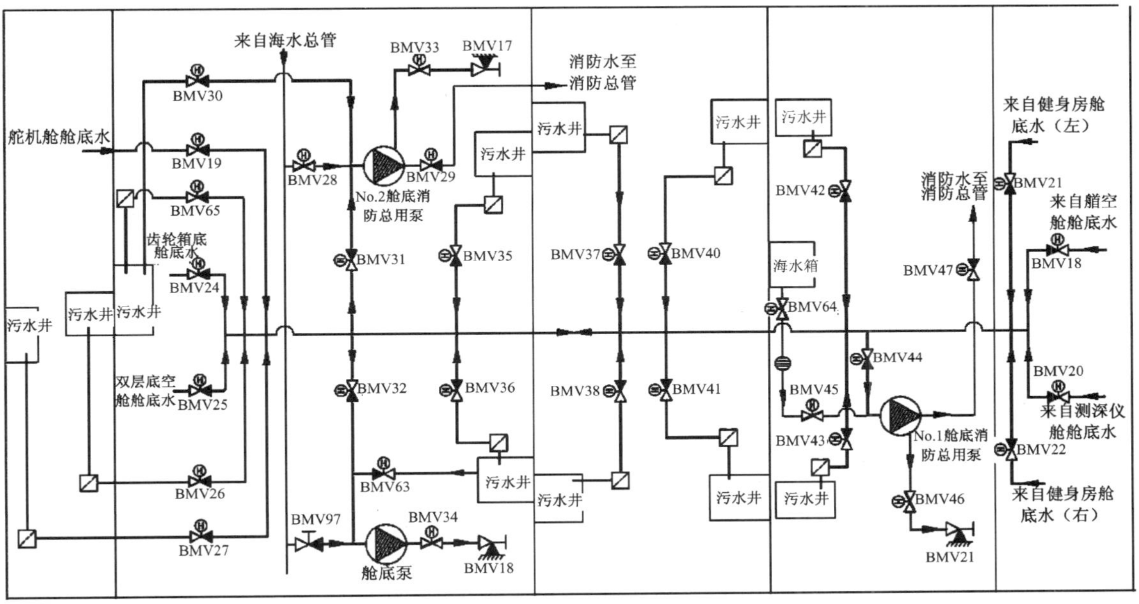

图 2-2　应急舱底水系统

二、压载水系统

压载水系统的布置形式可分为支管式和总管式。

1. 支管式

支管式压载舱室水系统布置如图 2-3 所示。其多用于压载管径较小、舱数不多的普通货船的压载系统，这种情况下，各舱均单独有支管通往机舱的阀门或阀箱，再经压载水总管与压载水泵相连。总管分别与压载水泵进出口接通，泵进口接海水总管，以便吸取舷外水，接通总管，以便抽排舱内的水；泵出口接通总管，以便向舱内注水，还接一路排出舷外的排水总管，水流方向靠阀门控制。艏尖舱作为压载舱时，要在靠艏尖舱舱壁的一侧，安装一只截止阀，该阀要用铸钢或青铜制造。该阀的操纵要在干舷甲板以上进行。在泵的进、出口一般都安装带旋塞的真空压力表和压力表。阀件上要有标明用途的铭牌，以便于压载水系统的管理。管子一般采用 10 号或 20 号输送流体的无缝钢管。对于内河简易船舶，也可采用低压流体输送用镀锌焊接的钢管。

支管式布置的优点是可将压载水控制阀集中布置在机舱压载水泵附近,便于集中操作和管理;缺点是从压载泵至压载舱,每舱均有单独的管子,因而比较浪费管材,增加投资和维护成本。支管式适用于长度适中、压载舱数较少的船舶。

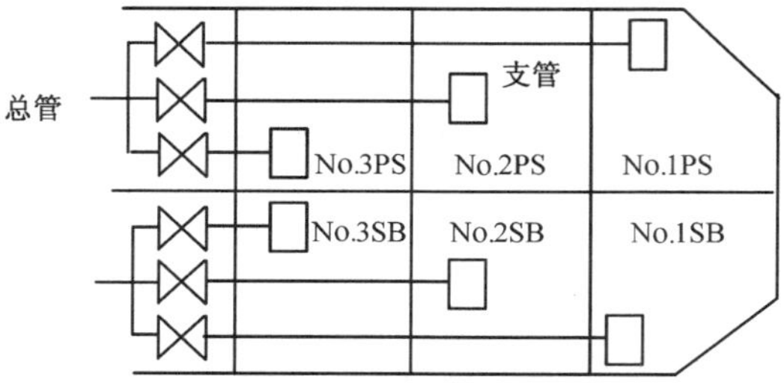

图 2-3　支管式压载舱室水系统布置图

2. 总管式

总管式压载舱室水系统布置如图 2-4 所示。它沿船的纵向铺设总管,从总管分别向各压载舱引出支管,在支管上安装阀和吸口。这种形式被广泛采用,其变形有单总管式、四总管式、环形总管式、管隧式和半管隧式等几种,每舱的吸口可能有一个或两个。

总管式的优点是节省材料,机舱内的布置则相对简单;缺点是压载舱控制阀门分散布置,不利于现场操作,因而总管式压载系统的阀门适宜采用遥控阀门。另外,采用总管式压载水系统在打开多个舱控制阀时,可能会造成压载舱之间压载水串通。尤其是采用单总管系统,如左右舱之间串通,可能会造成船舶倾斜,操作时应特别注意。

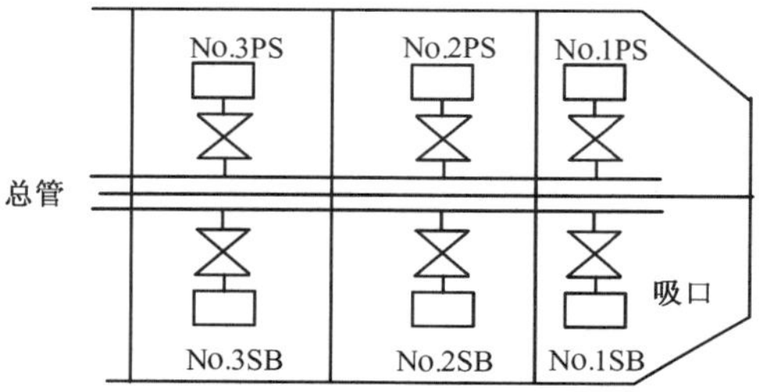

图 2-4　总管式压载舱室水系统布置图

三、水消防系统

图 2-5 为某客船水消防系统原理图。本系统配有主消防泵一台,布置在主机舱中,可在本地、集控室主配电板和消防控制站起停(吸入截止阀、排出截止阀为手动阀),另外,在减摇鳍舱和主机舱还设有舱底消防总用泵 No. 1、No. 2。其中,舱底消防总用泵 No. 1 接应急电源,用作应急消防泵,可在本地起动,也可在驾驶台或消防控制站遥控起动,应急消防泵有单独的海底阀箱。

除用于灭火外,消防水还可用于冲洗锚链及舵机、系缆机液压单元冷却水。

根据规范要求,船舶消防水管分为内消防管(舱室内部)和外消防管,其中内消防管应始终保持压力,能够随时出水。本例消防水系统配有消防稳压泵和消防压力柜,通过单向阀向内消防管供水并保压,其他消防泵直接向外消防管供水并通过单向阀向内消防管供水,同时可防止内消防管淡水进入外部管路。

消防压力柜经截止止回阀 BMV11 向消防总管提供一定压力(0.8~1.0 MPa)的消防淡水。当柜中压力低于 0.75 MPa 时,压力开关 PS(低压)会发出信号(ASTP)使消防稳压泵起动,从淡水舱吸入淡水,从而补入消防压力柜;当柜中压力升至 1.0 MPa 时,压力开关 PS(高压)发出信号(ASTP)使消防稳压泵停止,从而保持消防压力柜内的压力稳定。消防压力柜上设有补气阀 AMV1,在必要时可向柜中手动补充 1.0 MPa 的压缩空气,以保证柜中压力足够。

当消防水被大量使用时,由于消防稳压泵的流量有限,可能导致其连续运转仍不能保证消防总管有足够压力,此时,消防压力柜中压力会逐渐下降。当压力降至 0.6 MPa 时,第三个压力开关 PS 将发出起动信号(AST),使消防泵起动。消防泵从海水总管吸入,可以向消防总管提供足够压力和流量的海水并通过单向阀进入内消防总管。

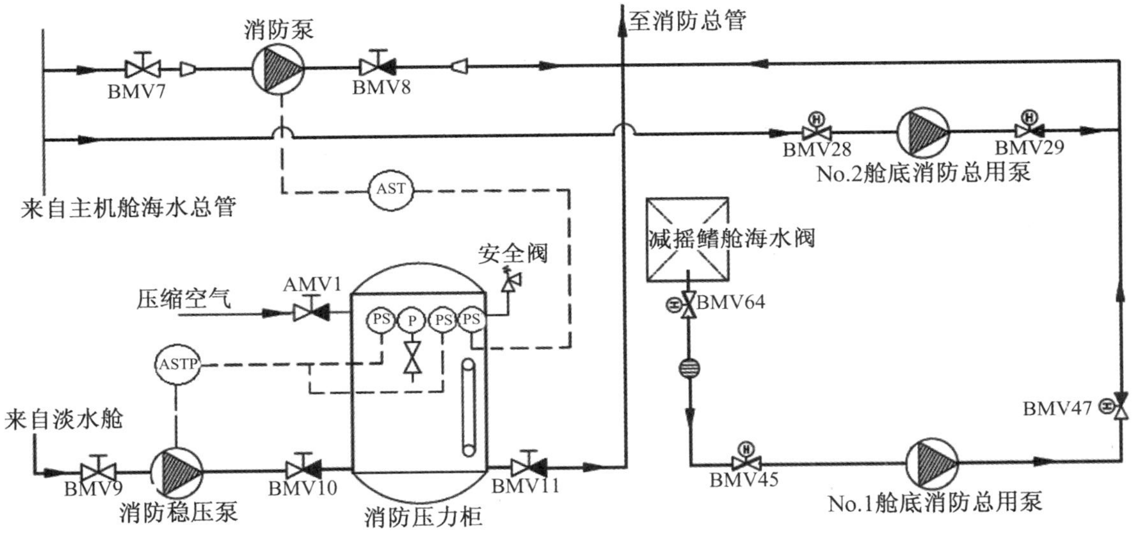

图 2-5 某客船水消防系统原理图

四、饮用水系统

图 2-6 为船舶饮用水系统图。来自饮用水舱的淡水被饮水泵送入饮水压力柜(0.2~0.4 MPa)。两个压力开关 PS 的设定值分别为 0.2 MPa 和 0.4 MPa,分别决定饮水泵的起、停。当柜中水位较高而压力仍偏低时,需要手动向柜中补充 0.4 MPa 的压缩空气。离开饮水压力柜后,饮用水被压送至饮水矿化装置,并经饮水处理装置的过滤、紫外线消毒后,送往厨房、配餐间以及各饮水机等,供人员饮用。

如果饮用水舱中的水质足以满足要求,可以经阀 FMV47 将饮水矿化装置旁通。当水舱中的水将用完时,可以通过游步甲板上的加水口从岸上加水。

五、生活淡水系统

图 2-7 为船舶生活淡水系统图。淡水泵从淡水舱吸入并将淡水送至淡水压力柜加压

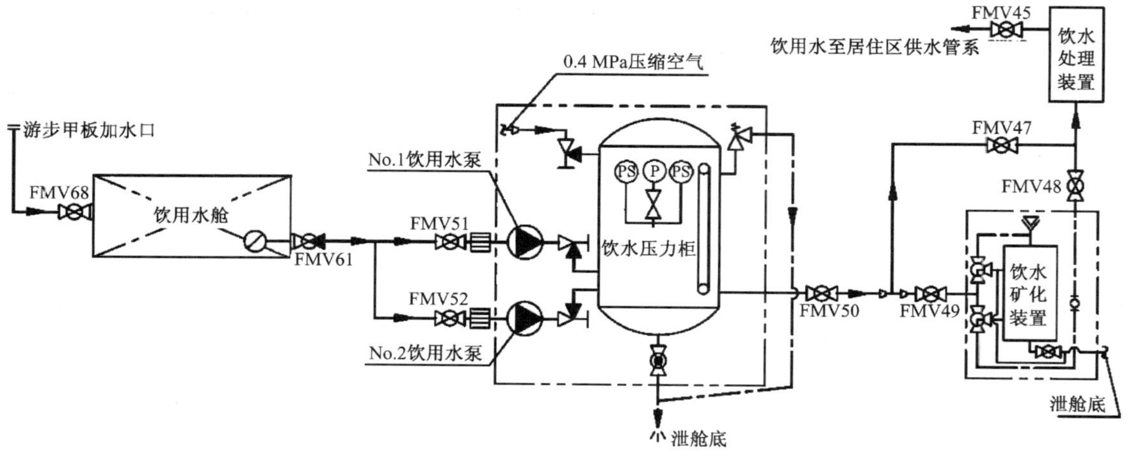

图 2-6　船舶饮用水系统

(0.2~0.4 MPa)后,分别经阀 FMV32 和 FMV34 送至居住区供水系统和热水柜。热水柜中压力由淡水压力柜保持,热水由顶部的阀 FMV28 送至居住区供水系统。热水柜中设有蒸汽加热,由温度开关 TS 控制蒸汽流量,从而将水加热至 60~65 ℃。为保证管路中一直有热水,还需要由热水循环泵将系统中的热水回水送入热水柜循环加热。No. 1 日用淡水泵还可用于各淡水舱之间的互相调驳。

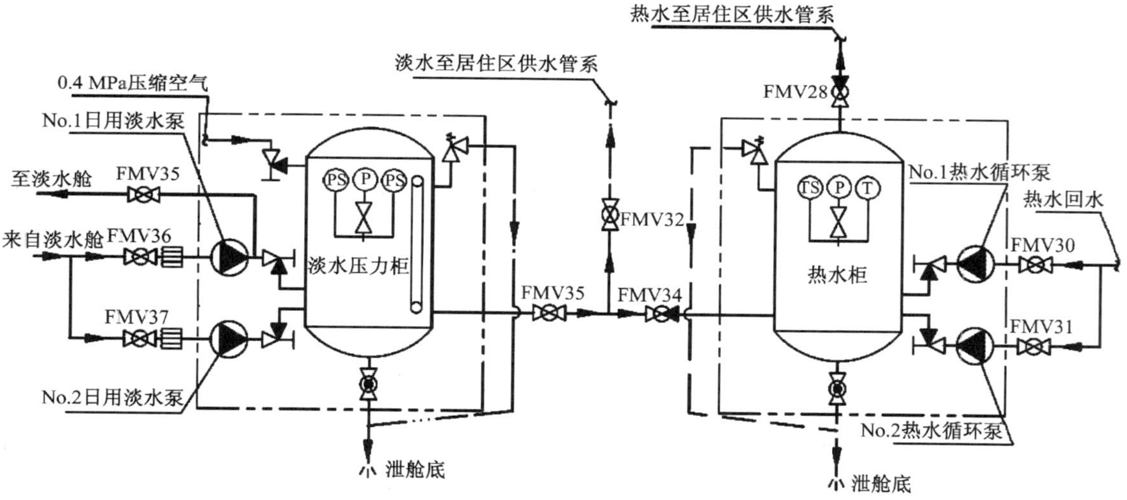

图 2-7　船舶生活淡水系统

六、卫生水系统

图 2-8 为船舶卫生水系统图。卫生水泵从辅机舱海水总管吸入海水,将其送入卫生水压力柜加压(0.2~0.4 MPa)。加压的海水经阀 FMV41 和 FMV38 送至各居住区,供厕所冲洗所用。卫生水也可经阀 FMV39 和 FMV40 分别进入 No. 1/No. 2 生活污水处理装置,供装置内部清洗所用。

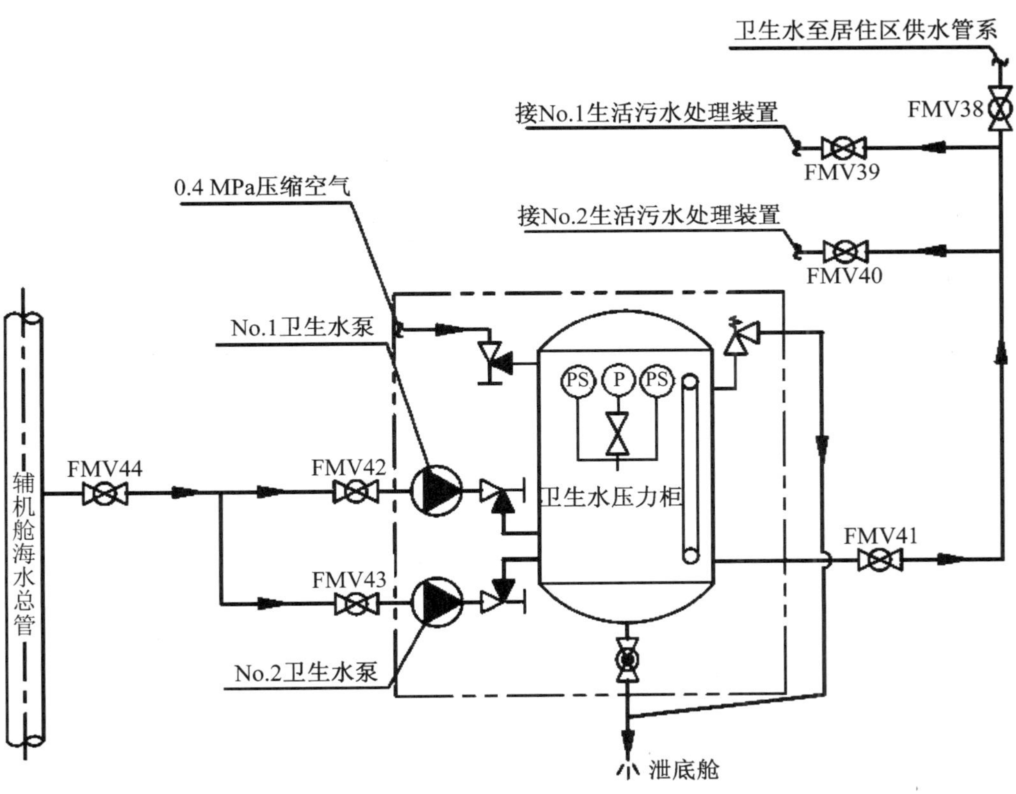

图 2-8 船舶卫生水系统

第四节 管系阀件

一、截止阀

截止阀是用来接通或切断管路中介质和控制其流量的。截止阀按其进、出口中心线的位置可分为:直通式,即进出口中心线在一条直线上;直角式,即进、出口中心线相互垂直呈直角分布。截止阀按其与管路连接方式可分为:法兰连接、内螺纹或外螺纹连接。

直通式法兰铸铁截止阀结构如图 2-9 所示,阀座 2 直接安在阀体 1 内,阀杆 4 的下部与阀盘 3 采用浮动连接,这样阀盘 3 在下降过程中可以有些摆动,可使阀盘 3 与阀座 2 配合准确,保证了截止阀的密封性。阀杆 4 上部的梯形螺纹与阀盖 7 互相啮合,阀杆 4 方头上装有手轮 8,手轮 8 用螺母 9 固定。阀杆通过阀盖 7 处装置填料 5,由填料压盖 6 压紧,保证工作介质不会从阀杆 4 处溢出。直通式截止阀可用于海水、淡水、燃油和温度低于 225 ℃蒸汽的管路中,是船用阀件中应用最多的一种。

逆时针转动手轮,阀杆带动阀盘离开阀座,此时截止阀呈打开状态,介质从图示方向进入和流出截止阀,管路呈流通状态;反之,则关闭管路。

截止阀在管路中安装时,一定要保证阀体上箭头方向与介质的流动方向一致。若箭头标志不清,则可按“低进高出”的原则判断。若截止阀进出口装反,会造成管路流动阻力大幅度增加。

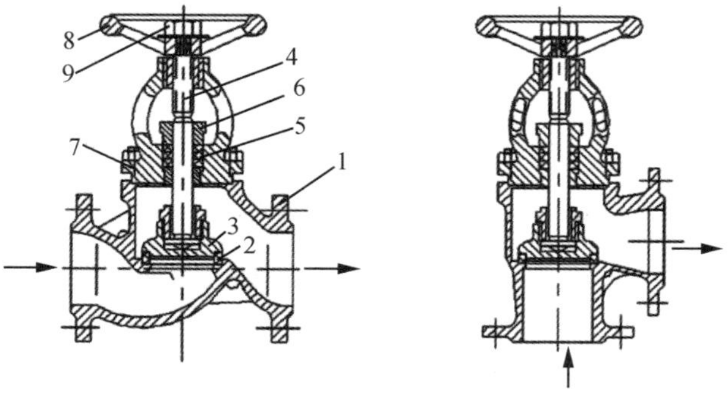

图 2-9 直通式法兰铸铁截止阀结构图

1—阀体;2—阀座;3—阀盘;4—阀杆;5—填料;6—填料压盖;7—阀盖;8—手轮;9—螺母

二、止回阀

止回阀又称单向阀,它只让介质沿一个方向流动而不能倒流。止回阀按结构分为升降式和旋转式两种,升降式在船上应用较多,其结构如图 2-10 所示,它由阀体 1、阀座 2、阀盘 3 和阀盖 4 组成。阀座 2 直接压在阀体 1 内,为了保证阀盘 3 正确地关闭,阀盘 3 上部有导向杆伸入阀盖 4 孔内为阀盘上下运动导向。当工作介质按图示方向进入阀盘的下部时,如果工作介质作用于阀盘下部的力大于阀盘重力和上部的作用力,阀盘就被抬起而离开阀座,此时,止回阀通道被打开,工作介质从止回阀的出口流出。当工作介质逆向流动时,在工质压力和阀盘重力的作用下,阀盘紧压在阀座上,工质不能反向流过。

一般而言,尺寸较小的止回阀需要设置弹簧;而尺寸较大的止回阀,由于阀盘足够重,一般没有弹簧,仅靠阀盘自重关闭。由于阀盘靠重力落座,止回阀需要直立安装在管路上。

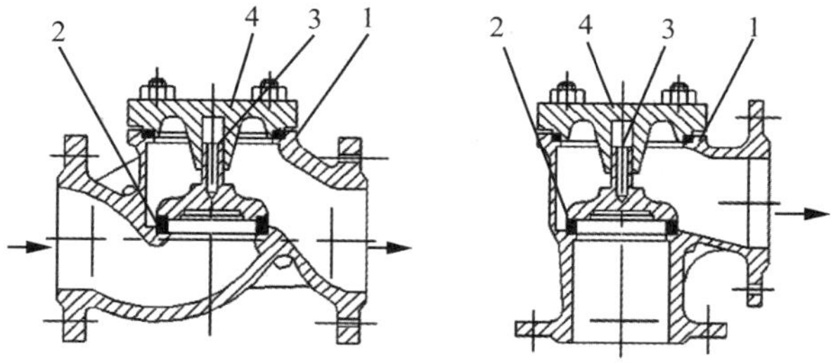

图 2-10 升降式止回阀结构图

1—阀体;2—阀座;3—阀盘;4—阀盖

三、截止止回阀

截止止回阀是截止阀和止回阀的组合阀门,具有截止和阻止介质逆向流动的双重作用,一般用于泵的出口管路,以避免介质逆向流动使压力作用于泵上,其结构如图 2-11 所示。截止止回阀不能强制开启阀盘，阀杆上升阀盘不能随之提升，仅当阀盘下面介质的作用力大于阀盘上面的作用力时，才能开启阀盘，顶起高度取决于阀杆上升的高度和介质的流动情况；反之，当阀盘上部作用力（阀盘重力、弹簧弹力和介质压力）大于下部作用力时，阀盘下降而自动关闭，从而阻止介质逆向流动。转动阀杆可压紧阀盘，将阀强制关闭，从而截断介质的流动。同止回阀一样，尺寸较大的截止止回阀一般不设弹簧，也需要直立安装在管路上。

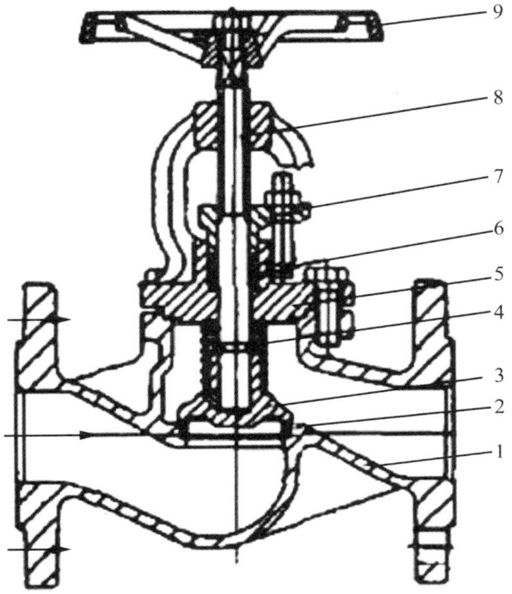

图 2-11 截止止回阀结构图

1—阀体；2—阀座；3—阀盘；4—弹簧；5—阀盖；6—填料；7—压盖；8—阀杆；9—手轮

四、闸阀

闸阀是一种截断式阀门，其阀盘为一楔形板，开关过程中产生平移而改变开度，其作用与截止阀相似。闸阀有暗杆式（阀杆固定式）和明杆式（阀杆上升式）两种型式。

1. 暗杆式闸阀

图 2-12 所示为暗杆式闸阀，转动手轮时，可使闸板上下移动，阀杆只能随之转动而不能上下移动，从而使阀在开启与关闭的过程中外形尺寸不变。暗杆式闸阀不能显示阀处于什么状态，若要知道阀板在阀内的具体位置，需在阀的上部加设一套行程指示器。

2. 明杆式闸阀

转动手轮时，阀杆随之转动并带动闸板上下移动。阀杆外移的高度可显示闸板的开启高度，阀杆不与介质接触，但阀的高度尺寸较大。由于闸阀流通截面大，对介质的流动阻力较小，介质流向不受限制，故常用于低压管路的截断位置。

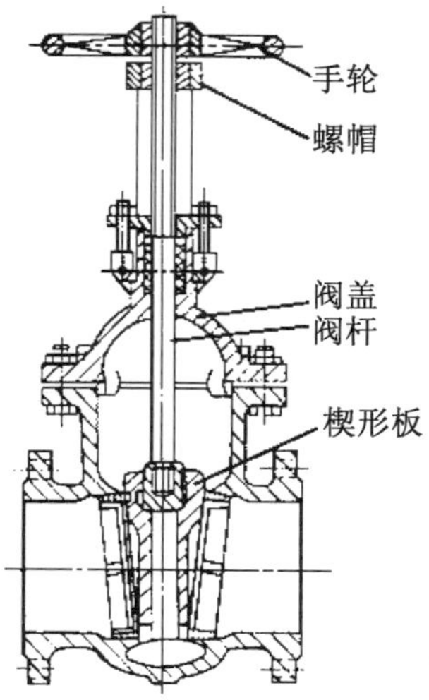

图 2-12 暗杆式闸阀

五、蝶阀

蝶阀是启闭件(蝶板)绕固定轴旋转的阀门。由于蝶阀转矩小、重量轻、尺寸小、密封性好,维修也较简便,目前蝶阀在船上已广泛应用。蝶阀的结构有偏心式和中心式。图 2-13 为中心式蝶阀结构原理图,其阀杆位于圆饼形阀盘的中轴线上,其阀体呈球形,内有密封圈。当阀盘垂直于管路时,蝶阀为关闭状态;当阀盘平行于管路时,蝶阀为全开状态。手动蝶阀上一般都标注有 0°~90°的角度,对应于不同的开度。在开关过程中,阀杆只是在 90°的范围内转动,其高度保持不变。蝶阀的密封面积较大,对工作介质的洁净程度和温度有较高要求,并且不宜频繁开关,否则易导致漏泄。在全开状态下,蝶阀对工质产生的阻力非常小,与截止阀和闸阀等相比,在通径相同时,蝶阀的重量要小很多。所以,在船上,蝶阀广泛用在低压、大流量的场合,如各种冷却系统、压载水系统、消防水系统等。

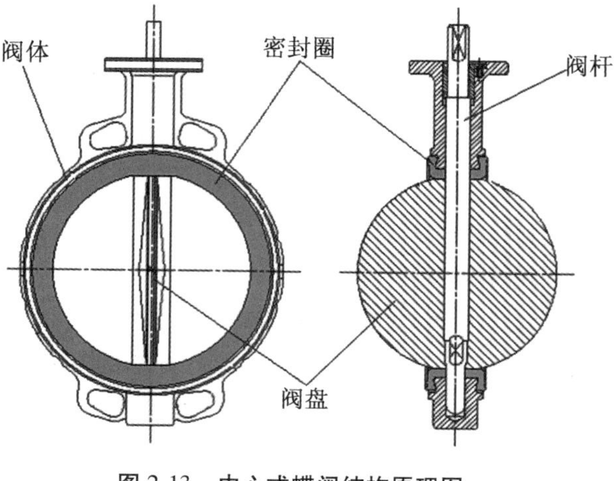

图 2-13 中心式蝶阀结构原理图

除上述常用阀件以外,管路中还有吸入阀箱、排出阀箱、旋塞、安全阀等阀件,以及滤器、泥箱(用于舱底水系统)、流量计、疏水器(用于蒸汽凝水管路)、通舱件、管子吊架等附件,在此不做详细论述。

第五节 船舶系统日常维护管理及注意事项

一、熟悉管系资料

船舶管系资料反映本船管系设计和施工布置的情况,说明了管路的走向和管路中附件的情况及所在位置,是轮机人员必须掌握的资料之一。若不能熟练掌握管路情况,在管理上必然会因开错阀、关错阀而引起事故或造成机损。因此,熟悉并掌握管系资料是做好管系管理工作的基础。

二、日常维护管理

(1)检查管路附件,使其处于正确工作状态,各阀门处于正确的开关位置。

(2)检查管路连接是否可靠,机械设备连接是否紧固。

(3)检查管路系统的密封状况,不得有漏泄现象。

(4)检查润滑油(或脂)油量是否充足,不够应加足。

(5)定期清洗滤器,减小管路阻力。

(6)观察系统的各种仪表读数是否正常。

(7)经常手摸检查轴承的温度,一般不要超过 70 ℃。

(8)在工作过程中,注意系统及设备是否有异常振动和噪声。

(9)寒冷天气注意及时放掉有关管路附件中的积水,防止管子冻裂。

(10)拆卸或维修管路时,谨防杂物落入管内。

三、管路系统破损的应急处理

船舶上的管路很多,管子的维修焊接工作量往往很大,对于铜管和小直径的钢管,一般均用气焊。在实际工作中,对于各种不同直径、不同壁厚的钢管均可采用电弧焊接。

1. 焊补法

由于管路尤其是海水管路被腐蚀,局部变薄而形成空洞的现象,这时可选用稍大于洞孔的一块铁板,将其弯成与管子外径相同的圆弧形贴到管壁上盖上洞孔,然后将铁板边缘焊牢。焊补燃油和滑油管子时,必须将管子拆下来焊补,以防引起爆炸或火灾。

2. 管箍法

管箍法是指在腐蚀烂穿的洞口外面贴上一层橡皮,厚度适中,然后用卡子或管箍卡牢,卡子与管箍的尺寸要与管径相符。若船上无备品,呈两瓣半圆形的卡子亦可自制。有时也可用铁丝代替,但在橡皮外表必须再贴一块与管子外圆相贴合的金属板,然后多扎几道铁丝。这种方法多用来堵直径较小的低压海、淡水管或蒸汽管路上的漏洞。

3. 打水泥

这种方法多用来堵直径较大的海水管子上的漏洞,对于靠近船底板的大直管子尤为适用。事前应先将漏洞处管壁上的油污清洗干净,用木板或铁皮制作一个简单(托)架,再用铁丝将框(托)架与管子相对固定,最后将拌和好的水泥灌注于框(托)架与管壁之间。水泥干固后撤除架子即可。拌和水泥时宜掺入一定比例的沙子。水泥灌好后应隔 2~3 h 洒上点淡水,以防产生裂纹。

4. 铁水泥修补

铁水泥可作应急时管子修补之用。

第六节 船舶管路系统实际操作训练

一、压载水系统的实际操作训练

1. 起动前的检查

(1) 起动前检查有无妨碍泵运转的异物并进行清理;检修后或长期停用的泵起动前,应手动盘车数转,检查转子有无卡阻、轴线对中不良或其他不正常的现象。

(2) 检查填料箱的压盖压紧程度是否适中。有水封环的填料箱应开启水封管的截止阀。

(3) 检查各轴承滑油量是否适当,油质是否良好。有油环的轴承,滑油应浸 15 mm 左右;油脂润滑的轴承,油脂量应充满轴承室的 1/3~1/2 为好,过多过少都不好。

(4) 检查水泵的地脚螺丝和其他固定连接螺丝是否松动。

(5) 检查泵吸入真空表和排出压力表及其接头有无损伤、漏泄。

(6) 打开水泵的海水吸入阀,关闭水泵的排出阀,同时开启泵壳上的放气旋塞直至喷出水柱后关闭。

2. 压载水的压载(注入)操作

如图 2-14 所示,现以向 2 号左边舱进行压载为例,说明船舶压载的操作过程。

(1) 打开压载水泵海水吸入阀,并关闭泵吸入管路上其他吸入阀。

(2) 打开调驳阀箱上 2 号左压载水舱的压入阀(支阀)并关闭其余压入阀,关闭压载水泵出口管路上所有排出阀。

(3) 起动压载水泵,打开压载水泵至调驳阀箱管路上的截止阀。

(4) 舷外海水经海水总管 3→吸入管路→压载泵→调驳阀箱→左 2 压入阀→2 号左边压载水舱,直到压载水达到要求的压载水量。若同时需要向 3 号舱右边进行压载,只需要开启右 3 压入阀即可向 3 号右边压载水舱压载。

(5) 所有水舱均压载完毕后,关闭压载水泵排出阀,停泵并关闭管路上其他阀件。

3. 压载水的排载(排出)操作

如图 2-14 所示,现以将 2 号左边舱进行排载为例,说明船舶排载的操作过程。

(1)打开2号左压载水舱抽出阀(支阀),检查并关闭其他抽出阀。

(2)打开压载水泵抽出总阀,检查并关闭压载水泵吸入管路上的其他吸入阀,关闭排出管路上的所有截止阀。

(3)起动压载水泵,打开压载水泵通舷外管路上的截止阀和舷外阀。

(4)2号左边压载水舱→左2抽出阀→调驳阀箱→压载泵→舷外,直到2号左边压载水舱抽空为止。

(5)所有水舱均排载完毕后,关闭压载水泵排出阀和舷外阀,停泵并关闭管路上其他阀件。

4. 压载水的调驳操作

如图2-14所示,现以将2号左边舱的水调至3号右边舱为例,说明船舶压载水的调驳操作过程。

(1)打开2号左压载水舱抽出阀(支阀),检查并关闭其他抽出阀。

(2)打开压载水泵抽出总阀,关闭压载水泵吸入管路上的其他吸入阀,关闭排出管路上的所有截止阀。

(3)打开调驳阀箱上3号右压载水舱的压入阀(支阀),关闭调驳阀箱上其余排出阀。

(4)起动压载水泵,打开压载水泵至调驳阀箱管路上的截止阀。

(5)2号左边压载水舱→左2抽出阀→调驳阀箱→压载泵→调驳阀箱→右3压入阀→3号右边压载水舱,直到调驳水量达到要求为止。

(6)关闭压载水泵排出阀,停泵并关闭管路上其他阀件。

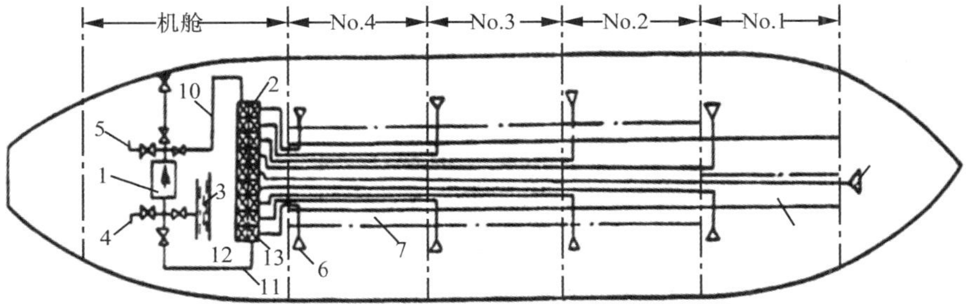

图2-14 压载水系统图

1—压载泵;2—压载调驳阀箱;3—海水总管;4—接舱底水系统(或机舱应急吸口);5—接消防水系统;6—压载舱吸口;7—燃油舱;8—艏尖舱吸口;9—管隧;10—压水管;11—抽水管;12—压水阀;13—抽水阀

二、舱底水系统的实际操作训练

1. 舱底水排至舱底水舱的操作

现以主机舱污水井排至舱底水舱为例,说明其操作过程,如图2-1所示。

(1)打开主机舱污水井至日用舱底泵吸入管路上的止回阀BMV3和止回阀BMV4,关闭其余所有污水井至日用舱底泵吸入管路上的止回阀。

(2)起动日用舱底泵。

（3）开启日用舱底泵至舱底水舱排出管路的截止阀 BMV16，主机舱污水井中污水被排入舱底水舱。

（4）主机舱舱底水抽吸完毕后，关闭截止阀 BMV16，停止日用舱底泵，关闭止回阀 BMV3 和止回阀 BMV4。

2. 油水分离器从舱底水舱中抽吸处理排放操作

舱底水舱污水处理排放的操作过程，如图 2-1 所示。

（1）打开舱底水舱至油水分离器管路上的止回阀 BMV66，关闭各污水井至油水分离器管路上的止回阀，如 BMV2、BMV3、BMV4 等。

（2）打开海水总管至油水分离器管路上的海水阀 BMV93。

（3）打开油水分离器至舷外的出口阀 MSV1。

（4）起动油水分离器，海水→经海水阀 BMV93→进入油水分离器内进行冲洗，待油水分离器冲洗一段时间后，开启油水分离器排出管路上的油分浓度检测器，对分离器排放进行检测。

（5）打开油水分离器吸入阀 BMV66，关闭海水阀 BMV93，舱底水舱油污水→经油水分离器吸入阀 BMV66→进入油水分离器，进行正常分离工作。

（6）当舱底水舱污水分离完毕后，打开海水阀 BMV93，关闭油水分离器吸入阀 BMV66，对油水分离器进行冲洗。

（7）油水分离器冲洗后，关闭海水阀 BMV93，关闭油分浓度检测器，关闭相关件，操作结束。

3. 油水分离器直接从舱底抽吸处理排放操作

舱底污水直接处理排放，以减摇鳍舱的排放为例说明操作过程，如图 2-1 所示。

（1）打开海水总管至油水分离器管路上的海水阀 BMV93。

（2）打开油水分离器至舷外的出口阀 MSV1。

（3）关闭油水分离器吸入管路上的吸入止回阀 BMV66，关闭油水分离器通所有舱底污水井管路上的吸入阀。

（4）起动油水分离器，海水→经海水阀 BMV93→进入油水分离器内进行冲洗，待油水分离器冲洗一段时间后，开启油水分离器排出管路上的油分浓度检测器，对分离器排放进行检测。

（5）打开油水分离器吸入管路上的吸入阀 BMV98 和 BMV99，减摇鳍舱油污水→经阀 BMV98 或 BMV99→进入油水分离器，进行正常分离工作。

（6）当减摇鳍舱污水分离完毕后，打开海水阀 BMV93，关闭油水分离器吸入阀 BMV98 和 BMV99，对油水分离器进行冲洗。

（7）油水分离器冲洗后，关闭海水阀 BMV93，关闭油分浓度检测器，关闭相关件，操作结束。

4. 舱底水排岸操作

（1）关闭截止阀 BMV16、海水阀 BMV93。

（2）若是抽吸舱底污水中污水，关闭所有舱底通日用舱底泵吸入管路上的止回阀，开启舱底水舱至日用舱底水泵管路上的止回阀 BMV1。

（3）起动日用舱底水泵，待压力正常后，打开排出阀 BMV15，舱底水舱中的污水即排到岸上。

(4)污水排送完毕后,停止泵,关闭相应的阀件。

(5)若要抽吸某一舱的舱底水,只需关闭 BMV1,开启该舱通日用舱底泵的吸入管路上的相关止回阀即可。

三、通风系统的实际操作训练

(1)通风机起动前应做好起动前的检查、准备工作。如检查轴承润滑条件是否良好,新装或修理后复装的通风机,起动前还应用手盘叶轮试转,观察有无卡死、摩擦或影响运转的现象,检查所有紧固件。对于带传动风机,应注意驱动轮与带轮之间的平行与平齐,传动带松紧合适。另外,起动前还应检查电机接线是否正确,绝缘是否在要求范围内。

(2)风机起动时,先点起动 1~2 次,观察起动状态、叶轮转向。风机起动后观察风机振动、运行及风机轴承润滑情况,轴承表面测得的轴承温度一般不得高于环境温度 40 ℃,振动速度有效值不得超过 6.3 mm/s,如有异常,应立即停机。

(3)通风机在运行中操作人员应注意其风量、风压及电动机电流的变化,必要时进行工况调节。风机运行中必须经常观察风机振动、润滑及整个通风系统的工作情况并做好运行记录。

(4)通风机停机,只需关闭电源即可。但如果是停机检查或维修,应在其电源处悬挂“禁止合闸”警告牌。

四、消防水系统的实际操作训练

(1)消防泵一般为离心泵,起动操作参照压载水泵的起动操作。

(2)定期起动并做喷水试验,检查泵及系统工作是否正常。

(3)如有自动喷淋系统,应保持压力水柜正常,必要时通过充气或放气调整,并注意所用淡水舱应保持适当水量,以免抽空。

(4)冬季需防止外消防水管冻裂,使用后应注意放残。

第三章 活塞式空气压缩机操作与管理

第一节 压缩空气的用途

一、压缩空气的用途

经空气压缩机(简称空压机)压缩后,其压力高于大气压力一定值的空气称为压缩空气,储存于空气瓶中。压缩空气在船舶上主要用于以下几个方面:

1. 起动主机

在船上,压缩空气最主要的用途就是用来起动主机,其压力一般为 2.5~3.0 MPa。

2. 操纵控制

在主机遥控操作的船上,压缩空气可用于遥控系统操作、换向操作、离合器操作等。其压力为 0.7 MPa 左右。

3. 其他用途

压缩空气在船上还可用于填充压力水柜、鸣放汽笛、吹洗机件、冲洗海底阀、吹干滤网等。其压力一般为 0.4 MPa 左右。

在大、中型柴油机船舶上,通常配备 2~3 台排气压力为 3.0 MPa 的电动空压机;某些中、小型船舶上,可采用轴带式空压机;有的小型船舶上,则采用柴油机某缸停止喷油的方法产生压缩空气。现在船上基本上采用电动空压机产生压缩空气。

二、活塞式空压机的分类

1. **按额定排气压力分**

(1)低压空压机(0.2~1.0 MPa);

(2)中压空压机(1~10 MPa);

(3)高压空压机(10~100 MPa)。

2. **按排气量分**

(1)微型空压机(小于 1 m^3/min);

(2)小型空压机(1~10 m^3/min);

(2)中型空压机(10~100 m^3/min);

(4)大型空压机(大于 100 m^3/min)。

3. **按冷却方式分**

(1)风冷压缩机;

(2)水冷压缩机。

4. **按常用结构分(如图 3-1 所示)**

(1)立式、单缸、单作用;

(2)立式、双缸、单作用、二级;

(3)V 形、双缸、二级;

(4)单列、串缸、串叠式;

(5)单列、串缸、差动式。

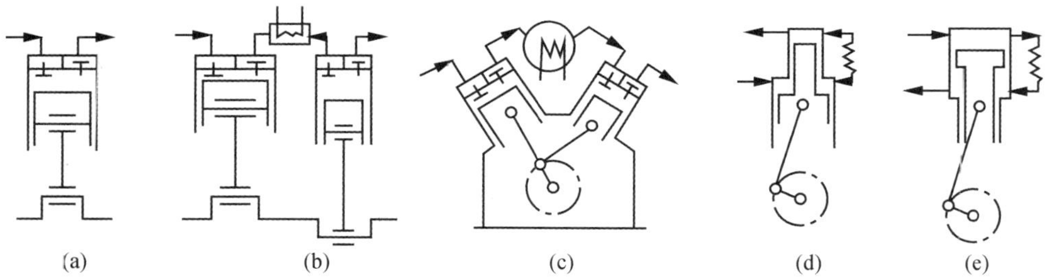

图 3-1 活塞式空压机结构分类图

(a)立式、单缸、单作用;(b)立式、双缸、单作用、二级;
(c)V 形、双缸、二级;(d)单列、串缸、串叠式;(e)单列、串缸、差动式

第二节 活塞式空压机的工作原理

一、活塞式空压机的工作循环

1. 活塞式空压机的理想工作循环

图 3-2 为单级活塞式空压机的理想工作循环图。所谓理想工作循环，是指空压机压缩的是理想气体，在工作过程中，既无能量损失，又无容积损失，且压缩过程为等温压缩。空压机的压缩过程包括等温压缩、多变压缩和绝热压缩三种形式，其中等温压缩耗功最小。

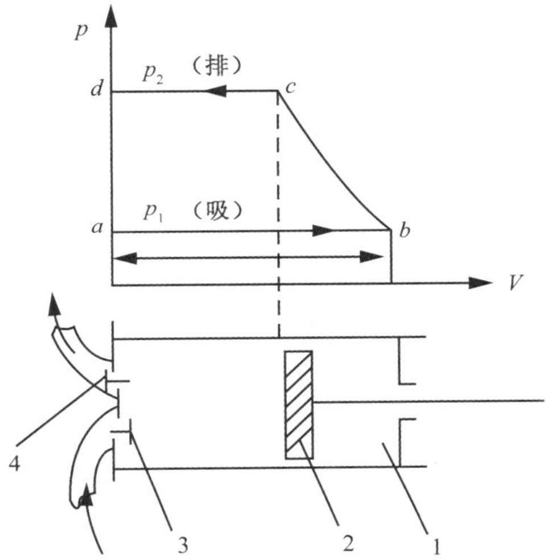

图 3-2 单级活塞式空压机的理想工作循环

1—气缸；2—活塞；3—吸气阀；4—排气阀

如图 3-2 所示，其工作循环过程为：当活塞从左端止点位置向右端运动时，吸气阀 3 打开、排气阀 4 关闭，气缸容积增大，压力降低而吸入空气，直至活塞运动到右端止点位置；当活塞反向运动时，吸、排气阀均关闭，缸内气体被压缩，压缩至压力达到一定数值时，排气阀被顶开而开始排气，排气至活塞运动至左端止点位置结束，这样空压机完成一个工作循环。只要空压机在原动机的带动下不停地运转，空气就会不断地被吸入、压缩和排出，储存于空气瓶内。

从以上分析可知：空压机理想工作循环为：吸气→压缩→排气→吸气三个循环过程。空压机理想工作循环是耗功最小而排气量最大的工作循环。

2. 活塞式空压机的实际工作循环

活塞式空压机的实际工作循环与理想工作循环存在非常大的差别，实际工作循环不但有能量损失和容积损失，而且压缩过程不是等温压缩。如图 3-3 所示，实际工作循环与理想工作循环的主要差别在于：

(1)存在余隙容积

所谓余隙容积是指空压机的活塞到达上止点时，第一道活塞环和活塞顶部以上、气缸盖底部以下的所有容积。活塞式空压机必须要留有一定余隙容积，其原因有以下两点：

①空压机在工作中，由于活塞、连杆等部件受热会膨胀，连杆轴承松动等因素，引起活塞撞击气缸盖底部。

②由于空压机过度冷却，空气中的水蒸气被压缩而凝结成水，缸内产生“液击”而造成机损事故。

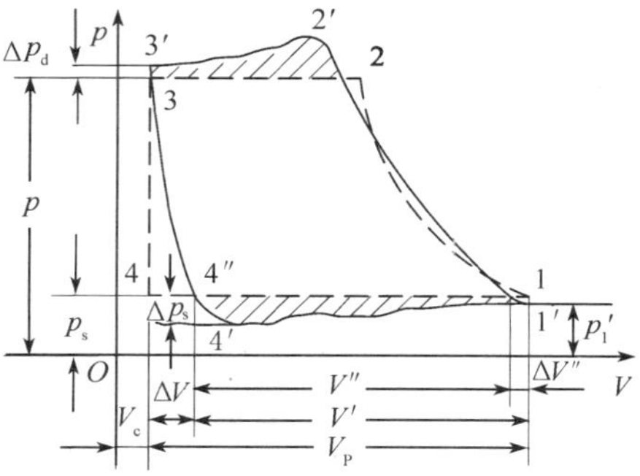

图 3-3　活塞式空压机实际工作循环

在吸气过程刚开始时，由于余隙容积的存在，气缸内被压缩了的空气首先要膨胀，膨胀至气缸内压力低于大气压力，空压机才开始进气，使空压机吸气过程缩短，吸气量减少。减少的吸气量与余隙容积大小和排气压力高低有关，余隙容积越大或缸内压力越高，其膨胀过程越长，吸、排气量越少。

在工作中，空压机的余隙容积会因轴承的磨损、连杆弯曲变形或更换厚度较大的气缸垫床而变大。

余隙容积对空压机工作的影响很大，为了便于余隙容积的测检，将余隙容积的测量转换为余隙高度的测量。余隙高度是指活塞位于气缸中上止点位置时，活塞顶至气缸盖底部的距离。船用小排量空压机，余隙容积高度一般为 0.5~1.8 mm。

(2)存在阻力损失

空气在流经吸入滤器，吸、排气阀和管路时均存在阻力损失，阻力损失与气流速度的平方成正比。由于阻力损失的存在，就会造成空压机吸、排气量减少和压缩功增加。

(3)存在热交换

在吸气过程中，由于进入气缸的空气与气缸壁存在着温差，空气与气缸壁就会发生热交换，进入气缸的新鲜空气因吸热而膨胀，比容增大，造成空压机吸气量减小，使排气量降低，这部分损失称为预热损失。

(4)存在漏泄

在气阀的阀片与阀座之间、气缸与活塞环之间、管路连接处等，均会由于密封不良而造成漏泄，造成空压机排气量减少。对空压机来讲，漏泄是不可避免的，轮机管理人员只能从维护管理的角度，尽可能减少漏泄，提高空压机的排气量。

(5)压缩过程不等温

如图 3-4 所示，等温压缩过程空压机的功耗最小，绝热压缩过程空压机的功耗最大，然而空压机在实际工作过程中，压缩过程是介于等温压缩和绝热压缩之间的多变压缩。空压机冷却效果越好，压缩过程越接近于等温压缩，其压缩功越小；冷却效果越差，压缩过程越接近于绝热压缩，其压缩功越大。所以，为了减小空压机耗功，提高空压机的效率，空压机需要加强冷却。其冷却的方法包括空气冷却和水冷却。

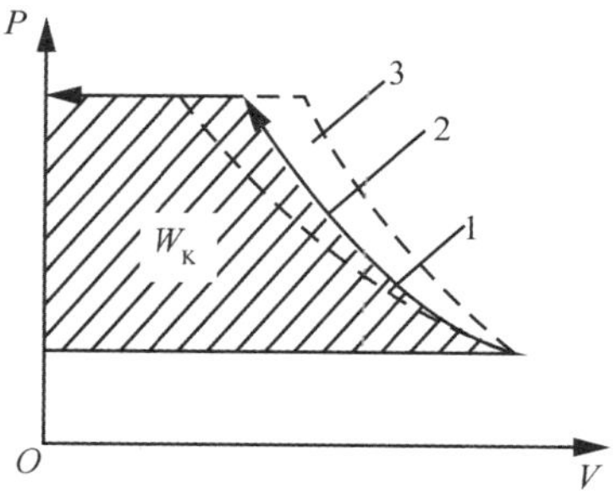

图 3-4　三种压缩过程示功图

从以上分析可知，空压机的实际排量总是小于理论排量；实际压缩耗功总是大于理论耗功。空压机实际工作循环包括膨胀、吸气、压缩和排气四个过程。空压机排气压力与吸气压力之比，称为压缩比（或压力比）。

二、多级压缩与中间冷却

多级压缩和中间冷却是指空气在低压级气缸中压缩到某一压力后，排至空气冷却器中冷却，然后再进入下一级气缸中继续压缩，如此反复，直至压缩空气排至空气瓶。压缩空气的排出压力经一级压缩达到的，称一级压缩；经二级压缩达到的，称二级压缩，以此类推。空气的级间冷却称为中间冷却。

1. 采用多级压缩和中间冷却的原因

（1）降低排气温度。单级压缩的压力比一般为 6～7，否则对空压机润滑不利。因压缩过程不可能是等温的，故排气温度必然随排气压力的升高而升高。当排气压力达到一定值时，排气温度就会接近或超过润滑油的闪点温度（215～240 ℃）使润滑条件恶化，润滑油变质、裂化和结焦，不但加剧了气缸和活塞的磨损，而且还会使吸、排气阀发生故障，严重时还可能引起爆炸事故。为了保证空压机安全、可靠地工作，每一级压缩压力就不应过高，以排气温度不超过 200 ℃为宜。降低排气温度的最有效措施是采用多级压缩和中间冷却，以降低单级压缩比和次级吸气温度。

（2）提高输气系数。单级压缩时，随压力比的升高，膨胀过程就增长，吸气容积减小，输气系数迅速下降。采用多级压缩，使单级压缩比降低，余隙容积的影响减小，从而使输气系数提高。如图 3-5 所示，采用单级压缩的示功图为 *padf*，采用双级压缩的示功图为 *oabn* 和 *mcef* 两部分，空压机由单级压缩改为双级压缩后，吸气容积由 *pa* 增大为 *oa*，这就说明空压机采用双级压缩比单级压缩显著提高了排气量（即输气系数）。

（3）节省压缩机耗功。采用多级压缩和中间冷却，使实际压缩过程更有效地接近等温过程，因此减少了压缩耗功。如图 3-5 所示，单级冷却改为双级加中间冷却后，理论上省功为面积 *cbde* 与 *opmn* 之差。多级压缩之所以省功，主要原因在于中间冷却。理论分析表明，冷却不完善，空气冷却后的温度比原始温度每升高 3 ℃，下一级的压缩耗功约增加 1%。

（4）减小活塞上的作用力。单级压缩要达到很高排气压力，势必使活塞受力很大，运动部件就会做得笨重，机器的运行和维修均不便。

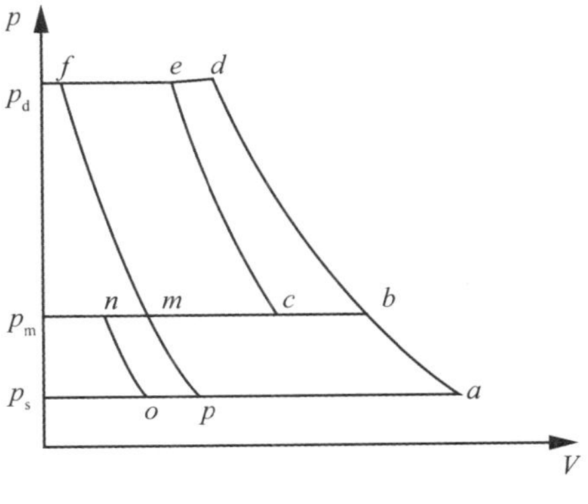

图 3-5 单级与双级压缩理论工作循环图

空压机采用多级压缩和中间冷却最主要的目的是降低排气温度，保证润滑，防止滑油结焦。所以，工作压力为 3.0 MPa 的船用空压机，通常都采用双级压缩。采用双级压缩的空压机，理论上要求每一级的压缩比相同，但为了使耗功最省，实际上后一级比前一级的压缩比选得略小一些。

2. 空压机的冷却方式及其目的

(1)气缸冷却。其主要目的在于移出压缩过程中空气传给缸壁及摩擦产生的热量,使压缩过程趋于等温,以节约压缩耗功和改善气缸的润滑条件。

(2)中间冷却。其主要目的是降低下一级的吸气温度、减少压缩耗功和减小下一级气缸的缸径。

(3)压后冷却。其目的是缩小压缩空气的容积,提高空气瓶的储气量;并可以通过气液分离器把油和水从压缩空气中分离出来,从而提高压缩空气的品质。

第三节 ◉ 压缩空气系统的组成

如图 3-6 所示,压缩空气系统主要由空压机 1、主空气瓶 2、低压空气瓶 6、空气减压阀 5、汽液分离器等组成。经空压机压缩后的空气储存在主空气中,随时为主机起动准备充足的压缩空气;主空气瓶内的压缩空气,经减压阀减压后,储存在低压空气瓶中,为其他的低压用气设备提供动力。下面对构成压缩空气系统的各种主要设备进行介绍。

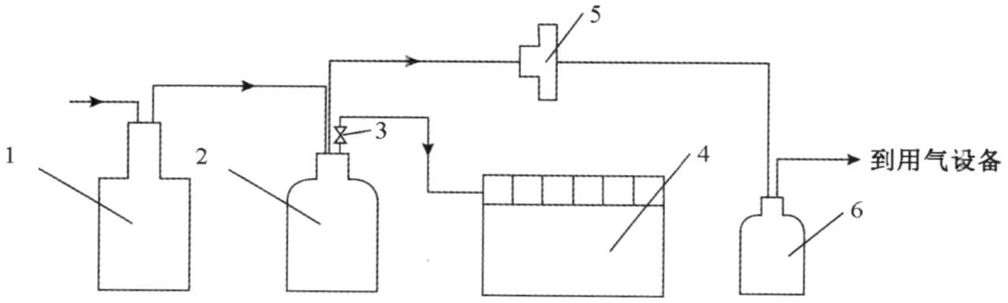

图 3-6 压缩空气系统组成简图

1—空压机;2—主空气瓶;3—供气阀;4—主机;5—空气减压阀;6—低压空气瓶

一、气液分离器

空压机排出的压缩空气含有油分和水蒸气,经冷却后就会凝结成液滴。油滴和水滴若随空气进入下一级气缸,就会黏附在气阀上,使气阀工作失常,寿命缩短;水滴黏附于缸壁上,会使润滑恶化;管路中油滴大量积聚,则有引起爆炸的危险。若冷却后的压缩空气直接充入储气瓶,则会减小空气瓶的储气量,降低压缩空气的品质。为此,各级冷却器之后一般都设有气液分离器,以分离压缩空气中的油和水。

如图 3-7 所示为一种撞击式气液分离器的结构。当被冷却后的压缩空气从气液分离器的进口接头 1 进入壳体 6 内时,由于容积突然增大,流速突然降低,为空气与液粒的分离提供了较充裕的时间,颗粒较大的液粒直接掉到分离器底部。靠重力不能掉下的液粒,跟随气流一起流动,在流动过程中,随流向的不断改变,反复多次折转与芯子 7 的壁面碰撞;由于液粒的黏附性强,绝大多数的液粒就会黏附于壁面上,随着液粒的积聚,并在重力作用下,下落而汇聚在分离器的底部。被分离后的压缩空气,则经球阀 4 和出口接头 2 充入下一级气缸或空气瓶。为

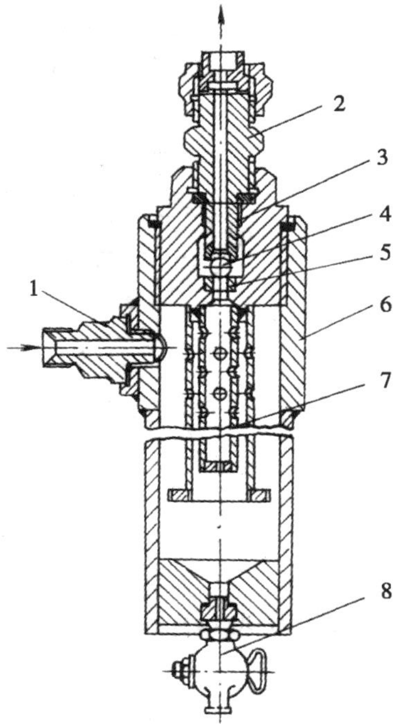

图 3-7 撞击式气液分离器的结构图

1—进口接头;2—出口接头;3—限制器;4—球阀;5—阀座;6—壳体;7—芯子;8—泄放阀

了提高气液分离器的分离效果,在运行中的空压机,若是手动泄放的,应每间隔 2 h 左右将泄放阀 8 打开排放一次油污水。泄放阀 8 除可用于排放油污水外,还可在空压机起动时,将其打开实现卸载起动。球阀 4 实际上是一个单向阀(止回阀),其作用是只让空压机排出的气体进入空气瓶,不让空气瓶中气体倒流。

二、空气减压阀

在船上,空压机向主空气瓶供气,主要用于起动主机。除起动主机需要压力较高的空气外,还有许多设备需要压力较低的空气。通常在主空气瓶中的高压空气经减压阀减压后可获得低压空气。

空气减压阀的结构和工作原理如图 3-8 所示。主空气瓶中的高压空气从左侧进入减压阀的下部空间 A,经活门 8 减压后,低压缩空气从减压阀的右侧流出,进入低压储气瓶。活门是怎样控制空气流量、控制阀后低压压力稳定的,就得分析活门上的受力情况。作用于活门向上的力包括活门上下空气压差的作用力、活门弹簧 9 的作用力和低压室 7 的空气压力;作用于活门向下的力是调节弹簧 5 的弹簧力。当向上与向下的作用力平衡时,活门关闭;当低压侧空气压力降低时,活门向上的力减小而开启,高压空气充入低压侧,随着低压压力的回升,活门开度因向上作用力增大而逐渐关小,直至低压压力达到调定值时,活门向上与向下的作用力相等而关闭,以维持阀后压力基本稳定。

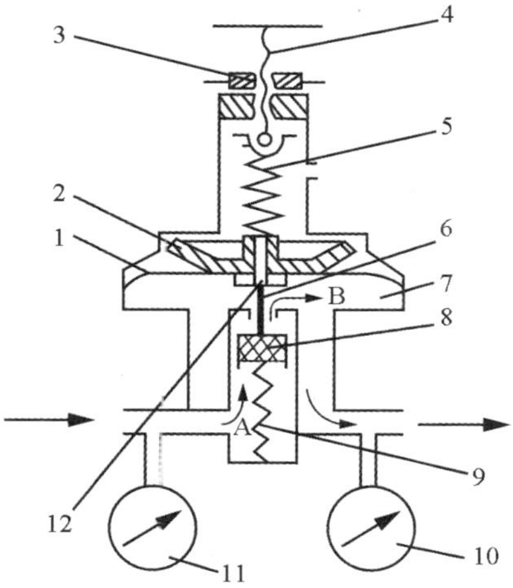

图 3-8　空气减压阀

1—薄膜;2—弹簧垫块;3—螺母;4—调节螺杆;5—调节弹簧;6—顶杆;7—低压室;8—活门;9—活门弹簧;10—低压压力表;11—高压压力表 ;12—安全装置

减压阀的减压压力是可以根据需要进行调节的,调节时只要改变调节弹簧 5 的弹力,就可以改变阀输出压力,其具体调节方法是:顺时针转动调节螺杆 4,调节弹簧 5 张力增大,即活门向下的作用力增大;此时,活门弹簧力和高压空气压力基本保持不变,为保持活门受力平衡,只有增大低压空气压力,故低压空气瓶中的压力升高。反之,低压空气瓶中的压力降低。

调整好的减压阀,在阀处于关闭状态时,由于活门 8 密封不好,低压室 B 空间的压力会逐渐升高而使膜片上拱。当低压压力升高到一定值时,膜片上拱至一定程度,顶杆 6 的顶端即与安全装置 12 的小孔脱开,低压空气经小孔和上部排气孔排出,从而防止发生输出压力过高的现象。

减压阀常见的故障包括:一是活门关闭不严,造成低压室压力不断上升,致使外壳上盖小孔有气体排出;二是由于薄膜 1 的破裂而使减压阀失去作用。

三、安全阀

为了防止空压机的排气压力超过额定工作压力而发生机损或安全事故,空压机一般在一、二级排气管路上均设置有安全阀,有的小型空压机只在二级排气管路上设置安全阀。

如图 3-9 所示,安全阀主要由阀座 11、阀盘 1、顶杆 3、弹簧 8、调整螺钉 4、锁紧螺母 5、调整环 10 等部件构成。弹簧弹力通过顶杆将阀盘紧压在阀座上,弹簧弹力通过调整螺钉 4 来调节;调整环 10 用于调节安全阀的启闭压差;锁紧螺母 5 用于锁紧调整螺钉 4,即弹簧弹力调定后就不能改变。

弹簧力通过顶杆 3 作用于阀盘将其紧压在阀座上,空气压力作用于阀盘 1 将其推离阀盘。当作用于阀盘上的空气压力超过作用于阀盘上的弹簧弹力(开启压力)时,阀盘 1 被顶开,将部分高压空气经阀体 9 上的排气口排至大气;当作用于阀盘上的空气压力小于作用于阀盘上的弹簧弹力时,阀盘 1 下落而关闭,从而保证压缩空气系统的安全。

安全阀弹簧弹力的大小决定了安全开启压力，弹簧弹力可由调整螺钉 4 调节，即调节调整螺钉 4 就可以调节安全阀的开启压力。具体调整方法是，顺时针转动调整螺钉 4，弹簧弹力增大，安全阀的开启压力升高；反之，安全阀的开启压力降低。

安全阀的启闭压差由调整环 10 来调节。具体调节方法是逆时针转动调整环 10，安全阀启闭压差增大。反之，安全阀启闭压差减小。所谓启闭压差是指安全阀开启与关闭时空气的压力差。

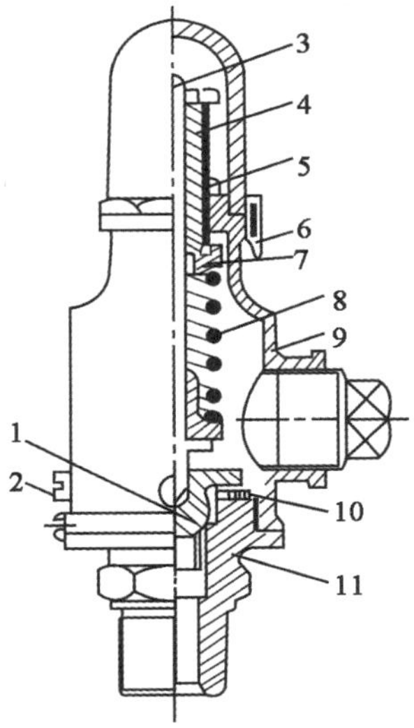

图 3-9 安全阀

1—阀盘；2—止动螺钉；3—顶杆；4—调整螺钉；5—锁紧螺母；6—铅封；7—弹簧座；8—弹簧；9—阀体；10—调整环；11—阀座

安全阀的开启压力，高压级比额定工作压力一般高 10%，低压级比额定工作压力一般高 15%。空压机出厂时，其开启压力已调整好，并已铅封，只要校验一下即可，安全阀不能随便启封调整。修理后的安全阀必须进行泵压试验，以确保安全。

四、空气瓶

空气瓶又称储气瓶，是一个圆筒形的压力容器，一般用钢板卷压焊接而成。空气瓶瓶头上设有主停气阀、充气阀、供气阀、安全阀、易熔塞、压力表、排污阀等阀件。其中易熔塞是为防止机舱发生火灾引起空气瓶爆炸事故而设置的。易熔塞熔点为 100 ℃左右，易熔塞受热熔化，把瓶内压缩空气放至大气，从而避免受热气压剧增而发生爆炸，其尺寸应保持失火时有效放出空气。

船舶航行中，应定期开启空气瓶排污阀排除积存于瓶底的污油和污水，以保证空气瓶的储气量和压缩空气质量。空气瓶的容量应保证可逆转柴油机能连续起动 12 次以上。应防止污物被空气带至柴油机的操纵系统而影响阀件的动作。为了确保船舶的操纵性能，严禁在船舶靠离码头或编解队时，开启排污阀快速和大量排污。

为了确保安全，新空气瓶或使用若干年后的空气瓶应进行水压试验，试验压力为 1.5 倍额定工作压力。检修空气瓶或有关装置时，应先将空气瓶中空气放净，才能动手拆卸有关零件。

否则,会在气压作用下使零件飞出伤人或损坏机件。

第四节 活塞式空压机的结构与控制

一、0.34/30B 型空压机

0.34/30B 型空压机是目前内河船舶上使用最多、应用最广泛的机型之一。0.34/30B 型为直立、双缸、二级压缩、风冷式电动空压机,采用甩油环飞溅润滑,转速为 600 r/min,排量为 0.34 m^3/min,额定工作压力为 3.0 MPa,轴功率为 3.679 kW。

如图 3-10 所示,它由气缸盖、缸体、曲轴、皮带轮 1 和中间冷却器 2 等部件组成。气缸盖为组合式即两个气缸共用一个气缸盖,在气缸盖的阀窝中装有一级吸气阀 7 和一级排气阀 8,二级吸气阀 9 和二级排气阀 5。在一级(低压)气缸 6 中装大活塞,二级气缸 4 中装小活塞,其活塞通过连杆均与曲轴相连。曲轴装于由轴箱中,在曲轴上左、右两端靠近主轴承旁,各悬挂有一个甩油环 11,靠近甩油环左、右两侧曲柄臂上各有一个储油圈 13。储油圈收集从缸套滴下的润滑油,用以润滑连杆大端轴承。曲轴伸出曲轴箱端装有皮带轮 1 并以此传动空压机工作。一级气缸排气经中间冷却器 2 进入二级气缸,在第二级排气管上装有二级安全阀 3。

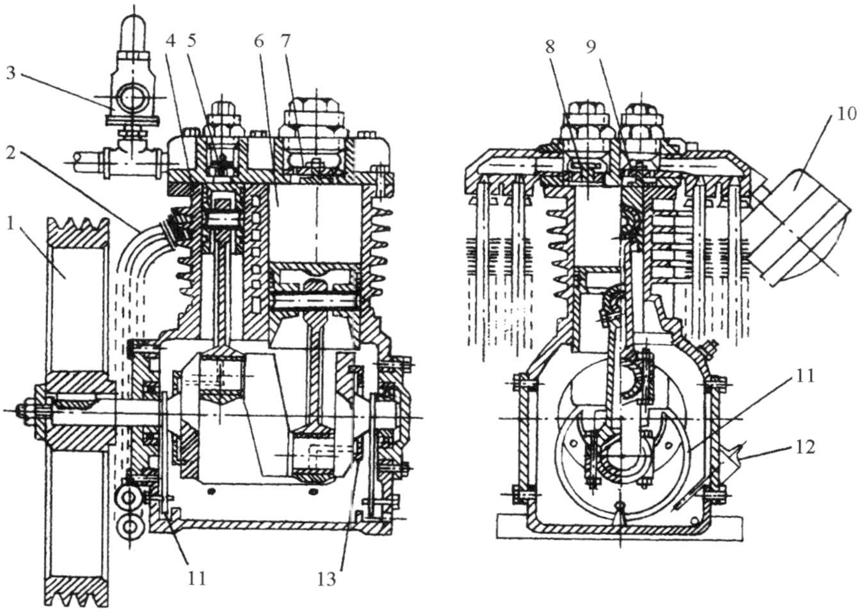

图 3-10 0.34/30B 型空压机

1—皮带轮;2—中间冷却器;3—二级安全阀;4—二级气缸;5—二级排气阀;6—一级气缸;7—一级吸气阀;8—一级排气阀;9—二级吸气阀;10—空气滤清器;11—甩油环;12—油尺;13—储油圈

气阀为单环的环片阀,阀片的升程为 1.5 mm。一、二级连杆小端均用一个止动螺钉固定于活塞销上,空压机工作时,小端与活塞销一起在销座内摆动。空压机的中间冷却器 2 由三根带鳍片的U形管组成，在一级气缸排气阀的上部装有一个手动释载阀，若自动起动释载装置损坏，需起动空压机时，可提起该阀上的钢圈，并转过90°，此时一级气缸的排气空间即通过手动释载阀与大气沟通，从而降低空压机的起动负荷。空压机起动后，再提起钢圈，反转90°，使释载阀复原，空压机即恢复正常工作。

润滑是借助悬挂于曲轴两端甩油环飞溅滑油，气缸和活塞靠飞溅的油和油雾润滑。溅落于箱壁上的一部分油则沿箱壁流下润滑主轴承。有些连杆大、小端上开有导油孔，以便把溅落的油引至大、小头轴承。采用甩油环溅油时，甩油环旁的曲臂上往往设有储油槽或储油圈，借助于离心力的作用和曲轴上的油道，可把溅入并积聚于储油槽(或圈)内的油引入连杆大端轴承。

空压机的气缸盖与机体间装有垫片，垫片用调节空压机余隙容积和密封，增、减气缸体与气缸盖之间的垫片就能调节空压机余隙容积。

二、CZ型空压机

CZ型空压机常用的类型有CZ20/30型和CZ60/30型，两者均为单列、串叠式、二级、风冷或水冷，采用油勺飞溅润滑和滴油杯滴油润滑。一级工作压力为0.637 MPa，二级工作压力为3.0 MPa，前者的排量为20 m^3/h，后者的排量为60 m^3/h。

这两种空压机的结构基本相同，只是CZ20/30型空压机采用的是球面蝶形阀，而CZ60/30型空压机采用的是单环和双环的环片阀。

图3-11为水冷式CZ60/30型空压机的结构图。曲轴的输入端装有兼作联轴器的飞轮，电动机通过弹性联轴器带动曲轴旋转。上大下小的差动活塞用铝合金铸造。活塞顶为一级的工作面，不同直径段之间的过渡锥面为二级的工作面。活塞的上端无刮油环，下端有一道刮油环。活塞销与连杆的连接为浮动式。但在冷态时，活塞销与销座过盈配合。

气缸体与曲轴箱为组合式。气缸体内孔与活塞一样，具有两个不同的直径段，它与活塞相配合构成两个密闭的工作空间：活塞顶上部为一级气缸的工作空间，活塞不同直径段过渡锥面以下的环形空间为二级气缸的工作空间。在二级的吸、排气阀室上分别装有一级和二级的安全阀。

连杆大端的轴承盖上装有击油勺，空压机工作时，靠油勺击溅曲轴箱中滑油对各摩擦面进行润滑。上部大直径段的气缸(低压级气缸)借助于第一级吸气管上的油杯，以4~6滴/分的速率对气缸进行润滑。曲轴箱的底部有螺旋管式的润滑油冷却器。

气缸盖上装有释载阀，用来减轻空压机的起动负荷和调节空压机的排气量。图3-12为释载阀的结构图。提起偏心轮的手柄2，顶杆3便向下移动，通过活塞5、弹簧6、导筒7和导顶爪9等，强行顶开一级吸气阀的阀片，使吸气阀处于常开状态，空压机即可在无载荷的情况下起动；放下偏心轮的手柄2，在弹簧力的作用下，释载阀和一级吸气阀均复原，空压机即开始正常运转。如果通过控制机构将二级排出的高压空气，从接头1引到活塞5的上部空间，通过活塞5和导顶爪9等，同样可以将一级吸气阀强行顶开，使空压机释载空转，停止排气；当储气瓶压力下降到一定值时，由于活塞5上部空间的压缩空气通过控制机构排至大气，在弹簧力的作用下，一级吸气阀复原，空压机又恢复供气。这样，通过控制机构和释载阀，就能自动调节空压机的排气量。使用中，应注意孔的畅通，否则活塞5的下移就会迟缓或受阻。空压机的自由端设

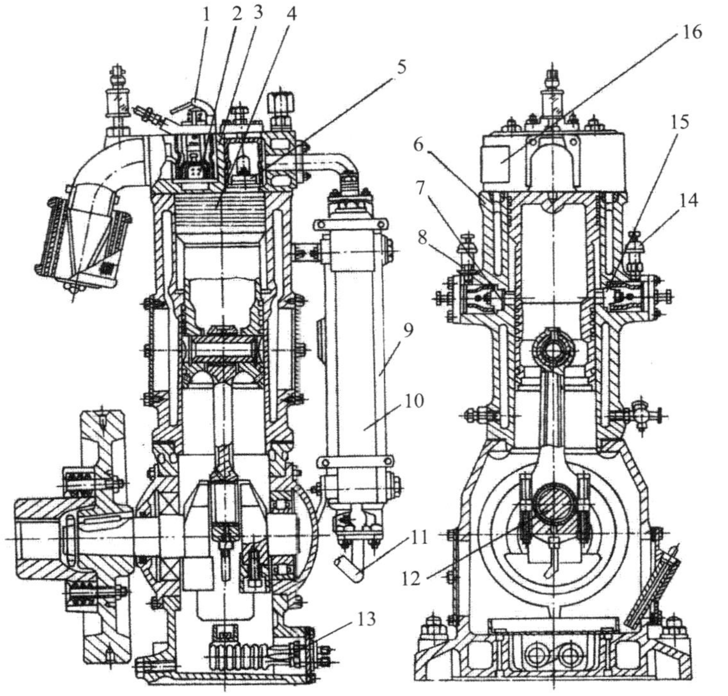

图 3-11 水冷式 CZ60/30 型空压机结构图

1—释载阀;2—一级吸气阀;3—一级气缸盖;4—活塞与连杆;5—一级排气阀;6—气缸与曲轴箱;7—二级吸气阀;8—一级安全阀;9—冷却器;10—气液分离器;11—管系;12—曲轴与飞轮;13—润滑油冷却器;14—二级安全阀;15—二级排气阀;16—铭牌

有壳管式中间冷却器和压后冷却器以及气液分离器。

在气缸体与曲轴箱连接处,设置有垫片,此垫片用以调节空压机第二级的余隙容积大小,此垫片厚度增加,第二级气缸的余隙容积减小;反之增大。在此处调节第二级余隙容积时,第一级气缸的余隙容积随之变化。第一级余隙容积的调节,用增减气缸体与气缸盖之间垫片的方法即可实现:增加此处垫片,第一级余隙容积增大,反之减小。因此该空压机余隙容积的调节应先调第二级,后调第一级。

由于该空压机的活塞采用差动结构,二级的压缩空气除了从活塞下端的活塞环漏入曲轴箱外,还会从活塞上端的活塞环漏至一级气缸。所以,若活塞上端的活塞环因磨损或装配不当而引起较大漏泄,一级气缸的吸气量就会大幅度下降,这在使用管理中应该特别注意。

三、空压机气阀

空压机的主要零部件的结构与柴油机类似,在此主要介绍结构差异较大的空压机气阀。

1. 空压机气阀的分类

气阀是空压机最重要的部件之一。活塞式空压机一般均采用弹簧压载的自动阀,气阀的起闭靠气缸内与吸、排气腔的压差实现。气阀按阀片的形状可分为环状阀、网状阀、蝶形阀、条状阀、舌簧阀等。最常用的空压机气阀主要有环片阀、球面蝶形阀等。

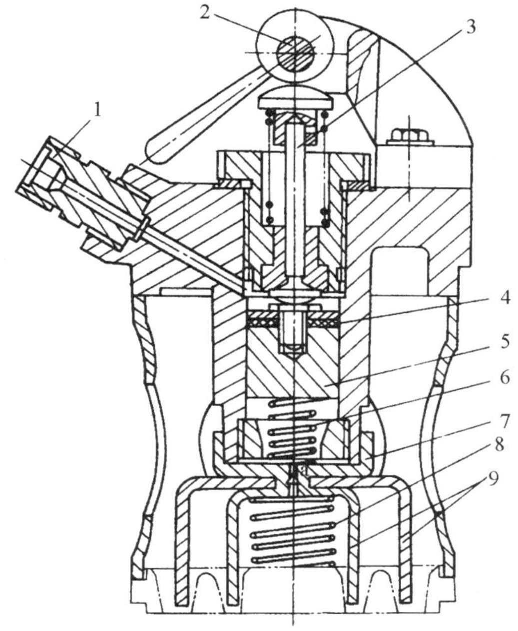

图 3-12 释载阀结构图

1—接头;2—偏心手柄;3—顶杆;4—橡皮圈;5—活塞;6、8—弹簧;7—导筒;9—导顶爪

2. 空压机气阀的结构

如图 3-13、图 3-14 所示,气阀主要由阀座 1、阀片 2、弹簧 3 和升程限制器 4 等组成。气阀弹簧装于升程限制器上,弹簧将阀片紧压在阀座的密封面上,用连接螺栓将升程限制器与阀座连接成为一体。阀座用于支承阀片,其上开有由阀片控制开关的气流通道。阀片用于开、关气流通道,它是空压机最重要的零件和易损件,其厚度一般为 0.8~3.0 mm。气阀弹簧的主要作用是使气阀关闭及时,阀关闭后使阀片与阀座贴合更紧密,使阀片与升程限制器的冲击减缓。升程限制器的作用是限制阀片的升程,并兼作阀片的导向和弹簧承座。要求气阀阀片的升程要适中,一般为 2~4 mm。升程过大,阀关闭时的冲击就大,且关闭延迟;升程过小,气流流经阀时的阻力损失就大。所以,使用管理中不要随便改变气阀的升程。

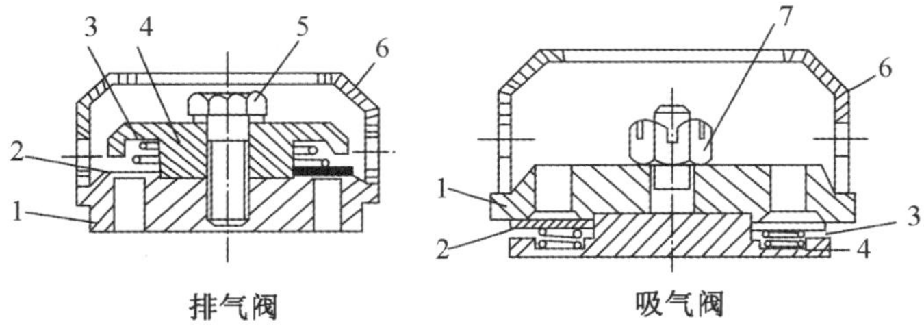

图 3-13 环片阀

1—阀座;2—阀片;3—弹簧;4—升程限制器;5—螺钉;6—阀罩;7—螺母

3. 空压机吸、排气阀的判别

对空压机气阀进行拆装、检修,或需要更换备件时,要求对进、排气阀进行区分和判别,否则就会造成一些意外事故的发生。下面就吸、排气阀的判别方法加以说明。

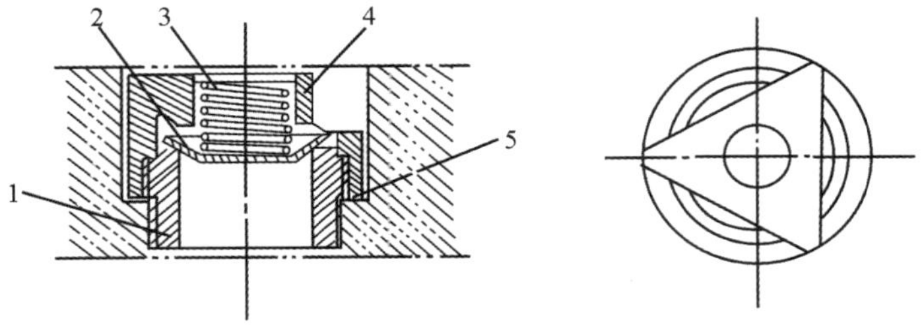

图 3-14　球面蝶形阀

1—阀座;2—蝶形阀片;3—弹簧;4—升程限制器;5—垫片

(1)用"止回原则"进行判别

止回原则:不允许空气流出气缸的气阀为进气阀;不允许空气进入气缸的气阀为排气阀。其具体判断的方法是:阀片位于阀座下方的气阀为吸气阀;阀片位于阀座上方的气阀为排气阀。

(2)同级吸、排气阀的判别

对于同一级气缸的气阀,体积大者为吸气阀;体积小者为排气阀。

四、空压机的自动控制

空压机的自动控制内容主要包括:空压机的自动起、停;自动卸载;自动泄放;冷却水、润滑油的自动控制;自动安全保护等。下面以 CZ60/30 型船用空压机的系统为例说明其自动控制内容。

1. 空压机的自动起、停控制

船用空压机一般至少设置两台,一台为优先工作空压机,其工作压力为 2.5~3.0 MPa;另一台为备用空压机,其工作压力为 2.4~2.9 MPa。如图 3-15 所示,空压机的起、停自动控制是以空气瓶实际工作压力为信号,通过压力继电器 8 实现的。

当空气瓶内压力降至 2.5 MPa 时,优先工作空压机起动向气瓶供气;当空气瓶压力达到 3.0 MPa 时,优先工作空压机停机,停止向空气瓶内供气。

当空气瓶内压力降至 2.5 MPa 时,优先工作空压机起动向气瓶供气,若此时船舶用气量大于供气量,空气瓶压力会继续下降;当空气瓶压力降至 2.4 MPa 及以下时,备用空压机起动工作,两台空压机同时向空气瓶供气,以保证空气瓶压力继续降低;当空气瓶压力达到 2.9 MPa 时,备用空压机停止工作,优先工作空压机继续工作至 3.0 MPa 时停机。这样保证了空气瓶内压力始终维持在 2.5~3.0 MPa。应注意的是两台空压机需定期交换使用。

2. 空压机气液分离器自动泄放

空压机排出的压缩空气含有油分和水蒸气,经冷却后就会凝结成液滴,经气液分离器 15 分离出来的污水需要定期进行排放。其排放有两种方式,一种方式是手动排放,另一种方式是自动排放。手动排放是间隔一定时间,一般为间隔两小时,人工打开泄放阀,将气液分离器 15 内的污水放掉即可。下面以气液分离器自动排放为例说明其排放过程和原理。

首先设定好气液分离器排放的间隔时间,调整好时间继电器。如图 3-15 所示,空压机工作的过程中,当工作时间达到时间继电器的调定值时,JF 电磁阀 14 开启,气液分离器 15 内污

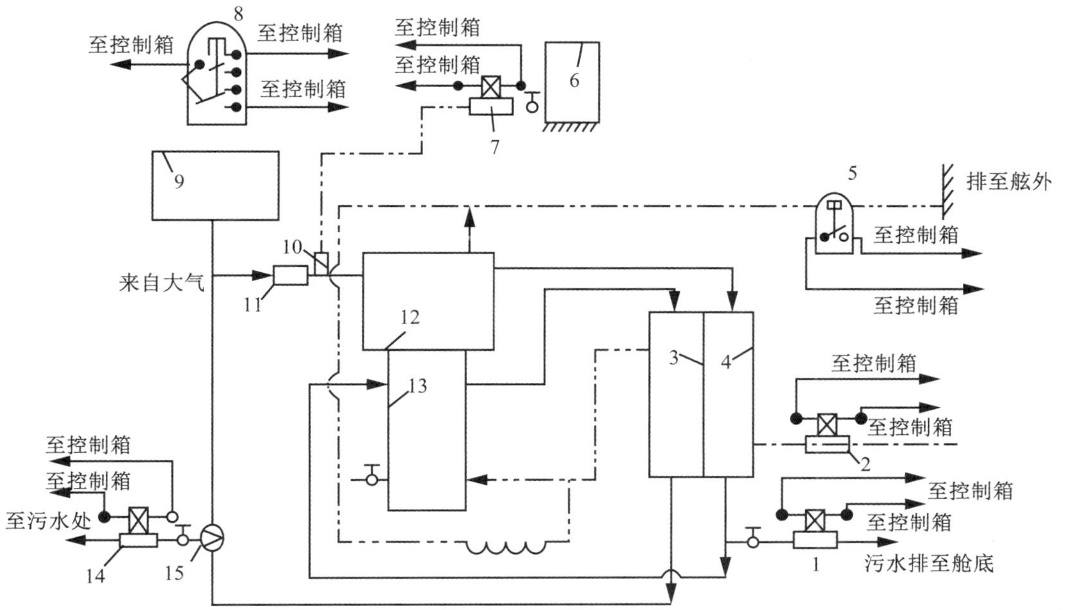

图 3-15 CZ60/30 型船用空压机自动控制原理图

1—3JF 电磁阀;2—2JF 电磁阀;3—后冷却器;4—中间冷却器;5—液流信号器;6—滑油储油箱;7—JF 电磁阀;8—YP 压力继电器;9—储气瓶;10—滴油杯;11—空气滤清器;12—空压机第一级气缸;13—空压机第二级气缸;14—JF 电磁阀;15—气液分离器

水排出;达到设定排放时间后,电磁阀泄放阀关闭,气液分离器恢复工作并向气瓶供气。

3. 空压机冷却水的控制

如图 3-15 所示,空压机起动时,3JF 电磁阀 1 关闭,2JF 电磁阀 2 打开,一路冷却水经 2JF 电磁阀 2→中间冷却器 4→空压机第二级气缸 13→空压机第一级气缸 12→液流信号器 5→舷外;另一路冷却水经 2JF 电磁阀 2→后冷却器 3→滑油冷却器→舷外。

空压机工作中,液流信号器 5 用以检测冷却水的流量大小,当检测到冷却水流量未达到要求的流量时,发送控制信号至控制箱,控制箱再发出信号,强制停止空压机的工作并发出声、光报警。

空压机停止后,2JF 电磁阀 2 关闭,3JF 电磁阀 1 开启(JF 电磁阀 14 开启),将空压机冷却水放掉以防冻结(放残)。

4. 空压机润滑的自动控制

CZ 型空压机的高压级是采用油勺飞溅润滑的,低压级是采用油杯滴油润滑、油气润滑或注油润滑等几种润滑方式,下面以储油箱滴油润滑为例说明其控制原理。

如图 3-15 所示,JF 电磁阀 7 与空压机是联动的,即空压机通电起动时 JF 电磁阀 7 也通电开启,润滑油经储油箱 6→JF 电磁阀 7→滴油杯 10→进入空压机第一级气缸 12 中进行润滑。空压机停机时 JF 电磁阀 7 也断电关闭,切断储油箱润滑油进入空压机第一级气缸,以防空压机停机后,润滑油继续进行第一级气缸,使其缸内积聚过多的润滑油,在下次起动工作时发生“液击”。

5. 空压机的自动卸载

在船上常用的自动卸载方式主要有电磁式和离心式两种。下面以电磁式自动卸载方式为例,说明空压机起动自动卸载原理。

图 3-16 所示为电磁阀式自动起动释载装置,它是由一个电磁阀式放气阀和气动式放气阀等部件组成。

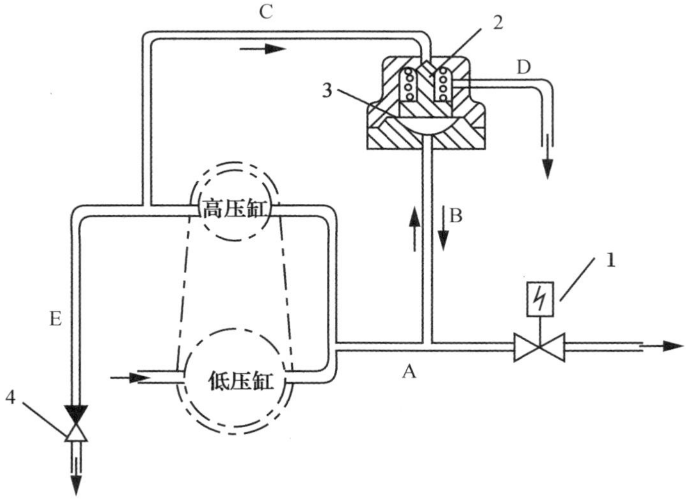

图 3-16　电磁阀式自动释载装置图

1—电磁阀;2—气动放气阀;3—橡皮膜;4—止回阀

其释载过程为:当空压机断电停车时,电磁阀 1 断电开启,将中间冷却器、一级气缸中的低压空气,以及气动放气阀 2 下部空间的压缩空气,经 A 路和电磁阀 1 泄放至大气。气动放气阀 2 的阀芯在高压空气和弹簧力的作用下,被推离阀座而打开,使 C 路与大气相通。此时,止回阀 4 以前管路中的压缩空气,以及空压机二级气缸中的压缩空气,经 C 路和放气阀的放气口 D 泄放至大气。至此,空气管路和空压机两级气缸中的压缩空气全部放出,其压力均为大气压力,为空压机的下次轻载起动做好了准备。

当空压机重新起动时,电磁阀 1 通电而关闭,使 A 路与大气的通道关闭。此时,一级气缸排出的压缩空气即可经 B 路进入气动放气阀 2、橡皮膜 3 的下部空间,建立一定气压后,推动放气阀 2 的阀芯向上移动,关闭 C 路与放气口 D 的通道,空压机进入正常的吸、排状态,压缩空气经 E 路和止回阀 4 开始向空气瓶供气。

放气阀关闭后,虽然在阀芯下部作用的是低压空气,而在阀芯上部作用的是高压空气,但阀芯下部低压空气作用的面积比阀芯上部高压空气作用的面积要大得多,其阀芯向上的气体压力大于向下的气体压力。因此,在空压机运行中,气动放气阀 2 始终处于关闭状态,保证了空压机的正常供气。

6. 空压机自动安全保护

一般空压机自动控制装置中应包括温度、压力、油位等安全保护措施。其中包括排气温度、冷却水温继电器,当空压机排气温度或冷却水温超高时,自动停机;冷却水压力继电器、曲轴箱油位继电器等,在压力或油位低于设定值时,这些保护继电器动作,空压机自动停机。

五、排气量调节的方式

为了保证柴油机间歇性起动、换向的需要和压缩空气系统的安全，既需保证空气瓶有足够压力的压缩空气，又要防止空气瓶的压力过高，因而有必要对空压机的流量进行调节，以便将空气瓶的压力维持在规定范围内。在以压缩空气起动的内燃机船舶上，一般规定空气瓶的压力维持在 2.5~3.0 MPa。

空压机排气量的调节方式主要有以下几种：

1. 停车调节

停车调节是指当空气瓶的压力达到上限值时，停止空压机运转，停止向气瓶供气；当空气瓶压力下降至下限值时，起动空压机向气瓶供气，从而维持空气瓶中的压力在规定的范围内，这种用来调节空压机排气量的方法称为停车调节。这种调节方法适用于功率不大的电动空压机。

2. 空转调节

空转调节指的是空压机在不停地运转，只是根据空气瓶压力的变化，时而供气，时而停止供气。实现这种调节的具体方法有：

(1)余隙容积调节，是指空压机排气压力达到一定值后，空压机只有压缩和膨胀两个过程，不能向空气瓶供气，这样可以保证空气瓶内压力不再继续升高，将压力控制保持在要求范围。

(2)压开吸气阀调节，是指当空气瓶的压力达到上限值时，将空压机的吸气阀顶开，让空压机空转运行，以保证空气瓶内压力在要求压力范围。此法常用限压阀和释载阀等组成的气控装置控制。

(3)旁通调节，是指当空气瓶的压力达到上限值时，通过控制设备，将排气管路上的放气阀打开，将空压机的空气排入大气，以保证空气瓶内压力在要求的压力范围内。此调节方式需在空压机排气管路上安装止回阀和电磁放气阀等才能实现。

第五节 船舶活塞式空压机的管理

空压机的管理主要是针对日常事务进行维护，对运行参数、现象进行监视和调整，对常见故障进行分析与处理。

一、活塞式空压机的日常管理

1. 压力监视

观察各压力表读数是否正常。排出压力随背压增大而升高，检查各级压缩比分配是否均匀，工作压力有无超过规定值。采用压力润滑的空压机，油压应保持在 0.1~0.3 MPa。

2. 温度监视

(1)冷却水温监视。注意检查冷却水进、出口温度,一般进、出口温差为 10~15 ℃。发现空压机在运行中已经断水,必须立即停机,待自然冷却后再检查是否损坏,切忌立即通水,以防炸缸。

(2)排气温度监视。监视空压机各级排气温度,国标规定各级排气温度不大于 200 ℃。空气进气瓶的温度不超过进水温度 30 ℃(水冷)或不超过环境温度 40 ℃(风冷)。

(3)滑油温度监视。监视曲轴箱内滑油温度不超过 70 ℃。

3. 润滑油监视

空压机的润滑油量应保持适中,润滑油量过多或过少均会对空压机造成危害。

(1)油量过多(或油位过高)造成的危害包括空压机的耗功增大、润滑油变质速度加快、滑油耗量增大、空气品质下降,甚至导致空压机发生爆炸事故。

(2)油量过少(或油位过低)会造成的危害是空压机润滑不良。

(3)对空压机润滑油量的要求是油位应严格控制在滑油标尺两刻线之间或视油镜 1/3 ~ 2/3 高度处;对使用滴油杯润滑的空压机,其油位应不低于 1/3 油杯高度处。

对轮机管理人员,要求每班至少检查两次曲轴箱的润滑油位。

4. 负荷监视

负荷监视主要是指监视电流表、压力表读数,分析负荷状态,防止超负荷。

5. 定时排放

气液分离器上的泄放阀应定期打开排污,一般每隔 2 h 左右打开气液分离器的泄放阀,以排除积聚其中的油和水。从气液分离器内放出来的油污水,应是在水面上看到有油渍,而蘸在手上捻起来又无油腻感。如果从气液分离器内放出来的油污水中含有大量的滑油,则说明空压机串油量非常大。

6. 倾听声响

注意倾听空压机有无异常的响声,若有应立即停车检查。每班至少检查一次电动机的连接和地脚螺丝的紧固情况,并注意是否有异常振动。

二、空压机常见故障分析与处理

1. 机械的故障分析与处理(见表 3-1)

表 3-1 机械的故障分析与处理

故障现象	故障原因	处理方法
1. 气缸与缸盖发热	①冷却水供应不足	适当加大冷却水流量
	②冷却水管路堵塞	检查并疏通
	③飞轮装反或风向不对	重新安装飞轮
	④各缸负荷不均;负荷增大或排气阀漏气	检查并排除气阀工作不正常的原因

续表

故障现象	故障原因	处理方法
2. 突然冲击	①气缸中积聚水分，产生“水击”	检查原因并排除，修复损伤部分
	②阀片折断或吸气阀紧固螺母松脱	换新阀片或拧紧螺母
3. 吸、排气阀的敲击声	①气阀定位螺钉未到位，气阀受到气流的冲击而上、下跳动	松开并紧螺母，旋紧气阀定位螺钉
	②阀片折断	更换
	③弹簧松软或失去弹性	更换
	④阀座深入气缸与活塞相撞	用加垫片的方法使阀座升高

2. 排气量降低的故障分析与处理（见表 3-2）

表 3-2　排气量降低的故障分析与处理

故障现象	故障原因	处理方法
1. 空滤器故障	①空滤器部分被污垢堵塞	吹扫或清洗空滤器
2. 气阀故障	①阀片变形或阀片与阀座磨损	更换阀片或研磨阀片和阀座
	②阀片与阀座接合面有污物，造成气阀关闭不严	清洁气阀
	③阀座与阀孔接合面不严密或垫片忘记而造成漏气	研磨接合面或加装垫片
	④气阀弹簧弹性不当	更换弹簧
	⑤气阀通道被炭渣部分堵塞	清除积炭
3. 气缸和活塞的故障	①气缸与活塞、活塞环磨损，间隙过大，漏气严重	更换缸套、活塞或活塞环
	②缸盖与缸体贴合不严漏气	刮研结合面或更换垫床
	③气缸冷却不良，新鲜空气预热	加强冷却
	④活塞环咬死或折断	换环、调整间隙并加强润滑
	⑤活塞环搭口在一个方向	重新安装活塞环
	⑥传动带过松或打滑	调节皮带松紧或更换皮带
	⑦余隙容积过大	调节气缸垫片
4. 中间冷却器故障	①冷却水量过小或次级进气温度升高	加大冷却水流量
	②热交换器脏污或积水垢	清洗热交换器

3. **排气压力和温度不正常及其他故障（见表 3-3）**

表 3-3　排气压力和温度不正常及其他故障的分析与处理

故障现象	故障原因	处理方法
1. 高压级排气压力高于额定值	①安全阀失灵	检修安全阀
	②高压压力继电器失灵或故障	检修或更换
2. 低压级排气压力偏高	①高压级进、排气阀漏气	检修气阀
	②中冷器冷却效果差	清洗滤器
3. 低压级排气压力偏低	①低压级进气阀或排气阀漏气	研磨气阀或更换阀片
4. 高压排气温度过高	①高压缸排气阀漏气	检修高压缸气阀
	②气缸或中间冷却不良	加强气缸或中间冷却
5. 低压缸排气温度过高	①低压缸排气阀漏气	研磨气阀或更换阀片
	②高压级进气阀漏气	研磨气阀或更换阀片
	③第一级进缸气体温度太高	适当降低进气温度
	④中冷器冷却效果太差	检修中冷器
6. 储气瓶中有过量滑油	①曲轴箱油位过高	放掉多余滑油
	②活塞环磨损、咬死、折断或搭口转至一边	更换活塞环或重新安装
	③刮油环装反	将刮油环倒角朝上安装
	④气液分离器失效	检修气液分离器

第六节　船舶活塞式空压机实际操作训练

一、空压机的起动操作

1. 紧固检查

检查空压机的所有连接螺栓、地脚螺栓、电机与空压机间的调距螺栓等是否均坚固；管路连接接头是否上紧。

2. 灵活检查

灵活检查主要是针对检修以后或新安装的空压机，在第一次起动前，应将曲轴转动 1~2 圈，检查运动部件转动是否灵活，有无卡阻现象。

3. 松紧检查

靠皮带传动的空压机，应检查皮带的松紧程度，一般用手压在皮带中部，皮带的下沉量以

10~15 mm 为宜。

4. 转向检查

为了保证风冷空压机的冷却，油勺飞溅润滑的空压机的润滑，必须保证空压机的转向正确，否则空压机得不到冷却或润滑。检查转向采用"点动"的方法进行，所谓"点动"是指按下"起动"按钮后，立即按下"停止"按钮，观察空压机停止时的转向是否与要求的转向一致。

5. 润滑检查

检查曲轴箱的油位是否在油尺两刻线之间，不够应加足。若低压级气缸采用滴油润滑，则油位不应低于滴油杯高度的 1/3，并将滴油速度调至 4~6 滴/分。

6. 冷却检查

风冷空压机，只要转向正确就能保证。对于水冷空压机，开启冷却水管上的截止阀，供水；开启机身下部的放水阀，检查冷却水供应情况。

7. 阀件开关检查

检查空压机排气管路上各截止阀是否开启，一定要保证空压机至空气瓶管路的畅通。

8. 电气检查

检查电气系统的接线紧固有无松动，接触器、压力继电器等是否处于正确位置，开关是否完好。

9. 释载检查

对于有自动释载装置的空压机，起动前无须进行释载检查。对于手动释载的空压机，起动前应打开手动释载阀或气液分离器上的泄放阀，以减轻空压机的起动负荷。

10. 起动

检查工作完成后，按下起动按钮，待空压机达到额定转速后，关闭手动释载阀或气液分离器的泄放阀，空压机投入正常工作。

二、空压机停车操作

1. 开启气液分离器上的泄放阀并排污。
2. 切断电源，停止空压机。
3. 关闭冷却水截止阀和滴油杯的油量调节阀。

第七节 通风机

一、通风机的种类

通风机(简称风机)是一种用于输送气体的机械，其工作压力通常不超过 14.7 kPa。风机的种类繁多，可按下述方法进行分类。

1. **按风机工作原理分**

（1）离心式风机。

（2）轴流式风机。

2. **按风机工作压力分**

（1）低压风机。工作压力低于 1 kPa，通常用于舱室送风。

（2）中压风机。工作压力为 1～3 kPa，通常用于锅炉送风。

（3）高压风机。工作压力为 3～15 kPa，通常用于空调装置送风。

3. **按风机连接方式分**

（1）送风机。用于将外界的新鲜空气输送至舱室内。

（2）抽风机。用于将舱室内的污浊空气抽吸排放至外界。

（3）风扇。只是使舱室内空气流通。

二、风机的结构、工作原理和性能

1. **离心式风机**

（1）离心式风机的结构和工作原理

离心式风机的结构如图 3-17 所示。它主要由进风口 1、风机轴 2、叶轮 3 和机壳 4 等组成。其工作原理与离心泵相似，当叶轮高速旋转时，气体经过进风口 1 被轴向吸入，沿径向进入旋转叶轮的叶片间流通，在叶片的作用下，气体压力和速度提高，然后进入机壳 4，通过机壳将气体汇集并将动能转换为压力能，从出口排出。

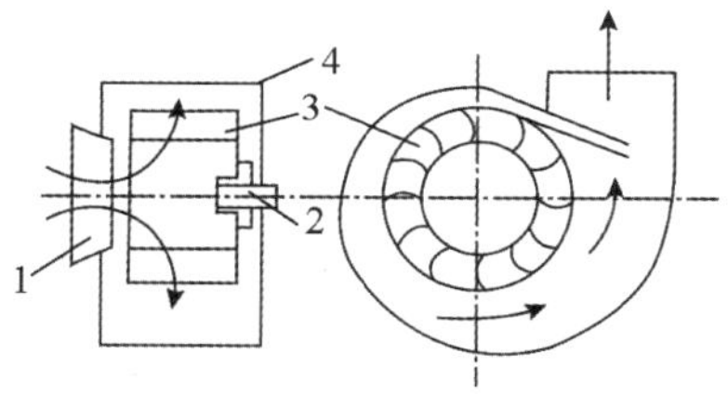

图 3-17　离心式风机的结构简图

1—进风口；2—风机轴；3—叶轮；4—机壳

风机的叶轮和机壳一般均采用焊接或铆接，风机叶轮的叶片型式有前弯、后弯和径向几种，但船用风机大多采用前弯叶片。机壳的螺舌与叶轮的间隙对风机性能的影响很大，此间隙一定要合适，其值一般取叶轮外径的 5%～10%（后弯叶型）或 7%～15%（前弯叶型）。

若此间隙太小，虽在大流量时风压略有提高，但噪声大，效率下降；若此间隙太大，噪声虽可降低，但风压和效率也会下降。

（2）离心式风机的特性

①全风压（动、静压之和）是指 1 m^3 空气通过风机获得的能量，单位为 Pa。

②风量是指在额定转速和标准状态（温度为 20 ℃、压力为 7.45 kPa、相对湿度为 50% 和空气密度为 1.29 kg/m^3）下，单位时间内风机的吸气容积，单位为 m^3/h。

③后弯型叶片风机，在轴功率-风量曲线对应于最高效率处有一功率最大值，故在选配风机时电机无过载之忧。

④前弯型叶片风机，轴功率随风量的增大而升高，当风管的实际阻力较估算值低时，功率就会超过额定工况的功率而过载。所以，为了防止原动机超负荷运行，使用中应注意调节风管的阻力，以免实际风量超过额定风量过多，同时原动机的功率储备系数应适当提高。

⑤离心式风机风量为零时，功率较小，宜关闭出风闸门“封闭”起动。

2. 轴流式风机

(1)轴流式风机的结构和工作原理

轴流式风机是叶片式风机的一种，也是通过叶轮将机械能量传递给气体。其结构如图3-18所示。当叶轮4高速转动，气流流过机翼形截面的叶片时，叶片面部与背部产生的压差对叶片升力的反力就促使气流向前流动并旋转，使气流离开叶轮时的压力和绝对速度提高。静止的导向叶片3将偏转的气流平缓地改变为轴向，气流的绝对速度降低，圆周运动的动能转变为静压能。气流流过机壳(扩散形)时流速进一步降低，将部分动能转变为静压能。机壳的进口处常做成喷管形或圆弧形集风口，出口常做成扩压管形。当叶轮的圆周速度超过130 m/s时，风机进口处常设消音装置，以减小噪声。叶轮叶片外缘与机壳的径向间隙δ_r一般取0.008~0.010倍叶片高度。间隙太大，风机的风压和效率下降；太小则易碰擦。叶轮叶片与导向叶片间的轴向间隙δ_s一般在平均半径处取0.25~0.40倍叶片弦长(叶片截面中线两端点距离)。间隙过小，进入导叶的气流不均匀，能量损失和噪声增大，并引起叶片振动；间隙过大，会使风机轴上尺寸加长，壁面摩擦损失增大。

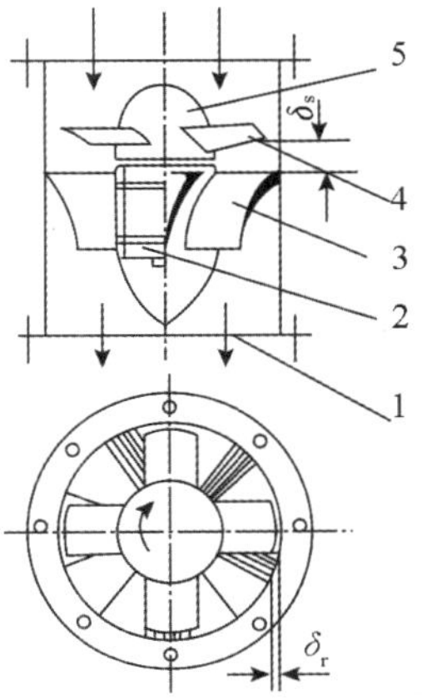

图3-18 轴流式风机

1—机壳；2—电动机；3—导向叶片；4—叶轮；5—轮毂

(2)轴流式风机的特性

①轴流式风机转速高，风量大，压头低。

②轴流式风机结构简单，重量和占地面积均小，可用于舱室的送风和抽风。

③适宜用于阻力较小的通风系统。

④不管风管阻力高于或低于估算值，电机无过载之忧。

⑤风量为零时的功率并不小，故一般在全开出风闸门下起动，且不宜在短时间内频繁起停。

风机在运行过程中，应定期清除吸入滤器、风机内部的灰尘和污垢，以确保气道的通畅和防止生锈。轴承要定期加注黄油或润滑油，以确保良好润滑。对备用或停用时间长的风机，应定期将转子旋转120°~180°，以免主轴弯曲变形。风机运行中若出现剧烈振动、轴承过热等现象，应停机检修。

第四章
舵机操作与管理

内河船舶甲板机械主要包括舵机、锚机、绞缆机、吊艇机等设备和装置，其主要以电力和液压等方式驱动，液压传动具有许多优点，在现代化船舶上，电力驱动越来越多地被液压传动所取代，应用越来越广泛。本章主要介绍液压传动的基本知识，常用液压元件及图形符号，液压油，电动液压舵机，以及船舶液压舵机实际操作训练等内容。

第一节 液压传动的基本知识

一、液压传动装置的基本组成及功用

液压传动是通过液压油来传递能量的一种传输方式。其功用是借助于液体的压力能实现能量的传递和转换。

如图 4-1 所示，一套完善的液压传动装置（又称液压系统）是由动力元件、执行元件、控制元件和辅助元件组成。

1. 动力元件

在液压系统中，动力元件是指液压油泵 8，其功用是将机械能转换为压力能，向液压系统提供洁净足量的压力油。

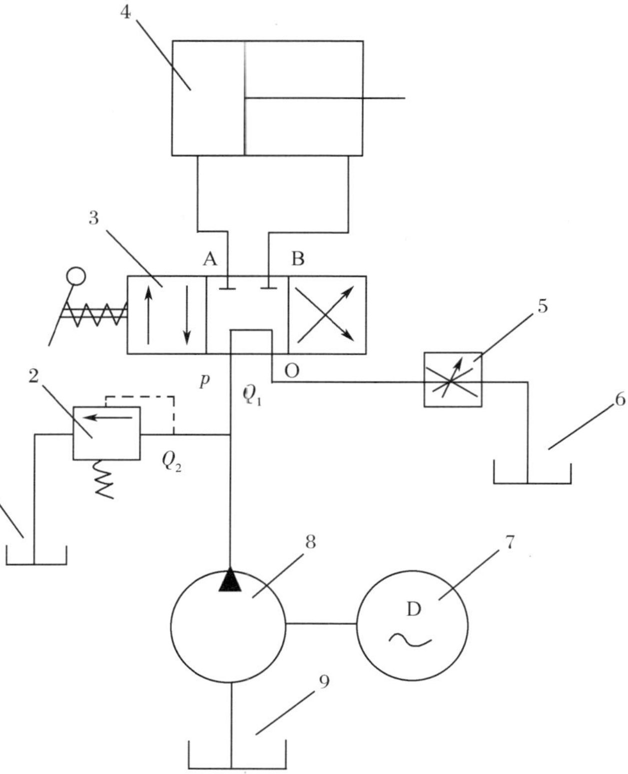

图 4-1　液压装置的基本组成图

1、6、9—油箱；2—溢流阀；3—三位四通换向阀；4—液压油缸；5—节流阀；7—交流电动机；8—液压油泵

2. 执行元件

在液压系统中，执行元件是指液压油缸 4 或液压马达，其功用是将液压油的压力能转换成带动工作部件运动、转动或摆动的机械能。

3. 控制元件

在液压系统中，控制元件是指各种液压控制阀，包括溢流阀 2（压力控制）、三位四通换向阀 3（方向控制）和节流阀 5（流量控制）等。其功用是控制液压系统中油液的压力、流向和流量，从而满足工作部件对运动输出力（力矩）、方向和速度的要求。

4. 辅助元件

如油箱 1、过滤器、蓄能器、热交换器、压力表、油管、连接件等均为辅助元件。

液压系统按油液循环方式分为闭式系统、开式系统和半闭式系统。闭式系统中，油液的循环线路为：油泵→油缸（或油马达）→回油泵；开式系统中，油液的循环线路为：油箱→油泵→油缸（或油马达）→回油箱。

根据液压技术手册的划分标准，液压系统按其额定工作压力通常分为：低压系统（<2.45 MPa）；中压系统（2.45～7.85 MPa）；中高压系统（7.85～15.7 MPa）；高压系统（15.7～31.4 MPa）；超高压系统（>31.4 MPa）。

二、液压传动的主要优缺点

1. **液压传动的主要优点**

(1)液压传动装置(同功率)体积小、重量轻、结构紧凑。

(2)液压传动装置运动平稳、反应快、惯性小。

(3)执行元件与动力元件可远距离分开布置。

(4)能输出较大的扭矩,易于实现转动、摆动和直线等多种运动形式的输出。

(5)操作性能好,易于大范围内实现无级调速(调速比可达 2 000 : 1)和微速运动。

(6)能高速起动、制动和换向。

(7)易于实现自动控制和过载保护。

2. **液压传动的主要缺点**

(1)对液压油、系统的清洁和元件的精度要求很高。

(2)液压传动对油温变化较敏感,工作稳定性较差。

(3)漏泄和高压时液压油的可压缩性影响传动比的精确性。

(4)压力、流量损失大,效率较低。

(5)液压元件造价较高,系统较昂贵。

三、国标规定的液压元件的图形符号

液压系统是较复杂烦琐的系统,设备元件众多,为了能较清楚表达系统的组成情况,系统图中的所有元件均是采用图形符号表示,其相应的符号国家做出了统一的标准和规定,详见附录液压系统的元件图形符号。

第二节 常用液压元件及图形符号

一、常用液压泵

在液压机械中,液压泵是将机械能转换为压力能的元件,为液压系统提供足够流量和足够压力的液压油。

1. **液压泵的分类**

(1)按流量是否可改变分为定量泵和变量泵。

(2)按流向是否可改变分为定向泵和变向泵。

(3)按流向与流量是否可改变分为变向变量泵和定向定量泵。

(4)按泵的结构型式不同可分为齿轮泵、螺杆泵、叶片泵(单、双作用)和柱塞泵(轴向和径向)。

叶片泵、柱塞泵是液压泵中专门化和技术含量较高的一类泵，主要用于液压系统。而前面所学的齿轮泵、螺杆泵除用于液压系统外，还常用于其他场合。在此主要介绍液压系统中常用的柱塞泵。

2. 柱塞泵

柱塞泵分为径向柱塞泵和轴向柱塞泵两大类，现在径向柱塞泵应用较少，在此只做基本结构和工作原理介绍。

(1)径向柱塞泵的基本结构和工作原理

径向柱塞泵工作原理如图 4-2 所示。配油管 6 与缸体 2 为间隙配合，缸体绕配油轴旋转，并在缸体中心形成吸、排油道 1、5；柱塞装于缸体的径向油缸中，通过滑履 4 与浮动环 7 相连，随同缸体 2 由原动机带动回转；装于缸体外侧的浮动环的中心，相对于缸体中心可进行左右调节，从而改变浮动环中心与缸体中心的偏心方向和偏心距的大小，实现油泵的变向和变量。其工作原理概括为：

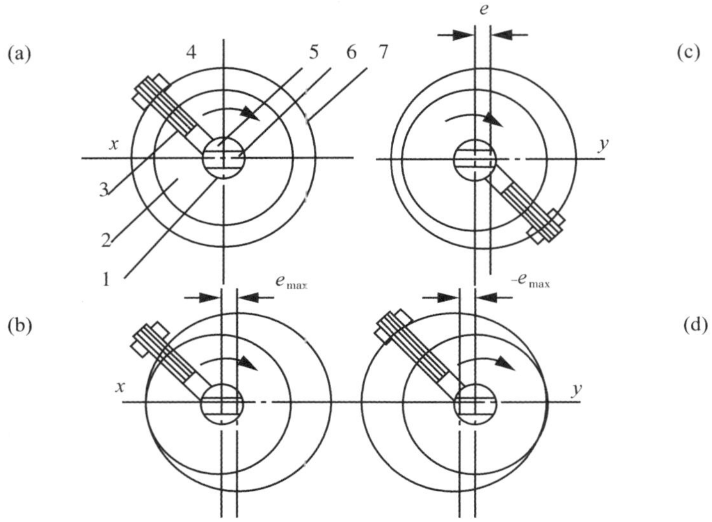

图 4-2　径向柱塞泵工作原理图

1、5—吸、排油道；2—缸体；3—柱塞；4—滑履；6—配油管（中央阀）；7—浮动环

①当浮动环与缸体同心时，油泵不吸、排油，即空转；

②当改变浮动环与缸体偏心的方向时，可改变油泵吸、排油的方向；

③当改变浮动环与缸体偏心距 e 的大小时，可改变油泵吸、排油油量的大小。

(2)轴向柱塞泵的基本结构和工作原理

轴向柱塞泵分为斜盘式和斜轴式（摆缸式）两类，这里只介绍在内河船舶上应用最多的斜盘式轴向柱塞泵。斜盘式轴向柱塞泵的工作原理如图 4-3 所示。其基本结构包括斜盘 5、缸体 3、柱塞 4、配油盘 2、泵轴 1、泵体 9 等主要部件。缸体沿轴向均匀分布在 7 个油缸，柱塞一端装于缸体的油缸中，另一端与滑履铰接，以弹簧和缸内液压力，通过回程盘将滑履始终压紧在斜盘 5 上。油缸左端靠弹簧力和液压力的作用，与定位于泵体上的配油盘 2 紧密贴合；缸体与泵轴通过花键连接，并由电动机带动使其回转；配油盘 2 上的两个配油窗口 6 分别与缸体端面以及泵盖上吸、排油口 7、8 连通。其工作原理为：

①当斜盘平面与泵轴轴线垂直时，油泵既不吸油也不排油，即空转；

②当改变斜盘倾斜的方向时，即可改变油泵吸、排油的方向；

③当改变斜盘倾斜角度的大小时，即可改变油泵吸、排油量的多少。

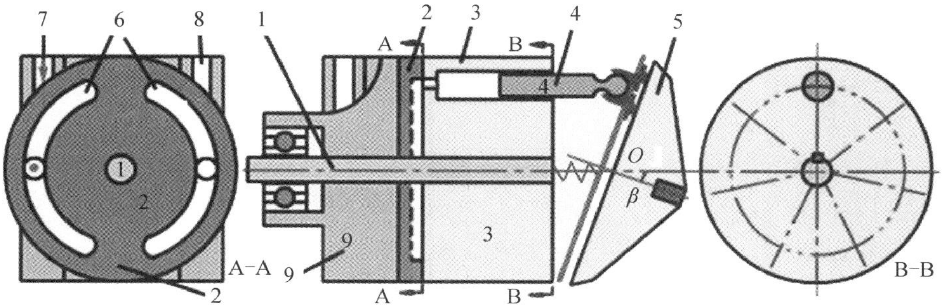

图 4-3　斜盘式轴向柱塞泵工作原理图

1—泵轴；2—配油盘；3—缸体；4—柱塞；5—斜盘；6—配油窗口；7、8—吸、排油口；9—泵体

(3)斜盘式轴向柱塞泵实例

斜盘式轴向柱塞泵常用的有 CY 型和 ZB 型，下面以 CY 型轴向柱塞泵为例说明其结构。如图 4-4 所示为 CY14-1 型轴向柱塞泵的结构。

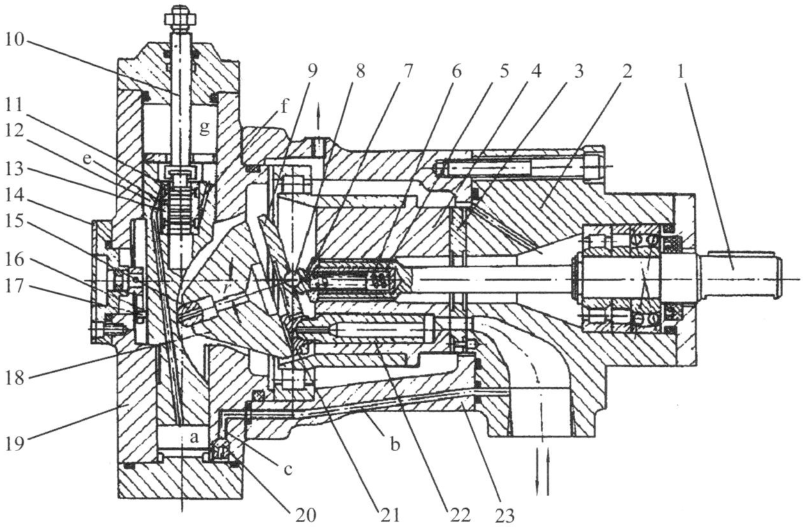

图 4-4　CY14-1 型轴向柱塞泵的结构图

1—传动轴；2—泵盖；3—配油盘；4—缸体；5—外套；6—定心弹簧；7—内套；8—钢球；9—回程盘；10—拉杆；11—伺服滑阀；12—差动活塞；13—伺服滑阀套；14—刻度盘；15—销轴；16—拨叉；17—销子；18—斜盘；19—变量机构壳体；20—单向阀；21—滑履；22—柱塞；23—泵体

①主体部分结构

缸体 4 由一大型圆柱滚子轴承支承于泵体上，与传动轴 1 为花键连接。缸体上沿轴向均匀分布在 7 个油缸，每个油缸中的柱塞 22 的端部均铰接滑履 21。定心弹簧 6 通过内套 7、钢球 8 和回程盘 9 把 7 个滑履压紧于斜盘 18 上；通过外套 5 将缸体压紧于配油盘 3 上。配油盘 3 与泵盖 2 以定位销定位。斜盘 18 以其两侧的耳轴支承于变量机构壳体 19 上（见图 4-5）。运行中，斜盘处于倾斜位置时，柱塞靠吸入压力和定心弹簧的张力通过回程盘和滑履从油缸拉

出，靠斜盘对滑履的约束压入油缸。

斜盘式轴向柱塞泵，其内部漏泄的部位主要包括：①配油盘与缸体端面之间的漏泄；②配油盘与泵盖之间的漏泄；③柱塞与油缸之间的漏泄；④柱塞与滑履铰接处的漏泄；⑤滑履与斜盘之间的漏泄；⑥差动活塞与差动油缸之间的漏泄。其中以配油盘与缸体端面之间的漏泄对泵容积效率影响最大。漏泄的油汇集于泵壳内，为了保证油泵内各轴承的润滑，油泵的回油必须从泵壳上部的回油接头引回油箱。

②变向变量机构

常用的有手动和机（随）动变向变量机构。图4-4所示为带液压放大器的机（随）动变向变量装置，由拉杆10、伺服滑阀11、差动活塞12、单向阀20和斜盘18等组成。斜盘、差动活塞和变量机构壳体的结构，如图4-5所示。斜盘3的下叉口插于差动活塞4中槽内，销轴1装于销轴孔5内，并从斜盘的叉口穿过。如图4-4所示，从油泵排出腔或由辅泵供入吸入腔的压力油，可经泵体上的油道b、c和单向阀20（油道和单向阀各有两个，图中只示出一个）进入差动活塞12下端的a腔。当伺服滑阀11处于中位时，油孔f和e均关闭，由于差动活塞上端g腔的油液被锁闭，故差动活塞上、下端的液压力平衡，差动活塞也处于中位，斜盘平面与轴中心线垂直，泵空转。

若通过拉杆10将伺服滑阀上拉一段距离，使油孔f开启，则差动活塞上端g腔中的油液就会被泄入泵体内。在差动活塞下腔的油压作用下，差动活塞即上移，并通过销轴15驱动斜盘18向右偏转，直至油孔f重新被伺服滑阀关闭，差动活塞上、下端液压力重新平衡为止，油泵以一定方向和流量进行吸、排油。

若通过拉杆把伺服滑阀从中位向下压一段距离，油孔e开启，则a腔中的压力油便经e油道进入g腔。虽然a腔与g腔油压相等，但由于差动活塞上大下小，上端作用的液压力大，故差动活塞下移，并通过销轴驱动斜盘反向偏转，直至油孔e重新被伺服滑阀关闭，活塞上、下端的液压力重新平衡为止，油泵即以一定流量反向吸、排油。

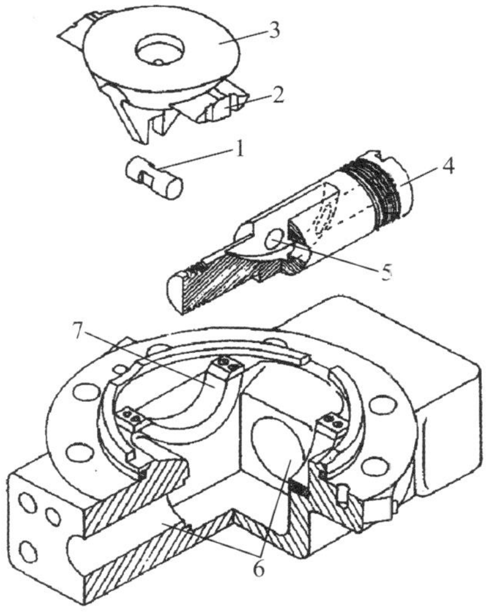

图4-5　伺服变量机构

1—销轴；2—耳轴；3—斜盘；4—差动活塞；5—销轴孔；6—差动油缸；7—耳轴承

若通过拉杆把伺服滑阀从上位或下位，压、拉回中位，则伺服滑阀开启油孔e或f，使差动活塞下移或上移，直至孔e或f重新被伺服滑阀关闭，斜盘也就回至与轴线垂直的位置。

显然，伺服滑阀从中位上拉或下压的距离越大，差动活塞的行程就越长，斜盘的倾角越大，泵的流量也越大。由于差动活塞的行程总是等于伺服滑阀的移动距离，所以机动变量装置又有随动变量装置之称。

差动活塞移动时还通过其上的销子17驱动拨叉16，在刻度盘14上示出泵流量的大小。刻度盘共10格，每一格相当于10%的额定流量。

若泵的吸油未设辅泵供油，而伺服滑阀又处于中位，因无从引入控制油压，则需通过拉杆直接拉、压差动活塞移动，泵才能吸、排油。

手动变向变量机构无液压放大器，用与差动活塞（或活塞）螺纹连接的螺杆代替拉杆和伺服滑阀。只要手动控制与螺杆固接的手轮，就可使差动活塞（或活塞）移动，改变斜盘的倾角。手动变向变量轴向柱塞泵在液压系统中常作定向定量泵用，不同之处只是排量可以调整。

③配油盘

如图 4-6 所示为 CY 型轴向轴柱泵配油盘的结构。左、右两弧形配油窗口分别与泵体上吸、排口和容积增、减的油缸连通。两弧槽之间为密封区，也是油缸内油压发生变化的过渡区。

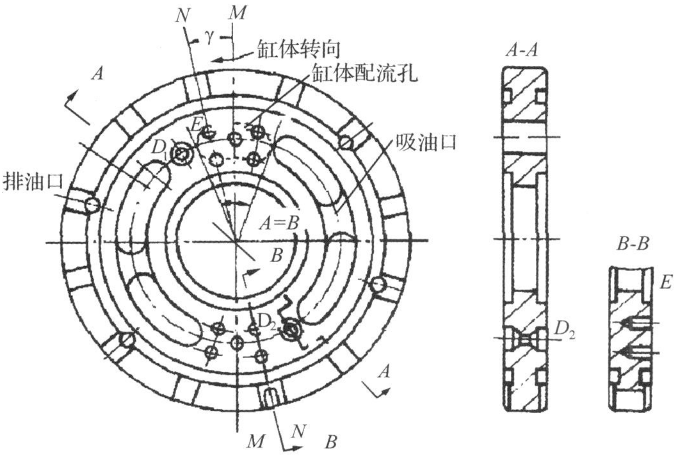

图 4-6　CY 型轴向轴柱泵配油盘的结构

$M-M$ 线为斜盘中心线（油缸容积增减的分界线），$N-N$ 线为配油盘的中心线。$M-M$ 线与 $N-N$ 线重合者为对称配油盘，不重合者为非对称配油盘。对于非对称配油盘，油泵工作时不能反转。阻尼孔 D_1（或三角形节流沟槽）与左侧排油口和 D_2 与右侧吸油口靠漏泄相通。此时，密封区为阻尼孔与弧形配油槽之间，其圆心角为 A。油缸配流孔的圆心角为 B，设计制造为负重叠，当油缸的配流孔刚离开吸（或排）油口时，就与靠近另一配油窗口的阻尼孔相通，既可消除困油现象，又可实现密封（微小角度的负重叠对容积效率影响不大）。随着缸体的转动，油缸配流孔与阻尼孔的重叠度增大，油缸中的油压就平缓地或升或降，待油缸转至与另一配油窗口相通时，缸内油压与相应配油窗口油压相差不大，有效地减小了缸内液体与窗口中液体的液压冲击和噪声。密封区内的 5 个盲孔 E，用以贮油供润滑用。

3. 柱塞式液压泵管理要点

（1）泵与电动机应采用弹性连轴节直接相连的方式，轴线同心度误差应不超过 0. 1 mm。

（2）泵内流道较复杂，流动阻力损失较大，具有一定自吸能力，一般吸入高度小于 125 ~ 500 mm，有的泵（如 ZB227 型）不允许自吸。故吸入管上不允许装过滤器，以免降低泵的吸入压力，容积效率下降，甚至发生“汽蚀”现象。为了避免柱塞与滑履铰接处在吸入过程受拉而损坏，轴向柱塞泵一般采用辅泵供油。

（3）对于初次使用或刚刚拆修过的柱塞泵，起动前应检查泵的转向，并应向泵内灌油，以避免起动过程中烧伤轴承和摩擦面。

（4）安装柱塞泵时，泵壳上的泄油口接头应向上，保证泵在工作中，泵壳内充满油，确保轴承的润滑；回油管应单独接至油箱，回油压力一般不高于 0. 05 MPa，以保证泵壳的密封和变量装置工作可靠。

(5)泵不宜长时间在“零”流量状态下运行，以避免各摩擦面失去渗漏油的润滑与冷却，使磨损加快。

二、常用液压马达

液压马达是液压系统的执行元件，其作用是将液压油的压力能转换为驱动机械设备的机械能。

按照液压马达的转速和扭矩大小，其主要分为两类：

(1)高速小扭矩液压马达($n>500$ r/min) 主要有齿轮式、螺杆式和轴向柱塞式液压马达等。它们的主要特点是转速高、转动惯量小，便于起动和制动，调速和换向灵敏度高，但扭矩较小，通常只有几十牛·米到几百牛·米，难以直接驱动大型机械设备，在船舶中应用不多。

(2)低速大扭矩液压马达($n\leqslant500$ r/min) 主要有活塞连杆式、静力平衡式、内曲线式、叶片式等型式。低速大扭矩液压马达的特点是输出扭矩大，转速低，可不经减速机构而直接与工作机构连接。低速大扭矩液压马达的每转排量很大，故外形尺寸也很大。它适用于各种低速、大负载的机械，如起货机、锚机、绞缆机和滚装船的甲板绞车等。

按照液压马达的工作原理，液压马达分为径向柱塞式和叶片式两种。其中径向柱塞式液压马达按其结构和工作原理分为连杆式、静力平衡式和内曲线式液压马达三种。连杆式液压马达是船舶起货机、绞缆机等系统中常见的执行元件之一，应用较早，以英国卓别林公司斯达法(Staffa)厂的产品最为著名，所以连杆式马达俗称斯达法式马达。静力平衡式液压马达是在连杆式基础上发展而来的，国外称之为罗斯通(Roston)马达。内曲线式液压马达实际也是径向柱塞式马达的一种，不同于前两种马达(连杆式和静力平衡式)的单作用，内曲线式属于多作用式，在船舶中应用广泛。内曲线式液压马达易于做成壳转式，具有体积小、低速稳定性好等特点，在船舶液压锚机、绞缆机系统中应用较多。叶片式液压马达分为高速小转矩和低速大转矩两类，船舶中常见的为低速大转矩叶片式马达。液压马达一般为定量式，所以船用低速大转矩叶片马达多为多作用式，在定量泵系统中，通过调节作用数可实现有级调速。

1. 连杆式液压马达的性能特点

(1)结构：结构简单，但采用了带球铰的连杆，壳体内开流道，工艺性差。

(2)受力条件不好：连杆大端与偏心轮接触面处和与小端球铰处的比压较大，磨损较严重，有时会发生咬合；径向力不平衡，径向载荷较大，影响轴承寿命。

(3)起动扭矩比较小，机械效率低。连杆下端圆弧形底面摩擦损失是引起液压马达扭矩损失的主要原因，除此之外，柱塞和油缸侧面之间、柱塞和连杆球头之间、配油轴和轴套之间均有摩擦，所以这种液压马达起动扭矩较小，通常只有理论扭矩的80%~85%。

(4)工作时柱塞运动速度不均匀，油马达瞬时排量波动大，造成转矩和转速脉动率大(约为7.5%)，低速稳定性较差，在3~10 r/min以下即会产生“爬行”现象。引起“爬行”的原因不仅是受液压马达脉动率影响，另一个重要原因是连杆底面比压较大，低速时润滑条件差，即滑动配合面处油膜厚度减薄，甚至破坏，以至转化为干摩擦，引起摩擦和发热急剧增大，从而造成液压马达转速不稳。摩擦力变化还会产生油压波动，加剧漏损，促使液压马达低速稳定性更差。因此，这种液压马达不宜在3~10 r/min以下工作。

(5)配油轴处易漏泄。

2. **静力平衡式液压马达的性能特点**

(1)与连杆式相比,五星轮式所需空间较大,在每转排量相同时,外形尺寸和重量较大;取消了带球铰的连杆,壳体内无流道,工艺性好;可做成双出轴轴转式或壳转式。

(2)瞬时排量均匀性好,转矩和转速脉动率比连杆式小,为 4.9%,最低稳定转速为 2 r/min 左右。

(3)主要部件可实现油压静力平衡,具有较高的机械效率。柱塞、压力环、五星轮等处的摩擦力显著减小,起动效率高。采用双列式可使轴承负荷大为减轻,工作寿命延长。

(4)柱塞侧向力较大,是相同参数连杆式液压马达的 7~14 倍,缸壁易磨损,柱塞易卡死;日本研制的 SH 型液压马达将缸体和柱塞置于五星轮中,可解决柱塞承受侧向力的问题。

(5)柱塞与压力环的密封不易保证,在采用油压封闭制动时,压力环易啃伤,产生喷油现象,容积效率较低,故宜采用机械制动。

(6)弹簧往复频繁,易产生疲劳损坏。

3. **内曲线式油马达的性能特点**

(1)零件数目较多,结构复杂,对工艺和材料的要求较高,尤其是内曲线部分受柱塞滚轮的压力较大,表面处理的要求高。

(2)径向力完全平衡,机械效率高,起动转矩高。只要作用次数与柱塞数目的最大公约数 $m \geq 2$,全部柱塞就可分为受力状态完全相同的 m 组,使作用在壳体、油缸体和配油轴上的径向力完全平衡,这对适用更高的工作压力和提高机械效率十分有利,起动扭矩可达理论值的 90%~98%。

(3)无扭矩脉动,低速稳定性好。选用合适的壳体曲面,能使瞬时进油量保持不变,扭矩脉动率理论值为零,最低稳定转速可达 0.5 r/min 左右。

(4)扭矩范围大,可方便地做成双列或三列结构。多列多作用式可使液压马达的每转排量较大,从而使输出扭矩较大,增大了液压马达的扭矩应用范围。

(5)调速范围广,可方便地做成有级变量液压马达。

(6)适用场合广,轴转壳转易实现。

4. **叶片式液压马达的性能特点**

(1)结构简单,重量轻。

(2)密封面较多,容积效率低(小于 90%),适用于中低压场合。

(3)叶片顶端对定子内表面摩擦力较大,机械效率和起动效率较低(小于 85%)。

(4)低速稳定性差(n_{min} 为 4~6 r/min)。

三、常用液压辅件

液压系统的辅助元件是指滤油器、蓄能器、油箱、密封件、管件、压力表和热交换器等液压件。从液压传动的工作原理来看,它们只起着辅助作用,然而从保证液压系统有效的传递力和运动以及提高液压系统的其他工作指标来看,它们却是系统不可缺少的重要组成部分。实践证明,它们对液压系统的性能、效率、温升、噪声和寿命等的影响极大。如果选用或使用不当,会影响整个液压系统的工作性能,甚至使之无法正常工作。所以,在设计、制造和使用液压设备时,必须重视辅助元件。其中油箱可供选择的标准件较少,常常是根据液压设备和系统的要求自行设计,其他一些辅助元件则做成标准件,供设计时选用。本章节主要介绍一下滤油器、蓄能器、油箱和密封件等液压辅件的主要功能与作用。

1. 滤油器

滤油器的功用是在工作中不断滤除流经的液压油中的固体杂质,降低油液污染度,提高液压装置工作的可靠性和耐用性。有统计资料表明,液压系统的故障有 75% 以上是由于油液污染造成的。因此,过滤是控制污染最有效的方法之一。对滤油器的维护保养工作是轮机管理人员日常工作之一。

按滤芯的过滤机理,滤油器可分为表面型过滤器、深度型过滤器和磁性过滤器。

1)液压系统中污染物来源

液压油中混入的各种杂质,其大致来自以下几方面。

(1)一开始就残留在液压系统中的杂质,例如水锈、铸砂、焊渣、铁屑、油封剂、油漆皮以及清洗时残留的棉纱屑等。

(2)从外界进入液压系统的杂质,例如从加油口、防尘圈等处进入的灰尘,液压油在运输过程中从空气和输送设备中混入的杂质等。

(3)工作过程中产生的杂质,例如密封材料受液压作用形成的碎片,运动件磨损产生的金属粉末,水、空气、液压油在高温下经化学作用产生的酸类、胶状物、沥青质和炭渣等,以及密封材料、橡胶软管、容器内壁涂料等在油中溶解生成的硬化杂质等。

据统计,液压系统的故障中有 70% 以上是由液压油中的杂质造成的。因此,对保持油液的清洁和防止油液的污染必须给予足够的重视。

消除液压油中固体杂质的最有效办法,除利用油箱沉淀一部分大颗粒杂质外,主要是应用各种滤油器滤除各种机械杂质。油液经过滤油器的无数微小间隙或小孔时,油液中所含的尺寸大于这些间隙或小孔的杂质便被阻隔住,从而达到滤清油液的目的。

2)对滤油器的基本性能要求

针对在液压系统中的不同用途,滤油器也有多种型式,但其基本要求都是一致的,这些要求是:

(1)能满足液压系统对过滤精度的要求;

(2)能满足液压系统对过滤能力的要求;

(3)滤油器材料具有一定的机械强度,不致因液体压力作用而被破坏;

(4)在工作温度下性能稳定;

(5)有良好的抗腐蚀性;

(6)便于清洗维护,便于更换滤芯;

(7)造价便宜。

3)滤油器的选用

过滤器的主要参数为过滤精度、压力损失、公称流量和公称压力。一般按系统的类型与压力选择,当系统压力小于 14 MPa 时,过滤精度为 25 μm;压力为 14~32 MPa 时,过滤精度小于 25 μm;压力大于 32 MPa 时,过滤精度小于 10 μm;液压伺服系统的过滤精度小于 5 μm。

选择过滤器时应考虑以下三个因素。

(1)滤孔尺寸

滤芯的滤孔尺寸可根据系统要求的过滤精度来选取。

(2)通过能力

滤芯应有足够的通流面积。通过的流量越大，则要求的通流面积越大。一般可根据所通过的流量，从产品样本手册中选取相应规格的滤芯。若以较大流量通过小规格过滤器，则压力损失增大，滤芯堵塞加快。

(3)耐压

耐压包括滤芯的耐压和壳体的耐压。一般滤芯的耐压为 0.01~0.10 MPa。设计时滤芯应有足够的通流面积,使滤芯上的压降足够小,以避免滤芯被破坏。

2. 蓄能器

蓄能器的主要作用是获取一定数量的压力流体并加以储存,在必要时释放出来以满足系统需求,是液压系统中存储能量的一种装置,在液压系统中应用非常广泛。

蓄能器的基本工作原理都是利用弹性元件的压缩来储存压力或流量,在系统需要时利用弹性元件的膨胀向系统中释放压力或流量。按产生液体压力的方式不同,蓄能器有弹簧式、重力式和充气式三种类型。充气式最常用,它利用气体的压缩和膨胀来储存、释放压力能,在蓄能器中气体和油液被隔开;而根据隔离的方式不同,充气式又分为活塞式、气囊式和隔膜式等三种。

在对蓄能器的液压系统中的主要功用是储存能量、吸收脉动压力、吸收冲击等。

蓄能器在安装维修和日常管理中,应注意以下问题:

(1)以油口向下垂直安装为宜,以免其中杂质沉淀妨碍工作。

(2)装在管路上的蓄能器需用支架固定,但不能用焊接固定,以免妨碍热胀冷缩。

(3)蓄能器与管路之间应安装截止阀,以便系统长期停用及充气、检修时将其切断。

(4)蓄能器与液压泵之间应安装单向阀,以防止泵停转时蓄能器内的压力油向泵倒灌。

(5)禁止充氧气或空气,以免气体漏入油中引起氧化,空气还可能带入水分。允许的最高充气压力视蓄能器的结构型式而定,例如,皮囊式蓄能器的充气压力为 3.5~32 MPa。

(6)吸收冲击压力和脉动压力的蓄能器应尽可能装在振源附近。

(7)至少每隔 6 个月检查一次压力。

3. 油箱

油箱是液压系统中用来储存油液、散发系统工作中产生的热量、沉淀油中固体杂质,逸出油中气泡的容器,结构虽然简单,但作用却不小,是液压系统中的必备元件,也是船员日常维护、保养中需经常关注的液压设备。

油箱在液压系统中的主要功能是:(1)提供足够的储油空间,既能适应油液因温度变化而引起的胀缩,又能容纳系统元件的漏油和便于向系统补油;(2)帮助油液散发工作中产生的热量;(3)分离油液中的气体,沉淀固体杂质。

油箱按其内液面是否与大气相通,可分为开式油箱和闭式油箱(充气式);还可按是否与主机结合为一体,分为整体式油箱和分离式油箱。

为保证液压系统的正常工作,油箱必须满足如下要求。

(1)容量足够

油箱容积应根据泵的额定流量和工作压力来选取，额定流量和压力越高，要求油箱容积越大。对低压系统可取泵额定流量（L/min）的2~4倍，中压系统取5~7倍，高压系统取10~12倍，当机械停止工作时，油箱中的油位高度不超过油箱高度的80%。

（2）便于吸入和泄油

泵吸入管口与箱底的距离应大于管径的2倍，与侧壁的距离应大于管径的3倍。泵吸入管口装滤油网，通流能力大于泵流量的2倍以上。吸油管和回油管管口应在最低油面之下适当深度，否则油会吸入空气和溅起泡沫，为避免增大液压控制阀的泄油阻力，或为避免安装高度与油箱相同的泵、马达的泄油管产生虹吸现象，泄油管出口常在油面之上。

（3）便于散热

系统回油管口与箱底距离应大于管径的3倍，端头切成45°斜角，斜口面对箱壁，便于散热。

（4）便于纳杂和逸气

油箱内部要用隔板将进、回油管隔开，其高度一般为油面高度的2/3，以使油液能在油箱内平稳地流动，从而有利于积纳污垢和分离气体。油箱底部应距地面150 mm以上，以便散热和放油。底面应做成倾斜或凹形，在最低处设置油塞。

（5）防止污染

油箱的通气孔应有空气滤网及孔罩，盖板与管接头要密封良好，加油口应有盖子和滤网，滤网精度与系统过滤精度相同，防止外部污染物的侵入。

油箱内壁为防止锈蚀，必须涂有防锈保护层，采用的保护涂料与所用的液压油具有相容性。

（6）便于维护

油箱盖板或人孔导门应便于拆卸，以便于清洁；油箱底面应向系统排出口倾斜，并应设有放液塞或放液阀，以便于放出液体；油箱侧面应设置液位指示器，以指示液面位置；应设置有温度计或测温接口，以指示油箱温度。

4. 密封件

在液压元件及其系统中，密封件用来防止工作介质的漏泄及外界灰尘和异物的侵入，以保证系统建立起必要的压力，使其能够正常地工作。液压系统中密封件类型较多，较易损坏，日常维修保养中需经常更换。

1）密封件的功用和要求

在液压元件及其系统中，某些有耦合关系的零件之间存在着平面间隙或环形间隙，不仅高压区的油液会经此间隙向低压区转移形成外漏泄和内漏泄，而且空气中的灰尘或异物会乘隙侵入系统，从而导致容积损失、油温升高、污染环境及工作介质。密封件用来防止系统油液的内漏泄、外漏泄，以及防止外界灰尘和异物的侵入，以保证系统建立所需要的压力。

密封件应能满足以下几点要求。

（1）在一定的压力、温度范围内具有良好的密封性能；

（2）密封件和运动件之间的摩擦力要小，摩擦系数要稳定；

（3）抗腐蚀能力强，不易老化，工作寿命长，耐磨性好，磨损后能在一定程度内自动补偿；

（4）结构简单，使用、维护方便，价格低廉。

2）密封件的种类

密封按耦合面间有无相对运动,可分为动密封和静密封两大类;按其工作原理可分为非接触式密封和接触式密封。非接触式密封主要是指间隙密封(如圆柱滑阀阀芯与阀体孔);接触式密封是指线密封(如锥阀芯与阀座孔)和密封件的密封。除存在相对运动的耦合面可以采用间隙密封或线密封外,一般应在耦合面之间增设密封件。液压系统中最常用的密封件有 O 形密封圈、Y 形密封圈、V 形密封圈、防尘圈等(以上统称密封圈)。密封圈既可用于动密封,也可用于静密封。

密封件在选用时必须考虑以下因素。

(1)密封的性质,是动密封还是静密封;是平面密封还是环形间隙密封。

(2)动密封是否要求静、动摩擦系数要小,运动是否平稳,同时考虑相对运动耦合面之间的运动速度、介质工作压力等因素。

(3)工作介质的种类和温度对密封件材质的要求,同时考虑制造和拆装是否方便。

四、液压阀

在液压系统中,液压控制阀按用途可分为三类:

(1)方向控制阀,用于控制油液的流动方向,包括单向阀、换向阀等;

(2)压力控制阀,用于控制液压系统中油液的压力,包括溢流阀、减压阀、顺序阀等;

(3)流量控制阀,用于控制液压系统中油液的流量,包括节流阀、调速阀等。

上述三类阀又可组合成各种复合阀。

1. 方向控制阀

1)单向阀

(1)普通单向阀

普通单向阀(又称止回阀),其作用是只允许油液正向(单向)流过。其结构型式有直通式和直角式之分,阀芯较多采用导向性和密封性较好的锥阀,小流量的也可采用结构简单的球阀。

图 4-7 为直通式单向阀的结构图。当压力油从阀的 A 口流入时,油压力 p_1 克服弹簧 3 的张力、阀芯 2 的摩擦力和惯性力,阀芯 2 被推离阀座而开启,油液经阀芯与阀座的间隙,以及阀芯上的径向孔和轴向孔,从阀的 B 口流出;而当压力油从阀的 B 口流入时,在弹簧力和液压力的作用下,阀芯迅速关闭,截断油路。

单向阀仅用于控制油液单向流过时,可选用较软的弹簧,以减小正向流动的压力损失,其阀的开启压力一般为 0.03~0.05 MPa;单向阀在回油管路中作背压阀用时,其开启压力一般为 0.2~0.6 MPa;单向阀作为细滤器的安全阀(或旁通阀)使用时,其开启压力一般不大于 0.35 MPa。

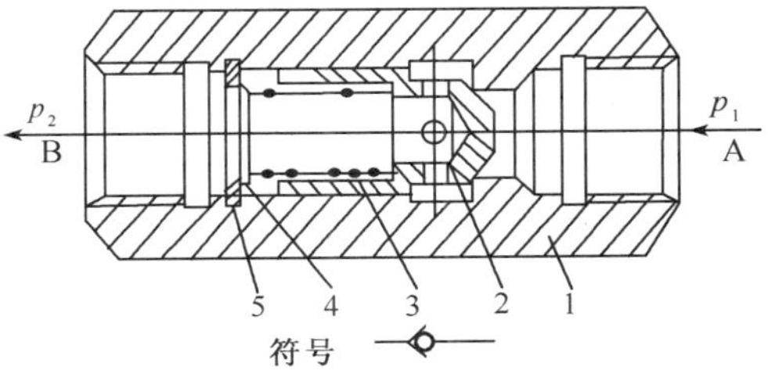

图 4-7 直通式单向阀的结构

1—阀体;2—阀芯;3—弹簧;4、5—挡圈

(2)液控单向阀

液控单向阀是指在控制油压作用下,可实现油路油液反向流动的单向阀,其结构如图 4-8 所示。当无控制压力油供入时,它相当于普通单向阀,油液从 A 流向 B;当 K 控制油口供入压力油时,控制活塞 7 上移,通过顶杆 6 将阀芯 1 强

行顶开，从而实现油液的反向流动，即油液从 B 流向 A。

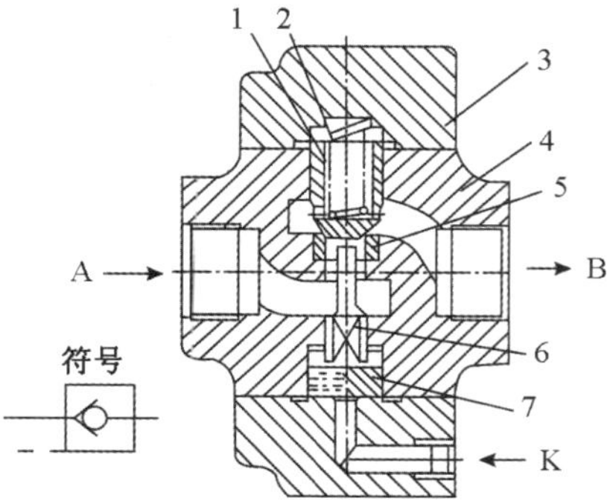

图 4-8　液控单向阀

1—阀芯；2—弹簧；3—上盖；4—阀体；5—阀座；6—顶杆；7—控制活塞

（3）液压锁

液压系统中还常使用一种布置在同一阀体中的双联液控单向阀，亦称液压锁。图 4-9 所示为带卸荷阀芯的液压锁。在 A 口或 B 口有压力油通入时，不仅能将该侧单向阀芯顶开，让油液通过，而且可借助控制活塞 2，顶开另一侧的卸荷阀芯 3 卸荷后，再将该侧单向阀芯 4 顶开，使回油油路畅通。当 A、B 口皆无压力油进入时，两侧单向阀的阀芯在弹簧作用下均关闭，使执行元件的油路隔断而锁闭。

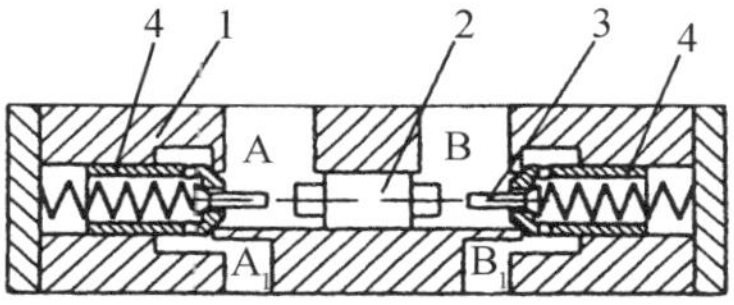

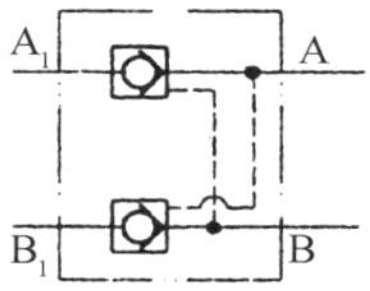

图 4-9　液压锁

1—阀体；2—控制活塞；3—卸载阀芯；4—单向阀芯

2）换向阀

换向阀是靠阀芯相对阀体的位移控制油路的通断和油液流向改变的阀件。按推动阀芯位移的动力分类，其可分为手动、机动、电动、液动和电液动；按阀控制的油路接口数分类，可分为 2 通、3 通、4 通、5 通等；按阀芯工作时停留的位置数分类，可分为 2 位、3 位等。在舵机液压系统中，使用较多的是手动、电磁、液动、电液三位四通换向阀。

（1）三位四通手动换向阀

图 4-10（a）所示为三位四通自动复位式手动换向阀的结构。通常规定 P 表示通压力油的接口（简称进油口），A、B 分别表示通往执行机构（液压缸或液压马达）工作油腔的接口（简称工作油口），T 表示通往油箱的接口（简称回油口）。

将换向手柄向右侧扳动时，阀芯左移，此时阀内油路的沟通情况为 P→A、B→T。将换向手柄向左侧扳动时，阀芯右移，此时阀内油路的沟通情况为 P→B、A→T，实现了换向阀对系统

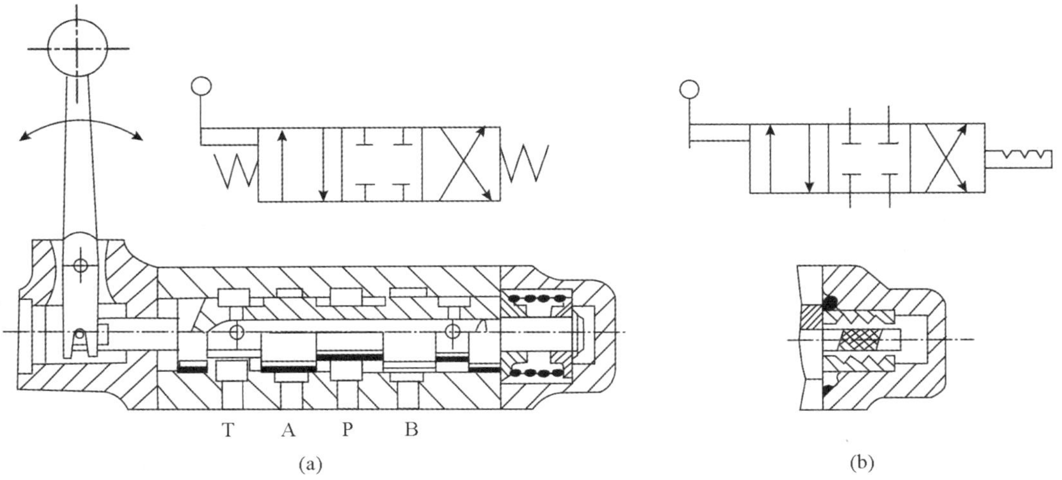

图 4-10 三位四通自动复位式换向阀的结构

油路流向的改变。松开换向阀手柄后，换向阀的阀芯在回中弹簧的作用下，阀芯回到中位，此时换向阀的 P、A、B、T 四个油口互不相通。若将右端弹簧部分改为图 4-10(b)所示的定位式结构，在阀芯右端的一个径向孔中装有一个弹簧和两个钢球，可以在三个位置上实现定位。

三位四通换向阀左位和右位的油路沟通形式只有平行沟通和交叉沟通两种，而中位时的油路沟通形式有很多种，可实现液压系统不同的功能，称为中位机能。其相应的机能符号与功能见表 4-1。

表 4-1 三位四通换向阀的中位机能符号与功能

滑阀类型	符号	中位油口状况、特点及应用
X 型	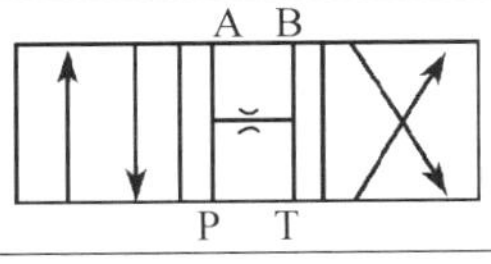	P、A、B、T 四油口处于半开启状态，泵部分卸荷，仍保持一定压力
M 型	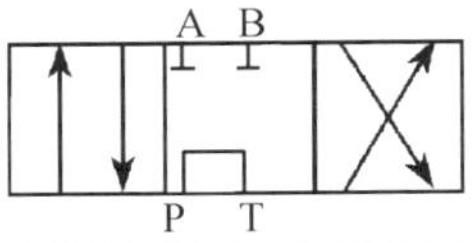	P、T 两口相通，A 与 B 均封闭，活塞闭锁不动，泵卸荷，也可多个 M 型换向阀并联工作
H 型	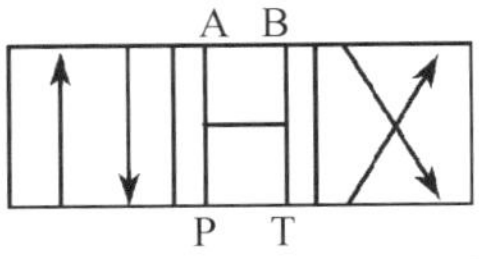	P、A、B、T 四口全中通，活塞处于浮动状态，在外力的作用下可移动，泵卸荷
O 型	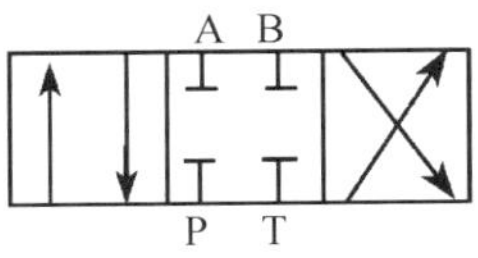	P、A、B、T 四口全封闭，液压泵不卸荷，液压缸闭锁，可用于多个换向阀的并联工作
Y 型	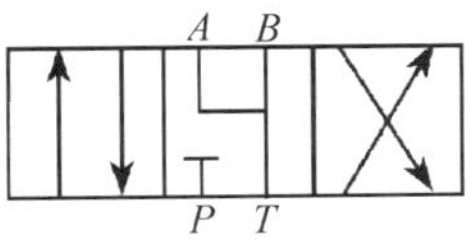	P 口封闭，A、B、T 三口相通，活塞浮动且在外力作用下可移动，泵不卸荷

续表

滑阀类型	符号	中位油口状况、特点及应用
J 型	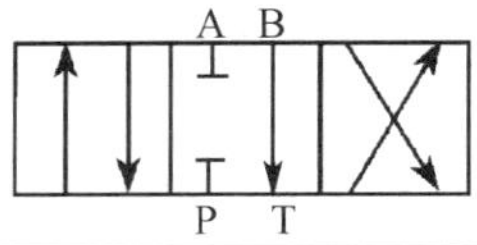	P 与 A 封闭,B 与 T 相通,活塞停止,泵不卸荷
P 型	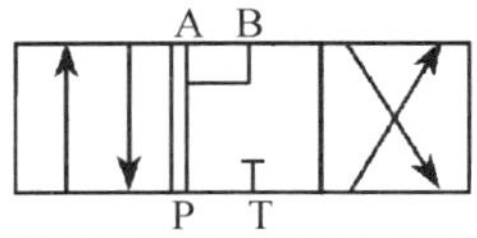	P、A、B 相通,T 封闭,泵与缸两腔相通,可组成差动回路
K 型	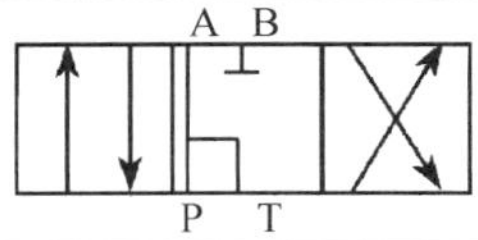	P、A、T 相通、B 口封闭,活塞处于闭锁状态,泵卸荷
N 型	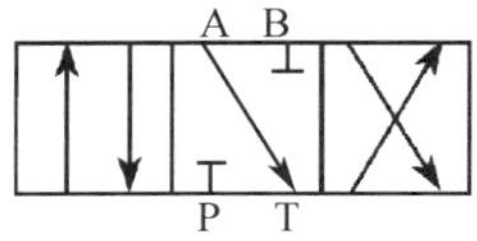	P 和 B 皆封闭,A 与 T 相通,与 J 型机相似,只是 A 与 B 互换了,功能也类似
V 型	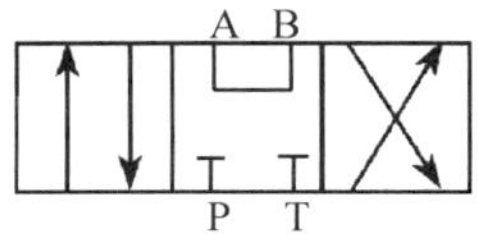	P 口封闭,T 口封闭,A 和 B 两口相通,执行机构浮动,泵不卸荷
C 型	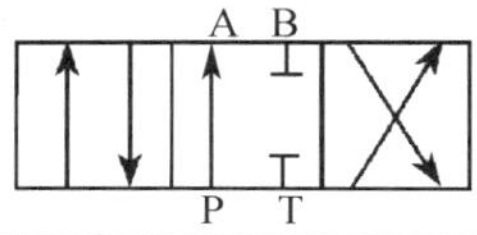	P 与 A 相通,B 与 T 皆封闭,活塞处于停止位置

(2)三位四通电磁换向阀

如图 4-11 所示为三位四通电磁换向阀(O 型)的结构和主要部件,其工作过程如下:

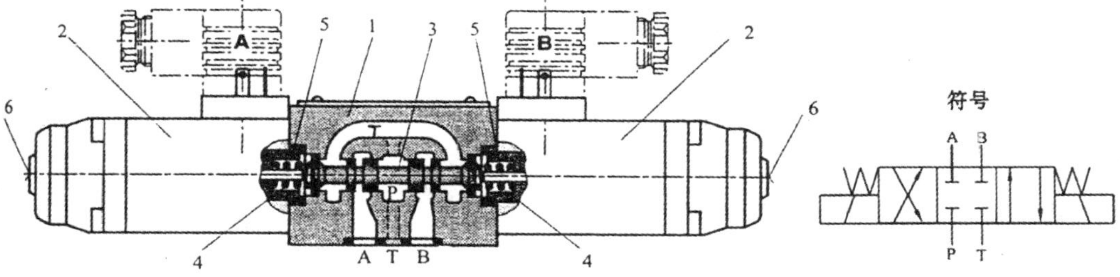

图 4-11　三位四通电磁换向阀(O 型)的结构和主要部件

1—阀体;2—电磁铁;3—阀芯;4—对中弹簧;5—推杆;6—手动应急按钮

①当左、右两端电磁线圈均断电时,阀芯 3 在两端对中弹簧 4 的作用下处于中间位置,此时,油路沟通情况按符号“中框”所示,即 P、A、B、T 四个油口互不相通。

②当右端电磁线圈通电、左端电磁线圈断电时,阀芯 3 在电磁力的作用下被推到左端位置,油路沟通情况按符号“右框”所示通、断,即 P→A、B→T。

③当左端电磁线圈通电、右端电磁线圈断电时,阀芯 3 在电磁力的作用下被推到右端位置,油路沟通情况按符号“右框”所示进行通、断,即 P→B、A→T。

（3）液动换向阀

液动换向阀是靠液压力来推动阀芯移动而改变位置的换向阀。如图 4-12 所示为三位四通液动换向阀的结构。

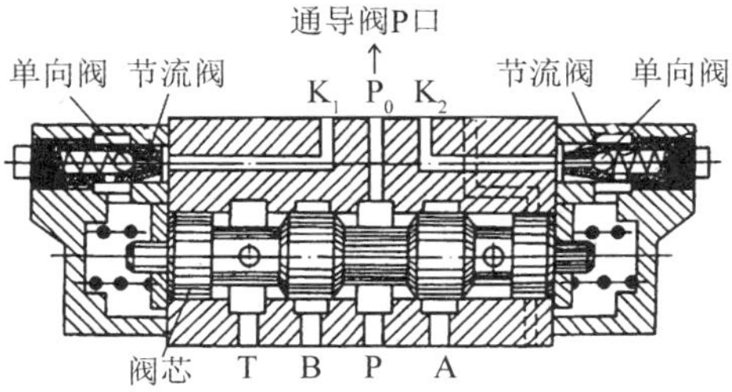

图 4-12　三位四通液动换向阀的结构

当控制油从控制油口 K_2 进入阀芯的右侧油腔时，阀芯被推向左端，符号右框为工作位置，油路的沟通情况为 P→B、A→T。

当控制油从控制油口 K_1 进入阀芯的左侧油腔时，阀芯被推向右端，符号左框为工作位置，油路的沟通情况为 P→A、B→T，从而实现换向阀油路的换向。

当两端控制油口均不通控制油时，阀芯在两端弹簧力作用下回复至中位，油口 P、A、B、T 互不相通。

为了减缓液动换向阀的阀芯移动速度，减小液压冲击，提高换向性能，可在液动换向阀两端的控制油路中装设可调单向节流阀。

（4）电液换向阀

电液换向阀由电磁换向阀与液动换向阀组合而成，如图 4-13 所示。电磁换向阀为导阀，液动换向阀为主阀，主阀的动作由导阀控制。

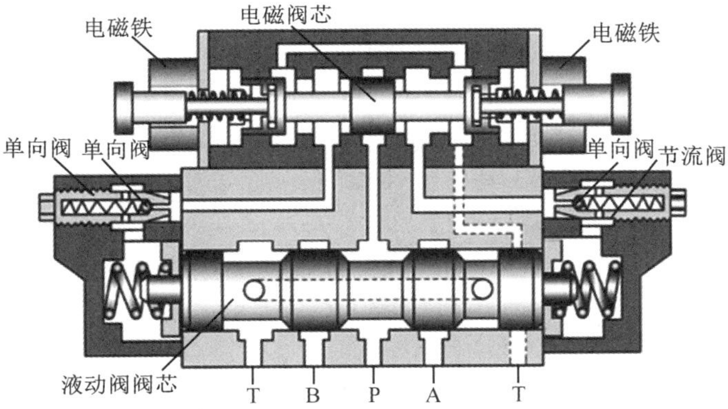

图 4-13　电液换向阀

弹簧对中型电液换向阀的结构简图和职能符号，如图 4-14 所示。当导阀右端的电磁线圈 5 通电时，导阀阀芯 4 左移，控制油由导阀经右侧阻尼器（单向节流阀）的单向阀 7 进入主阀芯 8 的右端油腔，而主阀芯左端的控制油则由左侧阻尼器节流阀 2 经导阀流回油箱。于是，由主阀芯两端压差产生的液压力，克服主阀芯左侧弹簧力和阀芯移动阻力，将主阀芯推到左端，主阀油路通断情况为 P→B、A→T。反之，电磁阀左端电磁线圈 3 通电时，主阀芯则被推到右端，主阀油路通断情况为 P→A、→T。当导阀两侧电磁线圈均不通电时，导阀阀芯回中，使主阀阀

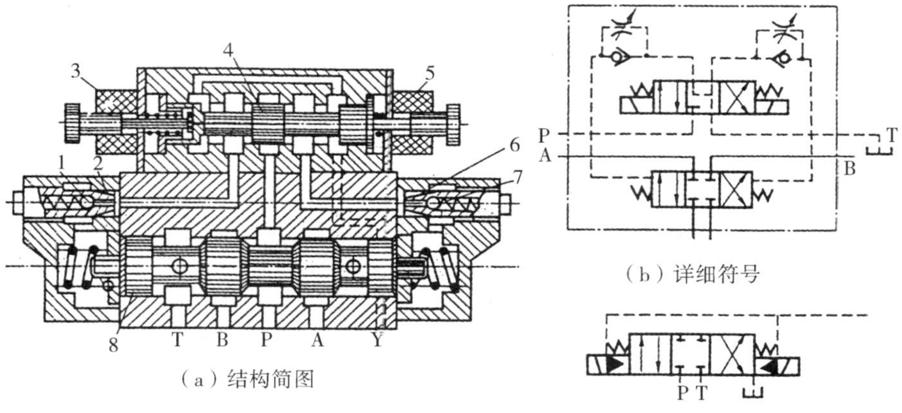

（a）结构简图

（b）详细符号

（c）简化符号

图 4-14　弹簧对中型电液换向阀的结构简图和职能符号

1、7—单向阀；2、6—节流阀；3、5—电磁线圈；4—导阀阀芯；8—主阀芯

芯两端控制油路沟通，主阀芯两端压力平衡，在主阀芯两侧弹簧力的作用下，主阀芯回中，主阀油路通断情况为 P、A、B、T 四个油口互不相通。

在导阀两侧线圈均断电回中时，主阀阀芯也一定要能够回到中位，主阀芯两端液压力就必须平衡，那么主阀芯两端的控制油路就必须沟通且通油箱。所以，对于弹簧对中型电液换向阀导阀的中位机能，只能选用“Y”型或“H”型。

阻尼器节流阀的开度是由节流针阀调节的，节流针阀的调节要求是既能满足换向阀的换向速度要求，又能减小换向时的液压冲击。调小阻尼器一侧节流针阀的开度，可使主阀芯向该侧移动速度减慢，换向时的液压冲击减小。

导阀控制油是从外部专设油口向导阀供油，则称为外控；若控制油是来自主阀的压力油经阀内通道供给导阀，则称为内控；导阀的泄油如果是经阀内油道通向主阀的回油口，与主阀一起泄油，称为内泄；若导阀的泄油是从单独的泄油口通油箱，则称为外泄。

阀体上油口数量的多少决定于控制油的供入与泄出的方式。内控内泄有四个油口接四根油管；外控内泄或内控外泄有五个油口接五根油管；外控外泄有六个油口接六根油管。如图 4-14 所示，电液换向阀结构图中为内控外泄；图形符号中为外控外泄。

3）换向阀的常见故障分析与处理

换向的常见故障主要有阀芯不能离开中位或移动不到位，阀芯不能回中等。其常见故障分析与处理见表 4-2。

2. 压力控制阀

在液压系统中，压力控制阀是用于控制液压系统中油液压力高、低的阀件。根据压力控制阀的功能不同，压力控制阀可分为溢流阀、减压阀和顺序阀三类。

1）溢流阀

溢流阀的功用是在液压系统的油压超过调定值时，将油液溢回油箱，以保证阀前液压系统中的油压稳定或防止超压。按其在液压系统中的功用可分为定压阀和安全阀两类。作定压阀用时处于常开状态，借改变溢流量来保持系统的油压基本稳定；作安全阀用时处于常闭状态，阀仅在液压系统油压超过调定值时才开启溢油。按控制形式，溢流阀可分为直动式、差动式和先导式三种。在此只介绍先导式溢流阀。

表 4-2 换向阀常见故障分析与处理

故障现象	故障原因	处理方法
1. 阀芯移不动或不到位	①电路不通或电压不足	检查电路或调整电压
	②激磁线圈脱焊或烧毁	焊接或更换线圈
	③控制油压过低	调高控制油压力
	④阀芯或阀孔加工精度较差,配合间隙太小	提高加工精度,保证配合间隙
	⑤阀芯或阀孔碰伤变形	修理或更换
	⑥弹簧太硬	更换较软弹簧
	⑦油液太脏,有脏物进入间隙	加强过滤和清洁阀件
	⑧油温过高,阀芯因膨胀而卡死	加强系统冷却
	⑨电磁铁推杆密封处的油压过高,摩擦阻力过大	更换密封圈
	⑩控制油路中节流阀开度过小或控制油液黏度过高	调节开度或更换控制油
2. 阀芯不能回中	①回中弹簧太软	更换弹性较大弹簧
	②阀芯卡阻	修理阀芯
	③电磁铁不能释放	检修电磁线圈或电磁铁
	④控制油压不能泄压	检查控制油路

先导式溢流阀的结构和主要组成部件如图 4-15 所示。该阀由先导阀和主阀两部分组成,先导阀实际上是一个小流量直动式溢流阀,其锥形导阀芯 1 在调压弹簧 9 的作用下紧压在导

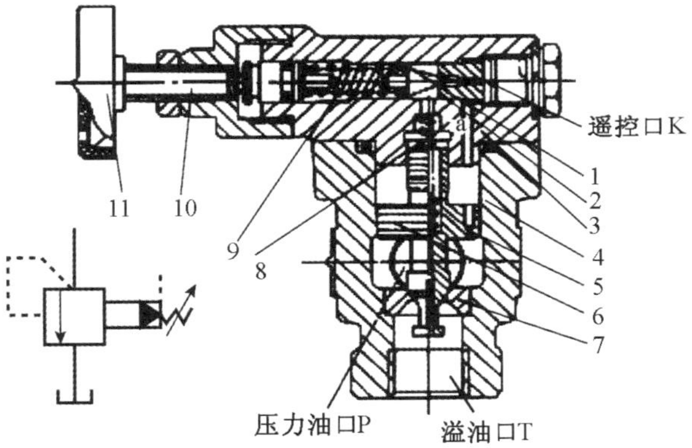

图 4-15 先导式溢流阀的结构和主要组成部件

1—导阀芯;2—导阀座;3—导阀体(又称主阀盖);4—主阀体;5—阻尼孔;6—主阀芯;7—主阀座;8—主阀弹簧;9—调压弹簧;10—调压螺钉;11—调压手轮

阀座 2 上。转动调压手轮 11,通过调压螺钉 10,可以调节液压系统的工作压力。主阀芯 6 的下部锥形阀面与主阀座 7 相配合,中部圆柱面(又称平衡活塞)与主阀体 4 相配合,上部圆柱面与导阀体(又称主阀盖)3 相配合,此三处均起密封作用。主弹簧 8 作用在主阀芯的上方,将主阀芯压向主阀座 7。主阀芯平衡活塞与主阀体 4 和主阀体盖构成的油腔,通过油道 a 与导

阀锥面相通。

工作时，压力油从压力油口 P 进入主阀芯下腔室，并经主阀芯上的阻尼孔 5 进入主阀芯上腔室，再经油道 a 进入导阀前腔并作用于导阀锥面上。当进油压力 p 低于导阀的开启压力 p_0 时，先导阀关闭，阀内无油流动。此时，主阀上、下腔和先导阀前腔的油压力均等于进油压力 p，又由于主阀上、下腔的承压面积 A 大小相等，因此主阀芯在弹簧力的作用下紧压在阀座上，主阀与导阀一样处于关闭状态。当进油压力 p 超过导阀的开启压力 p_0 时，导阀即被顶开，使少量油液经导阀座 2 和主阀中心孔流至回油口 T。由于阻尼孔 5 的孔径很小（一般为 0.8～1.2 mm），有节流作用，使主阀上腔油压力 p_1 小于下腔油压力（进口油压力）p，此时，主阀在油压差（$p-p_1$）的作用下，产生一个向上的启阀压力 $F_0=(p-p_1)A$。随着阀前油压力的继续升高，导阀开度增加，主阀上、下腔的压差（$p-p_1$）也增大，主阀启阀压力 F_0 也随之增大。此后，只要主阀进口压力稍有增加，导阀的开度和流量就会增加，主阀上、下腔的压力差就增加，主阀溢流口的开度也增加，主阀溢流量也增加；反之，主阀溢流量减小。从而保证主阀进口系统油压基本稳定。

先导式溢流阀主弹簧的张力 F_0 与平衡活塞上下的油压差（$p-p_1$）相平衡，而非平衡主阀进口系统的压力 p，故即使系统压力较高，主阀弹簧也可以选得较软；由于阻尼孔和导阀承压面均很小，导阀弹簧也比较软，所以先导型溢流阀所控制的阀前压力波动较小，调压精度高，适用于高压大流量系统。先导式溢流阀的稳态特性较直动式溢流阀好，静态调压偏差或稳态压力超调量（整定压力与开启压力之差）较小，稳态压力变化量为 5%～10%，适合作定压阀。动态性能直动式较先导式好，适合用作安全阀。先导式动态超调量（阀前瞬时压力最大值与整定压力的差值）最高可达 10%～15%，稳定时间约 0.1～0.3 s。

在先导式溢流阀中，主阀和导阀的作用是不相同的。导阀起控制主阀动作的作用；主阀是根据导阀的信号开大或关小主溢流口。导阀弹簧主要起调压作用，主阀弹簧主要起复位作用，调压性能主要取决于导阀的性能。顺时针转动调压手轮 11，增大调压弹簧 9 的预紧力，阀的整定压力升高；反之，整定压力降低。

若用管道外接一直动式溢流阀于远控油口 K，把先导式溢流阀的弹簧预紧力调至最大，便可实现其整定压力的远程控制（即外控）；若外接一换向阀于油口 K，使主阀凸肩上腔泄油，则主阀会完全升起，使系统泄油，此阀便可用作卸荷阀。先导式溢流阀的常见故障分析与处理见表 4-3。

表 4-3　先导式溢流阀的常见故障分析与处理

故障现象	故障原因		处理方法
阀全开，系统不能建立油压	(1)主阀不能关闭	①主阀芯在开启位置卡死而不能复位	拆卸清洗
		②阻尼孔被堵塞，主阀芯不能复位	拆卸疏通
		③复位弹簧折断、弯曲使主阀芯不能复位	更换弹簧
	(2)导阀不能关闭	④导阀弹簧漏装或折断	重装或更换弹簧
		⑤导阀漏装或碎裂	重装或更换导阀
	(3)远控口泄压	⑥外接控制阀常开通油箱	外接控制阀
		⑦外接油管破裂	更换油管

续表

故障现象	故障原因		消除方法
系统压力无法调高	(1)主阀关闭不严	①阀芯与阀座间有杂物	拆卸清洗
		②制造不圆、偏心	更换
		③磨损	研磨
	(2)导阀关闭不严	④导阀弹簧太短、太弱或弯曲	更换弹簧
		⑤阀与阀座间有杂物、磨损	拆卸清洗、研磨
		⑥制造不良	更换
	(3)远控口漏油	⑦外接管漏油	换管
		⑧控制阀漏油	检修控制阀
	(4)主阀体与先导阀体间漏泄	⑨密封圈损坏	更换密封圈
		⑩螺钉松动	上紧螺钉
系统压力无法调低	(1)主阀卡死于关闭位置		拆卸清洗
	(2)导阀不通	①导阀与阀座粘住	拆卸清洗
		②导阀孔堵塞	拆卸清洗疏通
	(3)导阀弹簧弯曲而卡阻		更换弹簧
压力波动、不稳定	(1)主阀动作不灵活		检修主阀
	(2)主阀阻尼孔时堵时通		清洗疏通阻尼孔
	(3)主阀阻尼孔径太大		更换阀芯
	(4)台肩与阀体配合间隙过大,使阻尼作用过小		更换阀体或阀芯
	(5)主阀或导阀密封面与阀座磨损不均匀,接触情况不稳定		拆卸研磨
	(6)导阀调节螺杆锁紧螺母松动		上紧锁紧螺母
	(7)弹簧弯曲导致开启压力不稳定		更换弹簧

2)减压阀

减压阀的功用是保持阀后压力或压差基本恒定,以便从系统中分离出一路或多路压力较低的支路。减压阀主要有定值输出和定差输出两种。定值减压阀能根据出口压力的变化,自动改变其开度,保持阀后压力稳定。定值减压阀最为常用,通常将其称为减压阀。定差减压阀能根据阀的进、出口压力差的变化,改变其开度,保持阀的进、出口压差稳定。下面介绍性能好、应用广泛的定值减压阀。

(1)直动型定值减压阀

直动型定值减压阀的结构和图形符号,如图 4-16 所示。从 A 油口进入油腔的压力油 p_1 经减压口减压后,进入油腔,其压力为 p_2,经 B 油口流出,同时经油道进入滑阀的底部油腔,产生一个向上的作用力,滑阀上压差产生的液压力与调节弹簧弹力平衡。当出口压力 p_2 降低时,弹簧力大于滑阀上的作用力,滑阀下移,减压口开度增大,进入油腔的油量增多而使 p_2 升高;反之,p_2 降低,从而保持减压阀出口压力稳定在设定值。为了保证作用于滑阀上的液压力与弹簧力平衡，必须将油腔漏泄至油腔中的油液从油道泄至油箱。

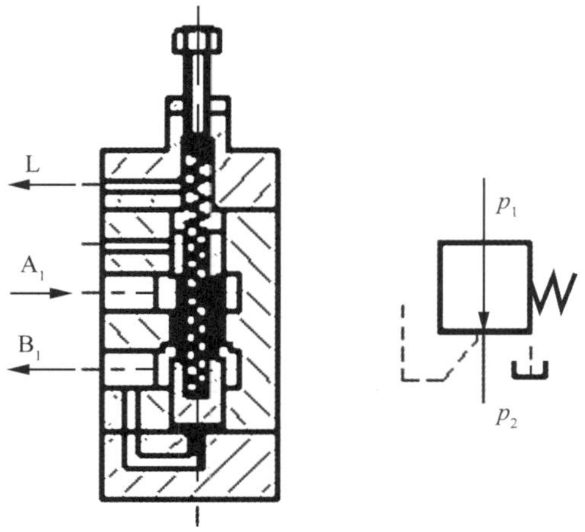

图 4-16　直动型定值减压阀的结构和图形符号

转动上部调节螺钉，改变调节弹簧的弹力，就可以调节减压阀出口油压 p_2 的大小。顺时针转动调节螺钉，弹簧力增大，阀出口油压 p_2 升高；反之降低。

(2)先导型定值减压阀

如图 4-17 所示为先导型定值减压阀结构。其主要由主阀和导阀两部分组成，导阀起设定压力的作用，主阀起减压作用。工作时，从进油口进入、压力为 p_1 的高压油，经主阀芯 7 的减

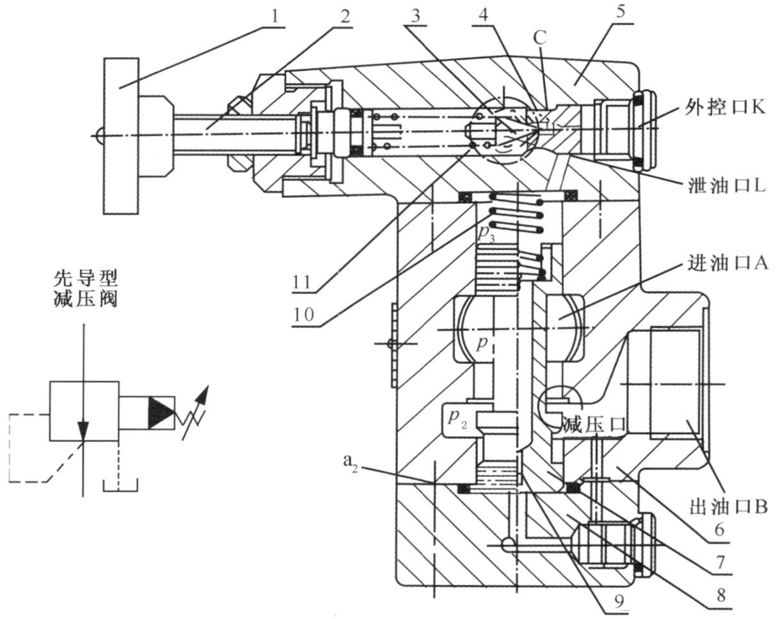

图 4-17　先导型定值减压阀结构

1—调压手轮；2—调节螺钉；3—导阀阀芯；4—导阀座；5—阀盖；6—阀体；7—主阀芯；8—端盖；9—阻尼孔；10—主阀弹簧；11—调压弹簧

压口节流后，压力降为 p_2，高压油从出口流出。出口油液一部分经阀内通道引至主阀芯下部的油腔，再经主阀芯中心的阻尼孔 9 节流降压后，油压降为 p_3，进入主阀芯上部的油腔，以及导

阀阀芯 3 的右腔。

正常工作时,压力 p_3 大于导阀开启压力,导阀被顶开,少量油液经阻尼孔 9 和导阀阀芯 3 向泄油口 L 泄油。由于阻尼孔的节流作用,主阀芯下腔的油压 p_2 高于上腔油压 p_3,该压差产生的液压力与主阀弹簧 10 的力平衡,使主阀芯的减压口保持一定开度。如果 p_2 升高,主阀芯上、下端的油压差(p_2-p_3)随之增大,主阀芯克服主阀弹簧 10 的张力上移,使主阀芯与阀体间的减压口开度减小,从 p_1 流入 p_2 的油液量减少,阻止 p_2 增加。反之,如果 p_2 降低,则主阀芯减压口开度就会开大,以阻止 p_2 降低,这样可维持阀出口压力基本稳定在调定压力附近。

转动调压手轮 1,改变调压弹簧 11 的弹力,就可以调节减压阀出口压力 p_2 的大小。顺时针转动调压手轮 1,调压弹簧 11 的弹力增大,减压阀出口压力 p_2 就增大;反之,减压阀出口压力 p_2 就降低。

减压阀的泄油口必须直通油箱(外泄),这与溢流阀(内泄)不同,减压阀工作时的外泄流量一般小于 1.5~2.0 L/min。先导式减压阀也有外控口 K 可实现远程控制。先导式减压阀的常见故障分析与处理见表 4-4。

表 4-4 先导式减压阀常见故障分析与处理

故障现象	故障原因	处理方法
1. 出口无压力	①主阀卡死于关闭位置	拆检并清洁
	②阻尼孔堵塞	疏通阻尼孔
	③主阀弹簧失效	更换弹簧
2. 不起减压作用	①主阀在全开位置卡死	拆检并清洁
	②泄油口不通或泄油阻力过大,主阀全开	检查泄油孔道,使其畅通
	③导阀打不开,使主阀全开	检修导阀
3. 出口压力无法调高	①主阀体与导阀体间的密封圈或外控口螺塞漏油,造成主阀上腔油压太低	更换密封圈或将螺塞涂抹密封原料上紧
	②导阀关闭不严或弹簧太弱,使主阀上腔油压太低	研磨导阀或更换弹簧
4. 出口压力不稳	①主阀移动不灵敏,调节不灵活(阀与阀体的几何精度差,弹簧太弱或弯曲受卡,阻尼孔时堵时通)	检修各零件或更换零件
	②油中有太多气体	排除系统中空气
	③导阀与阀座因加工精度差或磨损而接触不良,或弹簧弯曲变形	研磨导阀或更换弹簧

3)顺序阀

顺序阀是一种用油压信号控制油路通、断的控制阀,用于控制执行元件动作的先后顺序。按结构,顺序阀有直动式和先导式之分。图 4-18 为顺序阀的结构和职能符号图,现以先导式顺序阀为例说明其工作原理。

工作时,进口油压经控制油路 a、阻尼孔 2 引至主阀芯上方,再经阀盖的油道作用于导阀锥面。当进油压力低于导阀的开启压力时,导阀关闭,主阀芯上、下腔油压相等,主阀芯在弹簧力的作用下关闭,进、出口油路即被隔断。需要阀后执行机构工作时,提高阀进口油压,当进口

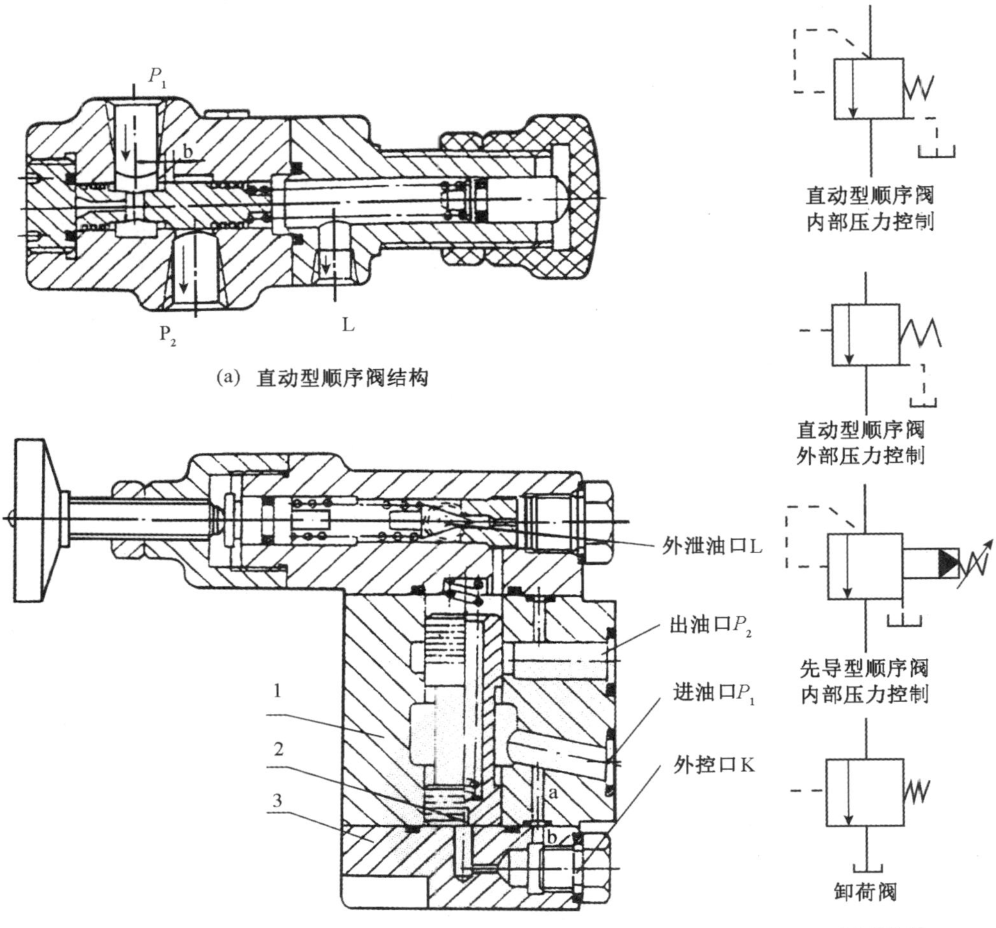

(a) 直动型顺序阀结构

(b) 先导型顺序阀结构　　(c) 图形符号

图 4-18　顺序阀的结构和职能符号图

1—阀体；2—阻尼孔；3—阀盖

油压超过导阀的开启压力时，导阀即被顶开，主阀芯上腔泄压，主阀芯在上、下端油压差的作用下上移，处于打开位置，进、出口油路即被接通，阀后相应的执行机构便获得压力油而开始动作，从而实现油路系统的自动控制。

根据顺序阀的控制信号是来自内部还是外部，顺序阀分为内部控制（直控）和外部控制（远控）两种型式。图示结构为内控，如果该阀要采用外部控制，只需将该阀的下盖转过 90°安装，以便把 a 油路封闭，同时拆除远控制油口 K 的螺塞，接入外部控制油即可实现阀的顺序动作。

顺序阀在液压系统中，当用于控制多个执行机构的动作顺序时为顺序阀；当顺序阀与单向阀组合时，可作平衡阀或单向顺序阀；当采用外控且出口接油箱时，可作卸荷阀。

各种压力控制阀的特点见表 4-5。

表 4-5 各种压力控制阀的特点

	溢流阀	顺序阀	减压阀
超过调定压力	开启	全开	关小
阀的出口压力	接近油箱压力	接近进口压力	低于进口压力
节流损失	大	小	较小
功用	作定压阀或安全阀，与其他控制阀配合也可作卸荷阀	控制执行机构的动作顺序；外控时也可作卸荷阀	使油液减压，获得稳定的低于液压泵排出的油压
控制油的引入	进口	进口或外部	出口
泄油方式	内泄	外泄，作卸荷阀时可内泄	外泄

3. 流量控制阀

靠改变阀的开度来实现流量控制的液压阀，称流量控制阀。它常在定量泵液压系统中用以调整执行元件的运动速度。常用的流量控制阀有节流阀和调速阀。

1）节流阀

（1）单向节流阀

单向节流阀是靠改变阀的开度实现流量控制的液压阀。它装于定压液压源后的油路中或定量液压源的分支油路上，起调节流量的作用。

压力油自 A 口进入阀内后，通过阀芯径向小孔将压力油引入至阀芯 4 底部，产生向上的液压力；A 口压力油还通过阀体 5 内小孔引入顶杆 3 上部容腔，产生向下的力。由于阀芯圆柱部分截面面积与顶杆最大圆柱部分截面面积相等，这样作用在阀芯上的液压力平衡。调节阀芯开度时就只需克服弹簧 6 的弹力即可。因此，调节手轮时所需力矩很小，操作轻便。

当油液从 A 口进入时，阀起节流阀作用，油液经 A 口→阀芯与阀体间的节流口→从 B 口流出，如图 4-19（a）所示。

当油液从 B 口进入时，阀起单向阀作用，油液经 B 口→顶开阀芯（液压力）→从 A 口流出，如图 4-19（b）所示。

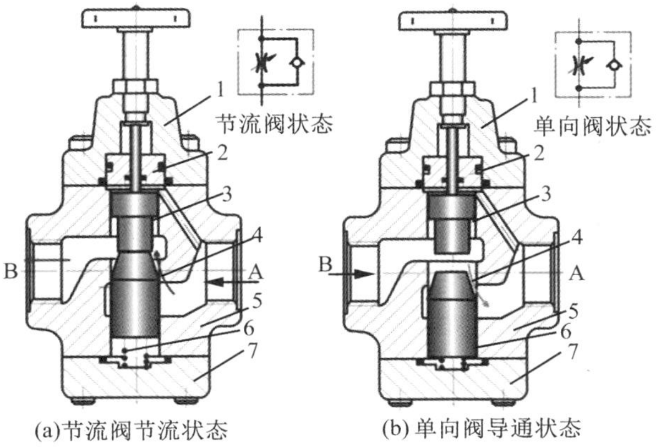

图 4-19 单向节流阀

1—上阀盖；2—导套；3—顶杆；4—阀芯；5—阀体；6—阀芯弹簧；7—下阀盖

对于开度既定的节流阀，影响流量的主要因素有节流口前后的压差 ΔP 、油温和节流口阻塞等因素。为保证节流阀能良好地工作，对其主要要求是：(1)流量调节范围宽，调速比(最大流量与最小稳定流量之比)一般要在50以上；(2)调定后流量受负载(出口压力)和油温的影响尽可能小，小流量时不易堵塞；(3)调节时流量变化均匀，微调性好；(4)全关而进油压力达到公称值时通过出口的漏泄量要小(一般小于0.01~0.03 L/min)，全开时流过公称流量的压力损失要小(一般小于0.4 MPa)。

使用中，节流口的开度不能调得过小，以免节流口发生阻塞，过阀流量不稳定，造成执行机构出现走走停停的“爬行现象”。为此，节流阀有正常工作时的最小流量限制。

节流阀流量可调，对开度调定后的阀，由于阀前、后的压差变化，流过阀的流量不能保证稳定。执行元件对速度稳定性要求较高时，必须采用压力补偿的办法，使节流阀前后压差近似保持不变。常用办法是把定差减压阀和节流阀串联或定差溢流阀和节流阀并联。

(2)溢流节流阀

溢流节流阀，又称旁通型调速阀，由定差溢流阀与节流阀并联而成，必须与定量液压源配合使用，为了防止过载，在节流阀的进口或出口设安全阀。图4-20为溢流节流阀原理图和职能符号图。

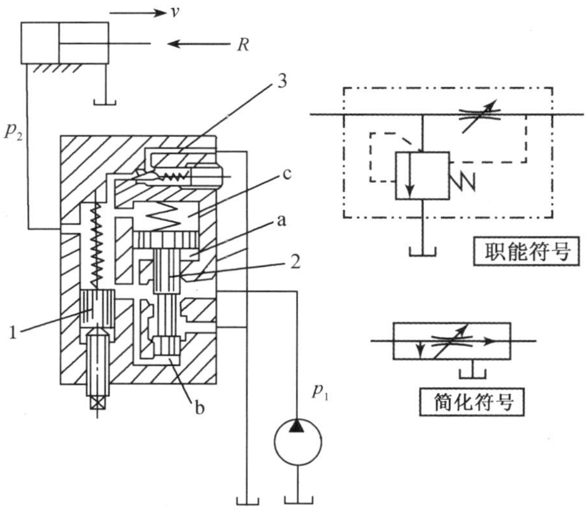

图4-20 溢流节流阀原理图和职能符号图

1—节流阀；2—定差溢流阀；3—安全阀

来自定量油源、压力为 p_1 的油液进入溢流节流阀后，一路经节流阀降压至 p_2 后进入执行机构；另一路经溢流阀的溢流口泄回油箱。在此过程中，定差溢流阀根据节流阀前后的压差 (p_1-p_2) 来控制溢流阀阀芯的动作，自动调节溢流量，以保持节流阀前后的压差基本恒定，从而保持节流阀流量基本稳定。当 p_2 因负荷增加而升高时，溢流阀阀芯因上部压力的增大而下移，溢流阀的溢流口减小，油压力 p_1 增加，当 p_1 增加的幅度与 p_2 增加的幅度相同时，溢流阀阀芯停止下移，从而使节流阀前后压差与负荷增大前一致。反之，当 p_2 因负荷减小而降低时，阀芯上移，使溢流量增加，p_1 也随之降低，当 p_1 的降低幅度与 p_2 的降低幅度相同时，溢流阀阀芯停止上移，又使节流阀前后压差与负荷减小前一样。因此，不管系统负荷怎样变化，流过溢流节流阀的流量始终保持基本不变，从而使执行元件的运动速度保持基本稳定。

2)调速阀

如图 4-21 所示,调速阀是由定差减压阀和节流阀串联而成的组合阀,其必须与定压油源配合使用。

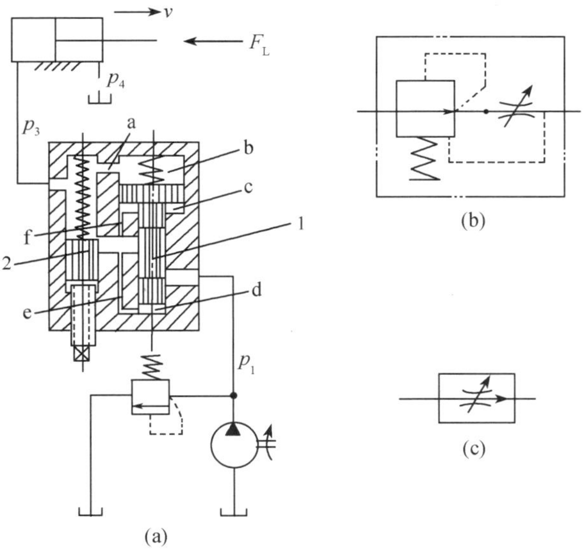

图 4-21 调速阀

1—减压阀阀芯;2—节流阀阀芯

来自定压油源、压力为 p_1 的油液,先经减压阀降压至 p_2,然后再经节流阀降压至 p_3。当液压系统的负荷 F_L 未变化时,在节流阀前、后的压差(p_2-p_3)基本保持恒定,节流阀的流量也基本不变,执行元件的运动速度也保持稳定。当液压系统的负荷 F_L 增大时,p_3 必须增大,此时,p_3 油压通过油道 a 作用于减压阀阀芯 1 上部,其作用力增大而使阀芯下移,减压阀的开口 X 加大,因而 p_2 就增大,当 p_2 增大的幅度与 p_3 增大的幅度一致时,减压阀阀芯停止下移;由于减压阀的作用,其结果是在负荷增大前后,节流阀前、后的压差保持不变,流过节流阀的流量与负荷增大前一致,执行元件的运动速度保持不变。反之,当负荷减小时亦然。从以上分析可知:

(1)必须保证调速阀进口压力恒定,否则无意义。

(2)在液压系统中,用调速阀来调速的执行元件,无论负荷怎样变化,执行元件的运动速度基本保持不变。

第三节 液压油

在液压系统中,液压油不仅是用来传递能量的介质,也对机器设备起润滑、冷却和防锈的作用。其性能对液压装置的工作和使用寿命有重要影响。

一、液压油的使用

(1)选用黏度适宜和黏度指数较高的液压油。液压油的黏度太大,会造成各种阻力较大,泵的自吸能力和装置的效率下降,据资料推荐不同泵最适宜的液压油工作黏度范围大致在17~40 mm^2/s,黏度指数在90以上,使润滑油具有较好的润滑性和黏温性。

(2)选用液压油的闪点要高(大于135 ℃),凝点要低(比最低气温低10~15 ℃),以保证液压油的防火性能和流动性良好。

(3)新安装的液压系统运转三个月后需要更换一次液压油;液压油的使用期多数为2~4年,若维护管理得好,使用期限可达4~6年,甚至更长。

(4)在使用中过程中,应定期清洗系统中的过滤器,防止系统油液外漏和空气进入,油柜的油位应保持在油位计2/3左右。

(5)主泵的排油压力不应超过额定工作压力,吸油压力不应低于补油条件(闭式系统)或吸油条件(开式系统)所确定的正常值。

选择液压油时应根据液压泵的种类、工作温度和工作压力来选用合适的品种和黏度等级。液压系统实际工作温度通常比环境温度高出15~25 ℃(室内工作)、25~35 ℃(温带室外)或40~50 ℃(热带室外),具体因工作条件和散热状况好坏而异。

二、液压油的污染控制

(1)定期对液压系统油液进行取样化验检查。用试管将新、旧油进行对比,若旧油色暗且有恶臭,说明油已变质,需更换;若旧油颜色变化不大,只是浑浊,说明油中混入了水分,需排除水分并掺入适量新油,以调整油的黏度。

(2)防止不同牌号或新、旧液压油混用。更换油时,应放净旧油并将系统清洁干净,以免新、旧油混合在一起;若更换不同牌号的液压油,充油前应用溶剂将油箱和管路清洁干净。

(3)新装油时,应经过铜布滤网过滤或经滤油车加入油箱。

(4)液压油在使用过程中尽量避免灰尘、水分和杂质进入油液中。

(5)在使用中,严格控制油温过高而引起油的黏度、性能变化。

(6)适量加入添加剂。

三、工作油温的控制

油温越高,氧化变质的速度越快,使用寿命越短。油温超过55 ℃后,油温每升高9 ℃,油的使用寿命约缩短一半。因此,规定油温超过50 ℃时应使用冷却器对油液进行冷却;油箱进口处油温一般不应超过环境温度30 ℃,通常油温不超过60 ℃。环境温度较高时,液压甲板机械连续重载工作应特别注意油温。负荷不大的室内液压装置,可将油液的最高工作温度定为65 ℃;舵机通常将最高工作油温定为70 ℃;起货机工作时间长、负荷重,最高工作油温可放宽至85 ℃。若超过极限温度使用,不仅液压油会很快变质,而且液压设备得不到良好润滑,属于破坏性使用。液压油的最佳使用温度范围为30~50 ℃。

第四节 电动液压舵机

操舵装置是保证船舶安全航行最重要的设备之一，主要包括转舵动力设备、转舵机构和操纵系统。目前人们习惯将整个操舵装置称为舵机。

一、对舵机的基本要求

根据中国船级社《钢质内河船舶建造规范》（2016年），对舵机的基本要求为：

（1）航船舶应根据其用途和航区设置一套动力或人力（机械或液压）操舵装置。

（2）动力操舵装置应具有两台操舵能力相同的舵机装置动力设备。

（3）两台舵机装置动力设备的布置应：

①对转舵扭矩大于16 kN·m的电控型舵机，其动力设备的管系和附件应互相独立设置，仅在油缸入口隔离阀处汇合。当其管系或一台动力设备发生单项故障时，此缺陷能被隔离，且能迅速转换至另一台使用，转换时间应不大于10 s，并应设有转换的信号标识。

②对转舵扭矩不大于16 kN·m的电控型舵机，如动力设备的管系和附件非互相独立设置，则共用部分的管路尽可能短，并应在换向阀处设置手动转向器。当一台动力设备发生故障时，此缺陷能被隔离，且能迅速转换至另一台使用，转换时间应不大于10 s，并应设有转换的信号标识；当换向阀发生故障时，此缺陷能被隔离，操纵手动转向器，使操舵能力能够保持。

（4）对航行于非急流航段的船舶，转舵扭矩大于16 kN·m的液控型和机控型舵机均应设置备用换向阀，正常操舵的换向阀与备用换向阀之间应能有效地隔离，并设有转换装置进行切换。

（5）舵机装置动力设备可采用由两台主机分别驱动液压泵的形式，也可采用一台液压泵由主机驱动，另一台液压泵由独立的动力驱动。

主机驱动的液压泵应采用恒流泵，否则应另设蓄压器或手动泵。

（6）对动力操舵装置，船舶在以最大营运航速前进时，每台操舵装置动力设备的转舵时间应满足下列要求：

①对转舵角度为±35°的舵机，舵从一舷35°至另一舷30°时：

a. 急流航段的船舶转舵时间≤12 s，对于船长小于30 m的船舶≤15 s；

b. 非急流航段的船舶转舵时间≤20 s。

②对转舵角度为±45°的舵机，舵从一舷45°至另一舷40°时：

a. 急流航段的船舶转舵时间≤15 s；

b. 非急流航段的船舶转舵时间≤25 s。

（7）对人力（机械或液压）操舵装置，船舶在以最大营运航速前进时，舵从一舷35°至另一舷30°的操纵手轮的力和转舵时间应符合表4-6的规定。

表 4-6　操纵手轮的力和转舵时间

	急流航段船舶	非急流航段船舶
操纵手轮的力(N)	≤147	≤147
转舵时间(s)	≤15	≤20

(8)急流航段船舶的电动或电动液压操舵装置还应设置应急能源;转舵扭矩大于 16 kN·m 的船舶还应设置应急操舵装置控制系统、应急操舵动力设备。其配置和性能应满足下列要求:

①除转舵扭矩大于 16 kN·m 的船舶应采用蓄电池组作应急能源外,其余船舶可采用蓄压器或手动液压泵作应急能源。

②转舵扭矩大于 16 kN·m 船舶的应急操舵装置控制系统及应急操舵动力设备的管系和附件,应与正常操舵装置互相独立设置,仅在油缸入口隔离阀处汇合,但两台正常动力设备可共用同一输入油缸的管路。其应布置成当正常动力设备或管系发生单项故障时,此缺陷能被隔离,并自动起动应急操舵系统,转换时间应不大于 10 s。

(9)对转舵扭矩大于 16 kN·m 的应急操舵动力设备,其转舵时间应满足本节 1.6 中 1)(1)或 2)(1)的要求;对转舵扭矩不大于 16 kN·m 的操舵装置动力设备的应急能源,应能满足船舶在 60%最大营运前进航速时(一般相当 36%的转舵扭矩),舵从一舷 15°至另一舷 15°的转舵时间不大于 15 s。

(10)对三峡库区船舶的要求:

①需通过三峡大坝的船舶,应分别符合上述本节 1.6 中 1)(1)或 2)(1)对急流航段船舶的规定。

②航行于三峡库区非急流航段且不通过三峡大坝的船舶,船舶在以最大营运航速前进时,时间分别符合下列规定:

a. 对转舵角度为±35°的舵机,舵从一舷 35°至另一舷 30°时:

i. 动力操舵装置的船,转舵时间≤15 s;

ii. 人力操舵装置的船,转舵时间≤18 s。

b. 对转舵角度为±45°的动力舵机,舵从一舷 45°至另一舷 40°时的船舶转舵时间≤18 s。

③通过三峡大坝的船舶以及航行于三峡库区长江干流非急流航段的客船(包括Ⅰ型客滚船、Ⅱ型客滚船、车客渡船)、油船、散装运输液化气体船、散装运输危险化学品船的电动和电动液压操舵装置,应备有应急能源且符合相关规定。

(11)当采用非随动操纵方式时,阀控型液压操舵的冲舵角应不大于 2°,舵在任何位置均不应有明显的跑舵现象;当采用液压或机械操纵方式时,滞舵时间应不大于 1 s,操舵手轮(如有时)的空转应不大于半圈。

(12)电动舵角指示器的最大误差应不超过±1°;对其他舵角指示器的最大误差应不超过±1.5°。当采用随动操舵方式时,舵的实际转角与驾驶台舵角指示器指示的舵角最大误差不应超过±1°。

二、电动液压舵机的转舵机构类型、结构及特点

转舵机构是液压舵机系统的执行元件，是将油泵提供的液压油的压力能转换成机械能并输出转舵扭矩的装置。转舵机构的类型包括往复式和回转式两大类。其中往复式又包含十字头式、拨叉式、滚轮式和摆缸式几种型式；回转式包含转叶式和弧形柱塞式两种。下面对内河船舶上使用较多的一些转舵机构进行介绍。

1. 十字头式转舵机构

十字头式转舵机构是因具有十字头形状接头而得名，其结构如图 4-22 所示。柱塞 2 与油缸 1 和 5 位于同一中心线上，油缸固定于主甲板上，左、右柱塞靠中央连接部分 11 连成一体，油缸与柱塞为滑动配合，两者之间装有密封环 6，以阻止油液的漏泄。舵柄 4 的一端插于十字头 12 的中孔内，为滑动配合；另一端用键与舵柱 14 连接。

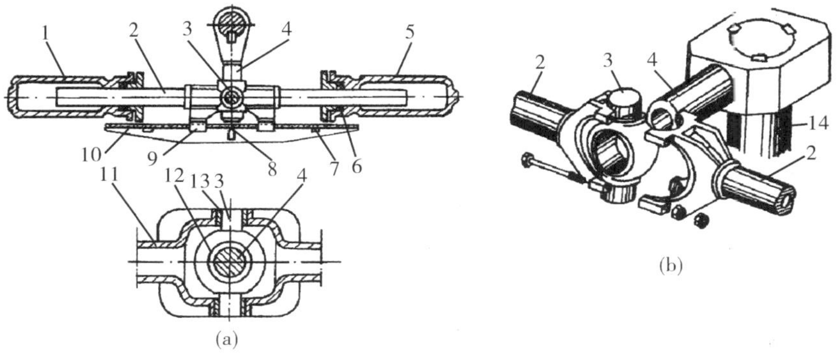

图 4-22 十字头式转舵机构

1—左油缸；2—柱塞（撞杆）；3—耳轴；4—舵柄；5—右油缸；6—密封环；7—柱塞行程限位器；8—机械式舵角指示器；9—滑块；10—导板；11—中央连接部分；12—十字头；13—轴承；14—舵柱（舵杆）

当左油缸 1 的油路与动力油源接通、右油缸 5 的油路与油箱接通时，柱塞在油压差的作用下右移，通过十字头 12 与舵柄 4 带动舵柱 14 逆时针转动，固定于舵柱水下部分的舵叶向右侧偏转；同理，当右端油缸进油和左端油缸回油时，舵叶将向左侧偏转。

柱塞左、右移动时，通过中央连接部分 11，使滑块 9 在导板 10 上滑移，为柱塞运动导向，并承受由舵传给柱塞的侧推力；带动机械舵角指示器的指针或标尺移动，以示出舵的实际转角。柱塞行程限位器 7 用以限制柱塞左、右移动的最大行程，以限制舵左、右转动的最大舵角。行程限位器有机械式、液压式和电气式。

对于既定的舵机，十字头式转舵机构产生的转舵力矩随舵角 α 的增大而增大，这恰好与舵的负荷力矩（水动力矩）的变化规律相适应，因而可以减小舵机的额定功率。

十字头式转舵机构具有如下特点：

（1）扭矩特性良好，承载能力较大，能可靠平衡撞杆所受的侧推力，可用于转舵扭矩很大的场合；

（2）撞杆与油缸间的密封大多采用“V”形密封圈，密封性好且能自动补偿，更换方便；

（3）油缸内壁除靠近密封端的一小段外，不与撞杆接触，可不经加工或仅做粗加工；

（4）油缸为单作用，必须成对工作，故尺寸、重量较大；

(5)安装、检修比较麻烦。

2. 拨叉式转舵机构

拨叉式转舵机构如图 4-23 所示。柱塞采用整体式，在柱塞中部插入并固定有圆柱销，销上、下两端通过免油轴承套有圆柱形滚轮。柱塞移动时，滚轮绕圆柱销转动，同时在舵柄一端的叉形滑槽内滑移，以实现舵柄的伸长或缩短。

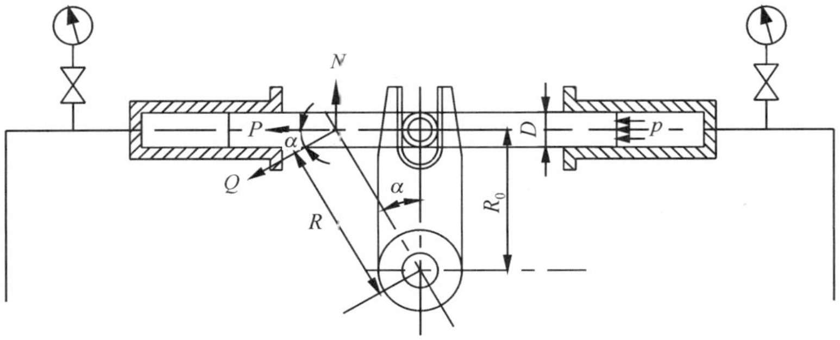

图 4-23　拨叉式转舵机构

拨叉式转舵机构与十字头式转舵机构的扭矩特性类似，两者都属于滑式转舵机构。拨叉式转舵机构省去了十字头和导板，结构比十字头式简单，体积小，公称转舵扭矩和最大工作油压相同时，占地面积较小。侧向推力直接由转舵油缸承受，在同样情况下，柱塞移动时的阻力和侧推力较大，输出相同转舵扭矩时，舵机功率较大。其强度和刚度不如十字头式，不宜用于大扭矩的转舵机构，在内河船舶小型功率的液压舵机上应用较广。

3. 滚轮式转舵机构

如图 4-24 所示为滚轮式转舵机构，它采用装在舵柄端部的滚轮替代滑式转舵机构中的十字头或拨叉来传递转舵动力。工作时，柱塞端面直接顶动滚轮，推动舵柄摆动，传动舵杆转动，

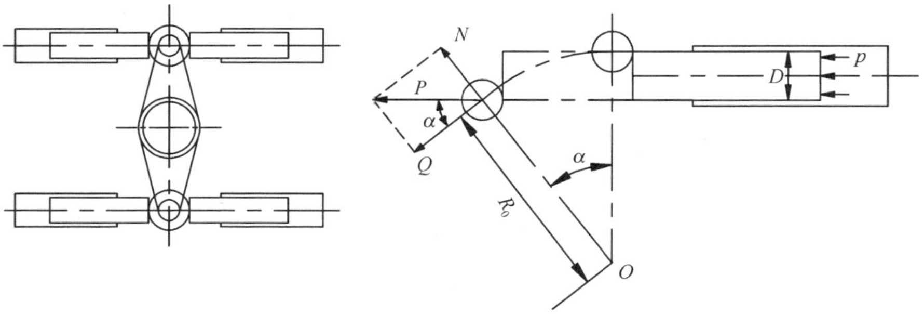

图 4-24　滚轮式转舵机构

以实现舵的偏离转。滚轮式转舵机构具有以下特点：

(1)结构简单，布置灵活，安装、拆修比较方便；

(2)柱塞与舵柄的轮之间靠接触传动，工作时无侧推力，磨损后自动补偿，不会像滑式机构那样因轴承或滑块等磨损后间隙增大而产生撞击；

(3)扭矩特性差，大、小舵角时的工作油压相差较大，与滑式相比，要达到同样的转舵扭矩，必须采用更大的结构尺寸或更高的工作油压，故可适用的转舵扭矩不如滑式机构大；

(4)当舵叶在负扭矩的作用下转动过快，或稳舵时油路锁闭不严时，滚轮可能与某侧柱塞

脱离而导致撞击，故滚轮式转舵机构在滚轮与柱塞端部之间增设板簧拉紧机构。

4. 摆缸式转舵机构

摆缸式转舵机构如图 4-25 所示。它的转舵油缸采用与支架铰接的双作用活塞式摆动油缸，活塞杆的伸缩直接推动与其铰接的舵柄转舵。为了适应油缸的摆动，连接油缸的油管必须采用高压软管。

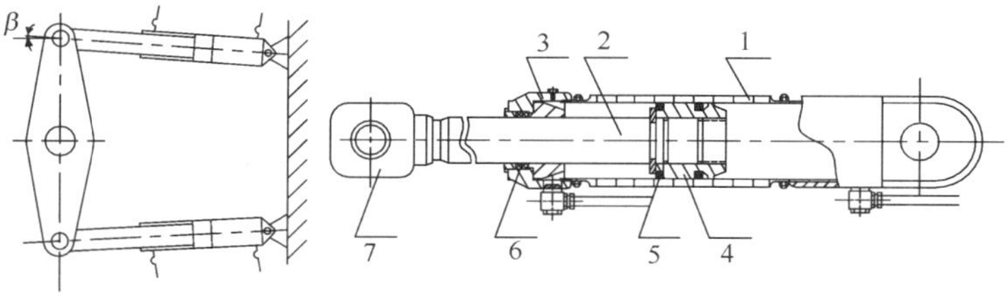

图 4-25 摆缸式转舵机构

1—油缸；2—活塞杆；3—端盖；4—活塞；5—活塞环；6—密封环；7—接头

摆缸式转舵机构的主要特点是：

(1) 使用双作用油缸，故外形尺寸和重量可显著减小。

(2) 结构简单，拆装方便，油缸选用的数目适宜和布置灵活。

(3) 双作用油缸对缸内表面的加工精度及活塞杆与油缸的同心度要求较高。活塞的密封环磨损后内漏不易发现。铰接处磨损较大时工作中会出现撞击。

(4) 以奇数双作用缸工作时，油缸的进、排油量显然不等；即使以图示的同侧双缸工作，两活塞的位移也略有差异，这会导致油缸进、排油量不等，所以系统中必须采取相应的补油和溢油措施。

5. 转叶式转舵机构

转叶式转舵机构的承压和传动部分组合在一起，利用油压产生的扭矩直接驱动舵柱转动。图 4-26 为其原理图。圆柱形的缸体 2 以其支座弹性固定在船体甲板上。经精加工的缸体内固定有三片定叶 5，转毂 3 上装有三片转叶 4，把油缸分成六个小腔室。转毂与舵柱用键连接。转叶与缸体和端盖之间、定叶与转毂和端盖之间均装有密封件，以保证工作腔室的密封。当动力油路的油源如图中箭头所示接通时，转叶 4 两侧的腔室分别与进、回油路相通，在缸内油压差的作用下，转叶就驱动舵柱和舵沿顺时针方向偏转；当改变进、回油的方向时，舵将沿逆时针方向偏转。

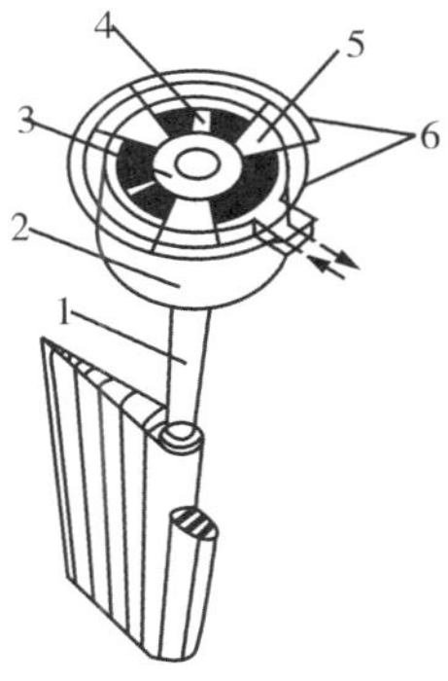

图 4-26 转叶式转舵机构原理图

1—舵柱（舵杆）；2—缸体；3—转毂；4—转叶；5—定叶；6—油管

转叶式转舵机构输出的转舵扭矩与结构尺寸和工作油压成正比，而与舵的转角无关，故负荷匹配特性就不如滑式转舵机构好。其目前主要用于中、小功率油压 4 MPa 以下的液压舵机中。随着密封性能的改进、材料的优选和加工装配精度的提高，它现已应用于大型油船上，工作油压达 15 MPa，转舵扭矩达 6 000 kN · m。

转叶式转舵机构具有以下特点：

(1) 占地面积小，重量轻，外形尺寸小；

(2) 舵杆不受侧推力，转毂浸没于油中，舵承磨损轻；

(3)无须外部润滑,管理方便;

(4)扭矩特性一般,不如十字头式和拨叉式好,但优于滚轮式和摆缸式;

(5)内漏严重,因内部漏泄部位较多和压力较高,其漏泄量较大。

三、电动液压舵机的液压系统的基本组成及工作原理

电动液压舵机的类型主要包括阀控型和泵控型两大类。阀控型液压舵机是指通过换向阀来实现舵偏转的方向和转角大小的液压舵机;泵控型液压舵机是指通过改变油泵的变向变量机构来实现舵偏转的方向和转角大小的液压舵机。

1. 阀控型液压舵机

1)阀控型液压舵机的原理简介

图 4-27 为阀控型电动液压舵机的工作原理示意图。阀控型电动液压舵机液压系统,转舵

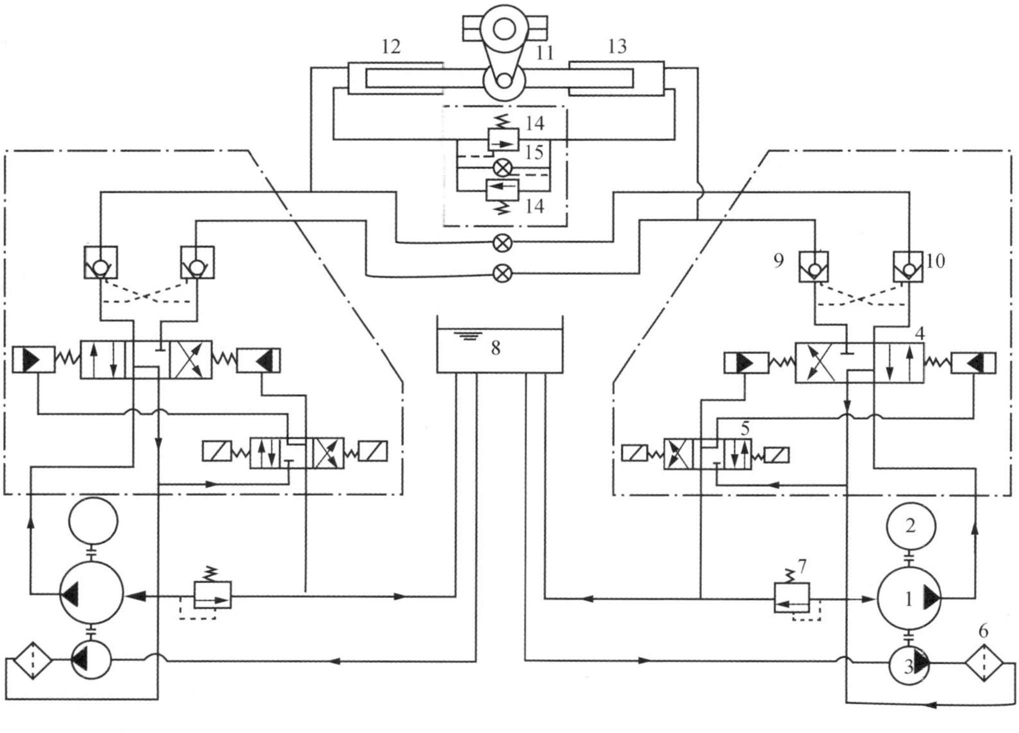

图 4-27　阀控型电动液压舵机的工作原理示意图

1—主油泵;2—电动机;3—轴动机;4、5—电磁换向阀;6—滤器;7—溢流阀;8—油箱;9、10—液控单向阀;11—撞杆;12、13—油缸;14—防浪阀;15—手动旁通阀

力矩 30 kN · m 以下者常采用单回路,以上者常采用双回路。在双回路系统中,一个是操纵油路(又称副油路),一个是动力油路(又称主油路)。主、副油路中的油泵分别称为主泵和副泵。主油路的供油方向由副油路控制的三位四通换向阀间接控制。在单回路系统中,供油方向则由驾驶人员操纵的三位四通换向阀直接控制。驾驶人员通过操纵机构,就可停止油泵向转舵机构供油或改变供油方向,从而达到稳舵或左、右转舵的目的。这种舵机一般未设追随机构,当舵转至要求舵角时,应立即停止操舵,舵才能停在要求的舵角上。在现代船舶上,许多船舶

均采用电液换向阀进行换向，所以，基本均采用了单油路液压舵机系统。下面以实际应用中的阀控型液压舵机系统为例，对其基本组成和工作原理加以说明。

2）阀控型液压舵机的基本组成与工作原理

（1）阀控型液压舵机系统的主要设备

图 4-28 为阀控型液压舵机的组成和工作原理图。该舵机主要由单向定量油泵 1、转叶式转舵油缸 6、三位四通电磁换向阀 3、反馈发信器 7、安全阀 2、防浪阀 5、油柜 8 等构成。

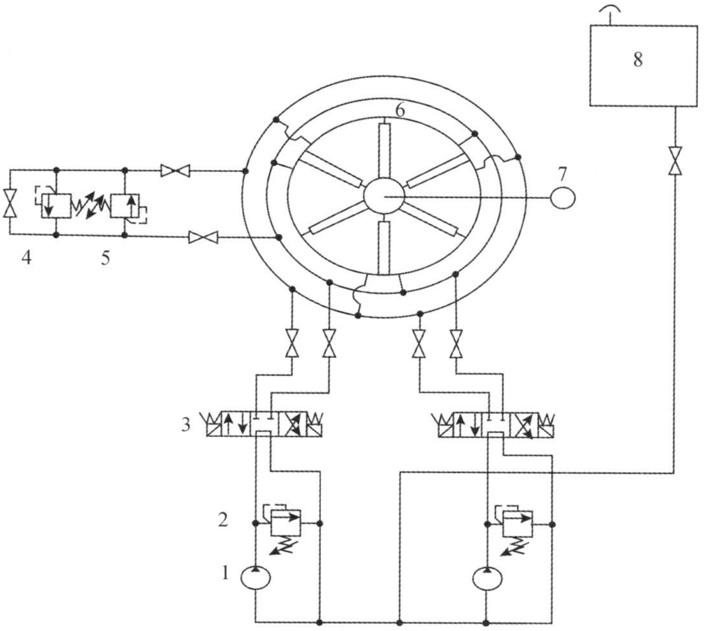

图 4-28 阀控型液压舵机的组成和工作原理图

1—单向定量泵；2—安全阀；3—三位四通电磁换向阀；4—旁通阀；5—防浪阀；6—转舵油缸；7—反馈发信器；8—油柜

①操舵机构。设于驾驶台，由驾驶人员操纵，控制三位四通电磁换向阀（控制元件）不同的通电方向，从而实现进入转舵油缸中油液的流向。

②单向定量油泵（动力元件）。在航行过程中，油泵连续不停地运转，油泵供油方向和供油量均不变化，不断地向舵机系统提供洁净、足量的压力油。

③转舵油缸（执行元件）。转舵油缸采用转叶式转舵机构，它将送入油缸中油液的压力能转换为机械能，推动舵杆转动而使舵叶偏转。

④反馈发信器（反馈元件）。当舵开始偏转时，将舵角信号转换为电信号，并与转舵指令电信号进行比较，当舵转至与指令信号相同时，舵角信号与指令信号抵消，换向阀的线圈断电，阀芯回中，舵停止转动，同时油泵卸载运行。

⑤安全保护。安全阀 2 用于防止系统油压过高，保护油泵、管路系统及设备不被损坏；防浪阀 5 用于在不操舵时，风浪作用造成系统压力过高，保护管路系统及设备不被损坏。

⑥油柜。油柜的作用是向闭式系统补油或容纳受热膨胀的油液。

（2）阀控型液压舵机系统的工作原理

当驾驶台发出指令舵角信号后，电磁换向阀一侧电磁线圈通电，阀芯偏离中位，压力油进入相应的转舵油缸中，舵沿相应的方向偏转；舵开始转动后，带动反馈发信器工作，将实际舵角产生的电信号反馈回电气控制系统，与转舵指令电信号进行比较，当舵转至与指令舵角相同时，实际舵角信号与操舵指令舵角信号抵消，换向阀的线圈断电，阀芯回中，舵停止在要求的指令舵角上，同时油泵卸载运行。

当驾驶台无控制信号输入换向阀电磁线圈时，换向阀处于中位，舵停止在要求的舵角上，并利用换向阀的中位机能，使油泵处于卸载状态。

在稳舵过程中，由于风浪作用或系统漏泄等原因，实际舵角偏离了指令舵角时，反馈发信器产生反方向的电流信号，使三位四通电磁换向阀另一侧的电磁线圈通电，阀芯反向移动，将油液反向供入转舵油缸中，从而使舵回到要求的舵角上。

(3)阀控型电动液压舵机系统的特点

①在内河船舶上，舵机主要是采用开式液压系统，开式系统散热好，但污染较严重。

②采用定向定量油泵，油泵的流量和排油方向不变，舵机在运行过程中，油泵始终处于供油工况。操舵时，油泵向转舵机构供油；停止操舵时，油泵直接将油送回泵吸入端或油箱。

③阀控型液压舵机采用换向阀直接换向，在换向时，系统的液压冲击较大。

④适用转舵力矩较小的液压舵机系统。

3)15.68 kN·m 电动液压舵机实例

该舵机装置的公称扭矩为 15.68 kN·m(1.6 tf·m)，最大工作压力为 2.45 MPa，安全阀调定压力为 2.65 MPa，舵机油泵为齿轮泵。

(1)舵机系统的组成与特点

图 4-29 为该舵机的液压系统图。该舵机系统的组成与特点如下。

①舵机系统。采用开式循环系统，操纵方式为非随动式。

②三位四通换向阀。由设于驾驶台的手动三位四通换向阀 13 直接控制(俗称直控式)舵机换向，采用中位机能为“O”型的换向阀，兼作转舵机构油路的锁闭阀，以防止跑舵。

③油泵。两台油泵 5 均由交流电动机驱动，并定期轮换使用；两台油泵出口均装有单向阀 7，避免系统油液倒灌至备用泵而影响转舵；在卸荷阀 6 开启后，油泵卸载运行。

④单向节流阀。在不操舵时，通过单向节流阀 9 的单向阀向蓄能器充液蓄能；在油泵停止工作或高峰负荷时，通过单向节流阀的节流阀向转舵油缸供液，以实现快速转舵或作应急能源。节流阀的流量，可通过节流针阀对其开度进行调节，以满足转舵速度的要求。

⑤缓冲器。在系统管路上设有缓冲器 12，用以减小在油路换向时的液压冲击。

⑥蓄能器。蓄能器 10(又称蓄压器)是其内充以压缩气体(氮气或干燥空气)的耐压容器。在油泵停止工作或高峰负荷时，蓄能器向转舵油缸供油；在不操舵时，油泵向蓄能器充液贮能。蓄能器的主要功能是贮存压力能，缓和冲击或吸收压力脉动。安装了蓄能器的液压系统，可使进入转舵油缸中的油液流量大于油泵流量，因而油泵的流量就可以不按短时所需最大供油量选用，只需按平均供油量选择油泵，这样不但减小了泵的功率，降低了费用，而且使整个装置尺寸缩小。

蓄能器作应急能源时，要求在油泵停止工作和 60% 的最大营运航速下，其容量不少于 6 次将舵从一舷最大舵角转至另一舷最大舵角。

本舵机适用于主机功率 376.6 kW 以下的各类船舶。

(2)舵机系统的工作情况

①操正舵。当驾驶人员扳动换向阀手柄，使舵角指示器处于“0°”舵角时，立即将换向阀

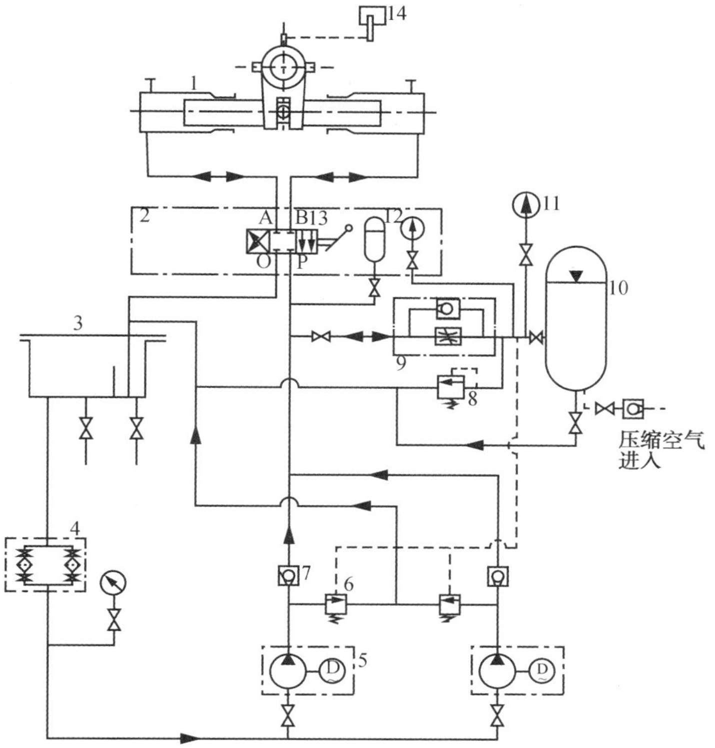

图 4-29　15.68 kN·m 舵机液压系统图

1—转舵机构；2—驾驶台；3—油箱；4—滤油器；5—油泵；6—远控顺序阀（卸荷阀）；7—单向阀；8—溢流阀；9—单向节流阀；10—蓄能器；11—压力表；12—缓冲器；13—手动三位四通换向阀；14—舵角指示器

回中，转舵机构 1 左、右油缸油路被断开，油缸中油液被换向阀锁闭，舵稳定在“0°”舵角即正舵位置上。

②操左舵或右舵。当扳动换向阀手柄进行操舵时，泵和蓄能器共同经换向阀向转舵油缸一侧供液，转舵油缸另一侧则回油，柱塞在油缸内压差的作用下，向左或向右运动，通过舵柄带动舵左转或右转。当舵转至要求舵角时，操舵者松开换向阀手柄，换向阀回中，切断转舵油缸油路，舵停止在要求的舵角上。

③蓄能器充液与油泵卸载。操舵完成后，油泵至转舵油缸的油路被换向阀切断，油泵排出的压力油经单向节流阀的单向阀向蓄能器充液，蓄能器压力达到 2.45 MPa，远控顺序阀 6 开启，油泵排出口与油箱沟通，油泵卸载运行。

④最大舵角限位。操舵时，若因操作不当或系统发生故障，舵转至左舷或右舷最大舵角（±35°）时，油缸供、回油路不能切断，柱塞将继续运动，舵继续偏转，则舵转至限位舵角（一般为 36.5°）时，因柱塞的一端抵在该侧油缸的末端（由油缸的安装定位保证），使柱塞的移动受阻，舵就被限制在最大舵角即 36.5°的位置上。

⑤安全保护。在系统操舵完成，蓄能器压力达到 2.45 MPa 后，若远控顺序阀不能开启，系统油压会急剧上升，这样会造成油泵过载或系统设备损坏。为了保证系统的安全，在系统中安装了溢流阀 8 作为安全阀，当系统压力升至 2.65 MPa 时，溢流阀开启溢油，压力不会继续上升，从而保证了系统的安全。

(3)舵机系统的充液调试

①将油箱 3 内注入经过滤的干净油液,直至液面达最高油位。关闭蓄能器 10 前的截止阀和下部的泄放阀,向蓄能器充压缩空气直至压力达 0.98 MPa。

②开启缓冲器 12 前的截止阀,向缓冲器充气(若为气囊式蓄能器,可按说明书充以一定压力的氮气或干燥空气;若为一般缓冲器,可旋开其顶部螺塞自然充气后旋紧螺塞)。

③开启油泵 5 吸油管路的截止阀,分别转动两泵的泵轴,使油液充满油泵。从转舵机构 1 的放气螺塞处向左、右油缸中灌注一定量的油液,作油缸与柱塞间的“液垫”,以免向油缸充液时产生机械撞击而损坏设备。

④压紧左侧油泵卸荷阀 6 的调压弹簧,放松溢流阀 8 的调压弹簧。开启单向节流阀 9 前的截止阀,起动左侧油泵,调节溢流阀,使泵的排压为 0.5 MPa 左右,开启管路上和换向阀上的放气阀或螺塞排空气。

⑤调整溢流阀,使泵的排压稳定于 2.65 MPa,然后开启蓄能器前的截止阀,向蓄能器充液,若油箱油位明显下降,则应向油箱补油;当蓄能器的油压升至 2 MPa 左右时逐渐放松卸荷阀的调压弹簧,直至蓄能器油压达 2.45 MPa,油泵卸载运行,然后停泵。

⑥稍微向左或向右扳动手动三位四通换向阀 13 的手柄,使部分油液充入转舵油缸,蓄能器的油压下降,放松右侧油泵卸荷阀的调压弹簧后,起动右侧油泵,然后逐渐压紧卸荷阀的调压弹簧,直至蓄能器的油压重新达 2.45 MPa,油泵卸载运行。

⑦左、右扳动手动三位四通换向阀 13 的手柄,分几次交替地向左、右油缸充液,并交替开启左、右油缸上的空气螺塞或阀排空气。

⑧调节舵角指示器 14 传动杆的长度,使其指示舵角与转舵油缸的机械舵角指示器指示的实际舵角相符。

⑨扳动换向阀的手柄试舵,实际舵角与指示舵角的误差不应超过 1°;无负荷下的工作油压应小于 0.3 MPa,否则应检查转舵油缸密封装置的压盘是否压得过紧,油缸允许微量渗漏。

⑩调节单向节流阀 9 的开度(一般为 1/3~1/2),使舵从一舷 35°转至另一舷 30°所需时间符合要求。

⑪气液直接接触式的蓄能器 10,应定期重新充入规定压力的气体。

2. 泵控型液压舵机

1)泵控型液压舵机的原理简介

图 4-30 为泵控型液压舵机的工作原理示意图。操舵时,泵向转舵机构供油;停止操舵时,泵空转,停止向转舵机构供油。驾驶人员只要通过操纵机构改变泵的吸、排方向,就可以实现左、右转舵。当舵转至操舵要求的舵角时,追随机构就自动停止油泵供油,舵也稳定在所要求的舵角上。

2)泵控型电动舵机液压系统的基本组成及工作原理

图 4-31 为泵控型液压舵机的组成和工作原理示意图。该舵机主要由设于驾驶台的发送器和舵机室伺服油缸 2 组成的远操机构、双向变量泵 1、转舵机构、浮动杆 18 等机构组成。

(1)泵控型电动舵机液压系统的基本组成

①双向变量泵(动力元件)。由两台双向变量泵 1 构成,两台泵可单独使用,亦可同时使用;油泵变向变量机构由油泵控制杆 4(C 点)控制,通过控制 C 点 的位置,实现油泵吸、排方向和油量大小的改变。

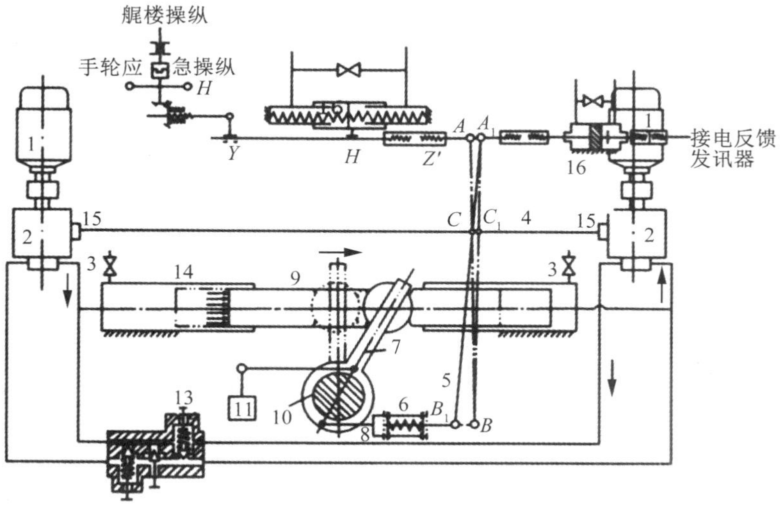

图 4-30 泵控型液压舵机工作原理示意图

1—电动机；2—双向变量泵；3—放气阀；4—变量泵控制杆；5—浮动杆；6—储能弹簧；7—舵柄；8—反馈杆；9—撞杆；10—舵杆；11—舵角指示器的发送器；12—旁通阀；13—安全阀；14—转舵油缸；15—调节螺母；16—电气遥控伺服油缸

②转舵机构（执行元件）。由转舵油缸 5、撞杆 6、滑块 7、舵柄 8 等组成。其作用是将油泵送来的压力油的压力能转换为推舵扭矩，实现舵的左、右偏转。

③控制系统。控制系统由远操机构和追随机构组成。

a. 远操机构。由设于驾驶台的发送器和设于舵机室的伺服油缸 2 组成。

b. 追随机构。追随机构的主要设备是追随杆 18，在追随杆上的 A、C、B 三点，其中 A 点（操纵点）与伺服油缸的活塞杆相连；B 点（反馈点）通过舵角反馈杆 13 与舵柄相连；C 点（控泵点）与油泵控制杆相连。

c. 储存弹簧。储存弹簧 12 连接于舵角反馈杆上，一端连接舵柄，另一端连接浮动杆上的 B 点。储存弹簧无论是受拉或是受压，起初张力应足以克服推动油泵变向变量机构时所受到的反力。因此，在油泵变量机构达到最大行程之前，储存弹簧并不会因受拉或受压而伸长或缩短，此时追随杆上的储存弹簧就像普通的刚性杆件一样参与工作，如图 4-32(a)所示。当操舵过程在油泵柱塞达到最大行程后，仍需继续操舵时，泵控点 C 就会受到油泵最大行程限制器的约束而无法继续移动，浮动杆却因尚未追随或追随滞后而使追随杆上 B 点的受力骤增，致使弹簧受压（或拉）而缩短（或伸长），如图 4-32(b)所示。这样为追随杆上 A 点继续运动带来可能，从而使操大舵角得以实现。当操舵角达到要求的大舵角时，弹簧会因舵转动的实际舵角落后而被压缩（伸长）了一定长度，这一长度正好给舵柄继续追随预留了一段行程。在弹簧长度恢复到原有安装长度之前，由舵转动所造成的追随被弹簧的伸长所补偿，而不会对油泵变量机构所处的最大行程位置有所影响，即在此过程中 C 点保持不动，在弹簧长度恢复至自然长度之前，油泵一直保持在最大供油量下工作，从而缩短了转舵时间，如图 4-32(c)所示。

从上述分析可知，储存弹簧弹力应适中，若弹簧太硬，在操大舵角时所需操舵力太大（舵重），甚至造成大舵角操舵难以一次连续完成；若弹簧太软，在操小舵角时因弹簧被压缩而发生空舵和滞舵，严重时甚至不来舵。所以，储存弹簧的作用是保证操大舵角得以顺利实现；在

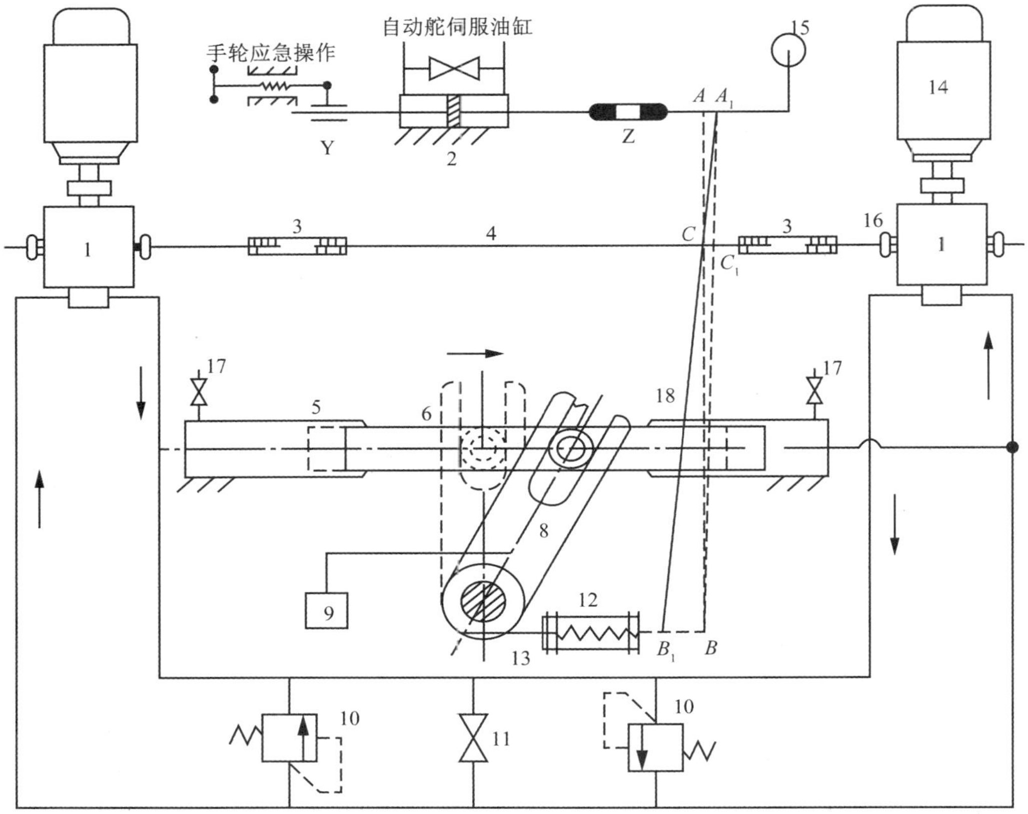

图 4-31　泵控型液压舵机的组成和原理示意图

1—双向变量泵;2—伺服油缸;3—调节螺套;4—油泵控制杆;5—转舵油缸;6—撞杆;7—滑块;8—舵柄;9—舵角指示器的发送器;10—安全阀;11—旁通阀;12—储存弹簧;13—反馈杆;14—电机;15—反馈发信器;16—泵变量机构限位器;17—放气阀;18—追随杆

操大舵角时加快转舵速度;在稳舵时能起到安全保护作用。

④反馈元件。它是指舵角指示器的发送器 9 和反馈发信器 15 两部分。舵角指示器的发送器连接在舵柄或舵杆上,将舵实际偏转的角度发送至驾驶台、集控室、船长室、轮机长室等处显示出舵角。反馈发信器是向控制系统反馈伺服油缸的活塞位移信号,当活塞位移与指令舵角要求的位移相同时,伺服油缸进、回油立即中断,活塞的运动立即停止,活塞杆上的 A 点停止不动。

⑤安全阀(控制元件)。安全阀 10 由溢流阀充当。作用:一是在转舵过程中,当油压太高时,将高、低压管路旁通,避免高压侧油压过高而损坏系统;二是在稳舵(舵停转)过程中,当舵受外力作用而使油缸或管路中超压时,通过安全阀将高、低压管路旁通,此时会“跑舵”,但在外力作用消失后,舵会自动推回至要求的舵角上。

(2)泵控型液压舵机系统三点式追随机构的工作原理

三点式追随机构由 A、C、B 三点式追随杆 18 和反馈杆 13 及其上的储存弹簧组成。当发送器的舵轮处于正舵位置时,追随杆 18 与反馈杆 13 处于垂直位置,与 C 点相连的变量机构拉杆正好使油泵处于“0”油位(不在“0”油位上,可通过调节螺套 3 调节),油泵 1 不吸、排油空

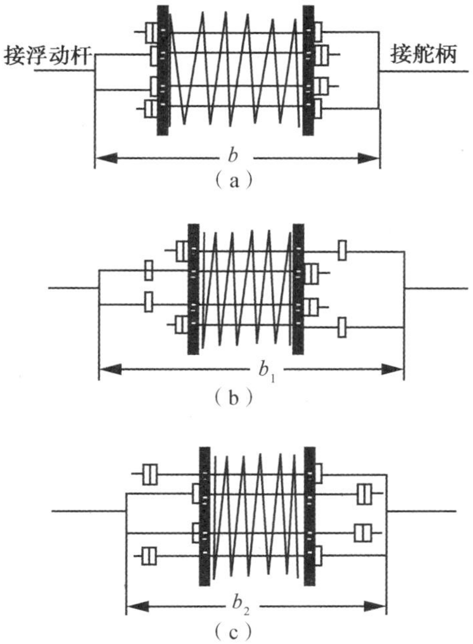

图 4-32　储存弹簧的工作原理图

转。当转动舵轮操舵，使伺服油缸活塞杆右移时，三点式浮动杆以 B 点为支点向右摆动，A 移

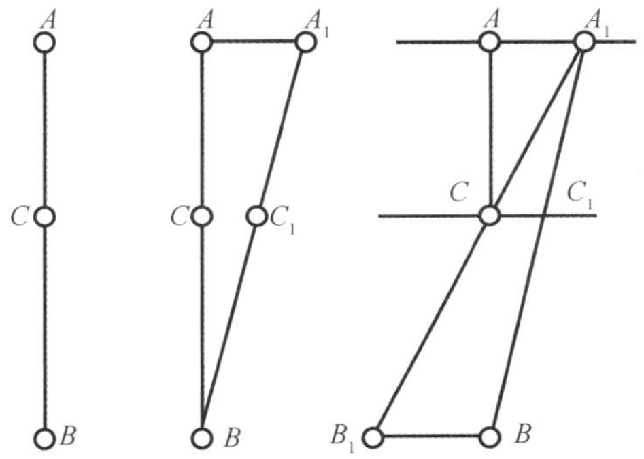

图 4-33　浮动杆式追随机构工作原理图

至 A_1，C 移至 C_1，如图 4-33 所示。于是，油泵从转舵油缸右侧吸油，向左侧油缸排油，撞杆 6 右移，舵柄 8 向右摆，舵开始偏转，并通过反馈杆 13 带动 B 点左移。在此过程中，C_1 逐渐被拉回向 C 靠拢，油泵排油量逐渐减小。当舵的转角与 A_1 位置要求舵角相符时，B 被拉至 B_1，C_1 刚好被拉回到 C 。油泵停止排油，撞杆停止运动，舵停止在所要求的舵角上。此时，浮动杆的位置如图 4-33 中 A_1CB_1 所示。

显然，当回舵时，三点式浮动杆会以 B_1 为支点向左摆动，A_1 左移；当由正舵位置向另一侧操舵时，浮动杆会以 B 为支点向左摆动，A 也是左移。两种情况均使 C 点左移，油泵吸、排油的方向改变，从而使舵向相反方向转动，追随行程反向。

（3）泵控型液压舵机系统的工作情况

①操正舵。当舵轮置于正舵（操舵角为“0°”）位置时，发送器和伺服油缸 2 均处于中位，追随杆 18 与油泵控制杆处于垂直位置，C 点正好将油泵变量机构处于“0”油量，泵空转不吸、

排油;舵正好处于"0°"舵角即"正舵"位置。

②操左舵。驾驶人员发出转舵指令信号使伺服油缸右移,A 右移至 A_1,由于反馈信号器作用而停止,假定舵还未来得及偏转,浮动杆处于 A_1B 状态。C 移至 C_1,油泵变向变量机构动作,油泵从转舵机构右侧油缸吸油,向左侧油缸排油,柱塞右移,通过舵柄带动舵杆顺时针转动,舵左偏转。此时连接于舵柄的反馈杆带动 B 点左移而使 C_1 逐渐回至 C 点,当 B 移至 B_1 点时,浮动杆正好将 C_1 拉回至 C 点,油泵空转不吸排油,舵停于要求的左舵舵角上。

③操右舵。操右舵的过程正好与操左舵的过程相反。

显然,追随机构除了在舵转至操舵指令舵角时自动停止转舵外,还能在舵受风浪等的作用偏离原舵角时,当外力减小或消失时,能自动将舵转推回至要求的舵角上。

(4)泵控型液压舵机系统的特点

①舵机油泵采用变向变量油泵,采用闭式液压回路,舵机运行过程中,油泵的工况是变化的。

②采用带反馈装置的远操电气控制系统。操舵时,驾驶人员只需将操舵装置转至指令舵角上即可,无须考虑舵的工作情况。

③采用舵角能自动跟踪的追随机构。追随机构根据操舵指令信号,自动将舵转至要求的指令舵角上;并且在不操舵时,由于各种原因舵偏离了指令,追随机构也能自动将舵推回至原来的舵角上。

④采用带储存弹簧的反馈杆,使液压舵机系统在操大舵角时得以实现,并且可使油泵在较长时间内处于最大供油量位置供油,加快了转舵速度。

⑤安全阀能在液压舵机系统操舵与不操舵时,均能起到安全保证作用。

3)88.2 kN·m 电动液压舵机实例

88.2 kN·m 电动液压舵机,属于泵控型电动液压舵机,其公称扭矩为 88.2 kN·m,安全阀调定压力为 7.84 MPa。

(1)液压系统的组成与特点

图 4-34 为该舵机的液压系统图。该舵机系统的组成与特点如下:

①采用设于驾驶室的发送器 1 和舵机房的受动器 5 组成的液压式远操机构,推动泵的变向变量机构工作,使油泵由空转转换为吸、排油工况,实现偏舵或回舵。

②设有由追随杆 23 和 A、C、B 三点式杠杆组成的追随机构,当舵转至操舵指令舵角时把油泵的变向变量机构推回中位而自动停止转舵。它与远操机构组成随动遥控系统。

③两台交流电动机泵组,可交换使用,一台作备用。其中一台泵也可由直流电动机驱动,作应急能源。为防止系统中油液倒灌至备用泵,使备用泵变为油马达运转而影响转舵,两泵均设有防逆转机构。

④设有由转换开关、直流电动机、传动齿轮和电磁离合器等组成的电气式应急远操机构。

⑤最大舵角限位。最大舵角限位是靠限制受动器油缸(或拉杆)的最大行程间接控制的。在拉杆的两侧还设有行程开关,以便应急操舵时拉杆向左或向右移至相应最大舵角的操舵行程时,切断应急电动机的电源。

(2)舵机系统的工作情况

①操正舵。转动舵轮使其处于正舵(操舵角为零)位置时,发送器 1 和受动器 5 均处于中位,三点式杠杆处于与油泵变向变量拉杆垂直位置,油泵空转,舵停止在正舵位置上。

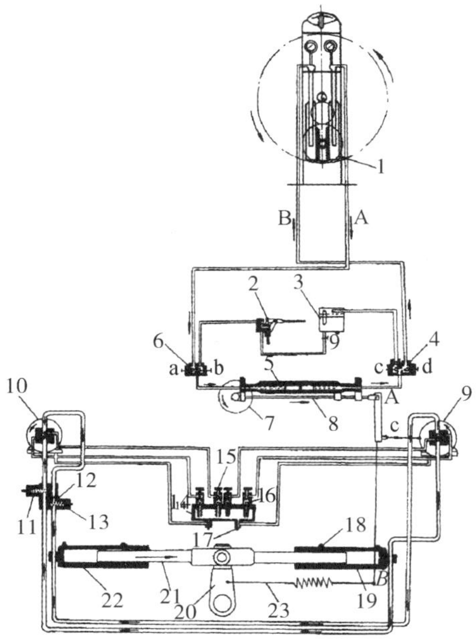

图 4-34 88.2 kN·m 舵机液压系统图

1—发送器;2—手摇泵;3—充液柜;4—转换阀组;5—受动器;6—转换阀组;7—操纵手柄;8—拉杆;9、10—油泵;11—安全阀;12—旁通阀;13—安全阀;14—补给油箱;15—截止阀;16—止回阀(自动补给阀);17—放油螺塞;18—空气螺塞;19—转舵油缸;20—舵柄;21—柱塞;22—转舵油缸;23—追随杆

②操左舵或右舵。当向左或向右转动舵轮操舵时,通过发送器上的传动齿轮,一方面使其上的舵角指示器显示出操纵舵角的大小;另一方面使受动器因其油缸一侧进油、另一侧排油而或左或右运动,并带动其拉杆 8 向左或向右移动,使三点式杠杆上的 C 点左右移动,从而改变油泵的变向变量机构,使油泵由空转工况变为供油工况,舵即或左或右偏转,直至转至指令要求的舵角时,追随机构把泵的变向变量机构推回至中位,油泵又转至空转工况运行,舵停止在要求的舵角上。

③回舵。回舵即向相反方向操舵,情况类同,只是此时油泵变向变量机构的运动方向相反,舵反向偏转而已。

④应急操舵。当常用远操机构发生故障而不能正常操舵时,提起顶升机构的手动杆,强行开启交通阀,接通受动器电磁离合器的电源,扳动操纵台上的转换开关即可进行应急操舵。

四、电动液压舵机的日常运行管理

1. 液压舵机系统的充油

(1)液压油的品种和牌号应符合说明书的规定,严禁不同品种和牌号的液压油混掺使用,一般选用黏度为 15.5~100 cSt(40 ℃时的黏度)的液压油。

(2)液压油应经过滤充入油柜,并达最高油位。用油泵向系统充泊时,应随时向油柜补充液压油,以保证油柜中的吸油管口始终浸没在油中。

(3)防止泵干转。新装或拆检的油泵,起动前一定要灌入液压油,并用手转动油泵,让油箱的油液逐渐充满泵。若系统设有手动泵,宜用其向系统充油。

（4）防止转舵机构的柱塞撞击油缸。左、右转舵油缸设有旁通阀者，向油缸充油时可开启旁通阀；未设旁通阀者，可利用机房的操纵机构控制动力泵，间断交替地向左、右油缸充油。为可靠起见，在充液前，最好拆下转舵油缸上的放气螺塞或位置较高的管路接头，向左、右油缸内灌入一定量的液压油。

（5）驱除空气。充液过程中，应开启系统中位置较高的放气阀、空气螺塞或松开压力表接头进行排空气。

液压油的使用时间一般为 2~4 年，若维护管理得好，使用期限可达 4~6 年甚至更长。液压系统中的油质可通过取样化验检查，通常采用外观检查。一般外观检查是通过对液压进行“看、嗅、摇、摸”几种方式检查。对液压油进行检测时，若发现液压油颜色变深发黑且有恶臭气味，说明液压油已经氧化变质，必须立即更换；若液压油颜色变化不大，只是有些浑浊，说明液压油中混入了空气，需要对液压油进行静置分离处理即可；若液压油颜色发白，说明液压油中混入了水分，需要对液压油进行油水分离处理，并掺入一定量的新液压油，以调整液压油的黏度；若液压油透明但有小黑点，或光照射时有闪光点，说明液压油混有杂质或金属粉末，需要对液压油进行过滤处理。

2. 船舶开航前的试舵

船舶每次开航前，值班轮机员应会同值班驾驶员在舵机房和驾驶室一起试舵，以检查各种舵角是否满足要求，操舵控制系统和舵机装置是否完好。试舵时主要应注意以下几方面的问题：

（1）验明主换向阀或油泵的变量机构处于中位后，脱开遥控机构或把转换开关置于舵机房操舵位置。

（2）起动一台泵组，通知驾驶室后在机房操舵。使舵从 0°转至一舷 35°，然后回中。在此同时，间断地开启压力侧油路上的放气阀或螺塞排空气；观察电流、油压、密封和机电运转情况；注意有无异常响声和气味；核对转舵时间是否符合要求。

（3）分别起动其他泵组，进行同样的检查。

（4）接通遥控机构或把转换开关置于遥控位置，通知驾驶台试舵。分别起动各泵组，分别向两舷做 5°、15°、25°、35°的操舵试验。观察舵机运转情况，核对指令舵角（操舵角）、实际舵角和指示舵角是否一致（零舵角的偏差应为 0°，其余舵角的偏差应小于±1°）；校验有否明显跑舵现象，非随动操纵者的冲舵舵角是否在 2°的范围内，舵轮的空转是否不超过半圈或滞舵时间是否不大于 1 s。

（5）将备用的遥控机构或其他应急操舵装置做同样试验。

（6）试验完毕后，通知驾驶台，停泵，等待开航。

3. 航行中的管理

船舶航行中，每小时对舵机房巡回检查一次，船舶进行急倒车时，轮机员应到舵机房监视舵机的工作，发现异常情况时应及时处理，并报告轮机长和做好相关记录。舵机巡回检查的内容主要包括：

（1）油位检查。补油柜或循环油柜的油位应保持在油位计 2/3 位左右。

（2）油温检查。油箱油温通常不应超过室温 30 ℃以上，一般不应超过 60 ℃。若油温超过 80 ℃，则须停泵。

(3)油压检查。主泵的排油压力不应高于系统调定最大工作压力,吸油压力不应低于补油条件(闭式系统)或吸油条件(开式系统)所确定的正常值。

(4)外露滑动表面检查。适时加注一定量的工作油;设有油杯者,亦应适时地加油。

(5)密封情况检查。油柜、油缸、阀件、油管和管路接头等地方不应漏油,舵杆的舵承填料不应漏水。转舵油缸的外露柱塞滑动表面应有一层薄油膜,但不得滴漏,若有滴漏,可适当压紧填料压盘。

(6)倾听噪声。若有异响和冲击声,则应查明原因,及时处理。

(7)泵组检查。检查油泵、电动机不应有过热现象。

(8)备用油泵检查。停用时应不能反转,否则表明泵排出管处的单向阀漏泄或防逆转机构损坏。

(9)应急操舵系统检查。检查应急操舵系统是否处于良好的状态。

(10)电气控制箱检查。检查工作中的电气设备是否正常,线路接头有否松动。

4. 船舶停航时的管理

(1)清洁柱塞等外露的滑动表面,并加注工作油。若长期停用,则应涂覆润滑脂。

(2)消除管子、接头、阀件和各密封填料处的漏油现象。若油缸柱塞的皮碗填料处滴油,压紧压盘不能消除,则应换新(一般使用四年左右最好换新)。更换填料时,宜逐步放松压盘,每次松开 2 mm 左右,用手摇泵或主泵以小排量运行,利用油压将皮碗慢慢推出。然后用竹或木质工具将新填料推入,以免损伤柱塞滑动面、内套密封面和填料。

(3)定期清洗油滤器。新船首次航行后必须清洗。

(4)清洁换向器和控制箱中的电器触头,检查并消除连接松动现象;测量电气设备绝缘电阻,不合格者应纠正或换新。

(5)每半年对油样至少进行一次外观检查,每年对油样进行一次化验检查,对已超过使用极限的液压油,则应换用同样品牌新液压油。一般新船第一次换油时间不超过 2 000 h。油箱换新油时必须彻底清洗,使用中约两年清洁一次。

第五节 船舶液压舵机实际操作训练

一、舵机的日常操作

1. 起动前的准备

(1)检查舵机机械传动部分有无障碍物,减速装置滑油量是否充足,各连接、紧固螺栓是否正常。

(2)检查各电气设备是否正常,电源是否供电,舵角指示器与实际角度是否相符。

2. 起动与运行

(1)当确认正常后,供电起动运转,检查电机组及变流机的运转是否平稳,有无振动和异响，查看直流电机铜头火花是否在允许的范围内，供电电压是否符合电机要求。

（2）工作中，应检查舵机系统有无振动和异响，注意电机组轴承及火花情况，在加减负荷时，注意其工作参数是否正常。

（3）检查伞齿轮转动情况，缓冲弹簧及导滑轮使用是否良好，润滑油量是否足够，齿轮箱是否有漏油现象。

3. 停止运转

舵机使用完毕后，应将舵放在中央位置，停止电机供电，保持其系统的清洁，消除运转中出现的缺陷。

4. 试舵

（1）停航检修或厂修后，应在舵机间操纵控制手柄做左右 30°转舵试验，此时主要注意电机组执行电机、离合器的工作是否正常、可靠；负荷变化时电流、电压指示器是否正常，有无异响。

（2）与驾驶台共同进行驾驶台远操机构的转舵试验，核对舵角，判定远操机构、追随机构的可靠性、准确性。检查行程开关是否灵敏、可靠（由蓄电池供电的备用舵电机，只做上述短时间的试验、校对，并只准在特殊情况下的一段时间内使用）。待一切正常后，方可投入运转。

二、舵机的应急操作

为了保证船舶的安全，船舶在航行过程中，无论发生怎样的紧急情况，必须保证舵机能良好地工作，随时均能按要求进行转舵，并有良好的舵效。根据中国船级社《钢质内河船舶建造规范》（2009）对舵机的基本要求可知，每艘船舶至少应具有两套及以上的操舵动力设备。对于内河船舶的电动液压舵机一般为两套，一套为主操舵装置，液压泵由交流电机驱动；另一套为应急操舵装置，液压泵由直流电机驱动，由蓄电瓶供电。舵机失灵的原因是多种多样的，下面就舵机失灵后，就应急使用的情况进行简单介绍。

（1）舵机系统设置有两台交流电机驱动的液压泵，两台泵组自动互为备用，即当运转中的一台泵组失电或损坏后，另一台泵组自动投入工作，继续向系统供油，其操纵还是按原来的方式进行。

（2）当交流电机驱动的液压泵均失电或损坏，不能向系统供液时，如直流电机泵组不能自动起动，驾驶人员只需扳动设于操纵台的转换开关手柄，控制电液换向阀的工作，实现应急操舵。

（3）当交流电机驱动的液压泵均失电或损坏，不能向系统供液时，直流电机泵组不能自动起动的，此时，驾驶人员应将设置于驾驶室内的转换装置，置于应急操舵位置，直流电机泵组投入工作，扳动设于操纵台的转换开关手柄，控制电液换向阀的工作，实现应急操舵。

（4）如果油泵能正常工作，只是控制线路或电磁（电液）换向阀线圈故障，电磁（电液）换向阀不能换向，则轮机人员可在舵机室内，根据驾驶人员的操舵指令，手动操纵电磁（电液）换向阀的应急按钮移动阀芯，使油路换向，以实现应急操舵。

（5）无论是自动转换还是手动转换，要求转换的时间不能超过 10 s。

三、舵机常见故障分析

电动液压舵机在使用中，由于管理不当、维护不好、设备或技术原因，总会发生各种各样的故障。为了尽量减少舵机系统故障的发生，要求轮机人员平时除了要做好日常维护管理工作外，还应对整套舵机系统的构成非常熟悉，对系统中的各设备的结构与原理要非常清楚，对系统的操作与调整要非常熟练，方可保证舵机系统良好工作，即使舵机系统发生了故障，也能迅速地根据故障现象找出故障发生的原因、地方，给出解决问题的方案，使故障快速得以排除。由于舵机系统有阀控型、泵控型，控制的方法又有液压式、电气式等多种方式，很难笼统地分析并说清楚。所以，下面只对“阀控型电气遥控式”电动液压舵机系统中一些常见的故障进行分析与处理。

1. 操舵指令发出后舵不能转动

操舵指令发出后，造成舵不能转动的原因主要包括遥控系统失灵、主油路旁通或严重漏泄、主油路不通或转舵受阻等。

（1）遥控系统失灵

遥控系统故障，不能转舵。具体判断方法是在舵机室进行人工手动操舵，若舵能够正常转动，说明是遥控系统的故障造成不能转舵。其主要原因及排除方法分析如下：

①电气遥控系统故障，具体包括控制电路断路、电器元件损失、接头接触不良、保险丝烧断等，造成电磁换向阀的线圈不能通电、电磁换向阀不能换向供液、不能转舵。解决的办法是检修控制电路的线路或更换电器元件。

②电气遥控系统电路正常，电磁换向阀不动作。用手摸电磁换向阀的线圈常温不热，用万用表（“电阻”挡）检查，其阻值无穷大，说明电磁线圈断路。解决的办法是更换电磁换向阀。

③电磁换向阀的阀芯卡死于中位。用手摸电磁线圈发热，甚至发烫，说明电磁线圈是通电的，就是阀芯在中位不能移动，其原因可能是电磁力不足或移动阻力大。解决的办法是检查电源与电路，拆检换向阀。

④电气遥控系统电路正常，电磁换向阀不动作。用手摸电磁换向阀的线圈常温不热，用万用表（“电阻”挡）检查电磁线圈正常，其原因可能是最大舵角限位装置的行程控制开关断开，使控制油路旁通或电路断电而不能操舵。解决的办法是检修限位旁通阀或将行程控制开关复位。

（2）主油路旁通或严重漏泄

若主油路旁通或严重漏泄，主泵排出压力一定会很低，从排出压力表的读数可判断，具体包括以下原因：

①安全阀搁起或调定压力太低，造成系统工作油压太低，转舵机构产生的推舵力矩不能克服水动力矩，舵不能转动。解决的办法是拆检安全阀或重新调节安全阀设定值。

②旁通阀未关，造成系统工作油压太低甚至没有油压，转舵机构产生的推舵力矩不能克服水动力矩，舵不能转动。解决的办法是关闭旁通阀。

③系统严重漏泄，造成系统工作油压太低，转舵机构产生的推舵力矩不能克服水动力矩，舵不能转动。解决的办法是消除系统中漏泄的地方。

(3)主油路不通或转舵受阻

若主油路不通或转舵受阻,安全阀将开启,主泵排压达最大值,通过安全阀和排出压力表可判断,具体包括以下原因:

①泵阀或缸阀未开,压力油不能进入转舵油缸,舵不能转动。解决的办法是打开泵阀或缸阀。

②主油路的锁闭阀因不能引入控制油压或卡死打不开,进、出转舵油缸的油路未畅通,压力油不能进、出转舵油缸,舵不能转动。解决的办法是检修主油路的锁闭阀,使其能正常工作。

③舵或转舵机构的运动受阻,转舵油缸产生的最大转舵力矩,不能克服柱塞运动需要的摩擦力矩、舵承摩擦力矩和水动力矩之和,舵不能转动。解决的办法是检查油缸密封是否压得过紧、舵承是否损坏,舵叶是否被抵死。

2. 只能单向转舵

(1)遥控系统故障。遥控操舵时,只能单向转舵,且电磁换向阀线圈一侧发热而另一侧不热;换用舵机室操舵又正常,说明是遥控系统故障所造成的。具体包括以下原因:

①遥控操作系统一侧电路断路或相关电器元件损坏,使其在该侧操舵时,电路不通而不能转舵。解决的办法是检查该侧电路或更换相关元件。

②电磁换向阀线圈一侧电路断路,在该侧操舵时,电路不通而不能转舵。解决的办法是更换电磁换向阀。

③一侧行程控制开关断开,造成在该侧操舵时控制线路无电,电磁换向阀无动作而不能转舵。解决的办法是使行程控制开关复位或更换行程控制开关。

(2)主油路单向不通。在一侧操舵时,主泵排压达最大值,安全阀开启,换用应急操舵,情况亦然,说明该侧管路发生堵塞。其原因是主油路另一侧的液控单向阀的控制油路堵塞,或可调节流阀关闭造成这侧的单向阀回油时无法开启。解决的办法是检修或调整系统中的液压锁。

(3)主油路单向旁通。在进行一侧操舵时,主泵排压低,不能转舵;在进行另一侧操舵时,转舵正常。其原因可能是主油路在该侧安全阀的调整压力过低或阀芯搁起,造成在该侧操舵时,油压起不来,舵转不动。解决的办法是检修或调整安全阀启阀压力。

3. 舵转动得太慢

(1)主油路旁通或漏泄。遥控操舵舵转动得太慢,换用舵机室操舵情况一样,说明在操舵时进入油缸的油量太少。造成油量太少的具体原因包括以下几个方面:

①主油路外漏,解决的办法是消除漏泄的地方。

②旁通阀未关严,解决的办法是关闭旁通阀或研磨旁通阀。

③安全阀关闭不严,解决的办法是拆检、研磨安全阀。

④主油路换向阀内漏严重,解决的办法是更换换向阀。

⑤备用泵出口单向阀锁闭不严。现象是在工作中,备用泵反转。解决的办法是更换或拆检研磨单向阀。

(2)主泵流量太小。遥控操舵舵转动得太慢,换用舵机室操舵情况一样,说明在操舵时进入油缸的油量太少。造成油量太少的具体原因包括以下几方面:

①电动机转速下降,解决的办法是检查电压是否正常,检查线路接头的接触情况。

②主泵内漏严重或局部损坏，解决的办法是检修或更换油泵。

4. 滞舵

滞舵是指操舵指令信号发出后，舵开始转动的时间超过了要求的时间。

（1）主油路有较多气体。其现象是在转舵过程中，转舵油缸的柱塞出现走走停停的"爬行现象"，开启供油侧的放气阀（或旋塞）可放出气体。造成主油路有较多气体的具体原因包括以下几种：

①充液或检修后排空气不彻底，解决的办法是开启系统中位置较高处的放气阀（或旋塞）或接头放气。

②系统漏油或补油不足，解决的办法是消除漏泄的地方或加强补油。

③开式系统油柜油位太低或回油管布置不合理，解决的办法是向油柜回油至要求的油位，重新改造回油管路，使其布置合理。

④吸入管堵塞，解决的办法是清洗过滤器。

（2）遥控系统操舵动作迟滞。遥控操舵时滞舵，在舵机室操舵正常，说明是遥控系统故障。具体包括以下原因：

①限位旁通阀关闭不严，解决的办法是检修限位旁通阀。

②控制油路上的可调液动换向阀的节流针阀开度过大，解决的办法是将可调液动换向阀的节流针阀开度调小。

③三位四通阀内漏严重，解决的办法是更换三位四通阀。

（3）主油路旁通。系统设置了两台互为备用的主动力油泵，若发现备用泵反转，小舵角滞舵明显，转舵速度变慢，说明动力油倒流。其原因是备用泵出口单向阀锁闭不严，解决的办法是检修单向阀。

5. 冲舵

冲舵是指在操舵过程中，舵的实际转角超过指令舵角。

（1）主换向阀不能及时回中。舵达指令舵角时主换向阀未回中，舵还继续转动，甚至冲到最大舵角。具体包括以下原因：

①主换向阀阀芯卡阻或弹簧断裂、漏装、弹力不足，解决的办法是检修换向阀。

②电气反馈元件的机械连接松脱，解决的办法是将机械连接件修复。

③电气元件变质或触头脏污、断路，解决的办法是检查电路或更换电气元件。

（2）控制杆系间隙过大。控制杆系各连接销子磨损严重，导致间隙过大，使机械反馈动作不准确。解决的办法是修理磨损杆件，恢复连接销间隙，使机械反馈动作准确。

6. 跑舵

跑舵是指在未操舵时，舵偏离了所停舵角的位置。

当舵停止于某一舵角位置，由于舵叶受到很大的水动力矩作用，通过舵杆、舵柄作用于撞杆上，此时在一侧油缸中会产生很高的油压，特别是在大风大浪时更为严重，若油路锁闭不严或管路漏泄，就会造成撞杆移动而跑舵。所以，主油路锁闭不严或两侧管路漏泄是造成跑舵的主要原因，其具体原因包括以下几点：

（1）换向阀、液控单向阀、舵机专用阀等主油路锁闭阀漏泄严重，解决的办法是检修系统中各锁闭阀，保证油路锁闭严密。

(2)安全阀或旁通阀关闭不严,解决的办法是检修安全阀或旁通阀,保证其密封性。

(3)主油路锁闭阀后的油路和转舵油缸内积存有较多气体,解决的办法是排除系统中的气体。

(4)油缸的柱塞填料漏泄,解决的办法是压紧压盖螺栓或更换密封圈。

7. 舵机系统产生异常的振动、噪声

(1)系统中有气体。若系统中有气体,在转舵时振动、噪声特别大,而且会造成滞舵。系统有空气的具体原因包括:

①对于闭式系统,充液时空气未排尽;在工作过程中,系统补油不足,这样均会造成管路系统中积存气体,在舵机工作过程中,产生异常的振动、噪声。解决的办法是排除系统中的气体,加强对系统补油。

②对于开式系统,油箱油位太低,可能造成空气进入系统,解决的办法是向油箱加油至要求的油位。

③对于开式系统,吸油滤器堵塞或吸入管漏气,均会造成空气进入系统。解决的办法是清洗滤器或封堵管路漏气之处。

④对于开式系统,油温太低或黏度太大,造成吸入阻力增大而进入空气。解决的办法是油温太低时,利用加热装置对油液进行适当加热。

(2)油泵机组故障。泵组空转运行时同样会发出异常噪声,换用备用泵可能会改善。造成泵组异常噪声的原因主要包括:

①油泵或电动机的轴承损坏,解决的办法是更换轴承。

②油泵与电动机轴线对中不良,解决的办法是重新校正轴线。

③油泵内其他运动部件损坏,解决的办法是检修油泵。

(3)管路或其他部件固定不牢。管路与阀件有明显的振动,主要原因是地脚螺栓松动、管路支撑刚性差等。解决的办法是旋紧地脚螺栓,加强管路的支撑。

(4)转舵油缸柱塞填料过紧。不转舵时无响声,转舵时产生噪声,主要原因是填料安放不对或压盘压得过紧。解决的办法是重新安装填料或放松压紧螺栓。

(5)内泄式液控单向阀用作油路锁闭阀产生的噪声。在负扭矩工况时产生振动噪声,其原因是在转舵时,回油侧主油路液控单向阀反复急速启闭产生敲击。解决的办法是适当关小节流针阀,增加其阻尼。

第五章

锚缆机械操作与管理

船舶在港口停泊时，为克服作用在船体上的水流力，风力和船舶纵倾、横倾时所产生的惯性力，保持船位不变，就需设置锚设备。此外，锚设备还是船舶操纵的辅助设备，如靠离码头、系离浮筒、狭窄水道掉头或紧急减刹船速等，都要用到锚设备。

锚设备主要由锚 1、锚链 5、制链器 3 和锚机 6 等组成。锚机是用来收放锚和锚链的机械。锚设备的组成及其在船首的布置如图 5-1 所示。

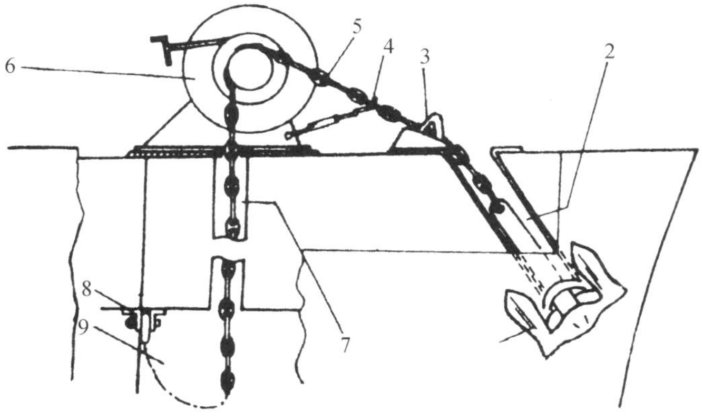

图 5-1　锚设备的组成及其在船首的布置

1—锚；2—锚链筒；3—制链器；4—制链钩；5—锚链；6—锚机；7—锚链管；8—弃链器；9—锚链舱

按原动力的不同，锚机可分为人力锚机、电动锚机和液压锚机。按驱动轴的布置方式不同，锚机又分为立式锚机和卧式锚机。

系缆设备是船舶为停靠码头、系带浮筒、傍靠他船和进出船坞等所使用的机械设备。其主要由系缆索、带缆桩、导缆装置(导缆孔、导缆钳或导缆滚轮等)、绞缆机，以及绳车、碰垫等所组成。利用绞缆机收绞缆索，即可使船舶系靠。在船首，系缆卷筒通常和锚机一起，用同一动力驱动，并可以通过离合器合上或脱开；有的起货机也同时带有系缆筒；在船尾则大多设置独立的系缆机。系缆机按所用动力的不同可分为电动系缆机和液压系缆机。

第一节 《钢质内河船舶建造规范》对锚缆机械的技术要求

锚机在工作时，负荷变化很大，起锚时的最大拉力通常发生在拔锚破土时，为适应其负荷变化大的特点，电动锚机一般采用三速交流异步电动机驱动。液压锚机常采用有级变量液压马达来限制功率，也可采用恒功率液压泵或液压马达。中国船级社《钢质内河船舶建造规范》(2016)对锚机的基本技术要求如下：

1. 起锚机一般应由独立的原动机或电动机驱动。对于液压起锚机，若其液压管路与其他甲板机械液压管路相连接，则应保证起锚机的正常工作不受影响。

2. 起锚机的平均速度应不小于 9 m/min。对 C 级航区船舶以及所有非自航船舶，其起锚速度可适当降低；对急流航段船舶，起锚速度不小于 12 m/min。

3. 起锚机应能在过载负载下连续工作至少 2 min，此时不规定速度。其过载负载应不小于 1.5 倍的工作负载。

4. 液压起锚机的液压装置应设置安全阀，锚机装置应装有有效的制链器。

5. 起锚机的链轮与驱动轴之间应设置离合器。动力操作的离合器应能手动脱开，且应有可靠的锁紧装置。

6. 起锚机的链轮或卷筒应装有可靠的制动装置。当锚链轮脱开，制动装置制动时，不应有打滑现象，取锚链破断负载的 20%。

第二节 电动锚缆机械的结构和工作原理

一、立式电动锚机

立式电动锚机多用于军用船舶和内河大型拖船，其总体布置如图 5-2 所示。链轮 5 以下部分设于主甲板以下。减速器 2 由三级减速齿轮和润滑油泵组成，减速器借助于油泵输送的滑油进行润滑和冷却。制动器 4 由刹车带和制动轮等构成，顺时针转动手轮 7 可使刹车带抱紧制动轮，逆时针转动手轮 7 可使刹车带松开制动轮。牙嵌式离合器 3 用以控制立轴(驱动轴)与减速器地合上或脱开。

立式锚机的结构如图 5-3 所示，螺杆 7 与驱动轴 13 为螺纹连接，绞缆卷筒 9 靠升降器外

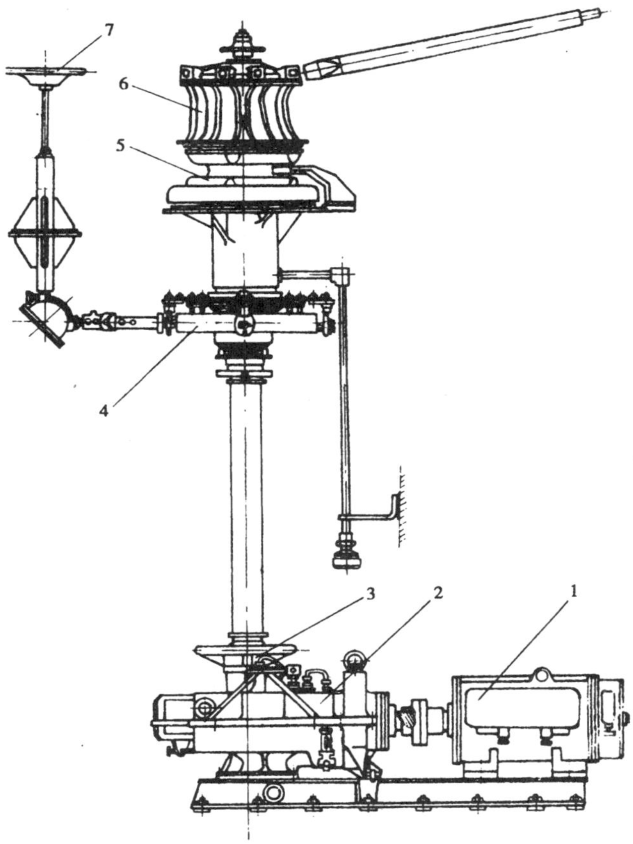

图 5-2 立式电动锚机总体布置图

1—电动机;2—减速器;3—牙嵌式离合器;4—制动器;5—链轮;6—卷筒;7—手轮

壳 6 等支承于螺杆上。当转动手轮 1 使螺杆转动时,卷筒可沿驱动轴上的长键 8 上下滑动,使卷筒与链轮 10 脱开或合上。驱动轴与衬套 11 为紧配合,并靠衬套支承于链轮上。链轮与衬套 11 和 21 均为间隙配合,由固定于甲板套筒 14 上的衬套 21 支承。绞缆卷筒的下端和链轮的上端加工有同样几何形状和尺寸的牙与牙槽,构成牙嵌式离合器 22,以便卷筒与链轮合上或脱开。在链轮的销轴 20 上装有棘爪,它与甲板套筒上端面沿圆周均匀分布的牙槽(棘轮)构成人力绞缆时的防反转机构。制动轮 15 用键固接于主甲板以下链轮套筒部分,当刹车带紧抱制动轮时,链轮即被刹住。在衬套 11、19 和 21 的相应部位均装有油封,用以防止润滑脂流失。油杯 16 用以加注牛油。

二、卧式电动锚机

图 5-4 为卧式锚机的结构图。蜗轮 5 与蜗杆 4 构成锚机的一级减速,齿轮 6、7 构成锚机的二级减速,电机的转速经两级减速后传到驱动轴 11 上。在驱动轴 11 上,左、右两端各装有一链轮 3、制动轮 2、牙嵌式离合器 8 和绞缆卷筒 1,故该锚机可以左、右起锚或左、右绞缆。制动轮和链轮为整体制造,并空套(孔与轴间隙很大)于驱动轴上,靠牙嵌式离合器 8,可将链轮与驱动轴脱开或合上。

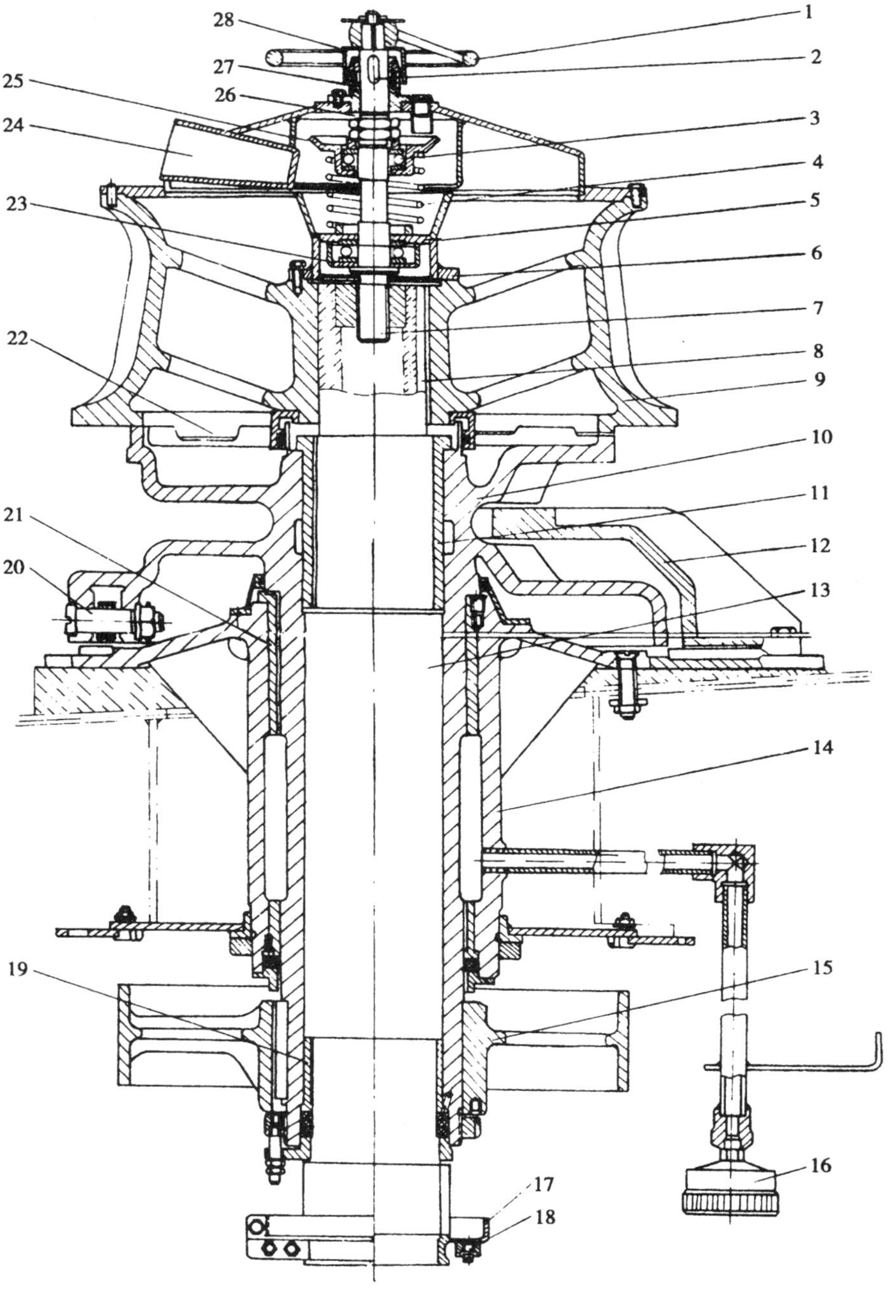

图 5-3 立式锚机结构图

1—手轮；2、8—键；3—单向推力球轴承；4—弹簧；5—弹簧下座；6—升降器外壳；7—螺杆；9—卷筒；10—链轮；11、19、21—衬套；12—分链器；13—驱动轴；14—甲板套筒；15—制动轮；16—油杯；17、23—滑油盘；18—泄放旋塞；20—销轴；22—牙嵌式离合器；24—撑棒孔；25—弹簧上座；26—套筒；27—导向螺母；28—护罩

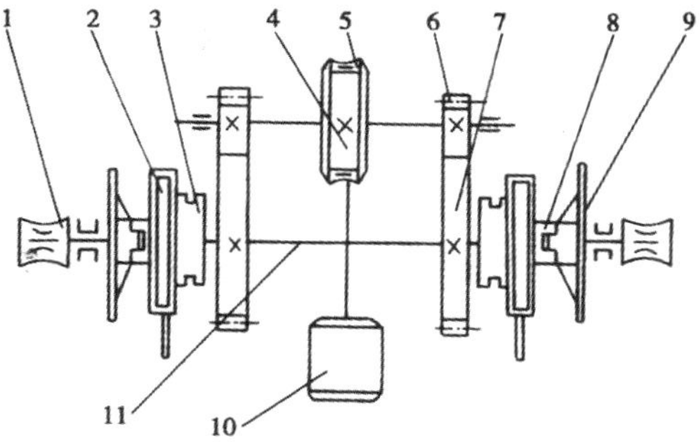

图 5-4　卧式锚机结构图

1—绞缆卷筒；2—制动轮；3—链轮；4—蜗杆；5—蜗轮；6、7—减速齿轮；8—牙嵌式离合器；9—手轮；10—电动机；11—驱动轴

三、电动绞缆机

图 5-5 为绞缆机的结构简图。电动机 2（或液压马达）通过齿轮减速机构 3 带动主卷筒 4 及副卷筒 6 运转。主卷筒在卷绞的同时还能储绳，它既能绞缆，又能靠手控刹紧，手控带式刹车 5 用来系缆，缆绳张力太大时允许刹车打滑松缆，以免拉断。若是自动绞缆机，则系缆时无须刹紧刹车。副卷筒只能卷绞缆索，收储缆绳需靠另设的人力控制的绳车。下面介绍自动绞缆机。

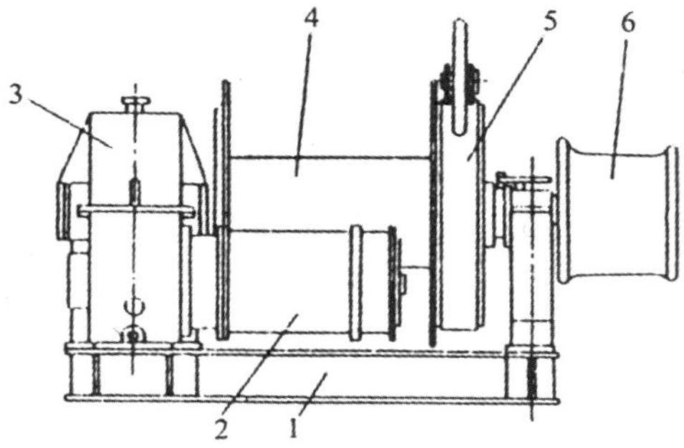

图 5-5　绞缆机的结构简图

1—底座；2—电动机（或液压马达）；3—减速机构；4—主卷筒；5—手控带式刹车；6—副卷筒

普通绞缆机在停泊期间，当潮汐涨落和船舶吃水变化时，需人工相应松出或收紧缆绳，不仅麻烦费事，稍有疏忽还可能造成缆绳松弛失去系缆作用，或因过载而拉断。因此，许多船舶均采用了自动绞缆机，既能将缆绳的张力保持在一定范围内，拉力过大则自动放缆，而缆绳松弛又能自动收缆。

电动绞缆机通常采用有级变速交流异步电动机，在缆绳收紧后采用低速挡。当缆绳张力较低时，电动机正转收缆，其转差率 $s<1$；当缆绳收紧后张力增加，电机扭矩达到额定值 M_H 时，电动机堵转，$s=1$；而当缆绳张力过大时，电机反转松出缆绳，$s>1$。

四、电动锚机的日常管理

(1)检查电机制动器控制电器与主电机是否联锁,即起动电机时工作制动器松闸,停止主电机则工作制动器制动,且只有安全制动器松闸才能起动主电机。

(2)减速器采用合适的气缸油润滑,其油面应保证蜗杆全部浸入油中。减速器使用滑油一年换一次。

(3)锚机在船舶上安装时,锚链与链轮的包角一般应为 117°~120°。

(4)检查安全制动器各传动系统是否灵活可靠,并调整松闸时闸瓦与制动轮的间隙在说明书要求的范围内。

(5)应保证锚链引出时三眼(锚链筒、制链器和链轮)成一线。

(6)锚机在额定拉力和额定速度下,应能连续工作 30 min,并应能在不小于 1.5 倍额定拉力的过载拉力作用下连续工作 2 min;此外,锚机还应设有过载保护装置,过载时能转到中速运转。

(7)锚机主轴轴承及减速器输出轴端的轴承应定期更换,一般要两年换一次油。

(8)锚机检修后可对各润滑部位加油润滑,进行空载试运转,起锚为带负荷运转,逐渐加载至额定负荷。在标准电压下,电流不超过额定值,带式刹车起重电机、减速器以及其他部位均不发热。

五、电动绞缆机的日常管理

(1)对于带式刹车电动绞缆机,应该经常检查和校准刹车带的摩擦面,以保证具体良好的摩擦力。同时,要注意缆绳在滚筒上的正确缠绕方向,以发挥刹车的最好制动效果。

(2)电动绞缆机的驱动马达上,装有弹簧式刹车。当操纵手柄置于“空挡”位置时,刹车在弹簧弹力的作用下自动处于刹牢状态;当操纵手柄置于“绞进”或“送出”的位置时,刹车自动处于放松状态。大多数输入端刹车是不适合作为主刹车使用的,所以,船靠好码头以后,必须刹牢滚筒上的刹车。同时,通过离合器与驱动轴分离。如果离合器不脱开,两个刹车同时发挥制动作用,则这种联合制动力将超过缆绳最小破断负荷 100%,其后果将导致断缆。

(3)船员在操作绞缆机时,应严格按照特定绞缆机的说明书进行,不能仅凭经验盲目操作。缆绳必须按正确方向缠绕在滚筒上;带有滚筒刹车和输入端刹车的双刹车绞缆机,在船靠泊期间应使用一个刹车。如滚筒刹车是主刹车,则滚筒与驱动轴之间的离合器在船靠泊期间应当脱开,并插上定位销。

第三节 液压锚缆机械的组成和工作原理

一、液压锚机的一般组成

液压锚机重量、尺寸小;可在较大范围内实现无级调速和微速运转;具有自动制动性能,易实现过载保护，能吸收冲击负荷，工作安全可靠；起停对电网的冲击小，可频繁起停和换向；易于实现遥控和自动化。其应用日趋广泛，并大有不断发展的趋势。

如图 5-6 所示，为定量叶片泵和二级变量叶片式油马达、阀控型闭式系统的液压锚机，下面介绍其液压系统的组成和工作原理。

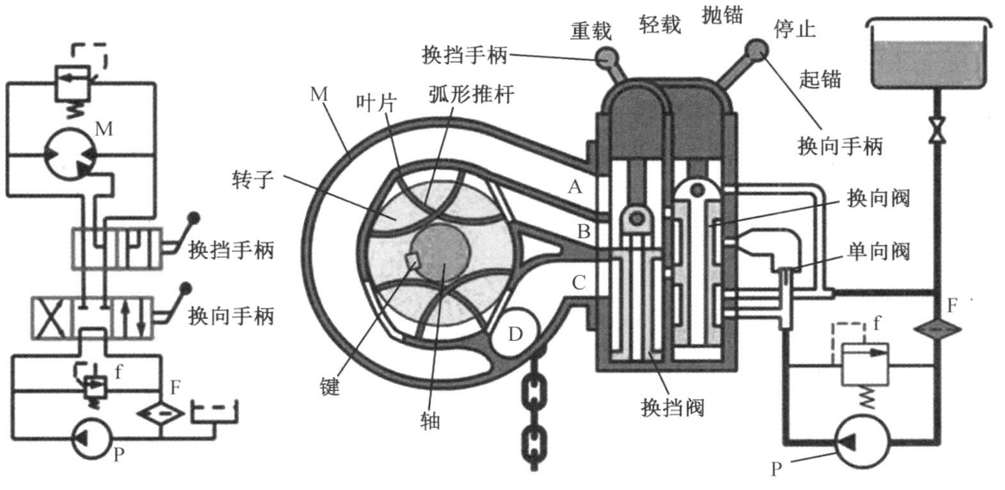

(a) 系统原理图　　(b) 结构示意图

图 5-6　锚机液压系统原理图

1. 主要组成部件

(1) 液压泵。液压泵 P 为双作用叶片式液压泵，由电动机带动恒速回转，最大使用压力为 6.86 MPa。为防止压力过高，液压泵上还设有安全阀。

(2) 液压马达。液压马达 M 采用双作用叶片式液压马达，结构与双作用叶片泵类似，由定子、转子和叶片等组成。在转子上均匀分布着 8 个叶片槽，并在槽中设置有叶片，为使叶片能紧贴在定子的内表面上，在转子端面的弧形凹槽中，每两个叶片之间设有矩形截面的弧形推杆。工作时，叶片在压力油的作用下，带动转子在定子中转动。由于转子是用键与轴相连，所以，当转子转动时，即可直接带动锚链轮回转，从而完成起锚或抛锚任务。

(3) 控制阀。控制阀具有两个油腔：一个是换向阀腔，内装换向阀和单向阀，用以控制液压马达的正转、反转或停转；同时，它又是一个开式过渡滑阀，可通过并联节流，对液压马达进行无级调速。另一个是换挡阀腔，内装换挡阀，控制液压马达的低速或高速工况。

(4) 重力油箱。重力油箱中的液压油靠重力产生的静压保持液压泵的吸入压力，并对系统进行补油。

(5) 磁性滤油器。叶片式液压马达的叶片与定子内表面比压较大，会产生一定的磨损，另外，其他摩擦副在运行中也会产生磨屑，而叶片与叶片槽是选配偶件，对磨屑很敏感，因此必须配置磁性滤油器。

2. 工作原理

如图 5-6(b) 所示，将换向手柄置于中央位置，则换向阀处于中位，并打开旁通孔，于是自油泵来的压力油经换向阀的下部直接返回油泵，系统不能建立起足够的油压，单向阀处在关闭状态,压力油不能进油马达,则油马达停止不动。

如图 5-7(a)所示,将换向手柄向后扳(起锚),这时换向阀上移,逐渐将旁通孔遮闭,于是油泵的排油压力升高,油就会顶开单向阀,经换向阀腔和换挡阀腔进油马达进行起锚,这时油马达的 A、B 两个腔室同时工作,故为重载低速工况。假如扳动换挡阀手柄,使换挡阀关闭油道 B,则压力油将仅能从油道 A 进油马达,而油道 B 则与出口油口相通,亦即油马达只有一个腔室工作,此时即为轻载高速工况,如图 5-7(b)所示。这时,最大输出拉力仅为重载工况的 1/2,但速度却较前者增加一倍。显然,改变换向手柄的操纵角度,控制压力油进入油马达的流量,则可对油马达进行节流调速。

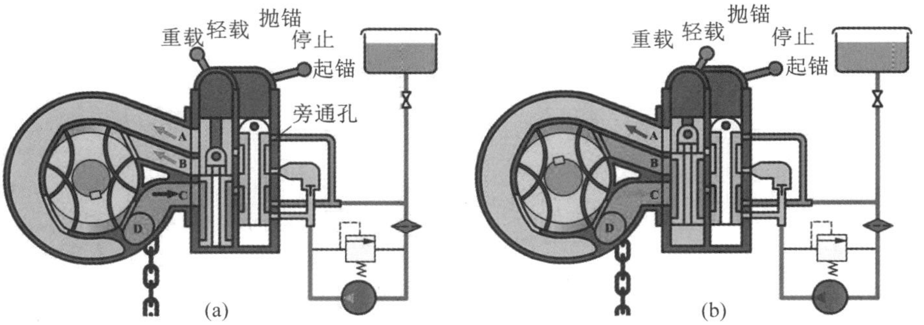

图 5-7　液压锚机起锚工况

如图 5-8(a)所示,将换向手柄向前扳(抛锚),这时换向阀下移,于是,自油泵来的压力油,就会经油道 C 进入油马达,使油马达反向转动,进行抛锚。图示情况为重载低速工况。同理,若通过手柄使换挡阀上移,则油道 B 与 C 相通,油马达就会获得轻载高速工况,如图 5-8(b)所示,并同样可通过控制换向手柄的操纵角度而使油马达实现节流调速。

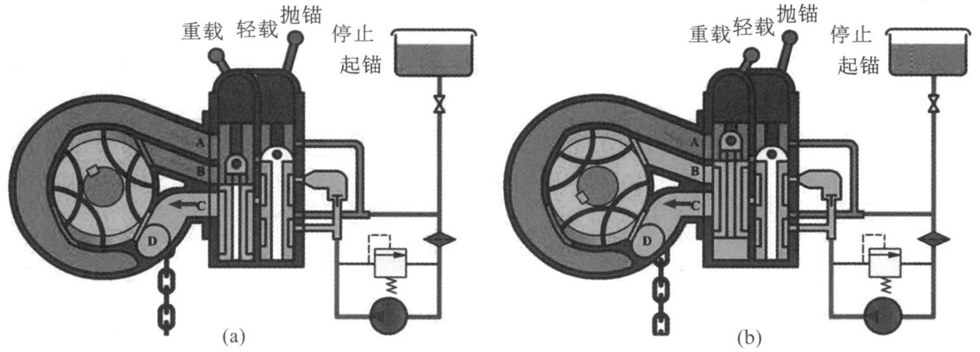

图 5-8　液压锚机抛锚工况

高置油箱中的液压油依靠重力产生的静压保持油泵的吸入压力,并对系统进行补油。这种锚机的限速除闭式系统本身能再生限逗(向油泵反馈能量)外,靠控制换向手柄节流也可进行能耗限速。起、抛锚过程将手柄回中则可进行液压制动,油马达的安全阀即相当于制动溢流阀。此外,还设有手动的刹车手柄,借以控制锚链轮旁的带式机械制动器。

叶片式液压锚机的运行工况和液压系统工作原理及使用注意事项见表 5-1。

表 5-1　叶片式液压锚机运行工况与液压系统工作原理及使用注意事项

工况		换挡手柄	换向手柄	油液流向	使用注意事项
低速挡	正车（起锚）	左位	右位	泵出口—单向阀—换向阀—换挡阀—油口 A、B—油口 C—换挡阀—换向阀—磁性滤器—滤网—泵吸入口	拔锚破土或入水锚链长、负载大时用，以及锚将就位时用
	倒车（抛锚）	左位	左位	泵出口—单向阀—换向阀—换挡阀—油口 C—油口 A、B —换挡阀—换向阀—磁性滤器—滤网—泵吸入口	控制入水锚链长度时用，以及停车前用
	停车	中位	中位	泵出口—单向阀—换向阀—油路被阀芯封闭	液压制动和停车时用
高速挡	正车（起锚）	右位	右位	泵出口—单向阀—换向阀—换挡阀—马达油口 A—马达油口 B、C、D（马达油口 B 和 C 为一有效作用工作组，A 和 D 为另一有效作用工作组。B、C 相通，自我循环，使该作用失效；A 口进油，D 口回油，因而马达仅按单作用工作，扭矩减小一半，转速提高一倍）—换挡阀—换向阀—磁性滤器—滤网—泵吸入口	常在收系锚链时或系缆时用，不可在拔锚破土或重负载时用，否则会造成高压，安全阀起跳，甚至油管爆裂
	倒车（抛锚）	右位	左位	泵出口—单向阀—换向阀—换挡阀—马达进出口 B、C、D（由于 B、C 相通，自我循环，油仅从 D 口进入，马达呈单作用，扭矩减半，转速提高一倍）—马达油口 A—换挡阀—磁性滤器—滤网—泵吸入口	放锚初期或系缆时使用
	停车	中位	中位	泵出口—单向阀—换向阀—油路被并芯封闭	液压制动时用

二、液压绞缆机

液压绞缆机的液压马达在排量既定时，扭矩与工作油压成正比。因此，只要能自动控制马达的工作油压，就能控制马达扭矩，即自动控制系缆张力。具体方法主要有以下两种。

1. 定量泵式

图 5-9 为定量泵式液压自动绞缆机的原理图。收缆时，缆绳张力较小，系统油压较低，溢流阀 2 关闭，泵排出的全部油液进入马达，马达带动卷筒快速回转，进行快速收缆。缆绳逐渐收紧，其张力增大，当马达进口油压升高至溢流阀的调定压力时，溢流阀 2 开启，从油泵排出的油液，除少量 Q_L 经马达漏泄外，全部溢回油箱。此时，缆绳上张力与马达进口液压力平衡，绞缆机进入系缆工况。在系缆过程中，若缆绳松弛而张力减小，液压力驱动马达正转，收紧缆绳；若缆绳上张力继续增大，当张力增大到能克服马达的液压力和摩擦力时，马达反转而放松缆绳，此时溢流阀的流量大于液压泵的流量，从而保持缆绳上的张力在一定范围。

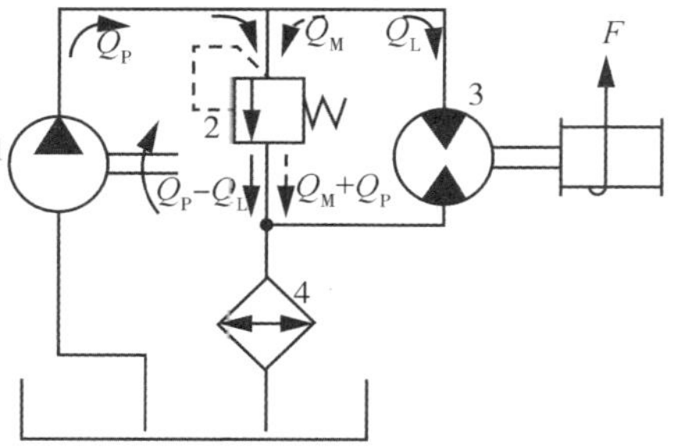

图 5-9　定量泵式液压自动绞缆机的原理图

1—定量泵；2—溢流阀；3—液压马达；4—油冷却器

为了减小功率损失和油液的发热，常设小流量辅泵专供系缆工况用，也可采用蓄能器加上压力继电器来控制液压泵间断工作，实现自动系缆。

2. 变量泵式

图 5-10 为变量泵式液压自动绞缆机的原理图。其工作原理与定量式类似，所不同的地方在于，当自动绞缆机进入系缆工况时，系统油压力达到压力继电器的动作值时，压力继电器控制换向阀 2 换向，从而推动变量泵的变量机构动作，使油泵流量减至最小流量，从而使自动系缆机，在系缆工况时泵的流量很小，以满足马达漏泄即可，此时油泵功率损耗低，油液发热较轻微。

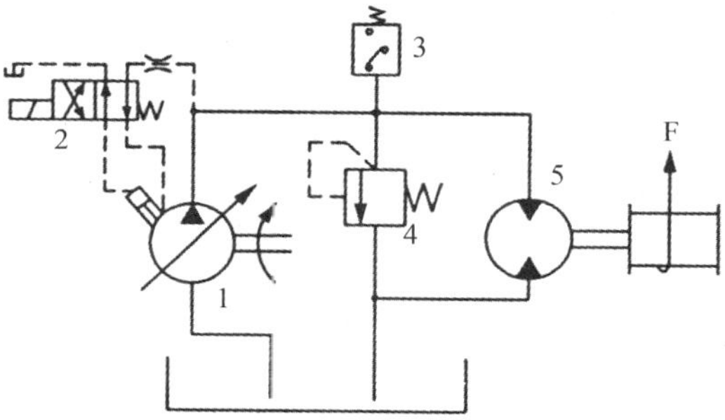

图 5-10　变量泵式液压自动绞缆机的原理图

1—二级变量泵；2—电磁换向阀；3—压力继电器；4—溢流阀；5—液压马达

三、液压锚缆机械的日常管理

锚机和绞缆机工作时，由于未能及时地检查和维护，系统存在空气，液压油发热、过冷或油质问题等，经常导致使用中的液压管路和设备产生强烈的振动和噪声，是其故障的根本原因。

(1) 日常检查机座和固定螺栓、固定部件的除锈油漆。

(2) 使用前，检查液压油量，放出液压系统的空气；运行中，检查油的温度，热带是否过高，冷却器的冷却情况；在寒冷地区应预热或加热设备，检查油是否过冷，液压油过热和过冷加剧油马达和油泵的磨损在船上常见发生；使用中，检查吸入排出液压油的压力，船上主管人员对压力范围不清楚是常事；检查运转情况、部件是否发热，未及时巡查导致的故障是常有的事，检查液压系统有无漏泄；检查各运动部件及使用中声响、振动和发热情况。

(3) 每月进行一次维护，检查电气控制箱和接触器元部件。

(4) 每三个月检查和清洗一次各种液压滤器，检查液压油有无水、锈、金属屑；保养一次各接触器的主触头、间隙，以及热继电器的动作电流值；对各零部件摩擦面进行润滑。

(5) 每半年清通冷却器、检查防腐的保护；对液压油取样化验；维护和检查电气元部件及油泵电动机。

(6) 每年检查液压系统管路固紧状况，以及安全阀、溢流阀或流量控制阀的整定值，安全阀设定螺丝振松导致产发生强烈振动和噪声更为多见。

第四节 船舶液压锚缆机械的实际操作训练

锚设备是船舶抛锚、起锚和靠离泊的设备。绞缆机设备是船舶靠离泊和保持安全系泊状态的设备。

一、电动锚缆机械（锚机）的起停操作

1. 电动锚机的起停操作

(1) 起锚

起动锚机并将控制旋钮置于慢速挡运转，逆时针转动螺杆 7（见图 5-3），松开制动轮 15 的刹车带，然后顺时针转动手轮 1，螺杆即通过弹簧上座 25、单向推力球轴承 3 和弹簧 4 带动升降器外壳 6 下移，使卷筒 9 沿驱动轴 13 上的长键 8 下滑。若牙嵌式离合器 22 的牙与牙槽刚好对正，则离合器顺利合上；若离合器的牙与槽未完全对正，则卷筒的下落受阻，手轮的继续转动势必压缩弹簧 4，由于卷筒被驱动作慢速转动，一旦离合器的牙与牙槽瞬时对正，在弹簧力和卷筒的重力作用下，卷筒即迅速落下，离合器也就合上。此时，链轮在卷筒驱动下转动，即可进行起锚作业。

(2) 手控抛锚

逆时针转动手轮 1 使牙嵌式离合器 22 脱开，逆时针转动制动机构的螺杆 7，松开刹车带，靠锚和锚链的重力驱动链轮转动，放出锚链，将锚抛入水中。调节刹车带的松紧度，可控制抛锚速度。手控抛锚只适宜在浅水区域进行。

(3) 电控抛锚

合上牙嵌式离合器 22，松开制动轮 15 的刹车带，起动锚机，利用电动机经驱动轴施加链轮的与锚和锚链的重力矩反向的扭矩，产生制动作用，使锚慢速抛出。只要改变电动机反向扭矩的大小，就可获得不同抛锚速度。电控，适用于慢速抛锚。

(4) 绞缆

顺时针转动制动机构螺杆 7，使刹车带抱紧制动轮 15，脱开牙嵌式离合器 22，将缆索卷绕于卷筒 9 上，起动锚机，即可进行绞缆作业。

(5) 人力起锚

当船舶电站发生故障不能供电，又必须将锚链与锚拉起来时，可脱开主甲板下面的牙嵌式离合器 22，使驱动轴与减速器脱开，放下装于销轴 20 上的棘爪，合上牙嵌式离合器 22，松开制

动轮 15,将推棒插入推棒孔 24 中,即可进行人力起锚作业。

2. 电动绞缆机的起停操作

(1)起动前脱去帆布罩,检查确认传动齿轮箱滑油充足,周围无障碍物,各部紧固螺栓正常。

(2)起动后,正反车空转,并检查工作电压、电流及控制线路中的保护装置是否良好、稳定。

(3)运转时,负荷应由小到大,不准在重负荷下使电机快转,防止超负荷,如加重负荷,电动机不转,应立即停止转动,等负荷变小后再行运转。

(4)运行时,应注意电机、轴承、传动机构的温度变化情况,若有异常现象,应立即停机,进行检查。

(5)使用完毕,停机后切断电源,罩好机械上的帆布罩。

二、液压锚机的起停操作

1. 液压锚机的操作

(1)使用前的准备

①使用前对液压锚机应起动油泵并确认油压、油温及运转正常,无异声,无漏泄,高位油柜油位正常。

②对电动锚机应检查马达运转是否正常,温度是否正常。

③检查刹车带、制链设备、导链设备、离合器等是否正常。

(2)抛锚操作

①根据锚地及周围情况,风、流压及本船状况选择抛锚方法。

②把船舶对地停住,用锚机倒出锚和锚链至适当位置,用刹车刹住锚链,脱开锚机离合器,把握时机,用刹车控制出链速度将锚抛下,松链时把锚链拉紧伸直,避免锚链在海底堆积起来。如为深水抛锚,应尽早将锚松至海底后,再按上述步骤抛锚。另外,在已松出两节锚链或足以使锚抓底之后,暂停松链,使船舶回转到朝着盛行的风或流作用力的方向上,然后再继续松出锚链,必要时根据需要运用主机实现或制止对地移动。

③视情况也可采取把船对地停往,用锚机动力倒出锚和锚链的方法使船锚泊,直到所需的锚链长度完全松到海床上。

④抛妥锚后,关上制链设备,刹好刹车带,停止油泵。

⑤大风浪中船舶一般不宜在无遮蔽区抛锚,以避免断链、丢锚和损坏锚机。

(3)起锚操作

①提前通知供应动力及锚链水。

②起动油泵或马达、合上离合器。

③松开刹车带及制链设备,按指令进行起锚操作。

④收绞过程中注意观察锚链松紧和方向,避免超负荷运转。收妥锚后刹车,关上制链设备,脱开离合器。

⑤停止油泵或马达,做好收尾工作。

2. 液压绞缆机的操作

(1)起动前准备

①首先进行外部检查,确认机械设备周围没有任何障碍物,能正常工作。

②用手转动油泵和电动机的联轴节,确保油泵各运动部件没有任何卡阻现象。

③全面检查系统中各阀件是否都处于正常工作位置。

④检查系统各密封处的密封情况,确保油泵、油缸(油马达)和管系等都不漏油。

⑤检查油箱中油位与油温。若油箱中油位低于正常油面,应补充使其保持正常油位。当油温低于10 ℃以下时,装有加热器的油箱应先进行油的预热;预热时为防油液局部过热,应开启副泵使油液处于循环状态,至油温满足要求对再起动主泵。当油温低于-10 ℃时禁止泵起动。

⑥检查各摩擦部件的润滑情况,并向各油杯加注润滑油。

⑦检查电气设备工作情况是否可靠。

⑧一切准备就绪,合上电源开关,起动液压油泵。

(2)运行中管理

①注意检查液压系统中各元件结合处是否有漏油现象。

②注意检查和倾听油泵、液压油缸(油马达)运转是否平稳,有无异常噪声。

③注意观察系统的各测压点压力是否在规定的范围内,压力是否稳定。

④注意保持系统中适当的油温,一般在30~50 ℃范围内比较合适,最高不超过60 ℃。起货机、锚机等在露天作业,环境温度较高,规定最高工作温度不超过85 ℃。

⑤经常注意油箱油位,避免油泵吸空,及时清洗滤器。

⑥注意电气控制或连锁的换向阀工作是否灵敏可靠。

⑦注意热交换器的工作性能。

(3)停用

①切断电源,对机械设备、电气设备、油泵机组和管路系统等进行全面检查,以观察有无因运行而引起的缺陷或故障。如有,应及时排除。

②用干净的布擦拭液压缸外露的部位,清除污物和污油,然后在各摩擦部位涂上新润滑油。

③检查各固定螺帽和锁紧螺帽的紧固情况。

第六章 辅助起货机操作与管理

第一节 船舶起货机的主要类型

船舶起货机是船舶自行装卸货物的主要设备。船舶运载货物的装卸虽然可用港口的起货设备来进行，但并非所有港口都具有足够的吊货机械及装卸能力，同时也应考虑船舶在开阔水面过驳及吊运物料、备件等的需要，因此，在一般干货船上仍需安装起货机。

对大多数的杂货船、散货船等来说，船上起货机的可靠性和工作效率对缩短港泊时间、加快周转、降低运输成本都具有重要的意义。

船用起货机按所用动力分主要有电动起货机和液压起货机，本章主要介绍液压起货机。

起货机工作时一般需完成以下几个动作：(1)将货物从某处吊起；(2)在空中将货物从某处移至另一处；(3)将货物从空中放到某另一处。将货物吊起或放下，通常由起重绞车的起货(正转)与落货(倒转)来完成；吊起的货物在空中移动找位置，一般可以通过摆杆绞车与变幅绞车(单吊杆起货机)或者由回转机构与行走机构(克令吊)等来完成。

起货机按起货设备分主要有：单吊杆起货机、双吊杆起货机和回转式起货机(又称为克令吊)。

一、单吊杆起货机

单吊杆起货机有三部绞车，如图 6-1(a)所示。回转绞车装有绕绳方向相反的两个卷筒，分别卷绕着两根支索，绞车转动时两根支索分别卷起或放出，从而使吊杆回转。吊杆的俯仰(变幅)则由变幅绞车控制顶牵索的收、放来实现。吊钩则由另一台起吊绞车控制。单吊杆起货机只需一人操作；作业前准备工作较简单，且可随时调整作业范围，能两舷轮流装卸；而且在

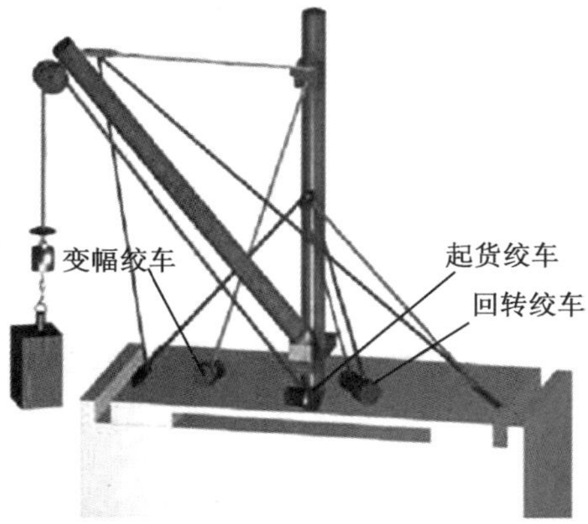

(a) 单吊杆起货机

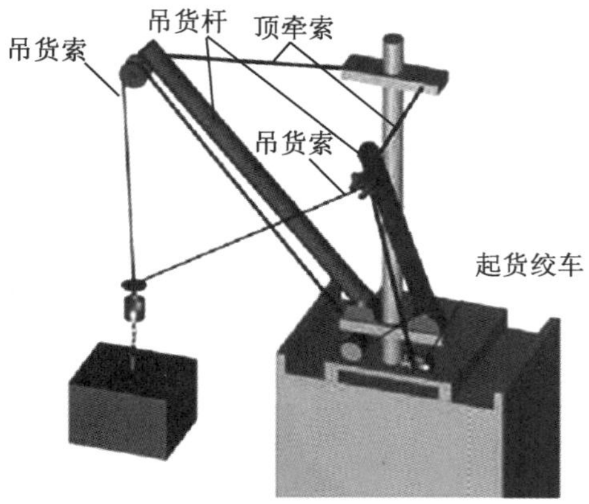

(b) 双吊杆起货机

图 6-1　吊杆式起货机

吊杆受力相同的条件下，工作负载大约为前者的 2 倍。缺点是吊杆在作业中需要回转，每吊周期比双吊杆长；货物在空中易摆动，落点定位不容易准确。目前，这种吊杆最大负荷可达 40 t，回转角度约为 65°。如果改变支索边滑轮在舷墙上的安装位置，则吊杆的回转角度还可进一步增加到 90°左右。专门设计的重型吊杆最大起重能力已超过 600 t，而双吊杆多用于负载小于 5 t 的场合。

二、双吊杆起货机

双吊杆起货机如图 6-1(b)所示。作业时吊杆位置不动，一根吊杆放在货舱口上方，另一根则伸出舷外。两根吊货索各由绞车控制，均与吊货钩相连。由两人配合操作两部绞车，相应收、放两根吊货索，即可自船舱与码头之间装卸货物。

三、回转式起货机

回转式起货机如图 6-2 所示。操纵室 5 和起重绞车 15、变幅绞车 13、回转马达 1，以及巴杆(吊臂)2 和索具等已被组装在共同的回转座台 17 上。图中示出的起重绞车 15 和变幅绞车 13 分别卷动钢丝绳控制吊钩 7 和吊臂 2；另一立式布置的回转马达 1 则控制一个小齿轮在与起货柱相连的固定平台的大齿圈(内齿圈)上转动，从而带动整个回转座台 360°回转。

与吊杆式相比，克令吊具有占用甲板面积少，操作灵活，可 360°旋转。能为前、后舱服务，装卸效率较高，能准确地把货物放到货舱的指定地点，并能迅速地投入工作等优点；但它结构复杂，管理要求高，价格约比吊杆式起货机贵 30%～40%。一般认为当船舶经常到港和起重量超过 5 t 时，采用克令吊是合适的。目前，船用克令吊工作负载多为 25 t 左右，最大的已发展到 60 t。

为了安全起见，克令吊设有多种安全保护装置，管理人员对此必须充分掌握，以便在克令吊因工作(例如某些安全保护装置卡死或移位等)而造成操纵失灵时，能迅速和及时地排除故障。起货机一般有以下安全保护装置。

1. 机械限位保护

(1) 吊钩高位保护：吊钩离吊臂前端某段距离时起升吊钩或下放吊臂的操作就无法进行。

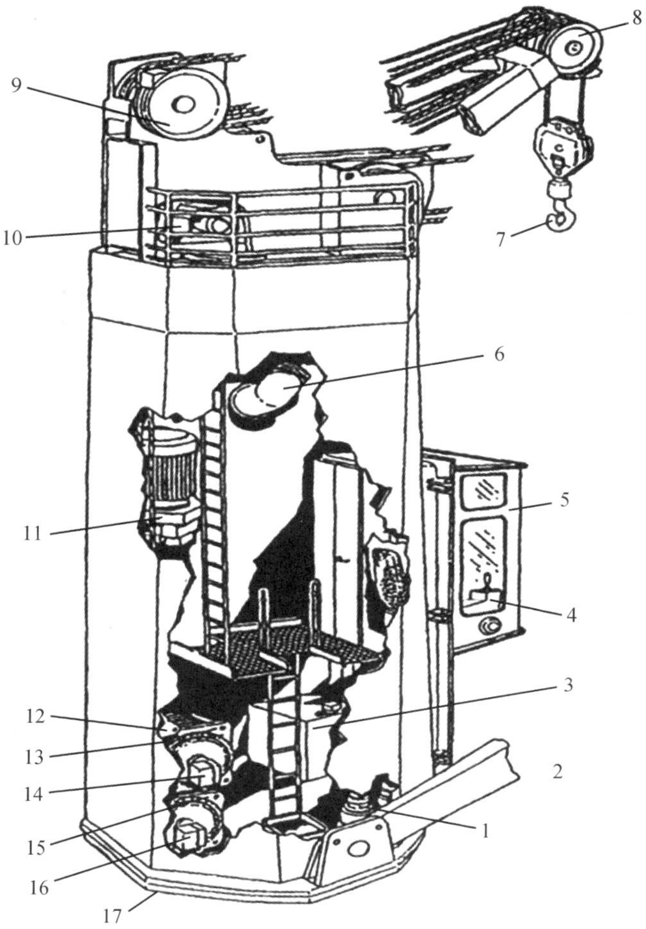

图 6-2 回转式起货机

1—回转马达；2—吊臂；3—油箱；4—操纵台；5—操纵室；6—通风扇；7—吊钩；8—吊臂滑轮组；9—顶滑轮组；10—油冷却器；11—液压泵；12—松绳保护装置；13—变幅绞车；14、16—限位开关；15—起重绞车；17—回转座台

（2）吊货索终端保护：吊货索卷满滚筒时吊钩停止提升，在滚筒上只剩 3 圈时停止落钩。

（3）吊臂高位和低位保护：吊臂用油缸控制时无须设高位保护。吊臂低位保护常设在水平线以上仰角 25°处，吊货工作时不允许吊臂仰角低于此限制。工作结束，需要放平吊臂时，必须按下专设按钮。

有些舱位的克令吊（如靠近生活区前壁面的克令吊）在必要时还设有回转限位保护。

2. 设备连锁保护

（1）通风门连锁保护：起动起货机电机之前，必须打开机组的通风门，否则，连接通风门的限位开关不能闭合，无法起动电机。

（2）油冷却器连锁保护：起动电机之前，还必须将油冷却器风机的电源打开，以便由电路中相应的温度继电器加以控制，否则，无法起动主电机。

（3）电机的自动加热：在起货机的电机中设有电加热器，工作时只要将其手动开关闭合，就会使电动机在起动以前和暂停工作期间因常闭触头闭合而投入工作，以保护电机不受潮气侵袭。

3. 液压系统工作状况保护

(1) 补油低压保护：当补油压力低于系统设定时，压力继电器就会动作，使起升和回转机构无法动作，并在控制手柄一离开中位时就发出报警。

(2) 控制油低压保护：当控制油压低于设定值时(此时各类控制动作将会失灵)，相应的压力开关就会动作，切断主电机控制电路，同时报警。

(3) 起升高油压保护：当起升机构超载致使高压管路中的油压升高到设定值(如 30 MPa)时，相应的压力继电器就会动作，如压力升高持续 3 s，则会使起升动作中断，同时发出报警。

(4) 高油温保护：当液压油的油温高于设定值(如 80 ℃)时，电路中的温度继电器就会断电，使主电机断电并报警。

(5) 低油位保护：当主油箱油位低于设定值时，油位继电器就会断路，并在持续 3 s 后，使主电机断电并报警。

4. 电气工作状况保护

(1) 主电机过电流保护：当主电机电流高于额定值一段时间后，热敏电阻元件就会动作，使主电机断电并报警。

(2) 主电机高温保护：当主电机温度上升到一定值(如 155 ℃)时，电机绕组内的热敏元件就会动作，使主电机断电而停机。

(3) 电子放大器高温保护：当电子放大器温度高于一定值(如 85 ℃)时，通过热敏电阻切断控制回路并发出报警。

(4) 控制电流过高保护：当控制电流大于额定电流时，主开关跳闸。

除上述各种安全保护外，在电气回路中还设有短路保护和过载保护。

第二节 船舶起货机的基本技术要求

一、基本技术要求

(1) 能以额定的起货速度吊起额定负荷，即具有足够的功率；

(2) 能依操作者的要求，方便灵敏地起、落货物，即必须具有正、反转换向工作的能力；

(3) 能依据起吊货轻重、空钩或货物着地等不同情况，在较广的范围内调节运行速度，即能够调速和限速；

(4) 不论在起货或落货的过程中，都能根据需要随时停止，并握持货物，即能可靠地制动。同时，起货机都必须相应设置常闭式制动设备和某种机械性的固锁装置，以便有效制动和锁紧，从而确保安全。

二、其他技术要求

根据我国船检局《起重设备法定检验技术规则》(1999)的规定，对回转式起货机(克令

吊)和吊杆式起货机试验的主要要求如下:

(1)每台克令吊或每根吊杆应按表 6-1 规定的试验负荷进行试验,试验程序应经船检部门同意。吊臂应放在设计图纸规定的最大臂幅(吊杆规定仰角)位置。试验应使用具有质量证明的重物,重物吊离甲板后悬挂时间不少于 5 min;液压克令吊如起升全部试验负荷不现实,可减少试验负荷试验,但应不小于 1.1 倍安全工作负荷。

表 6-1 回转式(克令吊)和吊杆式起货机的试验负荷

安全工作负荷 SWL t(kN)	试验负荷 SWL t(kN)
≤20(196)	1.25×SWL
10(196)>SWL≤50(490)	SWL+5(49)
SWL>50	1.1×SWL

(2)克令吊与吊杆式起货机应在试验负荷下慢速进行起升、按设计的工作角度变幅、在最低设计幅度下按设计的极限角度回转(吊杆应向左右两舷摆动至尽可能大)的试验,同时还应进行相应动作的制动试验(吊杆仅做升降重物绞车的制动试验)。可行走的克令吊尚应在试验负荷下进行慢速全程行走试验。

(3)不同臂幅相应有不同安全工作负荷的克令吊,一般应在各个不同臂幅内进行相应各个试验负荷试验。若经验船部门同意,可减少中间臂幅试验负荷的试验。

(4)双吊杆起货机应检查两起货索连接点的净空高度、起货索夹角和保险稳索位置是否合乎图纸要求。

(5)对超负荷保护装置、超力矩保护装置应进行动作试验,负荷指示器应校核。

第三节 液压起货机系统

液压起货机常规有三个系统:起升系统(吊货系统)、变幅系统和回转系统。根据它们的负荷特点不同,又分为起重机构液压系统和回转机构液压系统。根据换向和调速的控制方式又可分为阀控型和泵控型;前者可用开式或闭式系统,后者一般用闭式或半闭式系统。

一、阀控型开式起重机构液压系统

图 6-3 为阀控型开式起重机构液压变幅系统原理图。从图中看出,该系统中单向定量泵 1 从油箱吸油,经过换向阀 3、液控单向阀 4、单向节流阀 5 进入液压缸 7 的下部空间,使吊杆抬升,液压油缸上部空间的油经换向阀 3 流回油箱,该系统是典型的开式系统。该系统的执行机构为液压油缸,属于定量泵范畴,改变其移动速度只能通过改变供给其油量的大小。该系统中油量的大小由换向阀 3 的节流实现,属于节流调速。该系统液压缸 7 始终承受重物向下的作用力,具有单向负载特点。

根据原理图 6-3,阀控型开式液压系统的工作原理和特点分析如下。

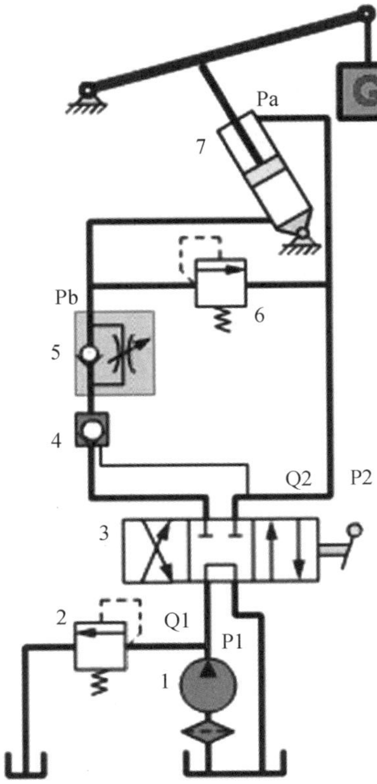

图 6-3　阀控型开式起重机构液压变幅系统原理图

1—单向定量泵；2—安全阀；3—换向阀；4—液控单向阀；5—单向节流阀；6—制动阀；7—液压缸

1. 换向和调速

换向是指执行机构改变运动方向；调速是指调节执行机构的运行速度。

这种系统采用单向定量泵 1，如要求液压缸 7 的活塞改变运动方向，使重物起升或下降，就必须手动操纵换向阀 3，改换油缸主油管的进油和回油的方向。换向操作切忌过猛，否则，因起重机构惯性较大，在起、停、换向时会产生较大的液压冲击，虽然系统中设有安全阀，但其开启后有一定滞后性，仍可能造成管路、密封和仪表的损坏。

由于阀控型系统通常采用的是定量泵，为使液压甲板机械操作方便，一般都采用既可换向又可节流的换向节流阀。输入执行元件的油的流量需要由换向阀 3 在实现换向的同时，通过位移大小的变化来完成，对执行元件进行节流调速，而让多余的泵流量通过安全阀 2 返回油箱。有的阀控型系统为限制功率，采用恒功率变量泵或变量油马达。

2. 限速

开式液压系统如果在落货时不设法限制执行元件的回油量，那么执行元件在重力的作用下仅需克服较小的摩擦阻力，重物的下降就会做加速运动，而达到危险的程度。因此，系统需采取限速措施。

在图 6-3 中，重物降落过程中，从执行元件出来的回油经过所设的单向节流阀，此时油流只能经节流阀一侧，由于其流量受到节流阀的限制，因此可起到限速作用。

开式系统无论采用什么方案限制重物下降速度，都是在油马达（油缸）的回油管上进行节流。这会导致节流损失和增加油液发热，称为能耗限速。

起重类机构的开式液压系统，油马达(油缸)下降工况时的进油管路无论在起升、下降或制动、锁紧时都不会承受太高的油压力。而下降工况的回油管路在油马达(油缸)出口到限速阀件之间这段，在任何工况下都承受较高油压。因此，平衡阀和单向节流阀等限速阀件在下降工况回油管上必须尽量安装得靠近油马达(油缸)，以免两者之间的油管破漏而使重物坠落。

3. 制动

液压装置的制动一般首先利用系统操纵机构停止向执行机构供油，使得执行机构停止动作，然后再利用机械制动器(闸)实现可靠制动。开式液压系统一般利用换向阀的回中，停止向执行机构(油缸或油马达)供油，换向阀一般采用 O 型或 M 型机能；由于换向阀存在内漏，不能实现可靠制动，即利用换向阀的回中，只能实现执行机构短暂地停止转动或移动。为了实现可靠的制动，在换向阀回中后，经过适当的延时，机械制动器抱闸，利用制动器实现可靠制动。

4. 限压保护

在液压系统的主油路出口附近，一般装有安全阀(如图 6-3 所示的部件 2)，以防起升系统吊起负荷过重时液压泵排压过高，使电机过载或损坏装置。安全阀打开的设定压力就是起升机构的额定工作负荷，也即起货机的吊货的最大重量，由主油泵出口处的安全阀设定值决定。

此外，如果起重机构运动部分质量较大，在下降工况突然液压制动(如换向阀回中太快)，则会产生很大的惯性力，使执行元件回油管路的压力急剧升高，有可能超过执行元件或管路的承压能力。为此，系统中设有作为制动阀用的溢流阀(如图 6-3 所示的部件 6)，制动时若回油管路的油压太高，会被开启。制动阀的调定压力一般高于安全阀 2 的设定值，前者设定值的依据是执行机构或高压管路的承受压力能力，而后者的设定值是依据油泵电机的负荷大小。

二、泵控型(半)闭式液压回转机构系统

图 6-4 为泵控型(半)闭式液压回转机构系统原理图。从图中看出，该系统中主油泵 1 为变量变向泵，转动调节手柄可改变油泵的流量和流向。油马达 9 为定量变向油马达，其转速的大小和转向，由供给的油流大小和流向控制，即改变变量泵油量的大小和方向，即可改变油马达的转速和转向，属于容积调速。油马达 9 的回油，直接返回油主泵 1 的入口，属于闭式系统。为了补充系统漏油，该系统设有补油用辅油泵 2，经单向阀 16、17 向系统补油。为了冷却系统油液，该系统把部分油通过低压选择阀 13 和背压阀 4 引出冷却器 14 进行冷却，所以该系统属于半闭式系统。该系统油马达左右回转时都要承受装置的摩擦阻力，属于双向负载型。

1. 换向和调速

泵控型(半)闭式液压回转机构系统采用变向变量泵作主油泵，它是通过改变油泵的吸排方向(即油马达进、回油方向)来改变转向。由于变向变量泵在改变排油方向的过程中，流量总是先逐渐减小为零，然后再向反方向逐渐增大，故液压冲击小，工作平稳。

泵控型(半)闭式液压回转机构系统调速采用改变主油泵流量的办法(为容积调速法)。如不计容积损失，则可认为闭式系统油泵流量全部通过马达，改变油泵排量，油马达转速随之改变，并实现无级调速。容积调速不产生额外的节流损失，比节流调速经济性好，油液发热少。

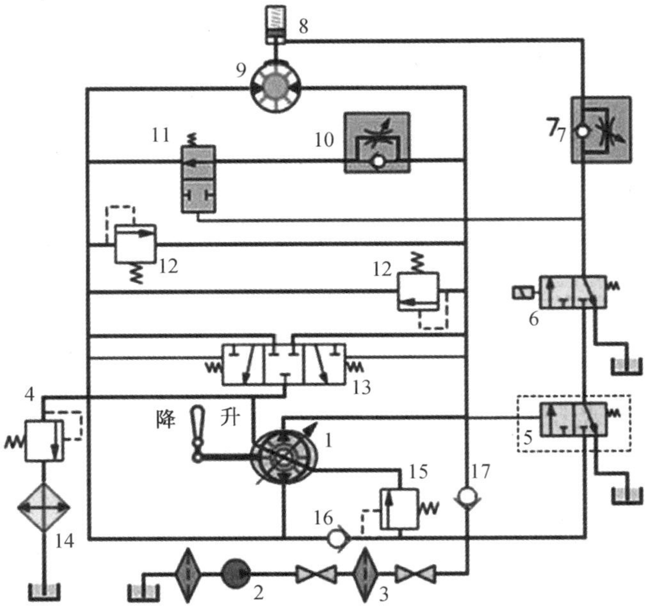

图 6-4　泵控型（半）闭式液压回转机构系统原理图

1—主油泵；2—辅油泵；3—细滤器；4—背压阀；5—失压保护阀；6—二位三通电磁阀；7、10—单向节流阀；8—制动器；9—油马达；11—中位阀；12—安全阀；13—低压选择阀；14—冷却器；15—溢流阀；16、17—单向阀（补油阀）

2. 限速和制动

该系统为回转机构，一般无须限速和制动，但若考虑船舶倾斜时对其的影响，则要求双侧油路都要设置限速和制动措施。

但泵控型闭式系统的限速方法与开式系统有着本质的不同。当机构由于船舶倾斜有较大的回转趋势时，油马达被倾斜造成的转矩驱动，实际接油泵以工况运行，其排油供入油泵（而不是回油箱）驱动泵回转，使油泵进油压力大于其排油压力，工况相当于油马达。这时油泵不仅不消耗电能，反而能从压力油的输入中得到液压能。如果同轴带有其他油泵，则可驱动其回转，不然则油泵转速可能超过电动机转速，使电动机成发电机工况而向电网反馈电能。调节变量泵的排量 q_P，能控制油马达转速。如果起重系统采用这种泵控型闭式液压系统，则在重物下降时能回收重物的位能，称为再生限速，经济性优于能耗限速。

在闭式系统中，当变量油泵回到中位时，泵的排量 q_P 为零，油马达转速也应为零，原则上可实现液压制动。然而，当油泵变量机构采用机械式操纵机构时，各传动杆件间难免有间隙，并出现传动误差，以致在操纵手柄回中时变量泵往往不能刚好回到中位，这样油马达就会停不住。为了解决油泵不能可靠回中的问题，在系统中装设一个中位阀 11，并在制动器 8 的控制油路中设有正好与图 6-4 所示系统相反的单向节流阀 7，使之成为即时抱闸制动器。每当油泵操纵手柄回到中位时，二位三通电磁阀 6 断电，中位阀 11 控制油泄入油箱，在弹簧作用下中位阀使主油路旁通，主泵卸荷。而当操纵手柄离开中位时，电磁阀 6 通电，控制油通过电磁阀 6 后，一路去推动中位阀，使主油路旁通管隔断；另一路经单向节流阀 7 的节流进入制动器油缸。这里的节流作用是为了减缓进油流量，让中位阀先隔断，待主油路建立起油压后再松闸（即延时松闸），以免重物发生瞬间下坠。

3. 安全保护

(1)限压保护

双向负载机构两侧油管都有可能承受高压,本系统设了双向安全阀 12 来保护两侧管路不受高压冲击。

对于单向负载特性的起重机构,无论在起升或下降时,只有油马达在起升工况的进油管路(如图 6-3 中左边主油管)才承受高压,而下降工况的进油管路始终只承受低压。为防止超载导致油压过高,原则上只要求在高压管路上设置安全阀,但为了防止意外,现在许多系统中也设置有双向安全阀,但保护高压油路的安全阀的调定压力值可调得比保护另一侧低压油路的安全阀高。

若采用变量油泵的闭式系统不装中位阀,即可以靠主泵回中来液压制动。这时上述安全阀又可兼作制动阀。

(2)失压和失电保护

二位三通电磁阀 6 除起中位油泵卸荷的控制功能外,还能在意外失电时动作,使主油路经中位阀旁通而制动器抱闸,以防货物坠落。

回转系统应无坠货危险,一般不设失压保护(如图 6-4 中失压保护阀 5 不需要);而在起重系统中,若管路高压侧破裂则可能造成货物坠落,为此须设有失压保护阀,如图 6-4 中,假设该系统为起货机的吊货系统,系统右侧管路始终承受高压,当系统正常工作时,右侧管路的压力油作用于失压保护阀 5 的左端控制口,阀 5 工作于左位,辅油泵进入制动器油缸,制动器松闸,系统正常工作。当管路破裂等原因使右侧管路失压时,阀 5 在弹簧作用下回到右工作位,制动器油缸油泄回油箱,制动器立即抱闸,防止坠货。

4. 补油和散热

为补偿油液外漏,必须向低压侧管路补油,保证低压管路中不致出现真空。此外,油液在闭式系统中循环,发热在所难免,还必须考虑如何散热,以免油温过高。

工作频繁和负载较大的机构,采用闭式系统油液发热比较严重,故常在工作时使一部分油液连续泄放,经冷却器回到油箱,同时不断地向系统低压管路补油,这种系统称为半闭式系统。系统中装设了低压选择阀 13,工作时,它在两根主管路油压差的作用下推向一端,低压侧管路中的部分油液能经背压阀 4 和冷却器 14 泄回油箱,系统中返回油箱的冷却油量的多少由背压阀 4 调定,一般为系统总油量的 1/3。而冷却油则由辅油泵 2 经细滤器 3、单向阀 16 和 17 不断补入低压侧。系统的补油压力由辅油泵溢流阀 15 调定。

辅油泵的供油量一般大于冷却油量,多余的油量一方面向系统的中位阀、制动器等供应控制油,另一方面经溢流阀 15 进入油泵腔壳中润滑和冷却油泵,经冷却器 14 返回油箱。

第四节 液压起货机的操作管理

(1)应经常性对各个润滑点进行检查,保证运动部件润滑充分。

(2)在销轴、索节与拉板连接部位涂抹润滑油脂。

(3)钢丝绳在使用过程中应定期涂润滑油,以保证防锈和润滑,减少摩擦,延长使用寿命。

(4)齿轮箱加油后,需空车运转 15 min 后检查油位,若达不到指定位置,停机后继续加油,重复空车运转,直到油位稳定在指定位置。

(5)定期检查补油泵站内液压油储量,确保油位在说明书要求的范围内。克令吊首次装船使用半年后,应更换液压油。在首次更换液压油以后根据克令吊使用情况,可以延长到每间隔 12~18 个月更换。每间隔 6 个月须对塔身顶部滑轮加注润滑油,同时检查安装于塔身顶部的油冷却器电机绝缘程度。每间隔 6 个月须对臂架头部滑轮加注润滑油,同时检查润滑油管是否完好。

(6)蓄能器投用后首次内外部检验周期一般为 3 年。蓄能器设置后,首次使用后 6 个月检查胶囊气压一次,以后一年检查一次。定期检查可以保持其最佳的使用条件,并及早发现漏泄,及时修复使用。

(7)经常检查克令吊内外部照明灯完好状态,发现故障及时排除,保证克令吊操作员在克令吊内部通道的安全通行以及克令吊装卸货物时的安全。

(8)定期对电气元件进行外观检查,清除灰尘,保持其外表清洁干燥。定期检查电气元件的绝缘等级,若绝缘等级达不到图纸要求,对电控电缆及各元件进行详细检查,是否有电气接地现象,是否潮湿,若电缆绝缘等级达不到要求,则须进行更换。

第五节 液压起货机的实际操作训练

一、液压起货机的起动与功能操作

1. 接通电源

(1)将电控系统按正常工作状态接入与电控系统所需电制相一致的电源。闭合电气控制箱断路器。

(2)起动电机。

2. 变幅操作

(1)变幅上升:左手手柄垂直向后,臂架缓慢升起,调节手柄角度可改变臂架起升速度,手柄复位可停止变幅。当工作半径与最小半径相等时,变幅上限位开关动作,控制系统将禁止臂架变幅上升。

(2)变幅下降:左手手柄垂直向前,臂架缓慢下降,调节手柄角度可改变臂架下降速度,手柄复位可停止变幅。当工作半径与最大半径相等时,变幅下限位开关动作,控制系统将禁止臂架变幅下降。

3. 回转操作

(1)左回转:待臂架处于正常工作半径时,左手手柄水平向左,起重机向左回转,调节手柄角度可改变起重机回转速度,可进行 360°无限回转,手柄复位可停止回转。

(2)右回转:待臂架处于正常工作半径时,左手手柄水平向右,起重机向右回转,调节手柄角度可改变起重机回转速度,可进行360°无限回转,手柄复位可停止回转。

4. **起升操作**

(1)低速起升:右手手柄向左、向后,吊钩低速起升,调节手柄角度可改变吊钩起升速度,手柄复位可停止起升。在正常工作半径内,高钩限位将限制吊钩继续起升。

(2)低速下降:右手手柄向左、向前,吊钩低速下降,调节手柄角度可改变吊钩下降速度,手柄复位可停止下降。下降限位动作时,吊钩下降动作被禁止。

(3)高速起升:右手手柄向右向后,吊钩高速起升,调节手柄角度可改变吊钩起升速度,手柄复位可停止起升。若货物超过40%SWL,系统将自动转为低速运行。在正常工作半径内,高钩限位将限制吊钩继续起升。

(4)高速下降:右手手柄向右、向前,吊钩高速下降,调节手柄角度可改变吊钩下降速度,手柄复位可停止下降。若货物超过40%SWL,高速运行将转化为低速运行。

二、液压起货机的停止操作

(1)当起重机工作完毕,将吊钩收于要求位置。

(2)将操作臂架搁置允许开关至“搁置”位置。

(3)将臂架放置于要求位置,停止起货机。

第七章

分油机操作与管理

第一节 离心分油机的结构

船舶动力装置所用的燃油和滑油中若含有水分和固体杂质,将严重影响机器的运转和使用寿命。所以,对油类的净化处理,是保证动力设备可靠运行、延长机器使用寿命、降低船舶营运成本的一项重要技术措施。

一、手动排渣分油机

目前,在内河船舶上广泛采用碟片式人工排渣分油机,如国产的 FYR-5、DRY-15 型等。其基本结构主要由机架、机械传动装置、分离筒、输油系统及附属装置等组成。现以 DRY-15 型为例,介绍碟片式分油机的结构。如图 7-1 所示为 DRY-15 型分离机的结构图。

1. 机械传动装置

电动机通过摩擦联轴器 2 带动水平轴 11,水平轴用销钉固定的大螺旋齿轮,带动与立轴成一体的小螺旋齿轮。大、小螺旋齿轮的增速比约为 1 : 5。当电动机转速为 1 500 r/min 时,坐落在立轴上的分离筒 8 转速高达 7 000 r/min 左右。

由于立轴和分离筒的转速很高,加之重量较大的分离筒是装在立轴顶端,重心很高,形成"头重脚轻"的状况,故在立轴上部轴承处装有缓冲橡皮圈 9,以减少分离筒的径向振动。如图 7-2 所示,在立轴的下部有向心推力球轴承,它装于能做轴向移动的轴承座内。轴承座下部有能承受轴向冲击的板簧 6。板簧支撑于拓板上,拓板由螺栓紧固于机体上,在拓板与机体之间装有垫片,改变此处垫片的厚度可以调节立轴的高度。

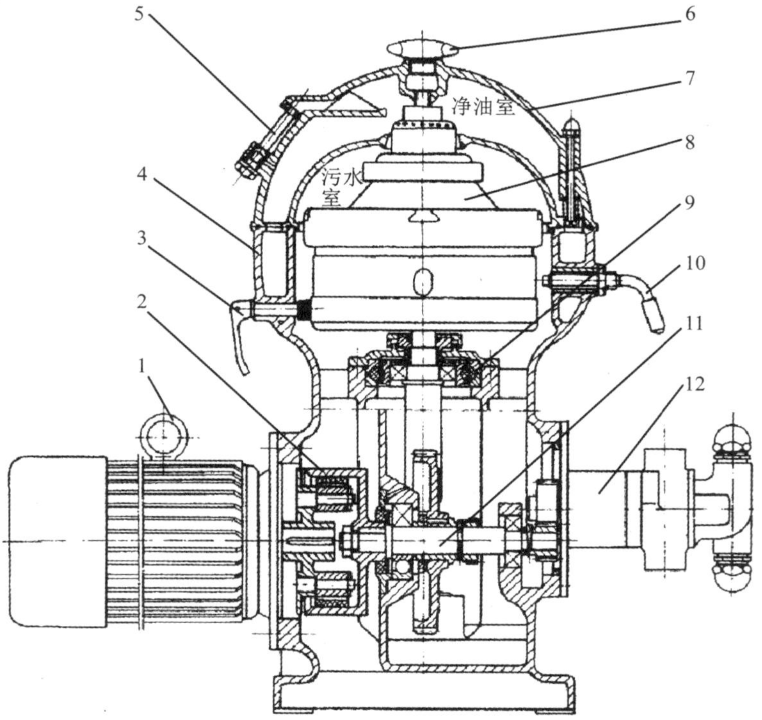

图 7-1　DRY-15 型油分离机结构图

1—电动机；2—摩擦联轴器；3—制动器；4—机身；5—满溢油管；6—螺塞；7—集油器；8—分离筒；9—缓冲橡皮圈；10—止动器；11—水平轴；12—双联齿轮泵

水平轴的另一端通过齿轮带动双联齿轮泵 12。其中污油泵把污油送至集油器 7 内的通道，经顶部螺塞 6 进入分离筒；而净油泵则把分离后的干净油送至油柜。

2. 摩擦联轴器

图 7-3 为摩擦联轴器结构图。摩擦联轴器由固定在水平轴上的摩擦筒和固定在电动机轴上的圆盘凸缘及其上的两个摩擦飞块组成。当电动机起动后，摩擦块受到离心力作用而径向飞出，并紧压摩擦筒内壁，依靠摩擦力带动摩擦筒并传动水平轴转动。在起动过程中，由于开始时转速较低，飞块的离心力所产生的摩擦正压力较小，而被带动的分离筒等又有较大的静止惯性，故起动开始时有打滑和发热现象，这是正常的，待起动完毕，此现象便自行消失。如果摩擦面因沾上油脂而长期打滑，则不但会使摩擦块烧坏，而且分离筒还达不到额定转速，使净化质量降低。故摩擦面应严防沾染油脂，飞块上的摩擦片过度磨损后应及时更换。采用这种摩擦联轴器，主要是为了在起动时，使分离筒转速能平稳上升，以减小电动机的起动负荷。此外，它还可以防止因传递扭矩过大而造成的电机过载或传动装置损坏。

3. 止动器

止动器 10（见图 7-1），专供拆装分离筒时固定分离筒之用，便于旋下分离筒上的大、小螺母。拆装完毕后应及时退出，并用锁紧螺母将其锁紧。起动之前应检查止动器是否完全退出，工作中禁止旋动止动器手柄，以免止头螺杆伸入与分离筒发生触击。在使用止动器时，两侧应同时旋入，避免单边旋入顶弯立轴，同时应将止头螺杆伸入至分离筒本体外表面的凹槽（见图

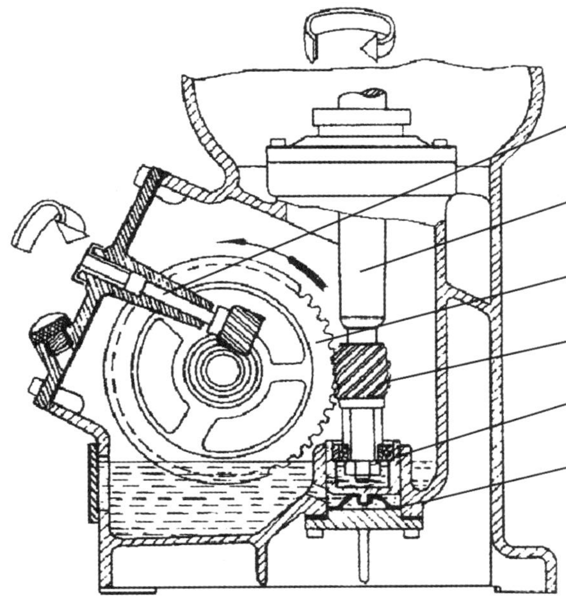

图 7-2 DRY-传动系统

1—转速计数器;2—立轴;3—大螺旋齿轮;4—小螺旋齿轮;5—轴承座;6—板簧

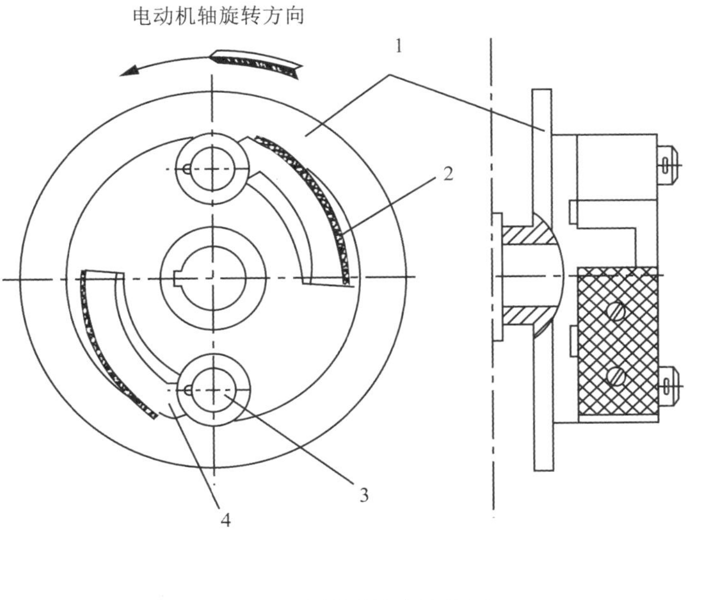

图 7-3 摩擦联轴器结构图

1—凸缘;2—摩擦片;3—短轴;4—摩擦飞块

7-4)中。

4. 制动器

制动器 3(见图 7-1)相当于分油机的刹车,能快速将高速旋转的分离筒停止下来。正常停机时,一般在切断电源时转速降至临界转速时,需要使用制动器,让分油机快速越过临界转速,避免分油机发生共振;在工作过程中,若发生紧急情况,需要将分油机迅速停下来,此时需要使用制动器。使用制动器时，应同时将两侧的制动器手柄扳至水平位置进行制动，而不能单边制动，否则会造成立轴变形；需要采用间断制动，不能连续制动，否则会烧坏摩擦片。

5. **集油器**

如图 7-1 所示，分油机外壳分上、下两部分，其间用橡胶密封环 10（见图 7-4）进行密封，下半部分为机身，上半部分为机盖和隔离板构成的集油器 7；内部分隔成相对独立的三个空间，上部为污油满溢室，中部为净油室，下部为污水室。满溢室与满溢油管相通，若发现满溢油管中有油，则说明分油机的分离量过大，超过了分油机的分离能力，需要将分油机进口阀关小；净油室与齿轮泵相通，通过齿轮泵将分离出的干净油输送至油柜；污水室与分油机污水出口相通，分油机分离出来的污水从此处流出。

6. **分离筒**

分离筒是分油机的核心部件，分离工作主要由它来完成。其装配结构如图 7-4 所示。

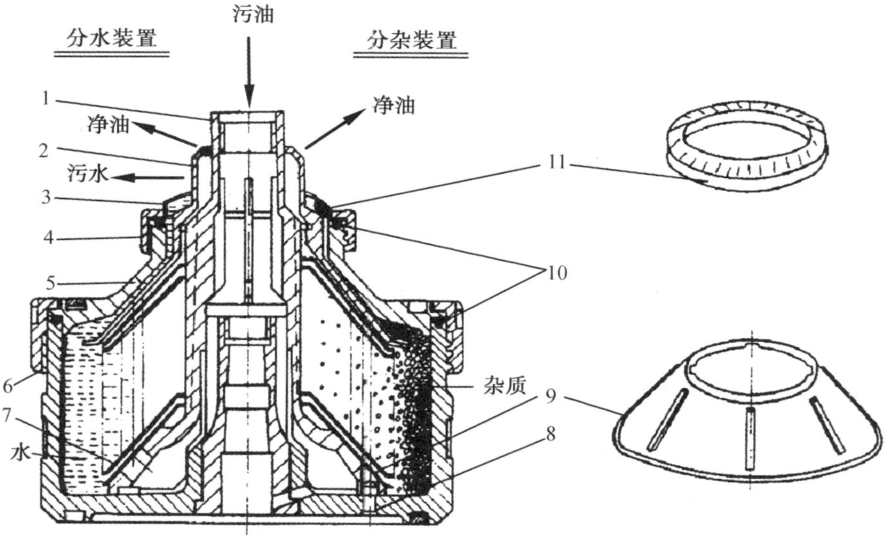

图 7-4　分离筒装配结构图

1—盘架；2—分水颈盖；3—重力环；4—小螺母；5—分离筒盖；6—大螺母；7—分离盘；8—盘架定位销；9—分杂下盘；10—橡胶密封环；11—分杂密封环

分离筒本体为铸钢，其中装有一个形似倒置漏斗的盘架 1，盘架底边缘处有一个定位销孔，装配盘架时应使该孔对准本体底部上的盘架定位销 8，不得歪斜。盘架上装有多层蝶形分离盘 7。装配分离盘时应按编号从小到大、自下而上的顺序装入，使分离盘内缘的缺口对准盘架外周的筋条，以保证分离盘四周的分配孔轴向对正形成垂直油流通道，让油液经此通道至各分离盘间进行分离。各分离盘的外表面有 6 条定距筋（厚 1～2 mm），以构成分离盘之间距离相等的间隙，并将油液分隔成许多薄层。分隔的油层由于黏性及受筋条的推动，得到与分离筒同样的高转速，同时也由于锥盘的分隔而减小了涡流，从而改善分离效果。分离筒本体与主轴为锥孔配合并用螺母（左旋螺纹）锁紧，其配合孔必须防止损伤和锈蚀，每次装配时必须擦干净并涂上黄油。

分离筒本体外表面上有两个对称凹坑，拆装分离筒时，供分离筒止动所用。本体与分离筒盖上的平衡块不得移动，也不允许将一个分离筒的零件换到另一个分离筒上。否则，分离筒的平衡可能受到破坏，工作时就会产生异常振动。

如图 7-4 所示，其左侧为分水机分离筒的装配图，右侧为分杂机分离筒的装配图。分水机主要用于分离油中的水分与杂质，在船上是用于分离燃油；分杂机用于分离油中的杂质，在船上是用于分离润滑油。可见，两者在结构上是有区别的，其区别在于：

分水机：所有分离盘上均有孔；分水颈盖与分离筒盖之间有污水通道，并将分离出的污水沿污水通道从污水出口排出。

分杂机：除分离盘底盘（最下面一片分离盘）无孔外，其余分离盘均有孔；分水颈盖与分离筒盖之间的污水通道用密封圈堵死，没有水从污水出口排出。

分油机无论用于分水或分杂，污油均从盘架的中心通道进入分离筒内，然后经分离盘的分配孔通道或分离盘外缘进入各分离盘间，并均匀地分布在分离盘所构成的各锥面之间，油、水、杂质在此进行分离。

分水机：较重的杂质和水被甩向分离盘外层的容污空间，杂质沉积在分离筒内壁上，被置换的水封水（中层）从重力环 3 的内孔流出；净油则汇聚于最内层并经分水颈盖 2 顶部的小孔流出。

分杂机：不同的只是杂质和水均留在分离盘外层的容污空间内，无污水排出，只有净油排出。当分离筒内积聚的污物过多，分离量较大时，污油（被分享的油）就可能从分离盘架上平面溢至溢油室，或从溢油管中看到油液，此时应减小分享量，工作结束后清洗分离筒。

分离筒装配应注意下列事项（见图 7-1、图 7-4）：

（1）用止动器 10 固定分离筒。拆装时一定要将止动器的止动头旋入到分离筒本体外表面的凹坑中，否则不能在圆周方向固定分离筒。

（2）将盘架 1 装于分离筒内，使盘架下端面的销孔对正分离筒底部的定位销。

（3）按分离盘 7 上的编号 1、2、3……从下至上将分离盘套装于分离盘架上。

（4）在分离筒本体上缘的环槽内放入橡胶密封环 10（见图 7-4），安装分离筒盖 5 时，要使分离筒盖外缘的定位销块落入分离筒内壁的凹槽内。旋紧大螺母 6 时，应按逆时针方向将大螺母旋紧并将记号与分离筒盖上的记号对正。

（5）在分离筒盖的上缘，放入小橡胶密封环 10，装上比重环（重力环）后旋紧螺母（左旋螺纹）并压紧。

分油机拆装注意事项可以概括为“三位一顺”，即分离盘架要定位、分离筒盖要定位、大小螺母要紧到位；分离盘要按顺序安装。

二、半自动排渣分油机

现以国产 DZY-30 型分油机为例进行说明。图 7-5 为国产 DZY-30 型自动排渣分油机的结构图。

这种分油机在分离筒底的下部设置了一个能上、下移动的活塞 16，增设由配水盘与分流挡板 17、控制阀 18 和高置水箱 13（见图 7-8）等组成的液控系统。

图 7-6 为 DZY-30 型分油机的分离筒结构图。图中左半部为分水装置，右半部为分杂装置。分离筒本体 1 和分离筒底 22 之间设置可上、下移动的活塞 2，活塞和分离筒底的外圆表面分别装有防漏的橡皮环 3 和 4。橡皮环的内侧又分别设有橡皮环衬簧 19 和 20，并经小孔向

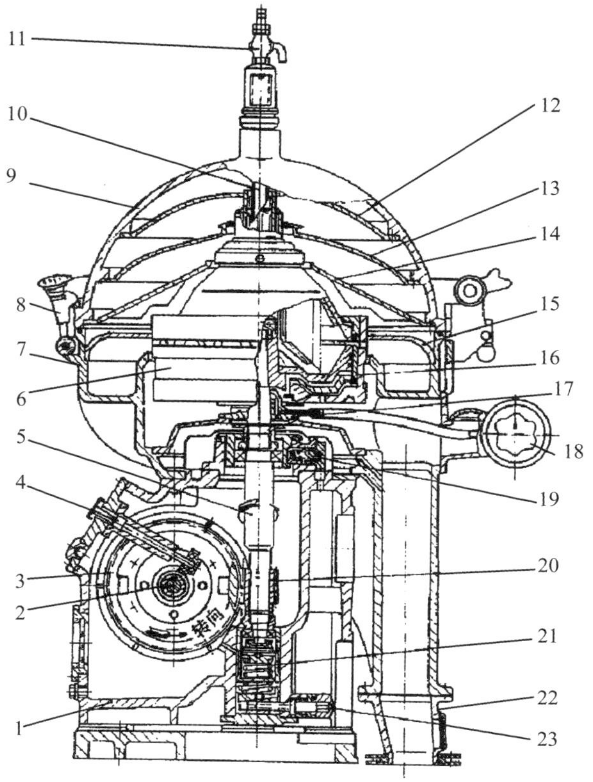

图 7-5 DZY-30 型自动排渣分油机结构图

1—底座;2—水平轴;3—大螺旋齿轮;4—转速计数器;5—直立轴;6—分离筒;7—本体;8—手轮压块;9—集油器;10—进油导管;11—进油旋塞;12—上隔板;13—中隔板;14—下隔板;15—排污挡板;16—活塞;17—配水盘与分流挡板;18—控制阀;19—缓冲弹簧;20—小螺旋齿轮;21—直立轴轴承弹簧;22—排污接管;23—调节螺杆

环槽引入压力水,把橡皮环紧推向密封面,增强其密封性能。当活塞上行将分离筒本体上部的排渣孔封闭(称“密封”,如图左半部所示)时,可进行分离工作;当活塞下行,排渣孔打开(称“开启”,如图右半部所示)时,筒内污物即从排渣孔甩出。

图 7-7 为配水盘和分流挡板的结构图。活塞上行或下行由控制系统控制。如图 7-8 所示,为 DZY-30 型分油机的自动排渣控制系统。高置水箱比分油机高出 1.5~3.0 m,只要转动控制阀 14,水箱内的工作水就可经分离筒下部的配水盘 5、随分离筒旋转的分流挡板 6,进入活塞的上腔或下腔,使控制活塞上、下移动,以实现分离筒的“密封”或“开启”。控制系统的工作过程如下:

1. “密封”位置

所谓密封是指将分油机的分离筒封闭起来,分油机才能进行分离工作。当分油机运转起动达到额定转速后,在分油机分油前,将控制阀转至“密封”位置时,高置水箱的工作水经控制阀、密封水管到配水盘(参见图 7-7),经配水盘上孔 e 喷入高速旋转的分流挡板的下水腔,再经孔 a 流向活塞下腔,直至孔 c 以外的空间充满工作水。在水压的作用下,活塞向上运动,关闭排渣孔把分离筒密封。同时,活塞上腔的水则经孔 d(见图 7-6)和活塞与分离筒本体内壁的间隙,从排渣孔排走。

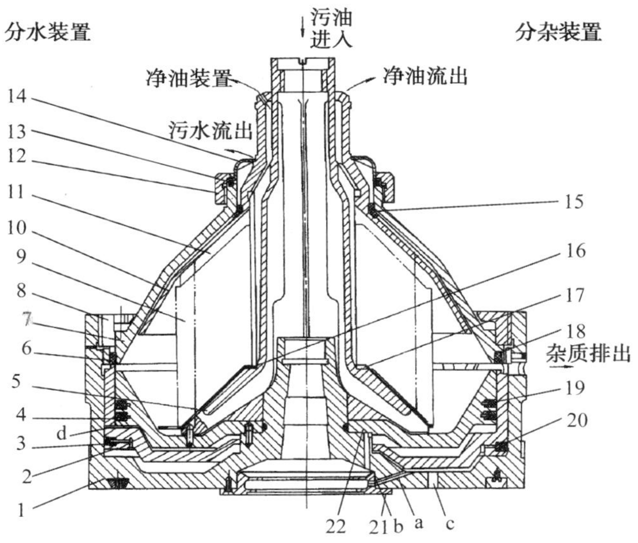

图 7-6 DZY-30 型分油机的分离筒结构图

1—分离筒本体;2—活塞;3、4—橡皮环;5—盘架;6—主密封环;7—分离筒盖;8—主锁环;9—分离盘;10—颈盖;11—无边分离盘;12—重力锁环;13—顶密封环;14—重力环;15—橡皮环;16—有孔底分离盘;17—无孔底分离盘;18—定位块;19、20—橡皮环衬簧;21—分流挡板;22—分离筒底

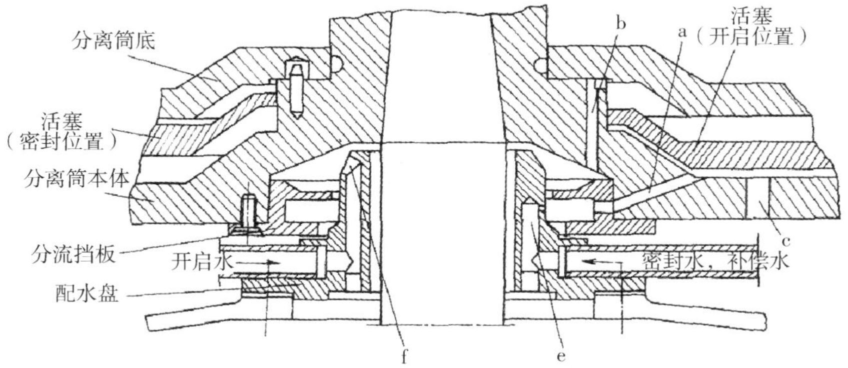

图 7-7 配水盘和分流挡板结构图

2. “补偿”位置

所谓补偿是指分离筒密封好后，将控制阀转至“补偿”位置，让少量工作水经控制阀进入活塞下腔，以补偿工作水的漏泄或不足，避免活塞下部工作水量减少，水压力不足而使活塞下移将分离筒开启而跑油。“补偿”位置是分油机的工作位置。

3. “空位”位置

所谓空位是指分油机停止工作，将高置水箱与分油机的工作水管路隔断，避免水箱中的水漏泄而浪费。将控制阀转至“空位”位置，控制阀处于关闭状态。这是分油机停止工作的位置。

4. “开启”位置

所谓开启是指分离筒的排渣口处于打开位置。将控制阀转至“开启”位置，工作水经控制

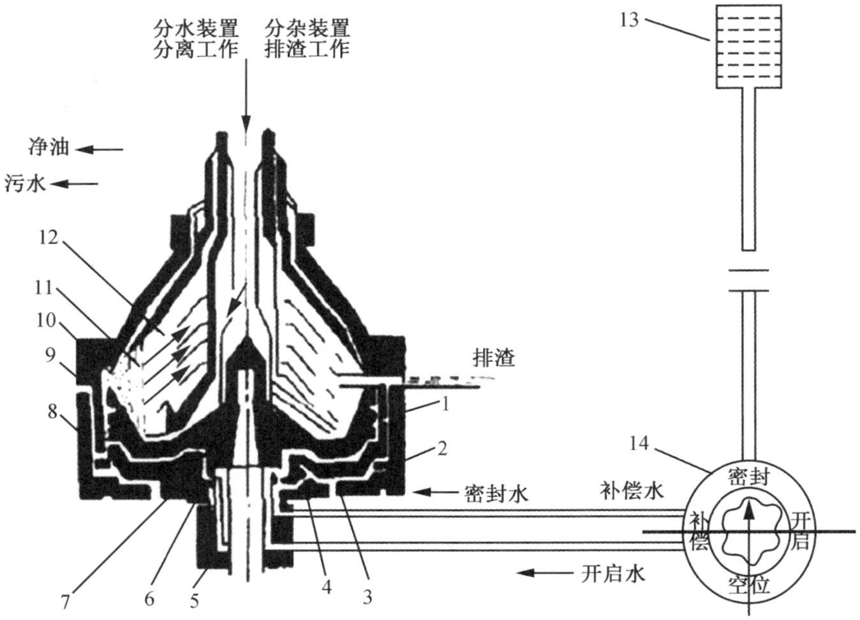

图 7-8　自动排渣控制系统图

1—盘架环；2—活塞环；3、8—泄水孔；4、7—进水孔；5—配水盘；6—分流挡板；9—活塞；10—污渣区；11—水封区；12—分离区；13—高置水箱；14—控制阀

阀和开启水管进入配水盘，经孔 f 喷入分流挡板的上腔，然后经孔 b（见图 7-7）进入活塞上腔。工作水虽会经孔 d（见图 7-6）向外排出一部分，但孔 d 很小，节流作用强，因此工作水仍能充满整个活塞上腔。在压差的作用下活塞下移，活塞下腔工作水经孔 c 从排污道排走。分离筒上的排渣孔被打开，筒内的污物在离心力的作用下，从排渣口甩出。可从集油器上部旋塞孔引入热水冲洗，使排渣更干净。

自动排渣完毕后，若分油机还需要继续分油，可将控制阀依次转至“空位”“密封”“补偿”等位置，分油机即可恢复工作。但将控制阀从“空位”转至“密封”位置时一般要停留 5~6 s。

三、全自动排渣分油机

自动排渣式分油机有两种排渣控制方式：定时式自动排渣和触发式自动排渣。

（1）定时式自动排渣是分油机常用的一种排渣控制方法，尤其在早期的自动排渣分油机中，其排渣方式几乎都是定时控制的。最早的自动排渣分油机都是靠人工实现的，每到排渣时间，由船员到机旁执行排渣操作。实际上，分油机的工作过程是一个时序控制过程，而且是一个有一定周期的循环操作过程。后来，随着控制技术和电子技术的发展，相继出现了由“机械时序控制器”控制的自动排渣分油机和由“电子时序控制器”控制的自动排渣分油机。此种控制方式的优点是简单实用，可根据不同的油品设定不同的排渣周期。一般来说，滑油分油机的排渣时间间隔较长，燃油分油机的排渣时间间隔较短。

（2）触发式自动排渣分油机是在定时式自动排渣基础上发展起来的。一般以净油中水含量的变化率为触发对象，当净油中水含量的变化率超过某一设定值时，触发排渣操作。在触发式自动排渣操作中一般需设定两个定时值，分别为最小排渣间隔和最大排渣间隔。触发时如果距上次排渣时间间隔大于设定的最小排渣间隔，排渣循环将被触发；但如果小于设定的最小排渣间隔，将仅触发排水操作。如果距上次排渣间隔已经超过设定的最大排渣间隔还未触发操作，系统将起动定时排渣程序，执行定时排渣操作。

自动排渣分油机按其分离筒开启排渣时的排渣量不同又分为全排渣分油机和部分排渣分油机。每次排渣时将分离筒内液体全部排空的排渣方式为全排渣，仅排出分离筒内部分液体的排出方式为部分排渣。全排渣方式损失油和水，排渣前要停止分油、供置换水，缩短有效分油时间。而部分排渣分油机排渣时不用停油和供置换水，只需要将分离筒内部分液体排出即可，使分油机既能连续有效地分油又不损失燃油。部分排渣是通过分油机工作水系统严格控制分离筒的开启（排渣）时间来实现的。

第二节 分油机的工作原理

一、离心分离的原理

在混有水和杂质的油中，机械杂质的密度最大，油的密度最小，水的密度介于二者之间。如图 7-9 所示，若将需要净化的油引入绕中心轴高速旋转的分离筒内，污油中的油、水以及机

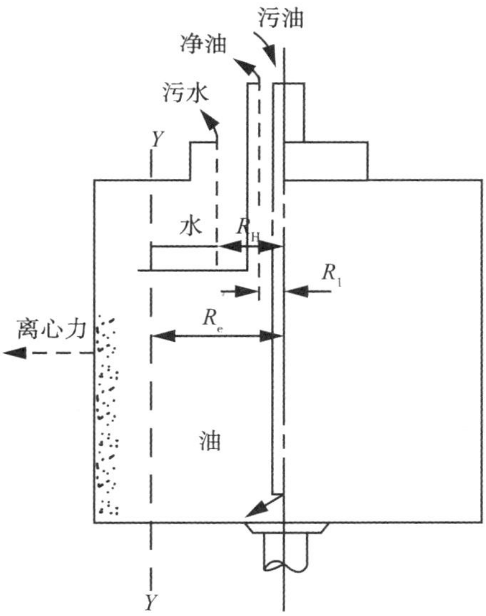

图 7-9 离心分离示意图

械杂质就会受到大小不同离心力的作用。密度大的杂质受离心力大，被甩到分离筒的最外层，密度次之的水居中层，而密度最小的油则聚集在最内层。于是，在分离筒内形成以转轴为中心的圆柱形的油、水分界面。只要连续地引入污油，就可经相应的通道把油、水分别引出，而杂质则聚积在分离筒内，实现油的分离。

分油机采用高达 6 000~8 000 r/min 的转速。分油机有分水机和分杂机之分，前者以分离油中水分为主，后者以分离油中杂质为主。分水机和分杂机的结构基本相同，只有分离筒内个

别零件不同。

二、分水法的工作原理

分水机的工作原理同于离心分离，由图 7-9 可知，只要不停地把污油引入高速旋转的分离筒中，分离出来的水就不断置换水封水并从出污水口排出，杂质留在容污空间，净油连续不断从净油出口引出，实现油、水的分离。

分油机按分水法工作时，在分离筒内存在一个分离效果最好的位置，即 $Y-Y$ 油、水分界面的位置，此界面称为“最佳油水分界面”，位于分离盘分配孔的外边缘处，此界面的位置受分离油料比重的影响，但可通过比重环来进行调节。当分离密度小的油料时，油水分界面将会内移，分离半径减小，分离效果下降；当分离密度大的油料时，油水分界面将会外移，若此界面移至分水颈盖外边缘时，分离筒的“水封”将失去作用，油将会从分水颈盖外侧与水一起从污水出口流出，造成污水出口跑油。为了在分离不同比重的油料时，均能保证最佳油水分界面的位置不变，就需要通过调节分油机出水口半径 R_H（重力环内径）的大小来实现。所以，每一台分油机都备有内径大小不同的重力环，以供工作需要时选用。

重力环的定性选择原则：分离比重大的油料时，选用口径小的重力环；分离比重小的油料时，选用口径大的重力环。这样以确保分离筒内最佳油水分界面的位置不变。

三、分杂机的工作原理

图 7-10 为分杂机的工作原理图。进入分离筒中的油料从各分离盘外缘（即半径较大处）进入分离盘间。假设油料中有某一颗杂质 A，从分离盘外缘进入分离盘间，当分离筒高速旋转时，由于受到离心力的作用，克服液体的黏性阻力，以速度 v_S（称为分离速度）向外运动；同时，它又被油流携带，在高度为 h 的分离盘环形空间，以速度 v_1（称为相对速度，其分布是不均匀的，在分离盘壁处流速为零）向分离盘内缘运动。所以，颗粒 A 的运动速度应为 v_S 和 v_1 的向量和。图中 1、2、3、4、5、6 为颗粒 A 的运动轨迹。可见，颗粒较大的杂质容易与分离盘内壁触及而被分离出来；采用高转速（v_S 大）、分离前加热、减少分离量（v_1 小）等，均能使杂质容易触及分离盘内壁而被分离，提高分离效果。所以采取以上措施均能提高分油机的分离效果。

第三节 分油机管理

一、重力环的选择

每台分油机都附有一套（7 个）内径不同的重力环，具体选用如下：

（1）定性选用原则：分离密度大的油料时，选用内径小的重力环；分离密度小的油料时，选用内径大的重力环。

（2）根据油温和油的密度选用：分油机按分水工况工作时，其“水封”的可靠性、分离效果

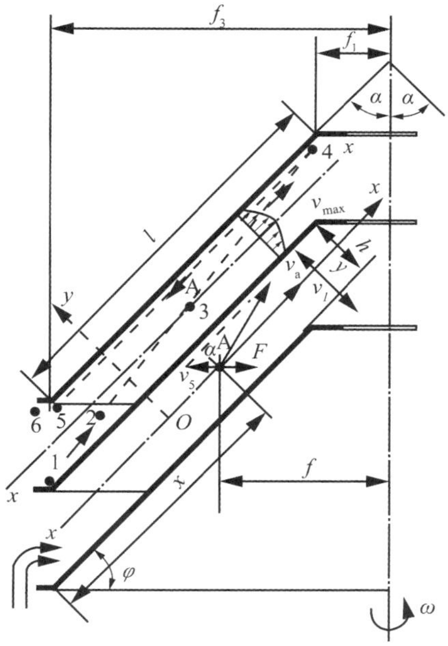

图 7-10　分杂机的工作原理图

与所选用的重力环内径大小有很大关系。根据待分离油料在某温度时的密度，求出在实际分离温度下需要的重力环内径。

二、分离温度的确定

油料在分离前需进行加热，以便降低黏度，增大杂质、水和油的密度差，以改善分离效果。但分离温度不应大于 85 ℃，否则，水容易汽化而混入净油中，甚至渗入滑油箱中。

三、排渣时间间隔的确定

在已知油的含杂量和分离量时，可从说明书附图中查得排渣的时间间隔，具体时间间隔的确定按图 7-11 进行。

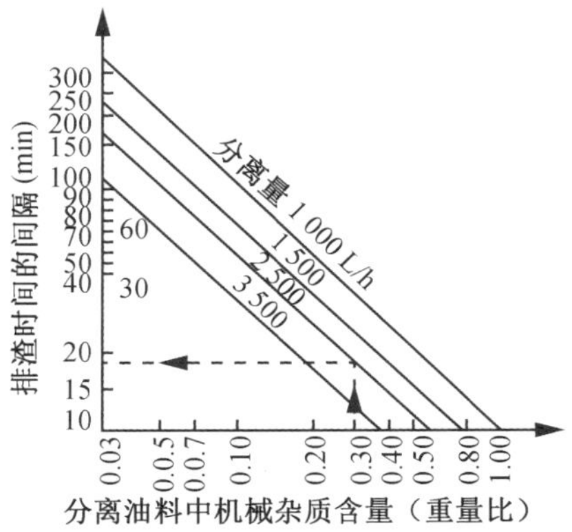

图 7-11　DZY-30 型排渣时间间隔决定图

四、最佳分油量的确定

分油机的分离量与分离效果有很大关系。分离量越小,分离效果就越好,即能分离出油中更小的杂质。但是,分油机的分油量必须满足机器设备油耗量的要求,故不能片面追求分离效果而选用很小的分油量。根据实践经验,实际分油量(Q)一般为:

(1)分离燃油时:$Q \leqslant 1/2 \cdot Q_{额定}$;

(2)分离润滑油时:$Q \leqslant 1/3 \cdot Q_{额定}$。

五、工作方式的选择

(1)按分水法(分水机)工作。当污油中含水量>2%,含杂量<0.03%时,分油机按分水法工作,一般用于分离燃油。

(2)按分杂法(分杂机)工作。当污油中含水量<0.3%,含杂量>0.2%时,分油机按分杂法工作,一般用于分离润滑油。

(3)串联分离。当污油中含有大量杂质和水分时,分油机按先分水后分杂的顺序工作。

六、热水清洗

在分离滑油时,也可加热水清洗,水量约为分离量的2%,以便去掉滑油中的酸,延长滑油的使用期限。但对含添加剂的滑油一般不用水洗,因为可能会洗去添加剂。

七、运行管理注意事项

(1)监视污水出口或排渣口。经常性查看污水出口或排渣口,观察是否“跑油”。若“跑油”,关闭污油阀,重新加水封水,再进行分油工作。

(2)监视溢油口或溢油管。经常性查看溢油口或溢油管,观察是否溢油。若溢油口有油流出或溢油管中看见有油,说明已经溢泊,此时应立即关小污油阀减小分离量。

(3)保持适宜的加热温度以降低黏度。各种油进分油机的适宜加热温度,可参照表7-1。

对于含水量多的燃油,第一级分水时加热温度不允许超过85 ℃,第二级分渣时可提高到90~95 ℃。

表7-1　油料进机温度

油料名称	柴油	重柴油	滑油(无添加剂)	燃料油
加热温度	40 ℃	40~60 ℃	65~75 ℃	75~95 ℃

(4)保持最佳分油量。一般多取分油机的额定分油量的50%为最佳分油量。有些制造厂家在实验的基础上,绘制了选择最佳分油量的图表以供参考(可在说明书中查到)。

(5)检查齿轮箱的油位和油质,如已变质应予更换。

(6)检查齿轮油泵填料函处的密封是否良好,有无漏油现象。

(7)查看分油机的转速是否正常。

(8)查看电动机的工作温度是否正常。

(9)查看分离筒运转是否稳定,有无异常振动或噪声,如有应立即停车检查。

第四节 常见故障分析与处理

分油机的常见故障分析与处理的方法,见表 7-2。

表 7-2 分油机的常见故障分析与处理方法

故障现象	故障原因	排除方法
1. 运转不正常,有强烈的振动	①分离筒装配不正确	拆检分离筒,并正确定位和装配
	②分离筒内键槽没有落在直立的圆柱销子上	离筒落座拆下分离筒,重新正确安装
	③缓冲橡皮圈损坏	更换
	④螺旋齿轮过分磨损或齿轮损坏	检查清洗螺旋齿轮,损坏应更换
	⑤分离筒内污物分布不均匀	清洗分离筒
	⑥直立轴上部或下部轴承损坏	拆检并更换
	⑦检修时破坏了原有的动平衡	重做动平衡试验,并恢复
2. 溢油管出现溢油	①进油量太大	减小进油量
	②分离筒内积聚污物太多	清洗分离筒
	③重力环口径太小	选择合适的重力环口径
3. 分水装置工作时,分离出来的水中含有大量的油	①水封水不足	停止进油,重新水封
	②重力环口径太大	更换小口径重力环
	③集油器上、下室之间的垫片损坏	拆开集油器检查密封片或更换垫片
	④起动时进油阀开启太快或进油量太大,冲破水封	重新水封,逐渐开启进油阀,减小进油量
	⑤净油输送泵输油量不足或不输油	检查油泵,查明原因排除之
	⑥立轴高度降低	检查立轴高度并修理
4. 机身碗形底部出水孔出油和水	①分离筒大密封橡胶损坏或胀大失去密封性	更换密封圈
	②分离筒橡皮密封环压不紧	拆下分离筒,重新正确安装
	③污油满溢	关小进油阀或清除分离筒内污物
	④直立轴的高度不对	调整直立轴高度
5. 分离效果不良	①分离筒内污渣太多;油温太低	增加排渣次数或清洗分离筒以提高分离油温度
	②重力环口径太小	更换小口径重力环
	③分离量太大	减小分离量

第五节 分油机的实际操作训练

一、手动排渣分油机的操作

1. 起动前的检查

(1)检查止动器。检查止动器是否已退出并锁紧。

(2)检查制动器。检查制动器是否已脱开。

(3)检查润滑情况。润滑油是否在油尺的刻度范围或在视油镜 1/3~1/2 内,若测量不足则加油至要求范围;若滑油变质则更换。

(4)管路阀件的检查。打开分油机至日用油柜管路上的全部截止阀;关闭分油机吸入管路上的进口阀。

(5)检查电器设备。检查控制箱接触器是否合上,接线是否牢固;第一次起动应检查电机转向是否与要求转向一致。

(6)检查加热装置。检查加热器是否投入工作,并将所分离的油料加热到所需分离温度。

2. 按分水法工作的起动操作

(1)起动分油机。按下控制箱上的控制按钮,分油机开始运转,观察运转状况。

(2)建立水封。待分油机达到额定转速后,向分离筒内加水封水,对分离筒进行水封,直到从分油机污水出口有大量的水流出为止。

(3)开阀分油。缓慢打开分油机进口阀,同时仔细观察污水是否有油,若有油应立即关闭进口阀,重新加水封水;观察分油机出口视油镜,油位在视油镜 1/2 高度为宜,此时停止打开进口阀。

3. 按分杂法工作的起动操作

(1)起动分油机。与上 2. 按分水法工作的起动操作中(1)相同。

(2)开阀分油。待分油机达到额定转速后,快速打开分油机进口阀,同时仔细观察分油机出口视油镜,油位在视油镜 1/3 高度为宜,此时停止打开进口阀。

4. 停机操作

(1)重、轻油的转换。分油机分离重油时,将吸入管路上重轻阀转换,待吸入管路中充满轻油。

(2)关进口阀。关闭分油机进口阀,切断污油进入通道,以便停机。

(3)引水赶油。开启引水阀进行赶油,待分油机出口视油镜中完全无油后,关闭引水阀。

(4)停机。按下控制箱按钮,切断电源,停止分油机。

(5)关阀。关闭蒸汽加热阀,停止对油料加热;关闭分油机出口阀,避免日用油柜中的油倒流。

二、半自动排渣分油机的操作

半自动排渣分油机的操作如图 7-12 所示。

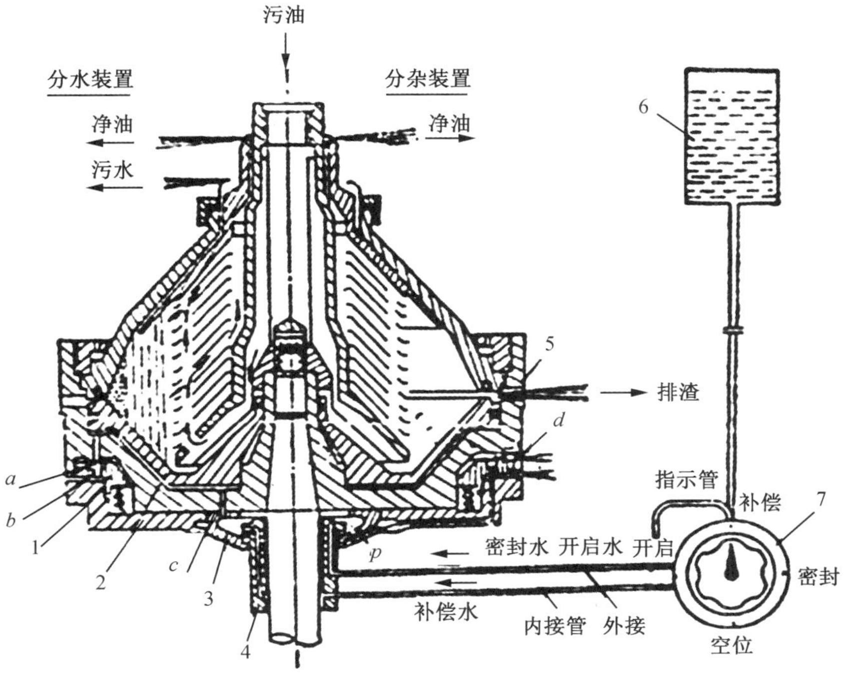

图 7-12 DZY-50 型分油机排渣控制装置系统

1. **起动前的检查**

(1)、(2)、(3)、(4)、(5)、(6)与人工排渣分油机起动前的检查相同。

(7)检查高置水箱水位。检查高置水箱，保证高置水箱的水位一定要达到最高水位，不足的要加足，否则分油机在工作中有可能失控。

2. **排渣操作**

分油机在工作过程中，若日用油柜中油量还未装到位，而分油机排渣时间已到，应进行排渣操作，排渣操作的步骤如下：

(1)断油。关闭分油机进口阀，切断污油进入分油机。

(2)引水赶油。打开引水阀，向分离筒内注水，直至观察分油机出口视油镜无油为止。

(3)排渣。将分油机控制阀从“补偿”转至“开启”位置，排渣 3~5 s，再向分离筒内引进热水冲洗分离筒 5~15 s，排渣结束重新密封前应使控制阀在“空位”停留 30 s 左右。

3. **按分水法工作的起动操作**

(1)与前 2. 起动操作中(1)相同。

(2)密封分离筒。待分油机达到额定转速后，将分油机上的控制阀从“空位”转至“密封”位置，待排渣口有大量水流出为止；再将控制阀从“密封”转至“补偿”位置，至此分离筒密封完成。

(3)建立水封。向分离筒内加水封水,对分离筒进行水封,直到从分油机排渣口有大量的水流出为止。

(4)与人工排渣按分水法工作的起动中(3)相同。

(5)按前2.排渣操作中(1)、(2)、(3)进行。

(6)重新分油。与(2)、(3)、(4)相同。

4. 停机操作

(1)、(2)、(3)与人工排渣分油机停机(1)、(2)、(3)相同。

(4)排渣。半自动排渣分油机在停机之前必须进行排渣,操作过程与前2.排渣操作中(3)相同,控制阀停止在"空位"上。

(5)、(6)与人工排渣分油机停机(5)、(6)相同。

全自动排渣分油机,整个工作过程均按程序进行,其操作在此不做介绍。

第八章 船舶锅炉操作与管理

本章主要介绍船用锅炉的功用、分类和性能参数，船用锅炉的结构，燃油辅助锅炉的附件，辅助锅炉的燃烧装置，燃油辅助锅炉的自动控制，锅炉的管理等内容。

第一节 船用锅炉的功用、分类和性能参数

一、船用锅炉的功用和分类

1. 船用锅炉的功用

锅炉是用于将水（或油）加热，使之产生蒸汽（或提高热量）的装置。在内燃机动力装置的船舶中，锅炉燃用燃料产生的饱和蒸汽仅用于加热燃油、滑油，满足日常生活需要，或驱动蒸汽辅机等，这种锅炉称为辅助锅炉。在内燃机动力装置的船舶上，一般装设一台压力为 0.8 MPa 左右、蒸发量为 1~2 t/h 的辅助锅炉；在大型客货船和油船上，因需要蒸汽量较大，一般装设两台蒸发量较大的辅助锅炉。

2. 船用锅炉的分类

（1）按锅炉受热面特征分类

①火管锅炉——锅炉炉膛内燃烧产生的高温燃气从炉管内流过，对炉管外的水进行加热

产生蒸汽的锅炉。

②水管锅炉——锅炉炉膛内燃烧产生的高温燃气从炉管外流过，对炉管内的水进行加热产生蒸汽的锅炉。

③组合锅炉——锅炉内的炉管，既有水管又有火管的锅炉。

(2)按锅炉炉水循环方式分类

①水自然循环锅炉——锅炉内上升管中的汽水和下降管中的炉水形成密度差，产生循环动力使炉水自然循环的锅炉。

②水强制循环锅炉——炉水的循环是依靠炉水循环泵来实现的锅炉。

(3)按锅炉筒体的布置方式分类

①立式锅炉——锅炉的筒体竖直方向布置的锅炉。

②卧式锅炉——锅炉的筒体横向布置的锅炉。

(4)按锅炉内管群的走向分类

①横管锅炉——锅炉内的管簇呈水平状态布置的锅炉。

②竖管锅炉——锅炉内的管簇呈竖直状态布置的锅炉。

二、船用锅炉的性能参数

(1)工作汽压，是锅炉在额定工况下产生的蒸汽压力(表压)，单位是 MPa 或 Pa。

(2)蒸发量，又称产汽量，是锅炉每小时产生的蒸汽量，单位是 t/h 或 kg/h。锅炉的额定蒸发量是指在蒸汽参数、给水温度、使用燃料等处于设计工况下的每小时蒸发量。

(3)蒸发受热面积，是锅炉燃烧所产生的热量传给炉水和蒸汽的在烟侧的表面积，单位是 m^2。

(4)蒸发率，又称蒸发强度，是指在单位时间内，每平方米受热面积所产生的蒸发量，单位是 $t/m^2 \cdot h$ 或 $kg/m^2 \cdot h$。

(5)效率，是锅炉内有效利用的热量，与送入锅炉内燃料完全燃烧时所发出的热量之比。它表征锅炉工作的经济性。由于锅炉中存在燃料未完全燃烧、排烟、灰渣热损失和散热损失等，故锅炉效率一般为 0.6~0.93。

第二节 船用锅炉的结构

一、燃油辅助锅炉的结构和特点

1. 立式竖水管锅炉

如图 8-1 所示，为立式竖水管锅炉的结构。此种锅炉的蒸发量为 1.8 t/h，蒸汽压力为 0.7 MPa，效率为 80%左右。

锅炉的整个锅壳分为上锅筒 1 和下锅筒 2，中间连接着焊接于上下管板上的竖立水管束 3

和下降水管 7，下降水管 7 将上、下锅筒的水空间沟通，高温燃气在管束间横向流过，传热效果较好。炉膛 4 位于下锅筒中，前方加装一个没有受热面的小容积预燃室 5，供入的燃油和空气先在此处混合燃烧，再进入炉膛，使炉膛中的燃烧过程进行得更为完善，整个炉膛的热负荷更趋于均匀，不会产生局部过热现象。由于预燃室中工作温度很高，在燃用劣质重油或渣油时，也能获得良好的燃烧，并且在低负荷时，也能保证较好的燃烧。此外，水管受热面的周围外壁上设有清理门，方便清坊。

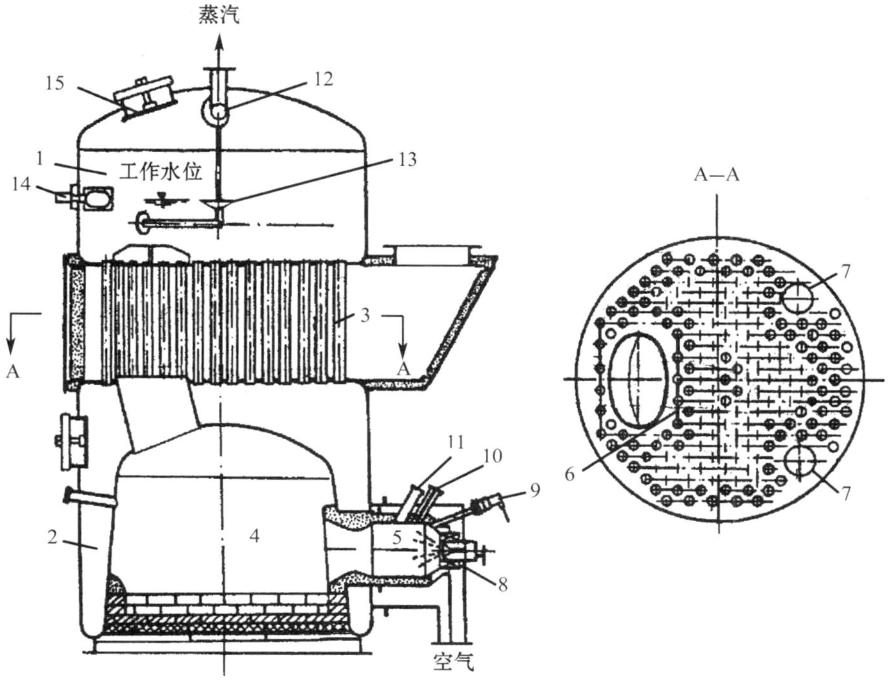

图 8-1　立式竖水管锅炉结构图

1—上锅筒；2—下锅筒；3—竖立水管束；4—炉膛；5—预燃室；6—挡烟墙；7—下降水管；8—喷油调风装置；9—点火器；10—点火喷油器；11—火焰感受器；12—汽水分离器；13—上排污漏斗；14—自动水位调节装置；15—人孔门

水管锅炉具有传热效果较好、效率高；冷炉点火升汽较快；蒸发强度大、重量轻、体积小等优点。但水管锅炉蓄热性能较差；汽压和水位的波动较大；给水质量要求较高。

2. 立式横烟管锅炉

如图 8-2 所示为一种较典型的立式横烟管锅炉的结构。锅炉整体结构为一个直立的圆筒形锅壳 1，由钢板卷制焊接而成。为了能较好地承受内部的蒸汽压力，其顶部和底部均为椭圆形封头 2。在锅壳下部中设有一由钢板压制成型的球形炉胆 3，炉胆顶部靠后有一圆形出烟口 4，与上方的方形燃烧室 5 相通。在燃烧室 5 与烟箱 12 之间，设有管板 6 和 7，两管板间装有数百根水平布置的烟管 8。烟管与管板采用扩接或焊接相连。炉胆和烟管将整个锅壳内部分成两个互相隔绝的空间，其内部是烟气，外部浸没于炉水中。燃油和空气分别由喷油嘴和鼓风机送入炉膛，燃气在炉膛内燃烧，未燃烧完全的燃气在燃烧室 5 内继续燃烧，然后流经烟管，进入烟箱 12 从烟囱排入大气。

火管锅炉比较笨重；传热效果较差，其效率、蒸发强度也较低；冷炉点火升汽所需的时间较长；火管锅炉蓄热性能较好，汽压波动不大；停炉时持续供汽时间较长；对炉水质量要求不高。

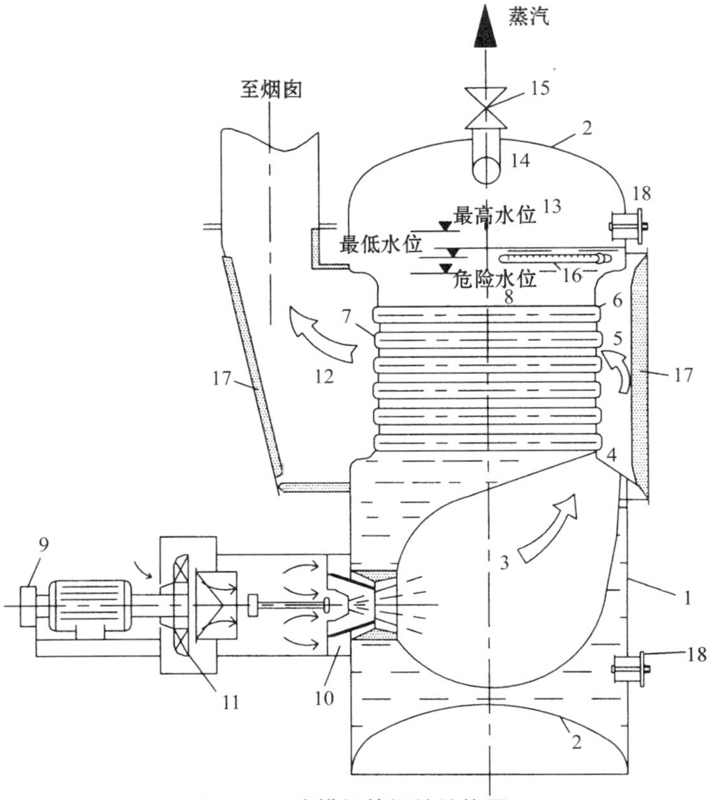

图 8-2　立式横烟管锅炉结构图

1—锅壳；2—封头；3—炉胆；4—出烟口；5—燃烧室；6—后管板；7—前管板；8—烟管；9—电动油泵；10—燃烧器；11—鼓风机；12—烟箱；13—汽空间；14—集汽管；15—停气阀；16—内给水管；17—检查门；18—人孔门

二、废气锅炉的结构和特点

在内燃机动力装置的船舶中，一般大型低速二冲程柴油机的排气温度为 250～380 ℃，四冲程中速柴油机的排气温度可达 400 ℃，装设一台用柴油机排气的余热加热来产生蒸汽的废气锅炉，就能节约能源、提高船舶的经济性，同时还可起到柴油机排气消音器的作用。

如图 8-3 所示为立式火管废气锅炉的结构。废气锅炉用 4 个底脚支撑于船舶烟囱之中，从柴油机排出的烟气，经过接管 15 进入下烟箱，然后通过焊接于上、下管板 8 与 4 之间的烟管进入上烟箱 16，从排出口排出。烟气在流经烟管时对管外的水加热而产生蒸汽，从这点来讲废气锅炉相当于一个热交换器。其锅炉附件和给水自控装置等与辅锅炉是基本相同的。

废气锅炉的蒸发量取决于柴油机的排气量和排气温度；废气锅炉蒸发量的调节方法常采用烟气旁通法、改变蒸发受热面法或蒸汽凝结法等。

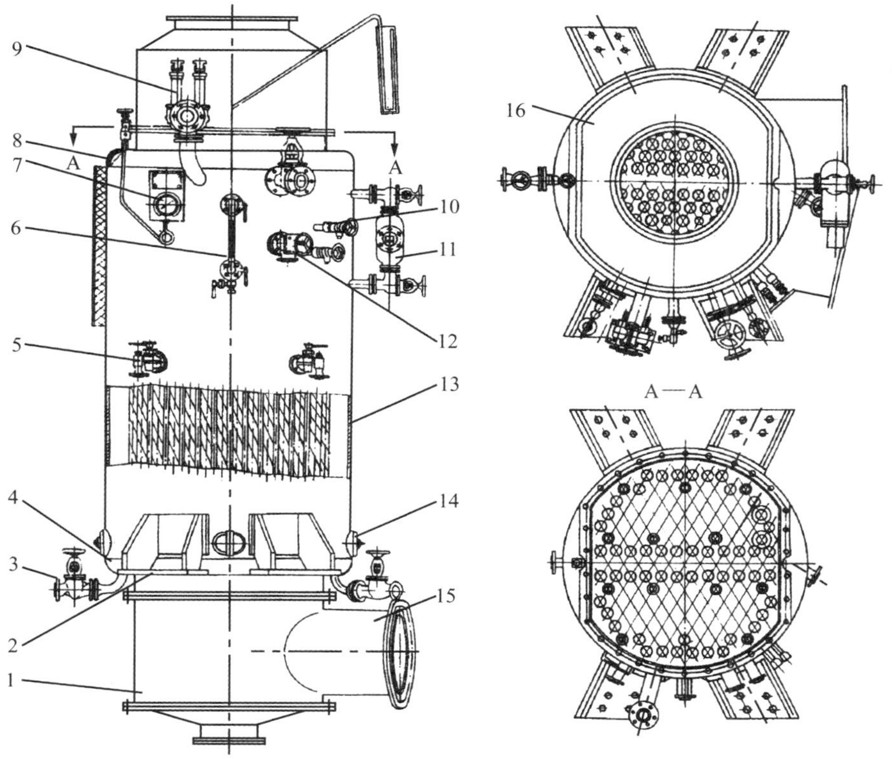

图 8-3 立式火管废气锅炉的结构图

1—下烟箱;2—底脚;3—下排污阀;4—下管板;5—给水阀;6—水位表;7—气压表;8—上管板;9—安全阀;10—试水阀;11—水位调节器;12—上排污阀;13—蜗室;14—手孔;15—接管;16—上烟箱

第三节 燃油辅助锅炉的附件

为了保证燃油辅助锅炉安全、可靠地运行,除锅炉本体结构外,还需要设置许多附件。如图 8-4 所示,其附件主要包括水位表显示器 7、安全阀 19、上排污阀 25、下排污阀 22、空气阀(旋塞)12、主蒸汽阀 13、给水止回阀 23 等。

一、水位计

1. 水位计的功用

水位计是用来显示锅炉水位高低的仪表。如图 8-5 所示为燃油辅助锅炉的三处水位,即最高工作水位、最低工作水位和最低危险水位。最高工作水位是指锅炉在正常运行中炉水到达的最高位置;最低工作水位是指锅炉在正常运行中炉水下降的最低位置;最低危险水位是指锅炉在发生故障时,炉水下降的最低规定位置(锅炉发出报警)。

锅炉在正常运行中,其水位应在最高工作水位与最低工作水位之间变动。水位高于最高

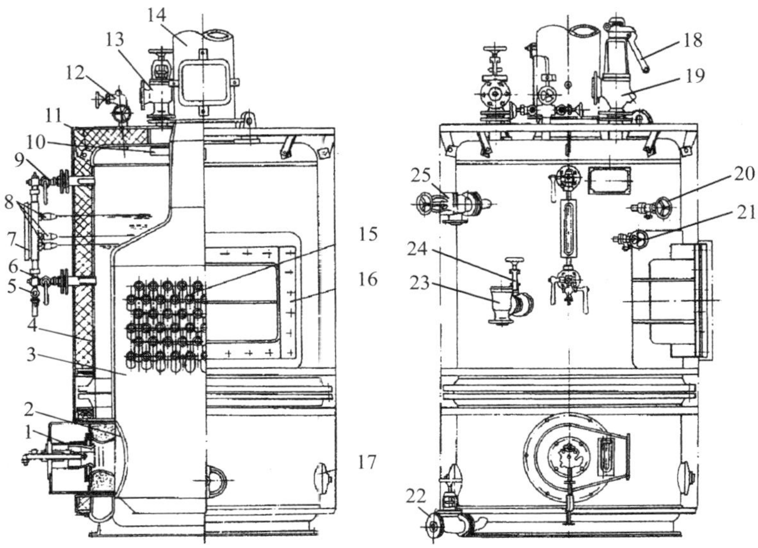

图 8-4　锅炉附件图

1—燃烧装置;2—圆孔;3—炉膛;4—炉壳;5—水位表冲洗阀;6—水位表通水阀;7—水位表显示器;8—水位表调节器;9—水位表通汽阀;10—凸缘;11—锅炉封头;12—空气阀(旋塞);13—主蒸汽阀;14—烟囱;15—水管簇;16—清理门;17—手孔;18—安全阀手动强开手柄;19—安全阀;20—上试水阀;21—下试水阀;22—下排污阀;23—给水止回阀;24—给水截止阀;25—上排污阀

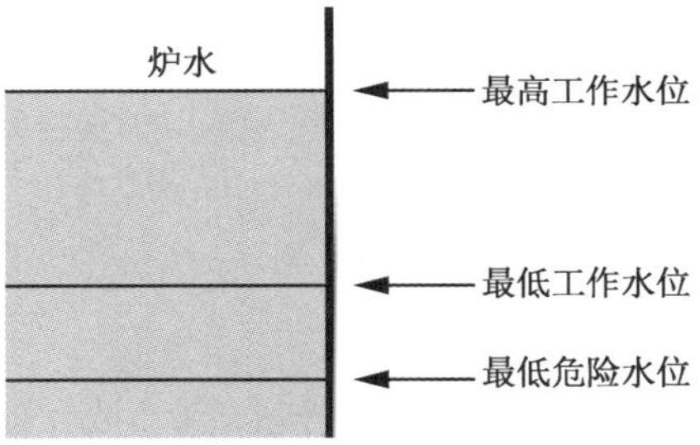

图 8-5　锅炉水位图

工作水位称为满水;水位低于最低工作水位称为失水。对锅炉来讲,满水和失水都视为锅炉事故。

2. 水位计的种类

水位计有玻璃管式和玻璃板式两种型式。玻璃管式水位计,由于承压能力小,多用于低压锅炉;玻璃板式水位计多用于高压锅炉。

3. 水位计的结构

(1)玻璃管式水位计的结构

玻璃管式水位计如图 8-6 所示,其主要由通汽阀 1、通水阀 4、放泄阀(冲洗阀)5、玻璃管 2 等组成。上、下水平接管分别与锅炉内的容汽空间和容水空间相通。在上接管装有通汽阀 1,在下接管装有通水阀 4,在两接管之间装有钢化玻璃管 2,其内径为 15~20 mm。锅炉工作时,通汽阀和通水阀均应开启,以便与炉内连通而正确显示水位。水位计的底部有放泄阀 5,此阀用来对水位计进行冲洗。

(2)玻璃板式水位计的结构

玻璃板式水位计如图 8-7 所示,其主要由通汽阀 2、通水阀 1、排污阀(冲洗阀)3、玻璃板 6 等组成。玻璃板装于金属框架内,用双头螺栓连接并坚固于一体;通汽阀 2 和通水阀 1 分别与锅炉内容汽空间和容水空间相通;位于水位计底部的排污阀用于排放污物和冲洗水位计。

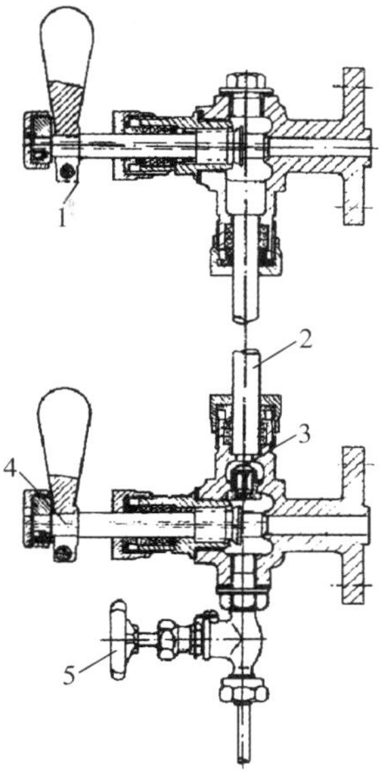

图 8-6 玻璃管式水位计

1—通汽阀;2—玻璃管;3—止回阀;4—通水阀;5—放泄阀

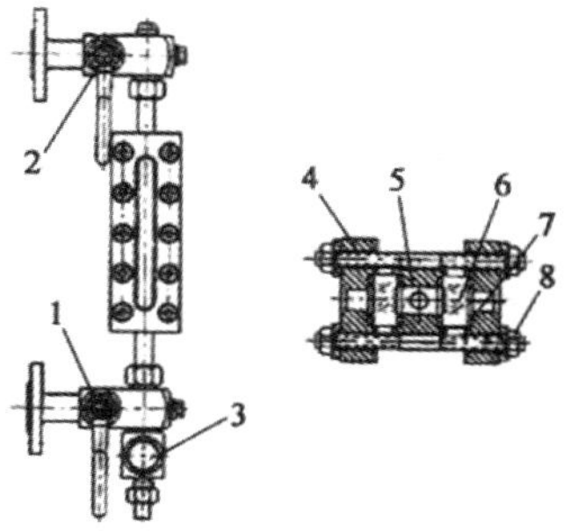

图 8-7 玻璃板式水位计

1—通水阀;2—通汽阀;3—排污阀;4—盖板;5—主体;6—玻璃板;7—密封垫片;8—双头螺栓

锅炉在正常工作时,水位计中水位略有波动,表明所显示的水位正常。由于汽、水在水位计中流动甚弱,所以通向汽水空间的接管,非常容易被炉水中的污物堵塞。若发现水位计中的水位长久静止不动,表明通水阀和通汽阀有堵塞;若发现水位计中的水位逐渐上升直到充满观察窗口,表明通汽阀堵塞而通水阀不堵;若发现水位计中的水位短时间内基本不变化,上升速度非常缓慢,表明通水阀堵塞而通汽阀不堵塞。只要发现水位计有堵塞就必须对水位计进行冲洗;在航行值班中,需要定期对水位计进行冲洗。

二、安全阀

锅炉安全阀是限制锅炉最高工作压力,确保锅炉安全的保护设备。安全阀的型式一般有压力式和信号式两种。船用锅炉安全阀必须由船舶检验局或由其委托相关有资质的部门进行检验和调整,任何个人或船员不得私自调节。

1. 对安全阀的要求

(1)锅炉上应至少装有 2 只安全阀,对小型辅助锅炉(蒸发量不超过 1 000 kg/h,且设计压力不超过 0.78 MPa)可仅装 1 只安全阀。装有蒸汽过热器的锅炉,在过热器上亦应至少装有 1 只安全阀。

(2)烟管锅炉在蒸汽阀关闭和炉内充分燃烧的情况下,锅炉压力在安全阀开启后 15 min

内所能达到的最高值应不超过锅炉设计压力的110%。

(3)水管锅炉在蒸汽阀关闭和炉内充分燃烧的情况下，锅炉压力在安全阀开启后7 min内所能达到的最高值应不超过锅炉设计压力的110%。

(4)锅炉安全阀的开启压力可大于实际许用工作压力的5%，以防止安全阀不必要的开启，但应小于锅炉设计压力。过热器安全阀的开启压力，应低于锅炉安全阀的开启压力。

(5)任何安全阀的直径应不大于100 mm，但亦应不小于25 mm。

(6)锅炉所设安全阀的直径小于规范要求值，则所设安全阀应通过试验确认，且设计方应确保锅炉所设安全阀符合规范对安全阀的试验规定。

2. 安全阀的结构

图8-8所示为双联弹簧式安全阀的结构。主要通过阀杆14将弹簧9的作用力施加于阀盘4紧压在阀座2上，弹簧套11用于调节弹簧作用于阀盘上力的大小，并用螺母12将其锁紧。

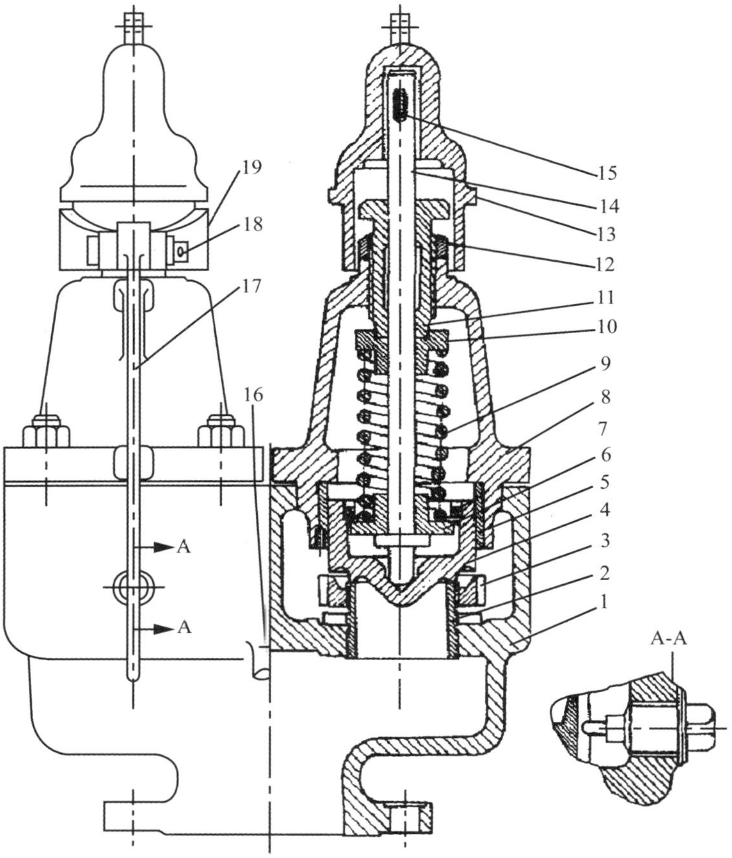

图8-8　双联弹簧式安全阀

1—阀体；2—阀座；3—调整圈；4—阀盘；5—内套；6—弹簧座；7—压帽；8—盖；9—弹簧；10—上弹簧座；11—弹簧套；12—螺母；13—罩子；14—阀杆；15—起动销；16—泄水孔；17—拉杆；18—销子；19—杠杆

3. 安全阀的工作原理

弹簧9弹力通过阀杆作用于阀盘4上，将阀盘紧压于阀座2上；锅炉内蒸汽压力作用于阀盘上，产生将阀盘推离阀座的力。当蒸汽压力大于弹簧力时，阀打开放汽；当蒸汽压力小于弹簧力时，阀处于关闭状态。阀开启放汽，一旦弹簧力大于蒸汽压力，阀又立即关闭，由于放汽量少，阀又很快打开放汽，如此重复，阀频繁启闭称为"跳动"。这不仅会影响蒸汽的顺利排出，而且阀盘与阀座受到连续冲击而破坏其密封性。为此，为了避免阀的"跳动"，在阀盘外缘设置了一圈唇边，当阀开启后，蒸汽压对阀盘的作用力就多了唇边面积产生的蒸汽压力，使阀开启的时间增长，放汽量增大，稳定性提高。但是，由于阀开启后阀盘蒸汽作用面积比开启前大，当蒸汽压降至额定蒸汽压时阀盘还不能立即关闭，炉内蒸汽压会继续下降，降至作用在阀盘和唇边向上的蒸汽压力小于弹簧张力时阀才会关闭，这样安全阀若要重新开启就需要一段时间，避免了安全阀的"跳动"现象。安全阀开启压力与关闭压力之差，称为"蒸汽压降低量"或"启闭压差"。

4. 安全阀的调节

（1）安全阀开启压力的调节。改变安全阀弹簧 9 的弹力就可调节安全阀的开启压力。当顺时针转动弹簧套 11，增大弹簧 9 的张力，安全阀的开启压力增加；反之减小。

（2）"启闭压差"的调节。改变调整圈相对于阀盘的高低位置就可以调节安全阀的"启闭压差"。转动调整圈使其上移，阀关闭时锅炉内的压力降低，"启闭压差"增大；反之，"启闭压差"减小。

三、压力表

每台锅炉应至少装有 2 只压力表，其中 1 只装在锅炉前面易于观察的位置；对小型辅助锅炉可只装设 1 只。在每只压力表的连接管上，应装有校验压力表的接头（包括阀或旋塞）；对小型辅助锅炉可以免设。压力表上应以红线标明锅炉的工作压力；压力表的量程应能适用于锅炉水压试验时的压力要求。

四、空气阀

在锅炉筒体或气筒的顶部应装有空气阀或旋塞，其通径一般为 10~15 mm。空气阀用于充水、升汽和进行水压试验时，开启它，以便排除炉内空气；在锅炉熄火放水时，开启它，破坏炉内真空，才能将炉水放空。

五、排污阀

每台锅炉应设置下排污阀，上排污阀根据需要设置；排污阀的通径应不小于 20 mm，但也不必大于 40 mm。排污阀是用于排放锅炉内污物的阀件，开启下排污阀，可以排除炉水中的沉淀泥渣；开启上排污阀，可以排除炉水中的悬浮污物。为使炉水清洁，一般每昼夜至少进行一次排污。下排污应在锅炉熄火后，炉水加足，炉内有一定汽压时进行。在排污过程中，要密切注视炉内水位的变化。

六、给水阀

每台锅炉上应装设2套独立的给水阀;但对非重要用途的小型辅助锅炉和废气锅炉可仅装设1套。给水阀由截止阀和止回阀组成,止回阀的开启度应能进行调节。截止阀安装在靠近锅炉筒体的给水管上,后装给水阀。截止阀要么全开,要么全闭,以保持其水密性。为使给水在炉内均匀分布,减少热应力,炉筒内设有给水内管(一根下半圆柱面钻有许多小孔的水平管)。

第四节 燃油辅助锅炉的燃烧装置

燃油辅助锅炉的燃烧装置(燃烧器)主要包括喷油器、配风器和点火器等。

一、锅炉喷油器

喷油器的任务是把燃油粉碎成颗粒极细的油雾喷入炉膛,以利于燃油迅速与空气进行混合、汽化,从而保证燃油完全燃烧。喷油器的型式主要有压力式喷油器、回油式喷油器、旋杯式喷油器和蒸汽式喷油器几大类。

1. 压力式喷油器

如图8-9所示为压力式喷油器的头部结构。喷油器与燃油系统的输油管相连,来自油泵压力为0.7~2.0 MPa的燃油穿过喷油器体沿切向槽高速地流入雾化片中央的漩涡室,在此产生强烈的旋转运动,然后高速从喷孔中喷出。喷射的油滴在离心惯性力和空气摩擦力的作用下被粉碎成雾状,并且沿轴向和径向速度合成的速度方向扩散成空心雾化锥。这种喷油器配有喷孔直径为0.5~1.2 mm的不同规格的雾化片,根据锅炉的负荷选用。雾化片是喷油器的主要零件之一,与燃油的雾化质量密切相关,因而要特别注意维护保养,定期检查和清洗。若发现喷孔磨损不圆、产生毛刺等,应予换新。

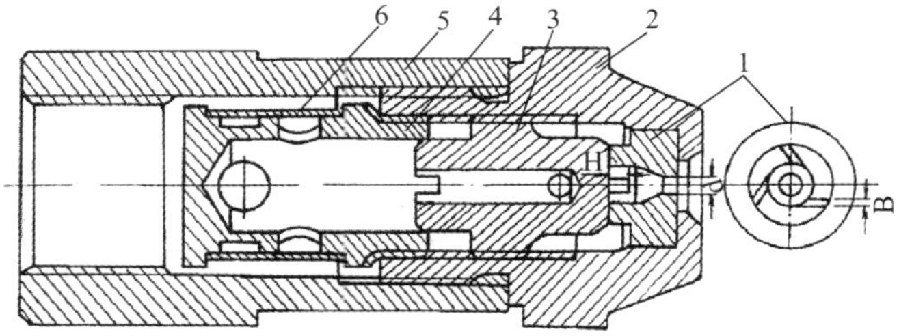

图8-9 压力式喷油器头部结构

1—雾化片;2—油头;3—芯子;4—网座;5—套座;6—滤网

2. 回油式喷油器

如图8-10(a)所示为回油式喷油器的头部结构,它有两个接头,一个接头连接供油管,燃油由此进入喷油器漩涡室;另一个接头连接装有回油调节阀的回油管。只要改变回油调节阀的开度，就可调节回油量即调节喷油量。其这种喷油器油量调节幅度较压力式明显增大，而且不影响喷油压力和雾化质量。喷油量的调节范围可达 3~5 倍。

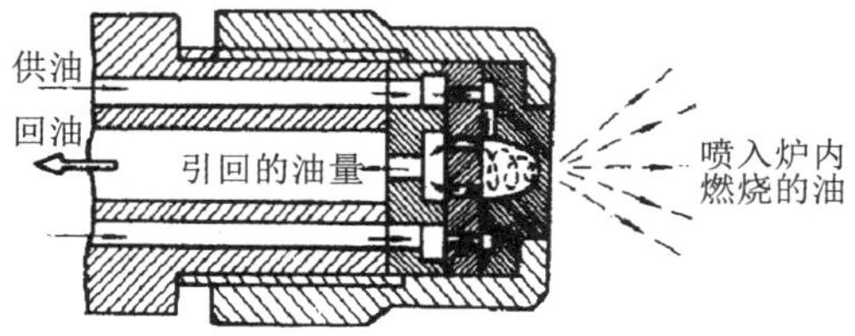

(a) 回油式喷油器头部结构

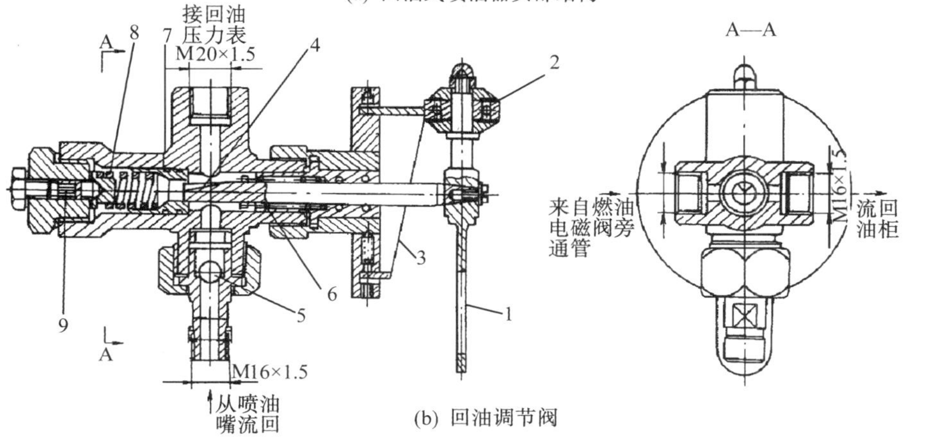

(b) 回油调节阀

图 8-10　回油式喷油器头部结构和回油调节阀

1—调节柄；2—滚轮；3—半圆斜面导轨；4—阀芯；5—单向阀；6、8—弹簧；7—可移动阀座；9—调节螺钉

3. 旋杯式喷油器

图 8-11 为旋杯式喷油器的结构示意图。由电动机 5 经传动装置 6 传动中央轴，并带动旋杯 1 和一次风机 3（又称雾化风机）在 3 000~7 000 r/min 的高速下旋转，燃油靠重力流入装在中央轴上的旋杯中。在离心力的作用下，在旋杯内壁形成非常薄的一层油膜，并随旋杯的旋转旋向杯口，当油膜到达旋杯口时，沿杯口高速切向飞出，被旋杯外壁以 60~80 m/s 吹出的一次风粉碎成油雾，并与空气充分混合，混合气以锥形进入燃烧室。使用中可根据燃烧情况改变一次风风门 7 的开度，调整一次风风量，以改变雾化角。一次风风量占总风量的 15%~20%，绝大部分二次风由专设的二次风机经调风器配风和导向调节后供入炉内，供燃油燃烧之用。

旋杯式喷油器的优点是供油压力较低，油量调节幅度可达 5~10 倍，且调节方便（只要开大或关小供油阀即可），不影响雾化质量；油流不易堵塞，过滤要求不高，可燃用油类的品级范围广；预热温度要求较低。但其缺点是结构较复杂，制造和安装要求高。

4. 蒸汽式喷油器

图 8-12 为蒸汽式喷油器的结构示意图。蒸汽式喷油器主要由内管 6、外管 5、喷嘴体 1 等组成，在喷嘴体上设有喷油孔 7、喷汽孔 8 和混合孔 9。当压力为 0.5~2.0 MPa 的燃油从油孔射出时，压力为 0.6~1.0 MPa 的蒸汽从气孔高速喷出，使蒸汽与燃油在混合孔 9 内发生高速撞击，将燃油粉碎成细小的油滴。蒸汽式喷油器的蒸汽消耗量仅为耗油量的 2%左右，在冷炉

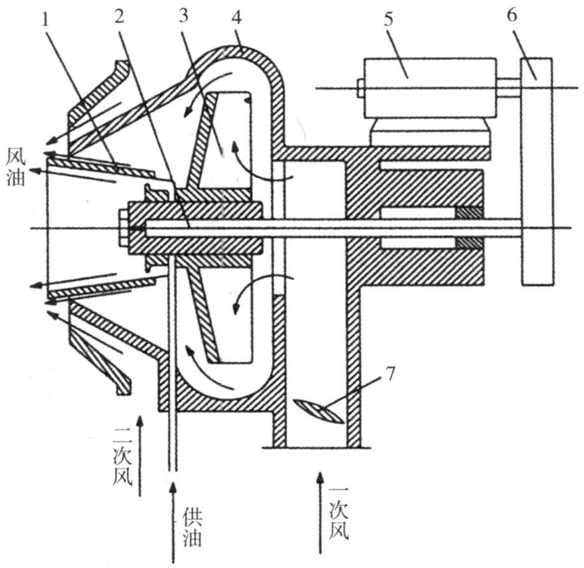

图 8-11　旋杯式喷油器结构示意图

1—旋杯;2—中央轴;3—一次风机;4—外壳;5—电动机;6—传动装置;7—一次风风门

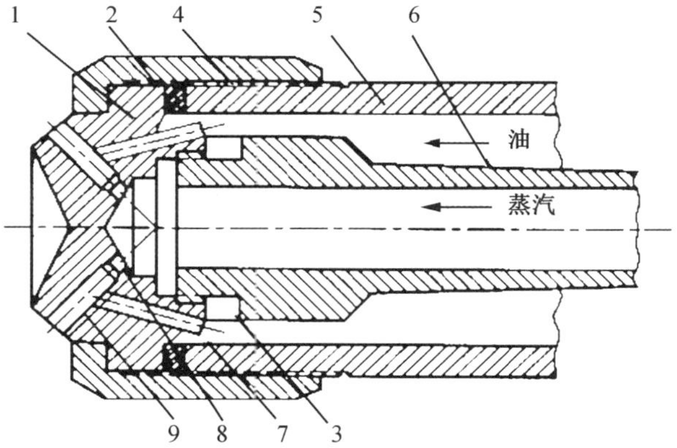

图 8-12　蒸汽式喷油器结构示意图

1—喷嘴体;2、3—垫圈;4—喷嘴帽;5—外管;6—内管;7—喷油孔;8—喷汽孔;9—混合孔

点火时可用压缩空气代替蒸汽帮助雾化。蒸汽式喷油器的特点主要包括结构简单、雾化质量好、油量调节比高达 20,所需油压一般为 0.5~2.0 MPa,需要消耗蒸汽,工作时噪声较大。

二、锅炉配风器

配风器的作用是分配一次风和二次风的风量,创造条件使助燃空气与油雾充分混合,促使油雾迅速汽化和受热分解,以利于稳定和充分的燃烧。

图 8-13 所示为旋流式固定叶片型配风器。炉膛前方是由耐火砖或钢板围成的锥形圆孔,称为火口(或风口),喷油器位于火口的中心线上,火口外面设有风箱,配风器就装在风箱中,正对火口。配风器由扩散器罩 9、导向叶片 10、轴向风门挡板 8、火口 11 等组成。导向叶片的

作用是使进入炉膛的空气产生漩涡运动，并使气流具有一定的扩散角，保证油气混合良好。在扩散器罩 9 上开有小孔，从罩内引一股气流至喷油器前端，用以防止燃油在高温下缺氧裂解，

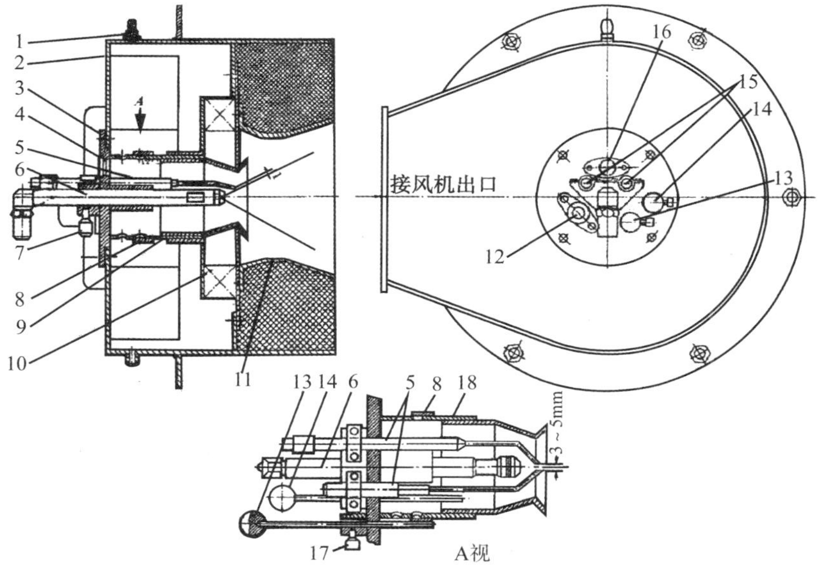

图 8-13 旋流式固定叶片型配风器

1—测风压管接头；2—炉前风筒；3—喷油器支承外盖板；4、16—观察孔；5—点火器；7、17—固定螺钉；8—轴向风门挡板；9—扩散器罩；10—导向叶片；11—火口；12—光敏电阻装置；13—轴向风门调节杆；14—扩散器调节拉杆；15—点火器压板装置；18—轴向短筒

产生难燃的黑炭并冷却喷油器，这部分空气称为一次风。可通过推拉轴向风门调节杆 13，调节一次风的风量来保持火焰稳定。大部分空气从扩散器罩 9 外围，经导向叶片以一定旋流速度供入炉内，这部分空气称为二次风。二次风保证油雾混合良好、火焰稳定，并提供燃烧所需的大部分空气，可通过推拉扩散器调节杆 14，改变二次风的风量，使燃烧完全。扩散罩内还装有电火花点火器 5、光敏电阻装置 12 和点火器压板装置 15。

供入炉膛内的空气不可能全部被利用，供入炉膛实际的空气量应比理论需要的空气量要稍多一些，以保证燃油的完全燃烧。实际供入炉膛的空气量与供入燃油完全燃烧所需的理论空气量之比称为过剩空气系数。在保证燃烧良好的条件下，过剩空气系数越小越好。燃油锅炉比较合适的过剩空气系数一般为 1.05~1.20。

三、锅炉点火器

图 8-14 为点火器示意图。点火器由两根耐热铝镁合金的电极棒组成，电极棒前端弯折成 150°角度，弯折的裸体段彼此构成 60°的夹角，两尖端的距离为 3~4 mm。

由点火变压器供给 5 000~10 000 V 电压，尖端间隙处便产生电火花，从而将喷入炉膛的燃油点燃。为了保证点火效果和防止锥形油雾喷在电极上，要求两根电极棒尖端比喷油嘴中心线高出 11 mm，并超出喷油嘴前端面 2.5 mm，两根电极棒不能错开。

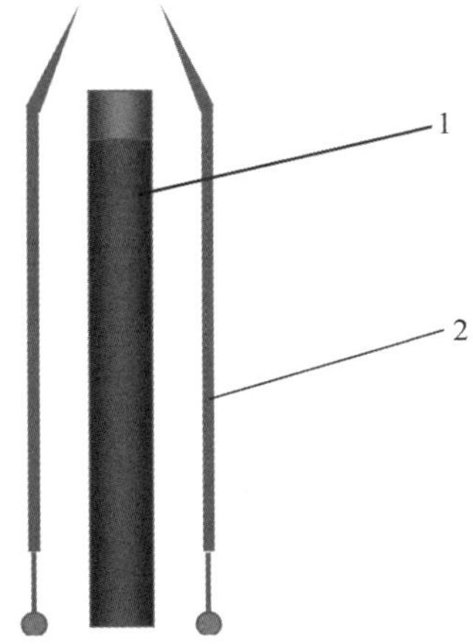

图 8-14　点火器示意图

1—喷油器;2—点火电极棒

第五节　燃油辅助锅炉的自动控制

目前,在以柴油机为动力装置的船舶上,燃油辅助锅炉的工作均实现了自动控制。燃油辅助锅炉的自动控制主要包括:锅炉安全保护和自动联锁、锅炉水位的自动控制、锅炉蒸汽压力的自动控制、锅炉点火与燃烧过程的程序控制等。

一、锅炉安全保护和自动联锁

1. 锅炉安全保护

燃油辅助锅炉工作过程中,锅炉出现异常状态并影响安全运行时,必须采取相应的保护措施,如水位低至最低危险水位、油压过低、风压过低、油温过低、运行中突然熄火或点火时未能将燃油点燃,控制系统能完成自动熄火停炉并发出声、光报警。

2. 锅炉自动联锁

自动联锁装置是当设备发生误操作或故障时,自动阻止有关操作继续进行,避免事故发生。如锅炉风机停止工作时,燃烧器就会立即停止喷油。

二、锅炉水位的自动控制

锅炉运行过程中,炉内水位是在不断变化的,为了将炉水水位控制在一定范围,即最高工作水位和最低工作水位之间,就必须对锅炉的给水量进行调节。对炉水水位进行调节的水位调节器型式较多,下面主要介绍在内河船舶常用的两种型式。

1. 磁性浮子水位调节器

图 8-15 为 JYE 型磁性浮子水位调节器的原理图,它是由一个漂浮于水面上的浮子 1 作为

水位感应元件，当浮子上、下浮动时能绕支点 2 摆动。磁钢 3 与调节板 4 固接在一起也可绕支点 2 摆动。

当锅炉内水位降低时，浮子也跟随下摆，当接近最低水位时，浮子杆触及调节板上的定位销 5 时，同时带动调节板一起向下摆，从而使调节板另一端的磁钢 3 向上摆动，在锅炉筒体外部也设置一块磁性相同的触头磁钢 6，它的另一端装有电触头 7。当锅炉水位达到最低工作水位时，磁钢 3 向上摆动正好与触头磁钢 6 相遇时，由于磁钢同性相斥，于是触头磁钢 6 被推向下摆，电触头闭合，接通给水电动机电路，给水泵起动，向炉内给水。此后炉水水位渐渐上升，浮子随之上浮，当接近最高水位时，浮子杆触及调节板的上定位销，并通过调节板带动磁钢 3 下摆。当锅炉水位达到最高工作水位时，将触头磁钢向上推，使电触头断开，切断给水泵的电机电路，给水泵停止向炉内给水。这样，就确保锅炉水位保持在最低工作水位和最高工作水位之间。

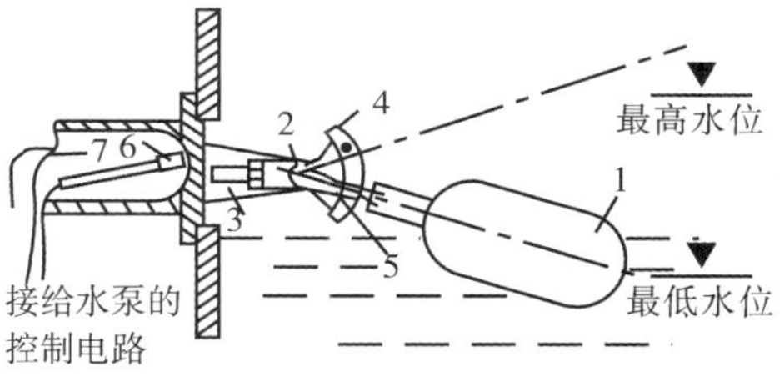

图 8-15　JYE 型磁性浮子水位调节器原理图

1—浮子；2—支点；3—磁钢；4—调节板；5、8—定位销；6—触头磁钢；7—电触头

2. 电极式水位调节器

电极式水位调节器是用电极棒代替浮子，利用水与蒸汽导电性能的差异，通过电极棒控制电机电路的通、断，以实现对给水泵的控制。图 8-16 为电极式水位调节器的示意图。

在锅炉工作水位高度附近接出一筒形容器，其上、下端分别与锅炉的汽、水空间相通。容器中垂向装有三根长度不等且与容器外壳绝缘的电极棒，电极棒末端的安装高度正好对应于锅炉的最高工作水位、最低工作水位和最低危险水位。其中两根电极棒（最短和次长）控制给水泵的起、停。由于水导电性强、蒸汽的导电性弱，当最短电极棒的末端浸没于水中时，控制系统便将给水泵的电路断开，停止向锅炉内供水；随着炉内水的不断蒸发，水位降低，当次长电极棒的末端刚好露出水面时，控制系统便将给水泵的电路接通，起动给水泵向锅炉供水，这样确保锅炉水位在最低工作水位和最高工作水位之间。其中最长的电极棒用以控制油泵和风机，由于各种原因，若锅炉内水位低于此棒的末端位置，控制系统便强制将油泵、风机的电路切断，使油泵和风机停止工作，使锅炉的燃烧停止，确保锅炉内水位不再继续下降；同时发出声、光警报。

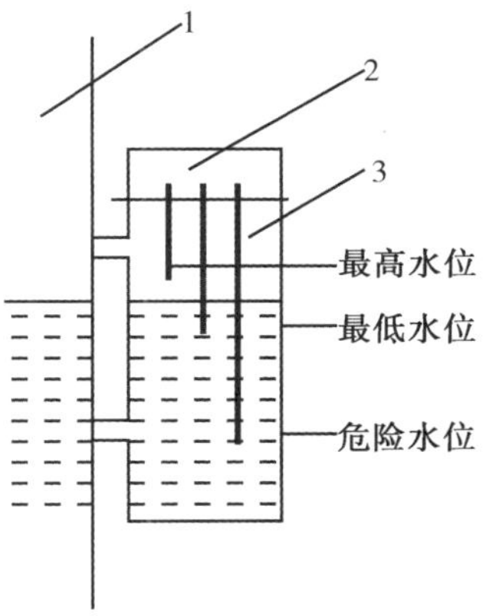

图 8-16　电极式水位调节器示意图

1—锅炉；2—筒形容器；3—电极棒

三、锅炉蒸汽压力的自动控制

锅炉是封闭的压力容器，运行中蒸汽压力取决于产汽量与耗汽量平衡与否。当外界的耗汽量变化时，为了保证供汽压力的稳定，就需要控制和调节喷油量，实现锅炉的汽压调节。锅炉汽压的调节方法有双位调节和比例调节两种。

1. 锅炉蒸汽压力的双位调节

对于结构简单的小型燃油辅助锅炉，常常采用双位调节的方法。所谓双位调节是指当汽压上升至调定的上限值时，压力继电器动作，切断风机、油泵电源，熄火停炉；当汽压下降至调定的下限值时，压力继电器动作，接通风机、油泵电源，锅炉重新点火运行。从而将锅炉的蒸汽压力控制在上限压力与下限压力之间。

2. 锅炉蒸汽压力的比例调节

锅炉蒸汽压力的比例调节是指将锅炉的蒸汽压力自动控制在某一要求的数值上。对于产汽量大的燃油辅助锅炉，常常采用比例式调节。当锅炉产汽量小于耗汽量时，炉内蒸汽压力降低，控制系统便会自动加大喷油量和供风量，加强燃烧而增大蒸发量，汽压就会上升而稳定；当锅炉产汽量大于耗汽量时，控制系统则会自动减少喷油量和供风量，减弱燃烧强度，汽压就会降低而稳定，从而将锅炉蒸汽压力基本稳定在某一数值。

四、锅炉点火与燃烧过程的程序控制

目前船用燃油辅助锅炉的点火基本实现了自动控制。锅炉点火的程序控制：按下起动按钮，风机油泵起动，燃油电磁阀延迟开启，喷油嘴不喷油，风机预扫风，以吹除残留在炉膛内的油气，防止点火时发生“冷爆”。经 20~60 s 预扫风，燃油电磁阀打开，点火器点火，锅炉开始运行。若点火失败，炉膛前方的火焰感受器（通常为光敏电阻）即发出信号，停止风机油泵工作，并发出声、光报警。

第六节　锅炉的管理

一、辅助锅炉运行中的管理

锅炉在运行中，轮机人员主要是对锅炉水位、燃烧情况、蒸汽压力、燃油压力、燃油系统、排污操作、锅炉燃烧状况等进行监视。

（1）锅炉水位监视。轮机值班人员应经常巡视水位计的水位，监视水位计中水位有轻微波动为真实水位，若长期静止不动说明水位计有堵塞，应冲洗水位计。

（2）锅炉燃烧情况监视。轮机值班人员应经常查看炉膛内的燃烧状况与排烟情况，确保锅炉燃烧良好，具体判断方法见表 8-1。

（3）蒸汽压力监视。监视蒸汽压力是否在要求范围内，是否超过安全阀开启压力，若超过安全阀开启压力而未打开，则必须强制打开安全阀放汽，同时必须立即停炉。

（4）燃油压力监视。锅炉运行中，监视燃油压力是否在要求范围内，特别是压力式喷油器，一定要保证喷油压力在要求范围内，若压力不足可通过燃油调压阀进行调节。

（5）燃油系统监视。监视油柜的油位和油温是否满足要求；在重油柜加热温度达到要求后，可进行轻、重油的转换，让锅炉燃用重油，以降低成本。

（6）给水系统监视。检查热水井中的水位和水质。特别注意监视凝水柜水面有无油迹，若发现有油迹，应将凝水柜中凝水全部放至舱底。

(7)排污操作。按规定,锅炉每天应进行一次上排污。

(8)锅炉燃烧状况的监视。炉膛内燃烧得好坏与供入炉内空气量有非常密切的关系。若供风量不足,会使燃烧不良;供风量太大,会造成炉内的传热温差减少,锅炉的热效率降低。轮机人员必须根据炉膛内火焰和排烟的颜色,对锅炉的燃烧状况做出正确的判断,以保证锅炉效率。具体判断方法见表 8-1。

表 8-1 锅炉燃烧状况的判断

锅炉状态	炉膛状况	火焰颜色	排烟颜色
燃烧良好	略透明	橙黄色	浅灰色
空气量太大(α 大)	透明	耀眼白光	几乎无色
空气量太少(α 小)(或雾化不良)	模糊	暗红色	浓黑
雾化片结焦或有毛刺	火星飞溅	—	—
炉内漏水(或汽)	—	—	白雾

二、辅助锅炉停用时的保养

停炉后,锅筒和炉管在炉水侧面容易被腐蚀,如保养不当,其腐蚀比状况工作时要严重得多,所以停炉后的保养工作尤其重要。根据停炉时间长短,具体保养工作如下:

(1)停用 1~2 天,只需将水位保持在水位表中部即可。

(2)停用 5~6 天,采用满水保温保养。即将炉水加满,保持水温在 100 ℃以上,使水中不含氧。

(3)停用时间在 30 天以内,采用碱性满水保养。

(4)停用时间超过 30 天,宜采用干燥法保养,以减少维护工作量。

三、船用锅炉水质控制

1. 锅炉炉水的化验

锅炉水质控制的主要项目包括硬度、碱度和含盐量。所谓硬度是指每升炉水中含钙、镁离子的数量,它表征炉水在锅炉中的结垢能力。碱度是指炉水碱性的强弱。含盐量是指炉水中 Cl^- 的含量。

2. 锅炉炉水的处理

炉水处理的目的是消除水的硬度,使炉水保持一定的碱度($pH=10\sim12$),防止锅炉腐蚀和受热面产生水垢。目前,船用低压锅炉的炉水常采用周期性投药的炉内处理。对炉水的处理,其常用的药剂和处理方法如下。

(1)若炉水的碱度不足而硬度高,此时应加磷酸钠($Na_3PO_4 \cdot 12H_2O$)药剂进行处理,以提高炉水的碱度和降低炉水的硬度。

(2)若炉水的碱度足够而硬度高,此时应加磷酸氢二钠($Na_2HPO_4 \cdot 12H_2O$)药剂进行处理,以降低炉水的硬度。

(3)若炉水需要快速提高碱度,应加碳酸钠(Na_2CO_3)处理。

(4)为防止锅炉腐蚀,应在炉水中加入亚硫酸钠(Na_2SO_3),以消除炉水中的氧。

(5)为防锅炉苛性脆化,应在炉水中加丹宁,这样可以防止锅炉腐蚀,并增强泥渣的流动性。

对炉水的处理要保证碱度、硬度和含盐量符合要求,同时会产生大量的泥渣,必须定期进行排污。炉水含盐量过高可通过表面排污放去一部分炉水,再补给一定炉水。

表面排污一定要在投药之前进行,以免药剂流失。

四、锅炉的应急措施

锅炉在运行中由于某些意外因素或人为原因,可能会造成危及人身安全或设备安全的事故。在紧急情况下,必须要迅速采取一些应急手段和处理措施,尽量避免事故的发生或减小事故所造成的损失。其具体情况及应急措施见表 8-2。

表 8-2 锅炉异常情况与应急措施

异常现象	危害	应急措施
1. 水位过高	腐蚀;发生“水击”	①立即停止向炉内供水并关闭主蒸汽阀停止供汽
		②开启上排污阀排污至正常水位
2. 水位过低	炉管破裂;处理不当甚至可能会发生爆炸	立即停止油泵和风机
3. 气压过高	引起爆炸	①立即停止锅炉燃烧
		②人力强开安全阀,让气压缓降至零
4. 冷爆	损坏设备;炸伤人员;引起火灾	立即关闭燃油速闭阀

五、常见故障分析与处理

锅炉常见故障分析与处理见表 8-3。

表 8-3 锅炉常见故障分析与处理

故障现象	故障原因	处理方法
1. 失水	①给水泵电路断路或短路	修复电路
	②给水泵控制电路失灵	查明原因予以排除
	③水位调节器失灵	检修调节器
	④给水泵机械故障不能供水	检修水泵
	⑤给水管路上阀件未开	开足相关阀件
	⑥热水井缺水	补水

续表

故障现象	故障原因	处理方法
2. 满水	①给水泵控制电路失灵	查明原因予以排除
	②水位调节器失灵	检修调节器
	③炉水含盐量太高	炉水处理
3. 点不着火	①油温太低	加热燃油至要求的温度
	②风压不足或过大	调节风门或检修风机
	③喷油嘴堵塞	检修或清洗喷油嘴
	④电点火设备有故障等	检修点火系统
4. 火焰不稳定	①油中有水或杂物	加强油的净化
	②风压不稳定	调节风门或检修风机
	③油温过低	加热燃油至要求温度
5. 雾化不良	①油压或油温过低	调节油压、检修油泵、加热油料
	②雾化片尺寸不当或损坏	更换雾化片
	③喷油嘴漏泄或端部结炭	对喷油嘴进行检修或清洁
6. 运行中突然熄火	①燃油用完或油路被切断	泵油加足或油路开通
	②油中含水和杂物太多	加强净化和日用油柜的排污
	③喷油嘴的喷口结炭堵塞	对喷油嘴进行解体清洁
	④过滤器堵塞	清洗过滤器
	⑤供风中断或风量过少	开大风门或检修风机
	⑥燃油预热温度太低	加热燃油至要求温度
	⑦自动保护起作用	消除故障,恢复正常工作
7. 喷口结焦	①油温过低	加热燃油至要求温度
	②雾化不良	调节油压至要求压力
	③油压不稳定	检修调压阀
	④风量不足	开大风门或检修风机
	⑤电磁阀关闭不严	检修电磁阀
8. 冷炉爆炸	①点火前未扫风或预扫风不充分	充分预扫风
	②熄火后重新点火时,预扫风不充分	充分预扫风
	③停炉后燃油系统的阀件有漏泄	拆检修复,消除漏泄
9. 汽水共腾	①炉水中碱性物质过高	做水质检查,及时投入消泡药剂
	②油污过多	检查热水井,查明油污来历并消除
	③含盐量过高	进行表面排污
	④供汽量突增使汽压下降过快	保持低水位

第七节 燃油辅助锅炉的操作

一、燃油辅助锅炉点火前的准备工作

锅炉冷炉点火是指新安装锅炉或长时间停用或大修后的第一次锅炉点火。锅炉冷炉点火前,应做如下准备和检查:

(1)锅炉环境检查。检查有无阻碍锅炉运行的杂物,若有,则予以清除;检查锅炉各连接部件螺栓是否紧固;检查各接合部位有无渗漏现象。

(2)锅炉附件检查。检查需要开启的阀件,包括:空气阀、给水阀、水位表的通汽阀和通水阀、各压力表阀;检查需要关闭的阀件,包括:上排污阀、下排污阀、水位表的冲洗阀、蒸汽阀(也称停汽阀,此阀关闭后应回转 1/4~1/2 转)。

(3)电气方面检查。检查电气系统供电是否正常,线路连接是否牢固,控制箱各开关是否处于正确的开关位置。

(4)燃油系统检查。检查轻、重油柜油位是否在要求的位置并放残;排放燃油管路中的空气并让其充满油,使管路中的各阀件处于正确的开、关状态;将轻、重油转换阀转至“轻油”位置。

(5)给水系统检查。检查热水井的水位和水质是否符合要求;检查给水管路各阀件是否处于正确的开关位置;系统检查无误后,对 1 号和 2 号给水泵分别进行供水试验,试验时必须保证两台泵均能供水,同时对锅炉进行上水。上水时,对火管锅炉水位要上至最高工作水位;对水管锅炉水位只需上至最低工作水位处即可。

二、燃油辅助锅炉的点火升汽过程

点火升汽是指从锅炉冷炉点火开始,至锅炉向用汽设备供汽的全部过程。冷炉点火升汽时,为了使锅炉各部分的温度上升较均匀,以手动控制燃烧过程为宜。具体操作过程如下:

(1)扫风。将控制箱上的控制开关转至“扫风”位置,首先进行 20~60 s 以上的预扫风,其目的是防止锅炉在点火时发生“冷爆”。

(2)点火。充分预扫风后,将控制箱上的控制开关转至“点火”位置,点火时间不超过 3 s。若在点火时间内炉膛内点火成功,将控制箱上的控制开关转至“燃烧”位置,让锅炉继续燃烧。若在点火时间内未点燃,警报装置将发出声、光报警,应立即停止点火,重新预扫风后再点火;若点火 2~3 次均失败,此时应停止点火,必须查明原因,消除故障后方能重新扫风、点火。

(3)升汽。炉膛内已经燃烧,但燃烧需缓慢、间断进行。对于蒸发量为 1~2 t/h 的辅助锅炉,从点火至压力达到额定工作压力的时间,火管锅炉一般需要 2 h 左右;水管锅炉大约需要 15 min 左右。在升汽过程主要注意以下问题:

①空气阀喷出蒸汽后才能关闭,此后压力表即显示压力。

②当汽压升至 0.3~0.4 MPa 时,对曾经拆卸过的螺栓、人孔与手孔螺栓,应再拧紧一次。

③在升汽过程中,分阶段对水位表进行数次冲洗,使水位表的玻璃管(或板)逐渐升温。

(4)暖管。当汽压达到额定压力后,进行表面排污,除去水面上的杂质和油污。通汽前,先缓慢打开蒸汽阀,让蒸汽进入蒸汽管路进行预热,同时打开设置于管路中位置最低处的泄放阀泄放凝水,然后再打开蒸汽阀供汽。此过程通常需要 10~15 min,暖管的目的是防止产生过大的应力和发生水击。

(5)转换控制。锅炉开始供汽后,将锅炉控制箱的转换开关从“手动”控制转换为“自动”控制,点火升汽过程结束。

三、燃油辅助锅炉的停用

锅炉停用分为短时间停用(停火留汽)和长时间停用,下面以长时间停用说明其步骤:

(1)轻、重油的转换。锅炉停用前,必须先将重油转换为轻油,并将燃油管路中的重油全部烧净,才能停止锅炉。

(2)控制转换。锅炉停止前,先将控制箱的燃烧控制开关和水泵控制开关由“自动”控制转为“手动”控制。关闭主蒸汽阀,停止向用汽设备供汽。

(3)停炉。将控制开关置于“停止”位置,锅炉停止运行。

(4)上排污。锅炉熄火后,手动上水使炉内水位升至最高工作水位,进行表面排污。然后,再上水至水位计 3/4 高度,避免炉水冷却和气泡消失后,水位下降而使部分受热面露出水面。

(5)下排污。让锅炉自然冷却,当炉内压力降至 0.3 MPa 左右时进行下排污,下排污后上水至水位计中部。

(6)打开空气阀。让锅炉自然冷却,待压力表读数为“0”时,打开空气阀,避免锅炉内产生真空。

第九章 制冷装置操作与管理

船舶为了储存食品，大多设有伙食冷库，用于船上人员的伙食冷藏。有些船舶，由于航程较短，配员较少，食品补充方便，也可设置大容量冰箱或冰柜储存食品。尽管冰箱或冰柜的容量比伙食冷库要小得多，但其制冷的基本组成是相同的。制冷装置的作用主要是伙食冷藏、空气调节和冷藏运输。

第一节 制冷方法和制冷装置的种类

所谓制冷，就是用人工的方法从被冷却对象中移出热量，使其温度降低到环境温度以下，并维持该低温的过程。

一、制冷的方法

(1)天然制冷。天然制冷是以天然的冰作为冷源，利用冰在融化过程中要从周围介质吸取融解热，从而实现某一空间或物质的温度降低的过程。天然制冷在内河某些短途小船和近海捕鱼船上应用广泛。

(2)机械制冷，也叫人工制冷。机械制冷方法很多，主要方法包括液体汽化制冷、气体膨胀制冷和热电制冷(又叫温差电制冷或半导体制冷)等。其中以液体汽化制冷应用最为广泛。

二、制冷装置的种类

用于强制地从被冷却物体取出并转移热量的装置，称为制冷装置。根据制冷的方法不同，制冷装置的种类繁多，按液体汽化制冷原理可分为：

（1）蒸气压缩式制冷装置。主要组成包括压缩机、冷凝器、节流元件、蒸发器。它是现今应用最普遍，也是船舶使用最广泛的制冷方式。

（2）蒸气喷射式制冷装置。主要组成包括喷射器、冷凝器、节流元件、蒸发器。利用喷射器代替压缩机。其制造和管理简单，但需要大量低压蒸气。

（3）吸收式制冷装置。主要组成包括吸收器、发生器、冷凝器、节流元件、蒸发器。利用吸收器代替压缩机吸入侧，利用发生器代替压缩机排出侧。其可利用废热作为动力取代压缩机，运行时几乎无噪声和振动，但寿命短。

第二节 单级压缩制冷装置的基本组成和制冷原理

一、单级压缩制冷装置的基本组成

蒸气压缩式制冷装置，按制冷剂的流向排序主要由制冷压缩机、冷凝器、节流元件（膨胀阀或毛细管）和蒸发器四个基本部件组成，且四个部件通过管路相互连接构成一个密闭的系统，所以称为制冷装置或称制冷系统。

如图 9-1 所示，在蒸发器内处于低温低压的制冷剂液体与被冷却对象发生热交换，吸收被冷却对象的热量并汽化。产生的低压蒸气被压缩机吸入，经压缩后以高压排出。压缩机排出的高压气态制冷剂进入冷凝器，被常温的冷却水或空气冷却，凝结成高压液体。高压液体流经膨胀阀节流，成为低压低温的气、液两相混合物，进入蒸发器，其中的液态制冷剂在蒸发器中蒸发制冷，产生的低压气体再次被压缩机吸入。如此周而复始，不断循环。整个系统主要分为高、低压两部分，其中从制冷压缩机的排出口至膨胀阀前为高压部分；从膨胀阀出口至制冷压缩机的吸入口为低压部分。

二、制冷循环的基本热力参数

（1）蒸发温度：在一定压力下，液体制冷剂在蒸发器内汽化的温度，即对应于蒸发压力的饱和温度。

（2）蒸发压力：制冷剂在蒸发器内汽化时的压力，即蒸发温度下的饱和压力。

（3）过热度：在相同压力的条件下，过热蒸气温度与饱和蒸气温度的差值。

（4）吸气压力：压缩机进口处气体制冷剂的压力。

（5）排气压力：压缩机排出口的气压。

（6）冷凝温度：气体制冷剂在冷凝器中放热、冷凝的温度，即对应于冷凝压力下的饱和温

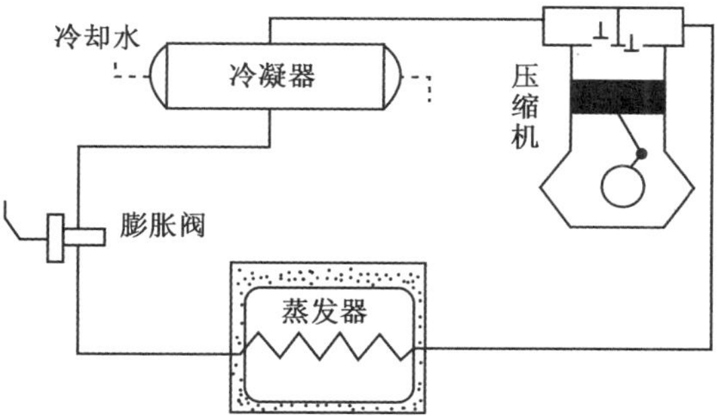

图 9-1 蒸气压缩式制冷原理图

度。冷凝温度随冷凝压力的升高而升高。

(7)过冷度:在相同压力的条件下,冷凝温度与膨胀阀前液体制冷剂的温度之差,即饱和温度和过冷温度之差。

(8)装置的热负荷:为了达到降温或保温的目的,单位时间内装置需从冷库移出的热量。

(9)制冷量:蒸发器中的吸热量。

三、单级压缩制冷装置的制冷原理

1. 理论制冷循环

在没有任何损失下的制冷循环称为理论制冷循环。

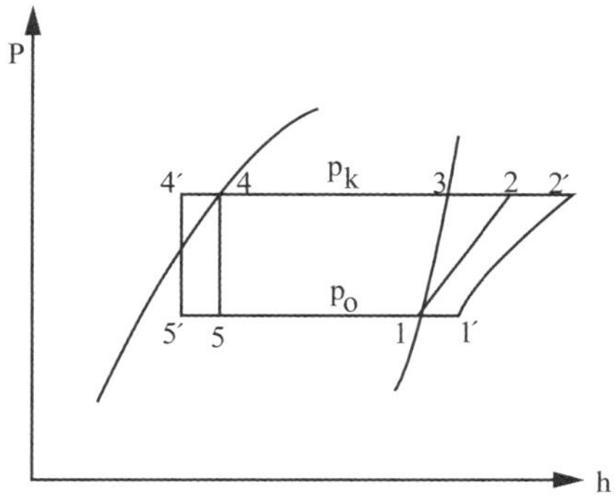

图 9-2 理论制冷循环

如图 9-2 所示,经节流元件节流降压(4—5)的低压低温的冷剂湿蒸气(绝大多数为液体),进入蒸发器(5—1)后一边流动一边等压汽化吸热,将冷库中的热量带走。在蒸发器中蒸发的冷剂蒸气由压缩机不断地抽吸,以维持蒸发器中的低压;然后进入压缩机(1—2)进行绝热压缩,以提高冷剂蒸气的饱和压力与饱和温度,为其在冷凝器中放热液化创造了条件。压缩机排出的高温高压的冷剂蒸气,在冷凝器中等压(2—4)的冷凝,放出液化热,凝结为冷剂液体。高温高压的冷剂液体经膨胀阀等焓节流降压后,成为低压低温的冷剂湿蒸气。至此,冷剂在制冷装置中完成了一个工作循环。只要制冷循环不断地进行,冷库的热量就连续地被冷剂转移给外界的冷却介质水或空气,从而产生并维持冷库的低温。可见,制冷循环是由等压汽化吸热(5—1)、绝热压缩(1—2)、等压冷凝放热(2—4)和等焓节流降压(4—5)四个过程组成。

2. 回热循环

采用使来自冷凝器的高压液态工质和来自蒸发器的低压气态制冷工质在热交换器内进行热交换，使液态工质过冷，同时使气态工质过热。采用回热器过冷、过热的循环称回热循环。其热力过程如图 9-3 所示。

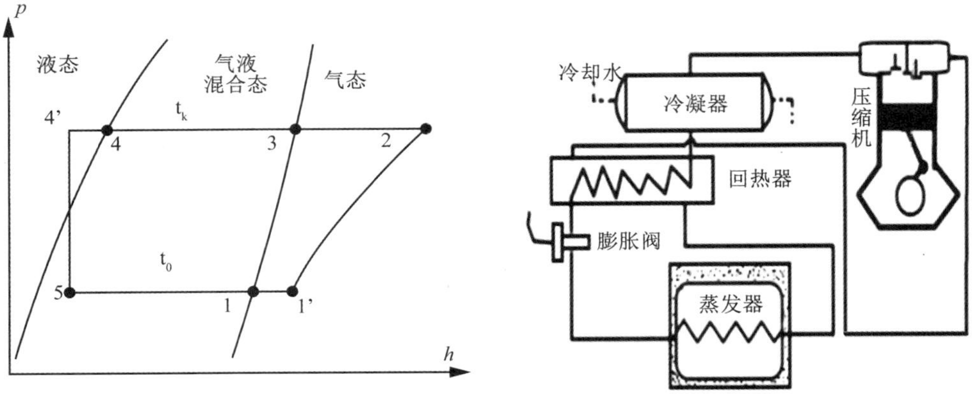

图 9-3　有过热和过冷的制冷循环

其中 5—1′为冷剂的吸热汽化过程，1′—2 为绝热压缩过程，2—4′为放热冷凝过程，4′—5 为节流降压过程，5—1′为过热过程，4—4′为过冷过程。为了确保压缩机不产生“液击”，要求吸入的蒸气冷剂具有一定的过热度。为了提高装置的制冷能力，膨胀阀前的液体冷剂一般都具有一定过冷度。

实际制冷循环与回热循环的主要差别在于：冷剂在制冷系统中循环存在流阻损失，压缩过程是多变过程。由于冷剂在蒸发器和冷凝器中的实际降压一般很小，压缩过程进行得很快，热交换的影响小，因此方便起见，在讨论实际制冷循环时，仍认为冷剂的蒸发和冷凝过程是在等压下进行的，压缩过程为绝热压缩过程。

第三节　船舶制冷装置的组成

一、船舶制冷装置概述

蒸气压缩式制冷装置由构成系统的基本设备、辅助设备和自动控制元件组成。

图 9-4 所示为某船舶伙食制冷装置的系统图。在该系统中，基本设备包括制冷压缩机 1、冷凝器 6、热力膨胀阀 17（节流元件）和蒸发器 19 等四部分。辅助设备包括油分离器 5、贮液器 10、干燥器和过滤器 12、冷剂观察镜 13 等部分。自动控制元件包括热力膨胀阀 17、水温控制阀 8、供液电磁阀 16、压力继电器 4、温度控制器 18、蒸发压力调节阀 21（背压阀）、油压差继电器等部分。

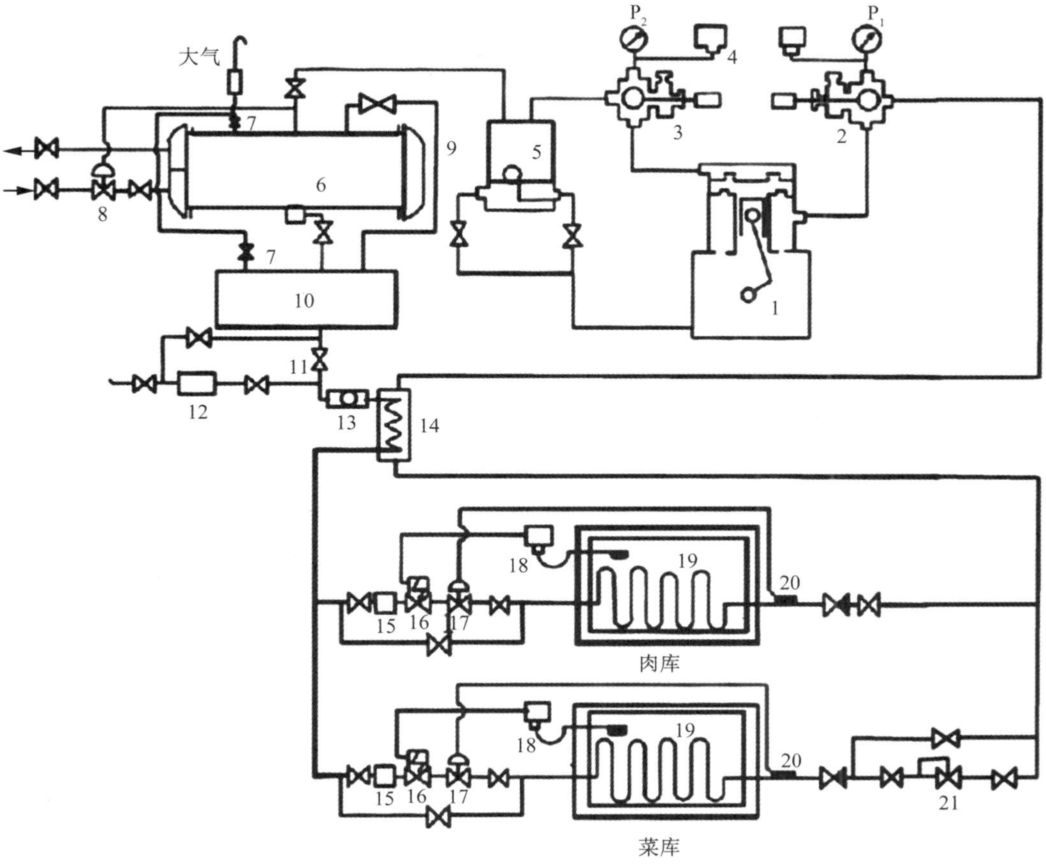

图 9-4 制冷装置系统图

1—制冷压缩机;2—吸入阀;3—排出阀;4—压力继电器;5—油分离器;6—冷凝器;7—安全阀;8—水温控制阀;9—平衡管;10—贮液器;11—出液阀;12—干燥器和过滤器;13—冷剂观察镜;14—回热管;15—滤器;16—供液电磁阀;17—热力膨胀阀;18—温度控制器;19—蒸发器;20—温感包;21—蒸发压力调节阀

二、基本设备

1. 制冷压缩机

为了实现制冷剂的连续流动,并产生低温蒸发所需的低压和常温冷凝所需的高压,就需要设置制冷压缩机。

制冷压缩机是将低压气体压缩为高压气体的机械,是制冷系统的心脏。它从吸气管吸入低温低压的制冷剂气体,通过电机运转带动活塞对其进行压缩后,向排气管排出高温高压的制冷剂气体,为制冷循环提供动力,从而实现压缩、冷凝(放热)、膨胀、蒸发(吸热)的制冷循环。

在蒸气压缩式制冷装置中,制冷压缩机的作用有两个,其一是不断地从蒸发器中抽吸气体冷剂,以产生和维持蒸发器的低压,使冷剂在低压下蒸发;其二是通过压缩提高了气体冷剂的压力和温度,为冷剂在冷凝器中向冷却介质放热液化创造了条件。所以,压缩机是制冷装置的最重要的设备之一。

制冷压缩机有活塞式、螺杆式、离心式和涡旋式等,其中活塞式制冷压缩机应用最为广泛。

活塞式制冷压缩机是一种把电机的旋转运行转化为活塞的往复运行,从而使气体压力增压和输送气体的压缩机,属于容积式压缩机。其主要由气缸、传动部件、机身及辅助部件组成。它使气缸容积不断地变小和增大。容积增大,压力降低,通过吸气阀吸进气体,容积变小过程对气体进行压缩,使压力增大并从排气阀排出,从而实现吸气、压缩、排气的过程。活塞式制冷压缩机按壳体结构可分为:

(1)开启式——压缩机曲轴伸出压缩机机体之外,再通过传动装置与原动机连接。在伸出部位要用轴封装置防止轴段和机体间的漏泄。如图 9-5 所示,通常较大的压缩机采用开启式。

图 9-5　开启式制冷压缩机

(2)半封闭式——把电机和压缩机连成一个整体,装在同一机体内,共用一根轴,没有轴封装置,有可拆卸的缸盖、端盖,以便检修气阀、油泵等易损件,避免了漏泄的可能性。半封闭式制冷压缩机(如图 9-6 所示)电动机绕组和油及制冷剂直接接触,因此不适应于氨制冷剂,绕组的绝缘材料必须耐油及耐制冷剂的侵蚀。我国国标规定的半封闭式压缩机缸径不大于 70 mm。

图 9-6　半封闭式制冷压缩机

(3)封闭式——全封闭式压缩机也像半封闭式压缩机一样,把电机和压缩机连成一个整体,共用一根主轴。它与半封闭式的差异在于,连接在一起的压缩机和电机组安装在一个密闭的薄壁机壳中，机壳由两部分焊接而成，露在机壳外表的是吸排气管、工艺管以及其他（如喷液管）必要的管道、输入电源接线柱和压缩机支架等，如图 9-7（a）所示。整个压缩机和电机组装在一个不能拆开的密封机壳中，不易打开进行内部修理，因而要求压缩机使用可靠性高、寿命长，对整个制冷系统安装要求也高。这种全封闭结构型式一般用于小型空调装置或小型制冷设备中。

关于压缩机吸、排阀多用接头，有的压缩机的吸、排阀采用双阀座结构，如图 9-7（b）所示，它在阀体上设了常通接头 1 和多用接头 2（多用孔道）。其操作方法是：将阀杆旋出到底，多用接头 2 关闭，压缩机与吸入（或排出）管路接通（或称全开）；将阀杆旋入到底，压缩机与吸入（或排出）管路关闭（或称全关）；压缩机正常工作时，阀芯应处于三通状态，即将阀杆旋出到底，关闭多用孔道后再反向旋转 1~2 圈。

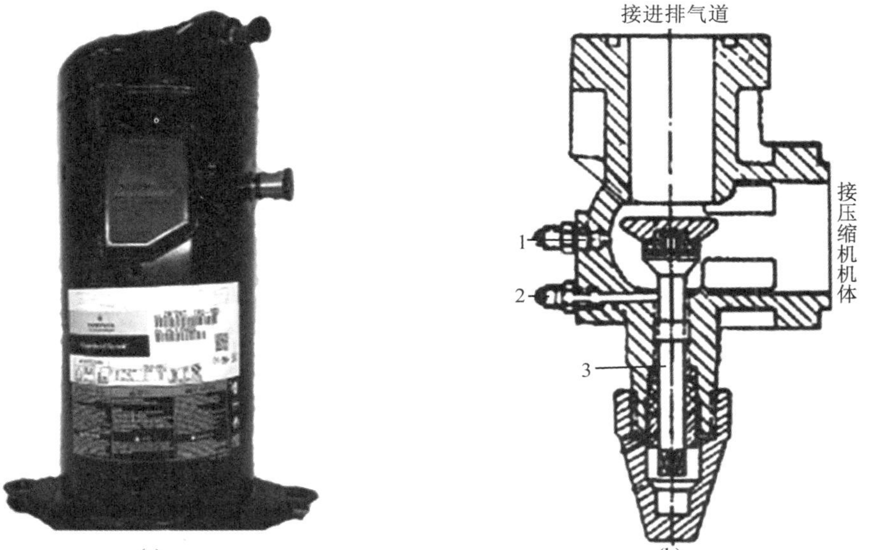

(a) (b)

图 9-7　压缩机及双阀座截止阀

1—常通接头；2—多用接头；3—阀杆

2. 冷凝器

冷凝器是将压缩机排出的气态冷剂冷凝成液态的热交换设备。其工作过程是：来自压缩机的过热制冷剂蒸气进入冷凝器后先被冷却成饱和蒸气，继而被冷凝成饱和液体。若冷却介质流量大、温度低，饱和液体还可进一步冷却成过冷液体。制冷剂蒸气在冷凝器中冷凝液化时的压力温度基本保持不变，相应的温度和压力称为冷凝温度和冷凝压力。按冷却介质的不同，冷凝器可分为水冷式和空冷式两种。船舶制冷装置多采用壳管式水冷冷凝器。

（1）壳管式水冷冷凝器

壳管式水冷冷凝器的结构如图 9-8 所示，其主要由圆筒型的壳体、管群和端盖等组成。制冷剂在管外冷凝，冷却水在管内流动而将热量带走。冷却水进出口设在端盖上。冷却水从下部流进，上部流出。冷剂气体从壳体上部进口进入，冷凝后的冷剂液体从壳体下部出口流出。大型的壳管式冷凝器上装有：安全阀（容量小于 100 L 时，也可用熔点为 65 ℃的易熔塞代替）、放空气阀、水室放气阀、泄水旋塞、液位计和平衡管接头等附件。连接冷凝器和贮液器的管子称为平衡管，用以均衡两者压力，便于液体冷剂流入贮液器和把贮液器内的蒸气引回冷凝器。

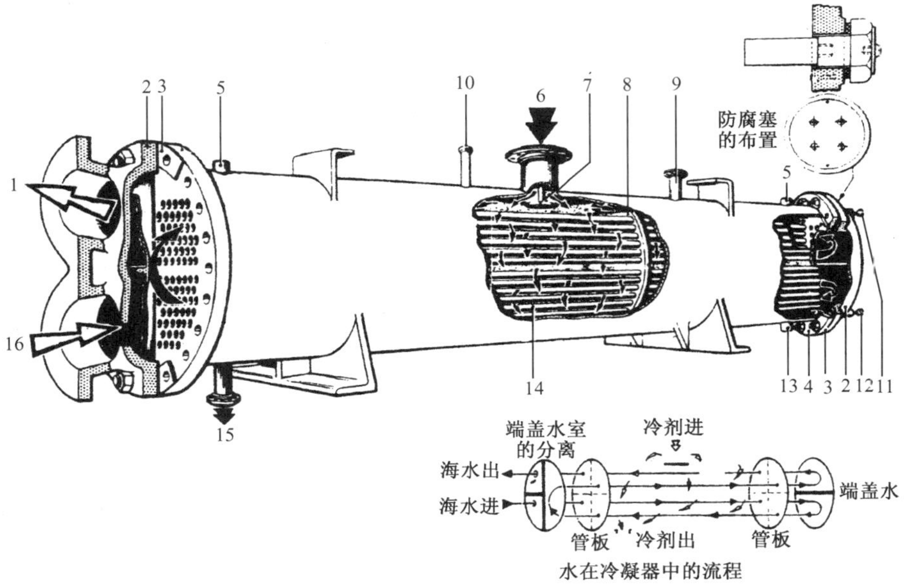

图 9-8　壳管式水冷冷凝器

1—冷却水出口；2—端盖；3—垫片；4、15—管板；5—放气阀接头；6—冷剂进口；7—挡气板；8—管架；9—平衡管接头；10—安全阀接头；11—水室放气旋塞；12—水室泄水旋塞；13—泄水阀接头；14—冷却管；15—冷剂出口；16—冷却水进口

此外，冷凝器兼作贮液器使用时，下部一般还装有液位镜或液位计。

（2）空冷式冷凝器

以空气作为冷却介质的冷凝器称为空冷式冷凝器，这种冷凝器结构较简单，常为外带肋片的盘管（单排或多排），如图 9-9 所示。冷剂在管内流动，靠从管外掠过的空气冷却，吸收管内制冷剂蒸气的热量。由于空气的换热系数较小，管外常常要设有肋片，以强化换热。其多用于家用冰箱、厨房用冰柜和窗式空调器中。空冷式冷凝器分为空气自由流动和空气强制流动两种型式。

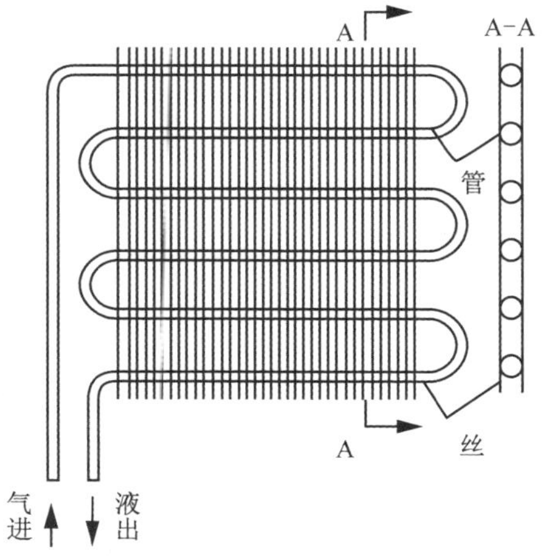

图 9-9　空冷式冷凝器

3. **蒸发器**

蒸发器的功用是使冷剂与被冷物体或冷媒体在此进行热量交换。它通过将节流元件送来的液体冷剂在此汽化吸热,而被冷物体或冷媒则放热降温来达到制冷的目的。按被冷物体与冷剂之间热量传递方式,蒸发器可分为直接冷却式和间接冷却式。

(1)直接冷却式蒸发器。直接冷却式蒸发器有蒸发盘管和空气冷却器两种类型。它多为盘管式,由铺设在冷库内壁四周的盘管组成,故又称为蒸发盘管。冷剂在盘管内蒸发,直接从冷库中吸热。按库内空气流动方式又分为自然流动和强迫对流。若靠空气强迫对流换热,这类蒸发器又称为空气冷却器,也叫冷风机,如图 9-10 所示。冷风机传热系数大,安装方便,能使库内空气循环好。不仅高温库几乎全部采用冷风机,目前新造船舶低温库大多数也采用冷风机。

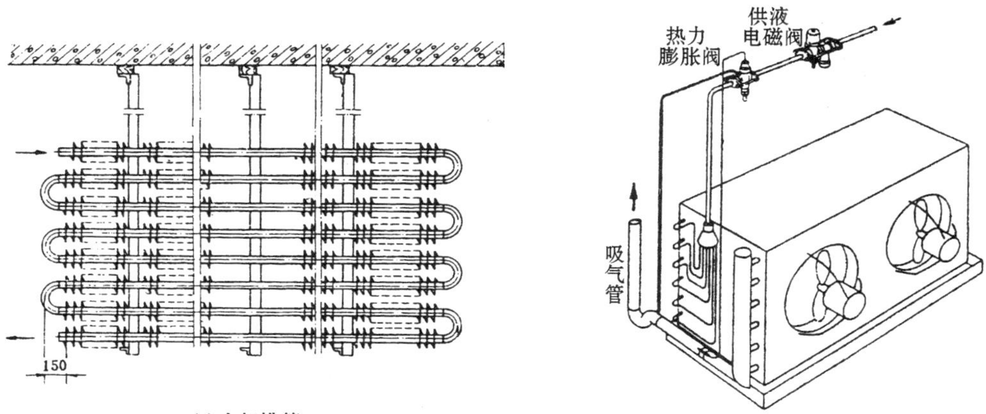

(a)冷却排管　　(b)冷风机

图 9-10　直接冷却式蒸发器

(2)间接冷却式蒸发器。它由筒形外壳和其内的管群组成,结构与一般热交换器类同。按工作方式的不同分为干式和满液式。

如图 9-11 所示为间接冷却式蒸发器,冷剂在管群内蒸发,吸收管外流过的载冷剂的热量,流出蒸发器时已成为过热蒸气。被冷却的载冷剂则被泵至空调器内的热交换器,升温后又回至蒸发器,如此不断地循环。一般蒸发温度高于 0 ℃,用水作载冷剂;蒸发温度低于 0 ℃,用盐水作载冷剂。干式蒸发器供入冷剂量由热力膨胀阀控制,一般不会引起压缩机的"液击"现象。满液式蒸发器筒体内约一半容积是液体制冷剂。制冷剂在管群外蒸发,冷媒在管群内流动。为了防止"液击",在蒸发器上部都设有集气室或气液热交换器。

间接冷却式要增设载冷剂和相关的循环管路和设备,会增加管理工作量,而且二次换热会造成能量损失。主要好处是能使制冷剂管路缩短。其在内河船舶上很少使用。

三、辅助设备

1. **油分离器**

油分离器位于压缩机出口处,用以分离出压缩机排气中的大部分滑油,并将分离出的滑油送回压缩机曲轴箱,从而避免压缩机曲轴箱的油量减少过快,同时避免大量的滑油进入系统污

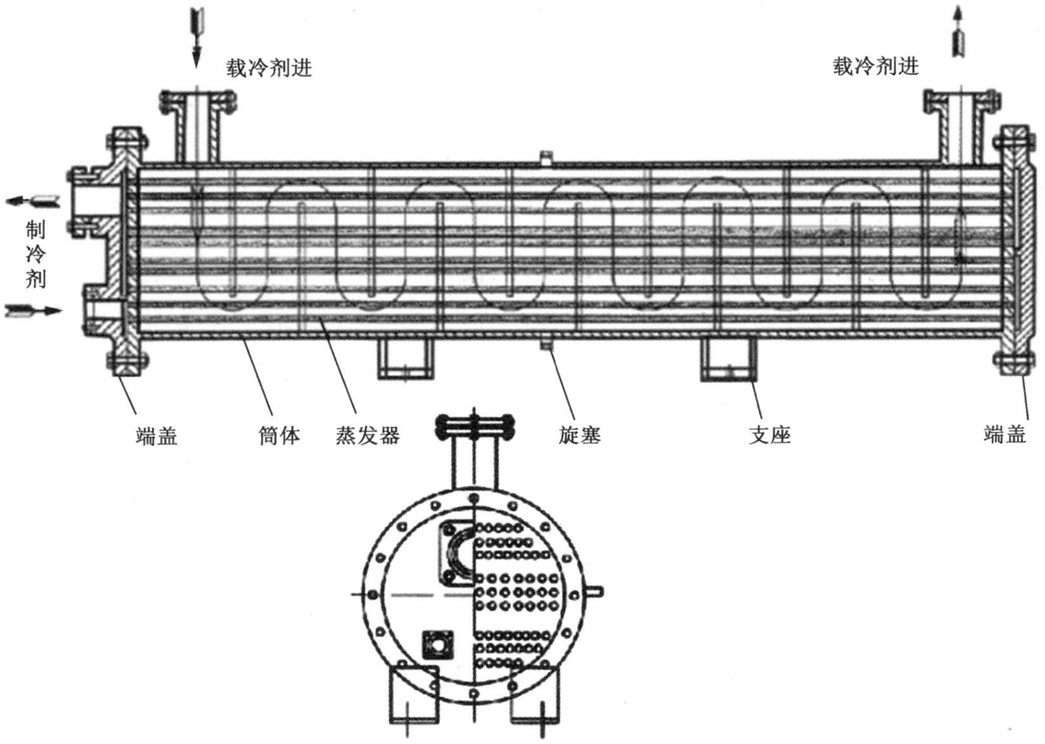

图 9-11　间接冷却式蒸发器

染换热面影响传热效果。

油分离器按分离原理分有：撞击式、过滤式（氟利昂）和洗涤式。

如图 9-12 所示为常用的过滤式油分离器的结构。压缩机的排气进入气液分离器后，由于流速的突然降低和流向的改变，气流易于与器壁相撞，部分油雾黏于壁面；气流流经滤网时，与滤网面接触的油粒也黏在其上。这些黏附的油粒积聚成滴后，掉落于分离器的底部。当底部油位上升至一定高度时，浮球式回油阀开启，滑油经回油接管流回曲轴箱；当油位下降至一定高度时，浮球式回油阀关闭，一次回油结束。两次回油的时间间隔与机型和油分离器容积大小有关，一般来说至少 1 小时以上才正常。回油时，回油管路是热的；不回油时，回油管路是冷的。若回油管一直发热，且停机后压缩机的低压压力很快升至高压压力，则说明回油阀漏泄，应修理。若回油管始终是冷的，则说明浮球回油阀不能自动开启回油，应定时开启手动回油阀回油；同时应对浮球式回油阀进行检修。

氟利昂制冷装置滑油分离器多采用过滤式，滑油被金属滤网分离，返回压缩机的方法有两种：

（1）由浮球阀控制；

（2）由电磁阀控制，电磁阀靠延时继电器控制在压缩机起动 20～30 min 后开启，以免刚起动时分出的油不多，气态冷剂向压缩机回流；而压缩机停车时电磁阀同步关闭。回油还要经过带阻尼孔的节流元件以控制回油速度。

小型氟利昂制冷装置由于系统管路不长，一般不设油分离器，排气带入系统的滑油，靠压缩机吸气时把滑油带回吸气腔，滑油经回油均压孔返回曲轴箱。

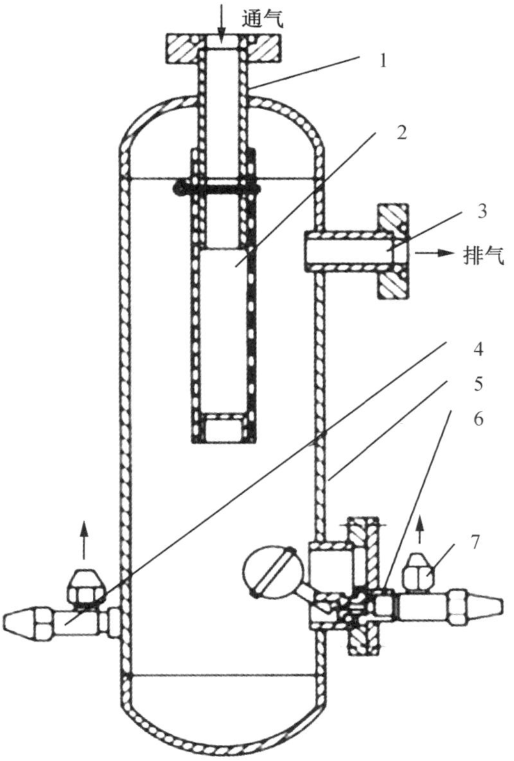

图 9-12 过滤式油分离器

1—进气管;2—滤网;3—排气管;4—手动回油阀;5—筒体;6—浮球阀组;7—自动回油出口阀

2. 贮液器

贮液器的功用一是存放冷剂,以满足热负荷变化时冷剂循环量的增减,通常安装于冷凝器下方;二是在装置检修或长期停用时,收储系统中的全部冷剂。某些小型的制冷装置,冷凝器为水冷者,往往以冷凝器兼作贮液器,而不专设贮液器。贮液器多为卧式的圆筒形容器,其上有进、出液口和截止阀,其顶部与冷凝器常接有平衡管,如图 9-13 所示。贮液器通常设有液位观察镜和安全阀(或易熔塞)。大小应保证系统全部制冷剂存入后不超过其容积的 80%,正常工作时保持液位 1/3~1/2 高度。贮液器不允许完全充满液体,否则温度升高无膨胀的空间会有压力过高的危险。

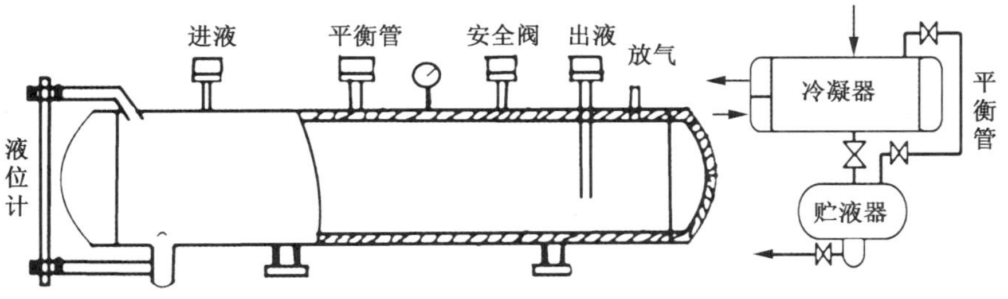

图 9-13 贮液器

3. 干燥器和过滤器

干燥器和过滤器装于贮液器与膨胀阀之间的供液管路上。过滤器用以滤阻铁屑、焊渣和污物等固体颗粒，以免堵塞通道。干燥器用以吸收随冷剂循环的水分，以免低温通道（特别是在膨胀阀处）发生“冰塞”。系统中水分来源于冷剂、滑油的不纯，以及拆检操作和管理不当渗入的空气。随制冷剂循环呈游离状态的水，当其到达低温处时，会结冰而堵塞通道，阻碍甚至完全停止冷剂的循环，从而破坏装置的正常运行，这种现象称为“冰塞”。

过滤器和干燥器通常组合在一起，构成干燥过滤器，其结构如图 9-14 所示。干燥剂的两端均装有滤网。为避免干燥剂颗粒在液体冷剂的冲击下相互摩擦而产生粉末被带出，填充干燥剂时应墩压结实。为此，有些干燥器还装有弹簧使干燥剂处于压实状态。

常用的干燥剂可分为吸收性和吸附性两类。

吸收性干燥剂有无水氯化钙、氧化钙等。此类干燥剂价格低，吸水能力强，但吸水后易溶解成糨糊状，只能短时间临时使用。

制冷装置一般使用吸附性干燥剂，靠内部的许多细孔吸附水分。最常用的有硅胶，硅胶呈颗粒状，吸水后其颜色会发生变化，通常加染色剂，以便判断其吸水程度。吸水后的硅胶可于 140~160 ℃下烘烤 3~4 h 再生，继续使用。用久了的硅胶的细孔会被油和杂质堵塞，便需更换。

分子筛是一种人工合成的泡沸石——多水硅盐晶体，呈小丸或小圆棍状。其吸水能力比硅胶和无水氯化钙强，可再生，再生温度为 450~550 ℃，一般要加热 6 h，再冷却 2 h。

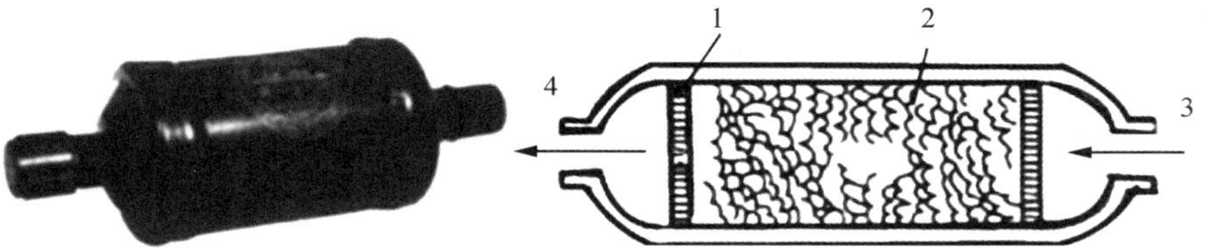

图 9-14　干燥过滤器结构图

1—金属网；2—干燥剂；3—制冷剂进口；4—制冷剂出口

干燥过滤器的安装，应使液流的方向与其上箭头的方向一致，以保证其出口端的毡垫阻止干燥剂的粉末进入系统。在充入或补充冷剂、更换滑油、系统发生“冰塞”时，可接入干燥器运行一段时间，水分吸完后，旁通干燥器，以减小冷剂的流阻，避免“闪气”，防止干燥剂粉末被气体冷剂冲入系统。

4. 气-液热交换器

气-液热交换器又称回热器，它是液体冷剂与气体冷剂的热交换器。其作用一是提高液体冷剂的过冷度，以提高单位质量制冷量；二是提高气体冷剂的过热度，以利于防止压缩机发生“液击”。

气-液热交换器结构如图 9-15 所示。其外形多为圆筒形，内装盘管的容器，液体冷剂从盘管内流过，而气体冷剂则从管外流过。其些小型厨房冰柜和家用冰箱中常不设专用的气-液热交换器，而只是将进液管与回气管紧靠在一起，并覆以隔热材料。

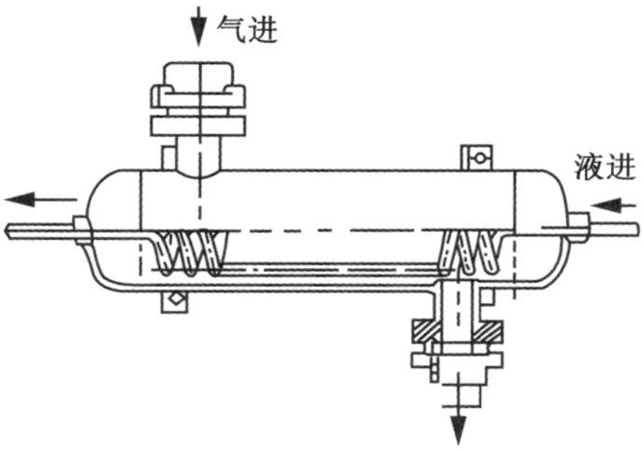

图 9-15 气-液热交换器的构造

四、自动控制元件

1. 热力膨胀阀

制冷装置所采用的节流元件有毛细管、手动膨胀阀和自动膨胀阀(如热力膨胀阀、电子膨胀阀)等。一般冷库和空调装置最常用的是热力膨胀阀,热力膨胀阀在制冷装置中既是主要设备,又是自动控制元件,装于冷凝器和蒸发器之间。

(1)热力膨胀阀的作用

①使高压常温的制冷剂液体节流降压为低温低压的制冷剂湿蒸气。

②感温包感受蒸发器出口制冷剂蒸气过热度的变化,自动调节膨胀阀开度以调节流量,使制冷剂流量与蒸发器的蒸发量相匹配。

③使冷剂气体在蒸发器出口的过热度保持在一定范围内,防止压缩机"液击"。

热力膨胀阀分为内平衡式和外平衡式两类,如图 9-16 所示。小型冷库采用排管式蒸发器时,常用内平衡式膨胀阀;采用冷风机为蒸发器时,多用外平衡式膨胀阀。

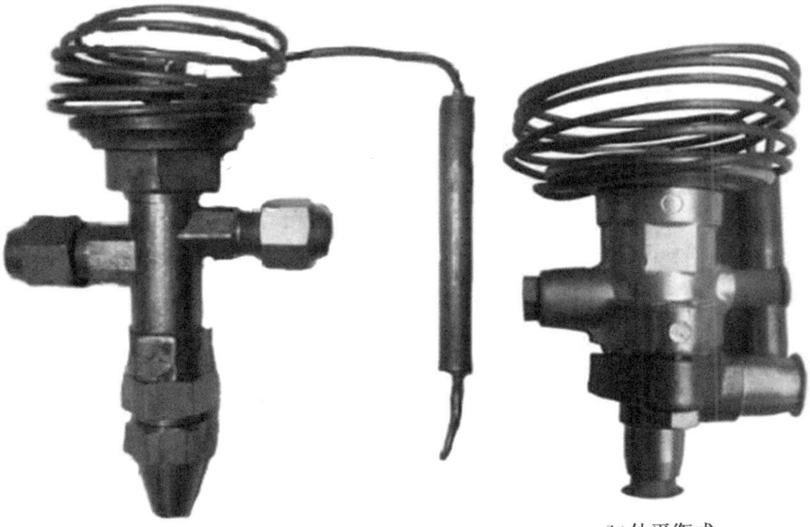

(a)内平衡式　(b)外平衡式

图 9-16 热力膨胀阀

船舶辅机

(2)内平衡式热力膨胀阀的结构

内平衡式热力膨胀阀结构如图 9-17 所示。内平衡式热力膨胀阀的结构主要由热力头、节流元件、过热度调整机构和阀体四大部分组成。其中热力头部分包括膜片 1(用 0.1~0.2 mm 厚不锈钢片或波纹管)、传压管 10(内径 0.1~0.2 mm)和感温包 6。节流元件部分包括顶杆、阀座 8 和针阀 7。过热度调整机构部分包括过热弹簧 3 和调节杆 5。阀体部分包括冷剂进口接头(其内装有可拆洗的滤芯 9)和冷剂出口接头。

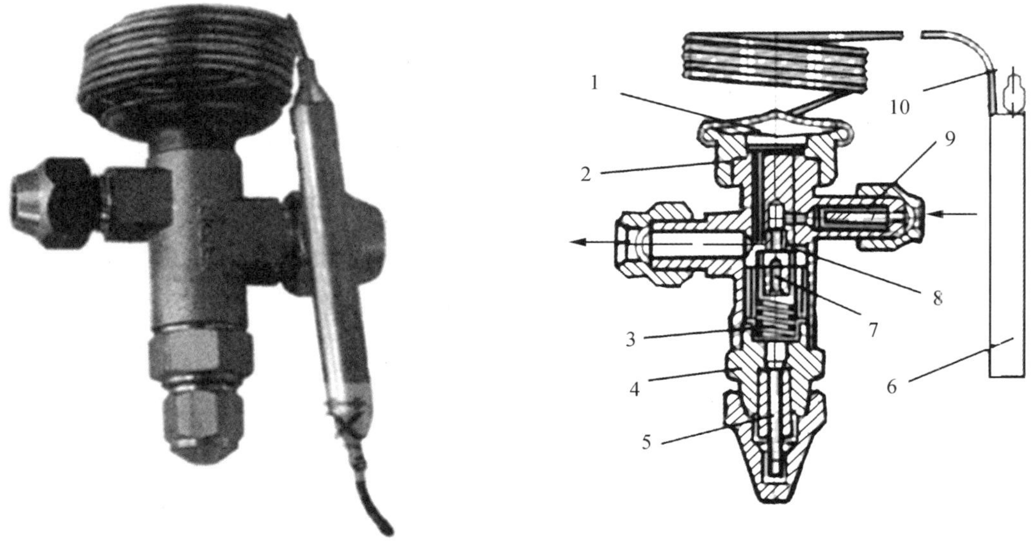

图 9-17　内平衡式热力膨胀阀结构

1—膜片;2—阀体;3—过热弹簧;4—调整螺母;5—调节杆;6—感温包;7—针阀;8—阀座;9—滤芯;10—传压管

(3)内平衡式热力膨胀阀的工作原理

内平衡式热力膨胀阀工作原理图如图 9-18 所示,高压常温液体冷剂流经膨胀阀时,由于受窄小通道限制而被节流,压力降低(蒸发压力)。紧贴于蒸发器出口管段的膨胀阀的感温包内,充有易挥发的液体,用以感受蒸发器出口处冷剂蒸气的过热度,并把其转换为与之对应的饱和压力信号 p_1。p_1 经传压管 9 传至热力头上部的腔室内作用于膜片 1 的上方。而膜片的下方作用着蒸发器进口处冷剂的蒸发压力 p_2,膜片上、下方压差产生的作用力经顶杆 2 作用于针阀 3 上。若弹簧力为 p_0,装置工况稳定时,针阀的开度一定,存在 $p_1 = p_0 + p_2$ 的关系式。显然,当热负荷增大时,蒸发器内冷剂蒸气“过热段”就会增长,出口蒸气过热度增大,作用于膜片上方的信号压力 p_1 增高,针阀开大,供入蒸发器的冷剂流量增加,直至向上与向下的作用力重新平衡。反之,当热负荷减小时,出口的蒸气过热度减小,针阀关小,供入蒸发器的冷剂流量减小。于是,随着热负荷的变化,膨胀阀开度就会自动开大或关小,使供入蒸发器的冷剂流量与热负荷相适应,并维持蒸发器出口的蒸气过热度在一定范围内。

蒸发器出口过热度随热负荷的升降而增减,针阀刚好关闭时的出口过热度,称为“关闭过热度”或“静止过热度”。关闭过热度的大小决定于调节弹簧的预紧力。弹簧预紧力增大,关闭过热度升高;反之,关闭过热度降低。一般可在 2~8 ℃的范围内调节。

(4)热力膨胀阀的安装

热力膨胀阀安装前应做粗略性检查,一般是从阀进口吹气,通道畅通,膨胀阀正常可用;若

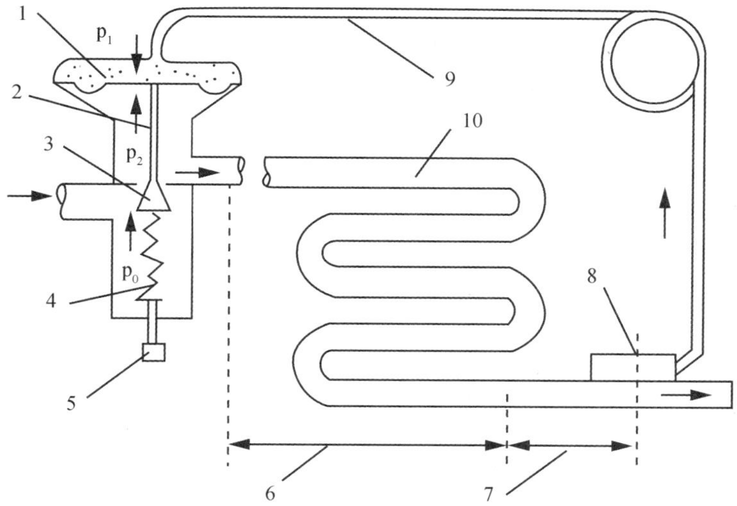

图 9-18 内平衡式热力膨胀阀工作原理图

1—膜片;2—顶杆;3—针阀;4—过热弹簧;5—调整螺母;6—湿蒸汽部分;7—过热蒸汽部分;8—感温包;9—传压管;10—蒸发器

通道堵塞不通,则表明膨胀阀已损坏。热力膨胀阀经检查无误后可进行安装,但安装时应注意以下问题。

①阀的安装位置应尽可能靠近蒸发器,且应垂直安装,其所处的环境温度应高于蒸发器出口冷剂的温度,以减小冷量损失和防止感温传压机构因部分充剂凝结而失效。

②蒸发器出口的管路若上行,通常设有集油弯,感温包应装在集油弯上游的水平段,不应靠近质量较大的阀体或其他金属件。管径小于 21 mm 者,感温包应置于水平管的顶部;管径大于 21 mm 者,感温包可置于水平管下侧 45°角左右处。感温包安装好后,出口处毛细管应朝上,其余部分毛细管应防止贴靠或冷或热的管路上;避免被挤压而堵塞通道。

③感温包与管路接触部分应彻底清除污物、油漆和铁锈,并涂以银粉,尽量减小冷剂与感温包传热热阻。感温包用管箍或铁丝箍紧在出口管段,然后包扎隔热材料,以尽量减小环境温度的影响。

④若是外平衡式热力膨胀阀,平衡管连接点应设在感温包之后,以免有少量液态制冷剂从膨胀阀顶杆填料处漏入平衡管而影响感温包对过热度的感应。平衡管应从蒸发器出口管的顶部引出,以免管底部有液体或积油而影响引出压力。

⑤蒸发器出口管路上若装有背压阀,感温包应装于背压阀和平衡管接点之前。蒸发器出口管路上若装有回热器,感温包应装于回热器之前。

2. 毛细管节流装置

毛细管是最简单的节流元件。制冷机所用的毛细管一般为内径为 0.6~2.0 mm、长度为 0.5~5.0 m 的紫铜管。毛细管越细或越长,节流作用越强,冷剂流量越少。当装置的热负荷变化时,它不能自动调节流通面积,只能靠进出口的冷剂状态的变化来稍微改变冷剂流量。于是,当制冷机偏离设计工况时,就会出现冷剂的流量与蒸发器的热负荷不适应的情况,不是供液不足就是供液过量。故采用毛细管节流降压且未设贮液器的空调器和冰箱,冷剂的灌注量一定要准确。冰箱一般充剂量以蒸发器均匀挂满白霜、压缩机的回气有冰冷感而不挂霜为宜。

由于毛细管是装在高、低压部分常通的通道，停机后可使高、低部分的压力趋于平衡，从而减小压缩机的起动负荷，这就为压缩机采用价格低廉的低起动转矩的电动机提供了条件。所以，停机后不宜立即强行起动压缩机，避免高、低压还未平衡时起动压缩机，造成电机过载而烧坏。停机后需等待 3 min 以上才能重新起动。

3. 温度控制器

(1) 温度控制器的作用

温度控制器用于控制库温、箱温或室温。温度控制器（又称温度继电器或温度开关）是以温度作为控制信号的电开关。其控制方式有两种，一是控制供液电磁阀电路的接通与断开，如伙食冷库或中央空调；二是直接控制压缩机起动与停止，如冰箱、冰柜或家用空调等。

(2) 温度控制器的结构和工作原理

①温度控制器的结构

温度控制器的种类繁多，但其结构和工作原理基本类同。如图 9-19 所示为温度控制器。其结构主要由主调螺杆 7、波纹管 3、调节螺钉 4、主调弹簧 6、幅差弹簧 5、感温包 1、接线头 9 和触头 10 等组成。

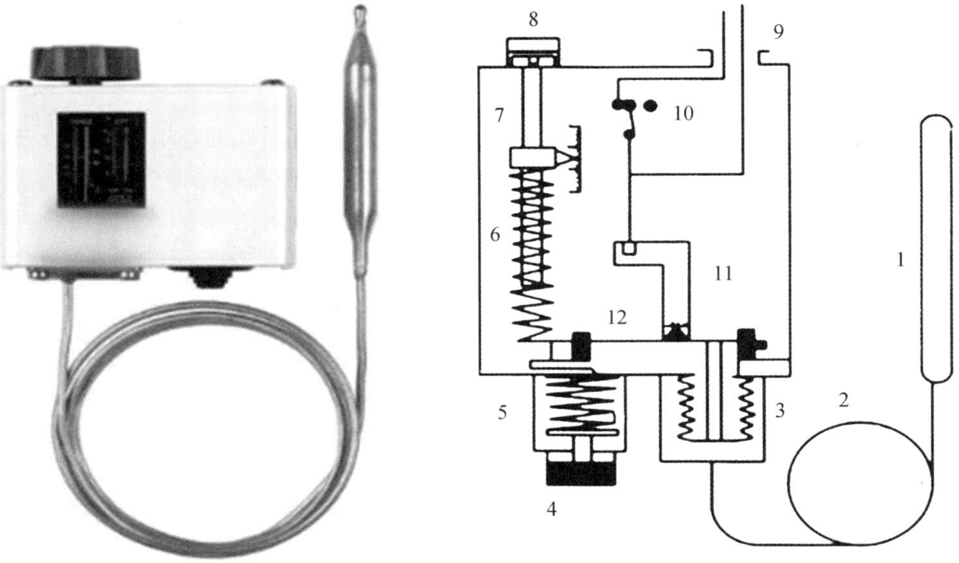

图 9-19　温度控制器

1—感温包；2—毛细管；3—波纹管；4—调节螺钉；5—幅差弹簧；6—主调弹簧；7—主调螺杆；8—调节旋钮；9—接线头；10—触头；11—拨臂；12—主杠杆

②温度控制器的工作原理

当压缩机停止运转，制冷装置停止制冷后，冷库温度开始回升，温度控制器的感温包 1 感应温度所对应的饱和压力升高，波纹管 3 内压力升高，当库温升高至调定值上限时，克服幅差弹簧 5 弹力，带动主杠杆 12 做逆时针方向转动，拨臂 11 使触头 10 闭合，将控制电路接通，使供液电磁阀通电开启或压缩机通电起动；制冷后，感温包压力随库温下降而降低，主杠杆在幅差弹簧张力的作用下顺时针偏转，当转至调定下限时，克服主调弹簧 6 的弹力和幅差弹簧的拉力，拨臂带动触头 10 断开，将其控制电路断电，使供液电磁阀断电关闭。

主调螺杆 7 的调节旋钮 8 是用来调节冷库上限温度（下限温度跟随改变）的，幅差调节螺杆的调节螺钉 4 是用来调节冷库下限温度的。

（3）温度控制器的安装与使用注意事项

①选用温度控制器的温度适用范围和差动值可调范围应符合要求，不要搞错接线方式。

②本体应可靠地固定于无振动和环境温度高于所控温度之处。

③感温包应放在空气流通和能代表库温的地方。其安装高度宜低于本体，以提高测量和控制精度，但切忌与蒸发器管壁碰贴（家用冰箱温控器的感温管除外）。室内空气为强制流通者，感温包应置于空气流道中。

④传压管应引直，每隔 300 mm 左右用扎头固定，其弯曲半径应不小于 50 mm，以免折裂或压扁。

4. 供液电磁阀

电磁阀是由电磁力控制启、闭的阀，在制冷装置中它常装在热力膨胀阀之前的液体管路上，由装置中的温度继电器控制，是决定是否向蒸发器供冷剂的阀件。电磁阀按工作原理不同分为直接作用式（直动式）与间接作用式（先导式）。

（1）直接作用式电磁阀

如图 9-20 所示，其主要由阀盘 4、铁芯 2、电磁线圈 1 和阀体等组成。库温达上限，温度继电器触头闭合，电磁阀通电产生电磁力，吸上芯铁，阀开启供液。库温达到下限，温度继电器切断电路，电磁阀芯铁靠自重下落，阀关闭停止供液。可见，直接作用式电磁阀的启闭直接靠电磁力。直接作用式电磁阀适用于小型制冷装置。

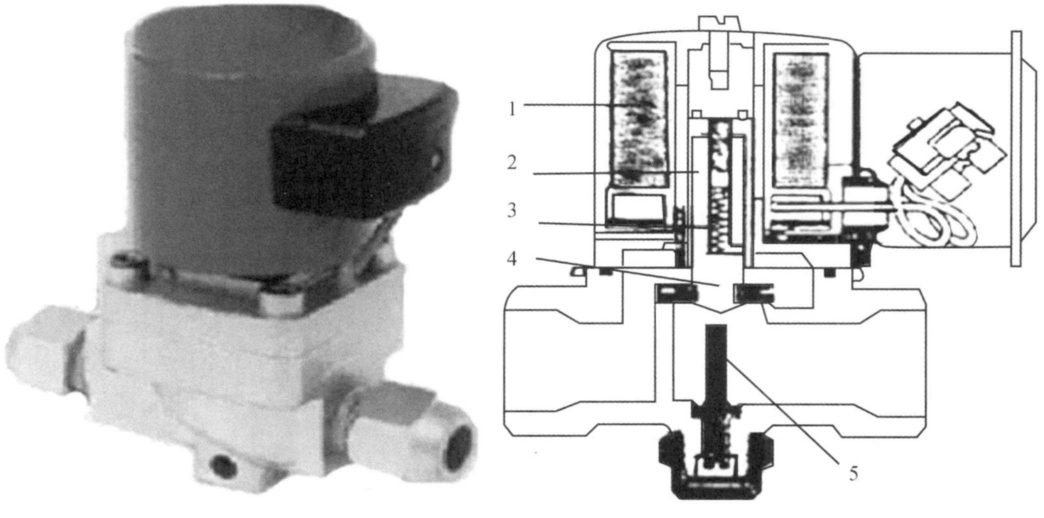

图 9-20　直动式电磁阀

1—电磁线圈；2—铁芯；3—复位弹簧；4—阀盘；5—强开顶杆

（2）间接作用式电磁阀

间接作用式电磁阀如图 9-21 所示，阀芯由主阀和导阀组成。导阀相当于直接作用式电磁阀，只是阀孔和阀座装在主阀的阀盘上。主阀 7 为膜片阀，其中央开有导阀孔 6，导阀 5 装在衔铁 3 的底部。其动作过程如图中 Ⅰ 至 Ⅳ 所示。当电磁线圈 1 通电时，电磁力克服重力、弹簧力等将衔铁吸起，开启导阀，主阀上方经导阀孔与主阀的出口端相通，主阀上方压力迅速下降，于是主阀膜片在下、上方压差的作用下被顶开（如图中Ⅰ所示），阀进、出口接通。当电磁线圈断电时，衔铁落下将导阀关闭，使主阀上方与出口断开，主阀上方压力逐渐升高，当主阀上方压力升高至一定值时，主阀上部的作用力大于下部的作用力，主阀关闭在主阀座8上（如图中Ⅳ所示）。这种电磁阀的主阀的启、闭靠冷剂压力作用，故启阀力大，适用于大型制冷装置。

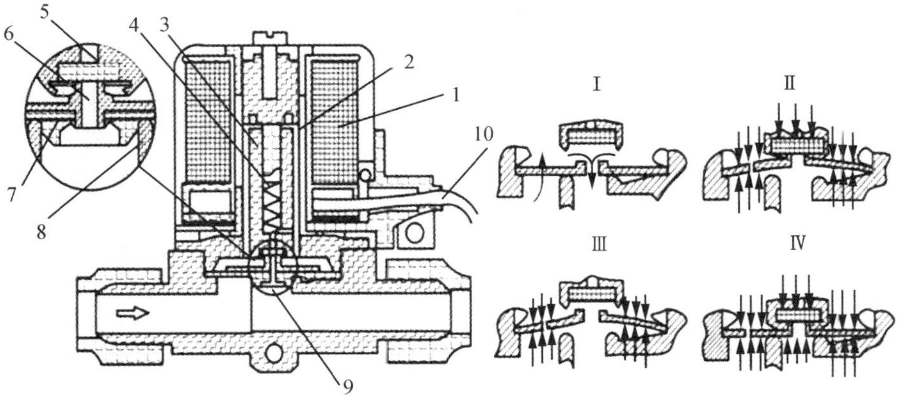

图 9-21　间接作用式电磁阀

1—电磁线圈；2—铜套筒；3—衔铁；4—复位弹簧；5—导阀；6—导阀孔；7—主阀；8—主阀座；9—主阀孔；10—连接线

选用或更换电磁阀时，应注意型号、阀进出口通径、适用介质和温度、允许工作压力、电制（交流或直流）和电压等。电磁阀必须垂直向上装于水平管路上，保证冷剂流向与阀体上所标示方向一致。

电磁阀的故障形式主要有：线圈烧断、阀芯卡阻和铁芯剩磁等。线圈是否断路，可在通电时用铁条感知磁力或用手感知是否温热进行判断。阀开、关是否正常，可用通、断电的办法听其有无动作声响来判断。若因铁芯有剩磁，断电后不能下落，可取出铁芯进行加热或摔打，以消除剩磁。

5. 压力继电器

（1）压力继电器的分类和作用

压力继电器是一种以压力作为控制信号的电开关，亦称压力开关。制冷装置一般都设有高压和低压继电器，通常将二者组合成一体，称为高、低压继电器。高压继电器装在压缩机排出端，当压缩机排气压力高于调定值时，强制切断压缩机电路，实现保护性停机，消除产生高压的原因后，需手动复位才能使压缩机重新起动；低压继电器装在压缩机吸入端，用吸气压力作为控制信号，控制压缩机起动和停机。

（2）压力继电器的结构和工作原理

图9-22为组合式高低压继电器的结构原理图。它主要由高低压波纹管、高低压调节弹簧、触头开关部分组成。压缩机的吸、排气压力分别经传压管引入低压波纹管7的气室和高压波纹管8的气室。

当吸气压力达到低压继电器设定值的上限时，压缩机电路接通起动；当吸气压力降至设定值的下限时，压缩机电路断开而停车。

其动作原理是：当作用于高压波纹管8上的吸气压力升高到低压设定值上限时，波纹管被

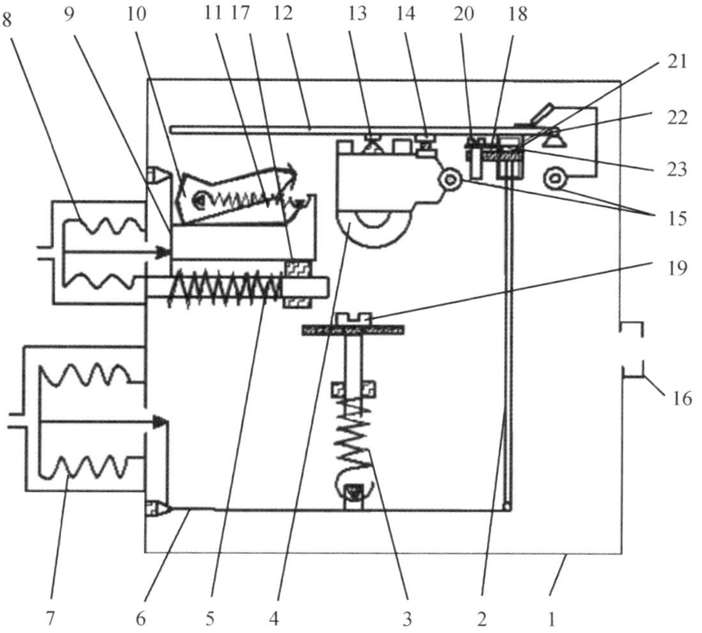

图 9-22 组合式高低压继电器结构原理图

1—吸入管;2—推杆;3—低压主调弹簧;4—磁钢;5—高压调节弹簧;6—角杆;7—低压波纹管;8—高压波纹管;9—杠杆;10—跳脚;11—跳簧;12—触头板;13—辅助触头;14—主触头;15—接线柱;16—连线孔;17—高压调节螺帽;18—挡板;19—低压主调节螺钉;20—低压幅差调节螺钉;21—夹持器;22—支轴;23—直角曲臂

压缩推动角杆 6 克服低压主调弹簧 3 的拉力做顺时针转动,带动推杆 2 和触头板 12 下移,使触头闭合。反之,当吸入压力低于低压设定值下限时,使触头断开。当作用在高压波纹管 8 上的排气压力升高至设定值上限时,顶针推动杠杆 9 克服高压调节弹簧 5 的弹力做逆时针转动,压缩弹簧使跳脚 10 起跳撞击触头板 12 使触头断开。高压继电器通常有自锁机构,一旦断开后,需要按复位按钮解除自锁,才能在排出压力降低后重新起动压缩机。

6. 蒸发压力调节阀

蒸发压力调节阀又称背压阀,装在高温库蒸发器出口管路上,以阀前蒸发压力为控制信号,自动调节开度来调节蒸发压力,使库温均匀。

在单机多库系统中,它安装在高温库蒸发器出口,防止高温冷库温度太低而冻坏菜果,湿度降低,增加干耗;防止制冷剂蒸气进入低温库,导致低温库库温难以降低,在低温蒸发器出口管路上应设止回阀。

在单机单库系统中,它安装在冷库蒸发器回气管与压缩机之间,维持要求的蒸发压力,保证冷库蒸发温度,进行吸气节流和调节压缩机制冷量。

蒸发压力调节阀按工作原理可分为直动式和伺服式。图 9-23 所示为直动式蒸发压力调节阀。由蒸发器来的制冷剂蒸气从阀的进口流入,克服主弹簧 4 的张力,推动阀盘 7 上移。蒸发压力稍有增大,则阀开大,避免蒸发压力明显升高;而蒸发压力下降到调定值时,则阀关闭。蒸发压力的调整是通过调节螺钉 3 改变主弹簧 4 的张力来实现的。

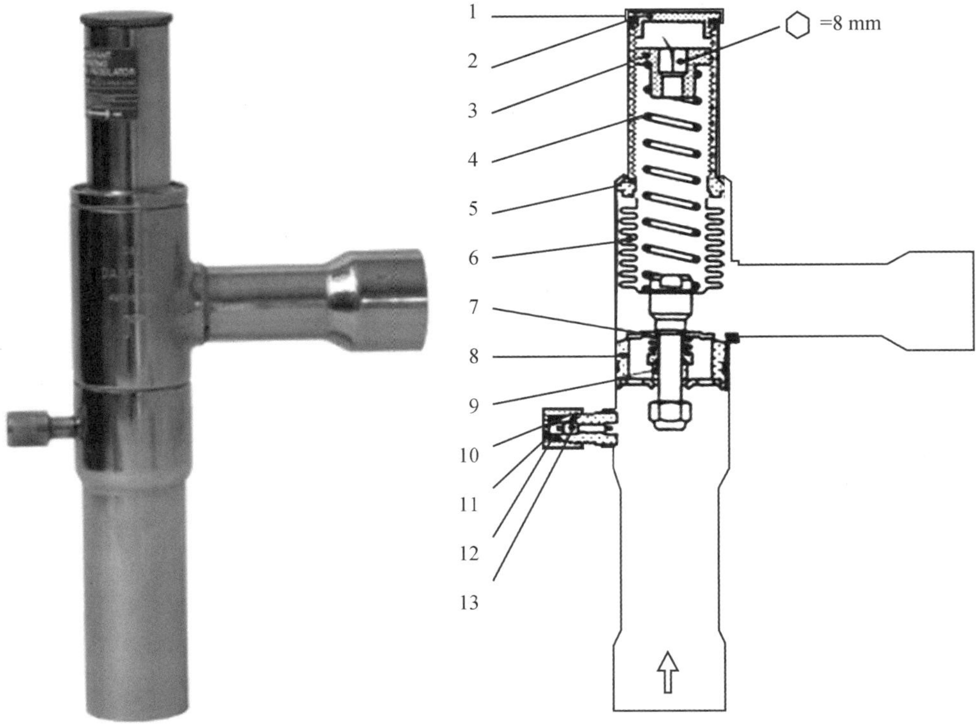

图 9-23　直动式蒸发压力调节阀

1—保护盖；2—垫片；3—调节螺钉；4—主弹簧；5—阀体；6—平衡波纹管；7—阀盘；8—阀座；9—阻尼器；10—压力表接头；11—帽罩；12—垫片；13—单向阀

第四节　压缩制冷装置的操作与管理

一、制冷装置的基本操作

1. **冷剂的充入**

新安装的制冷装置，经压力试验和真空试验合格后，需要向系统充注冷剂；运行中的制冷装置由于对系统进行各种操作要损失一些冷剂，系统中管路接头、轴封、结合面等不可避免会发生程度不同的漏泄，需要向系统补充冷剂。冷剂可从系统高压端的专用充液阀或从低压端的吸入多用孔道充入。

（1）从高压端充剂阀处充入

从高端充剂阀处充入冷剂的方法，如图 9-24 所示，其操作步骤和注意事项如下：

①将冷剂钢瓶的瓶头呈约 30°朝下倾斜或倒挂，置于高出贮液器的磅秤上，以便随时准确地掌握冷剂的充入量，避免比冷剂轻的水分和空气、比冷剂重的杂质充入系统。

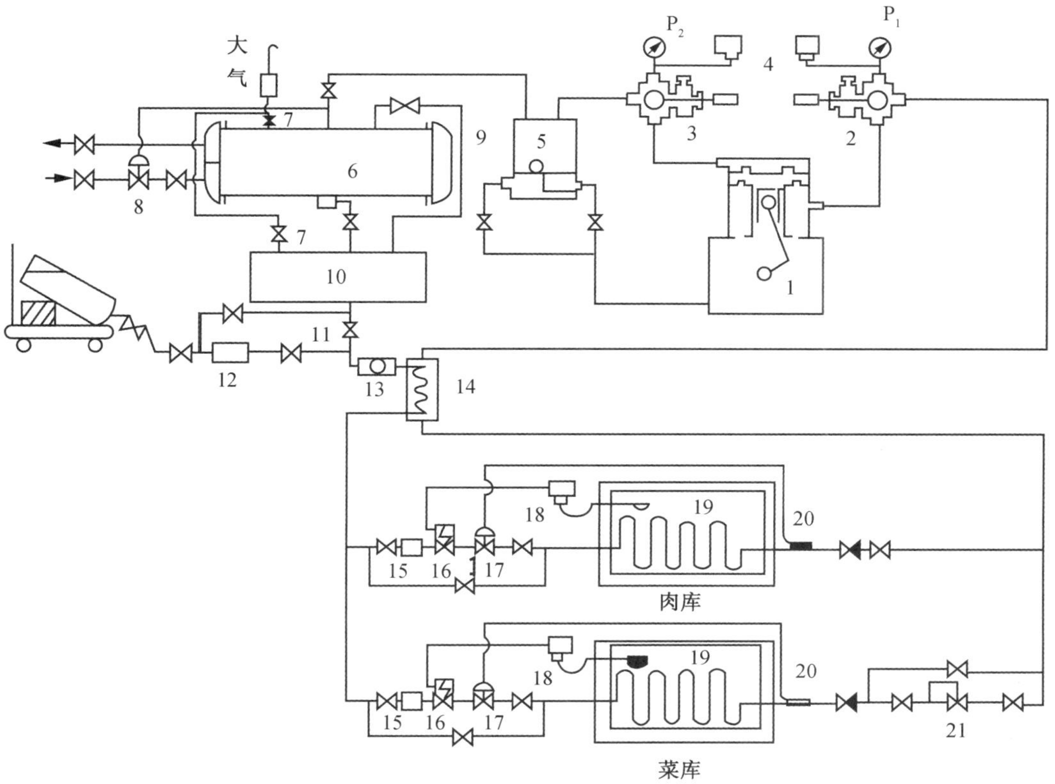

图 9-24　高压端充剂阀处充入冷剂

1—压缩机；2—吸入阀；3—排出阀；4—压力继电器；5—油分离器；6—冷凝器；7—安全阀；8—水温控制阀；9—平衡管；10—贮液器；11—出液阀；12—干燥器和过滤器；13—冷剂观察镜；14—回热管；15—滤器；16—供液电磁阀；17—热力膨胀阀；18—温度控制器；19—蒸发器；20—温感包；21—蒸发压力调节阀

②将充剂管一端接于充液阀上，暂不拧紧接头螺母，另一端接于钢瓶瓶头的出口阀上并拧紧。微开钢瓶阀即关，用冷剂驱赶管内的空气后，再拧紧充剂阀的接头螺母。记下此时钢瓶的质量。

③大量充入冷剂。开足系统中的冷却水阀、开启从充剂阀通贮液器的阀，关闭干燥器后的阀和旁通阀，开启钢瓶阀和充剂阀，使冷剂经干燥器直接充入贮液器内，密切监视钢瓶质量的变化，一定要注意充入的冷剂量，宁可少充，不够再充。

④小量充入或补充冷剂。关闭系统贮液器的出液阀，开启干燥器出口阀，起动压缩机（冷剂经充剂阀—干燥器—膨胀阀—蒸发器—压缩机—冷凝器—贮液器），直至冷剂的充入量达到要求的数量。

⑤冷剂充入量的判断。系统中冷剂可按说明书的要求数量充入；或根据贮液器液位进行判断，一般冷剂液位应为 1/3～1/2 贮液器高度；也可根据运行中，系统中的各种参数和现象进行判断。

⑥冷剂充好后，关闭钢瓶阀，用热毛巾从钢瓶阀处开始将管路中的冷剂赶入系统，关闭充剂阀，拆除充剂接管。

（2）从低压端压缩机吸入多用孔道处充入

对于一些小型制冷装置,在系统中没有设置充剂阀,冷剂就只能从吸入端的多用孔道充入。从压缩机吸入多用孔道处充剂,如图 9-25 所示。其操作步骤和注意事项如下:

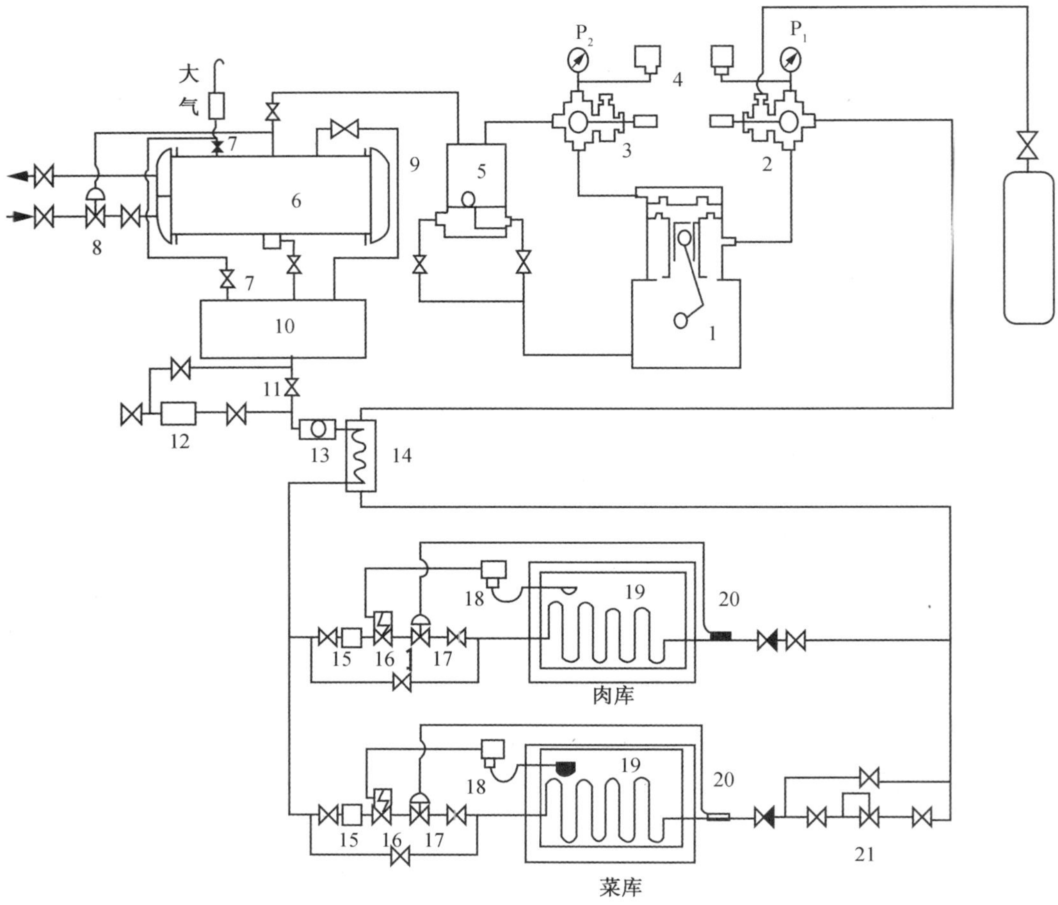

图 9-25　吸入多用孔道处充入冷剂

1—压缩机;2—吸入阀;3—排出阀;4—压力继电器;5—油分离器;6—冷凝器;7—安全阀;8—水温控制阀;9—平衡管;10—贮液器;11—出液阀;12—干燥器和过滤器;13—冷剂观察镜;14—回热管;15—滤器;16—供液电磁阀;17—热力膨胀阀;18—温度控制器;19—蒸发器;20—温感包;21—蒸发压力调节阀

①将冷剂钢瓶直立正置于压缩机吸入双向截止阀附近,准备好充剂接管。

②旋出吸入端双向截止阀的阀杆,将多用孔道关闭,拆除多用孔道"T"形接头上的一根接管(接压力表或压力继电器),或拧出旋塞并装上一个接头。

③将充剂管一端连接螺母旋在多用孔道的接头上不拧紧,充剂管另一端连接螺母上,并紧于钢瓶阀接头上,微开钢瓶阀并立即关闭,用瓶内冷剂驱赶管内空气,然后拧紧多用孔道上的接头螺母。

④关闭贮液器的出口阀,起动压缩机,微开钢瓶截止阀,此时是将钢瓶截止阀作为节流阀在使用,所以其开度一定不能过大,避免压缩机发生"液击"。在充剂过程中,若听见"液击"声,则应立即减小钢瓶阀。

⑤确认系统中冷剂充够后,关闭钢瓶阀,停止压缩机,拆除充剂管路,恢复双向截止阀的

位置。

2. 冷剂的取出

在制冷装置中，若由于充剂时操作不当，造成充入的冷剂量过多，这时需要取出部分冷剂；若装置运行一定时间后需要大修、装置需要长期停用等，这时需要把系统里的制冷剂全部取出。冷剂的取出有部分取出和全部取出两种方式。

(1)部分取出冷剂的操作

取出部分冷剂可在制冷装置运行时操作，取出部分冷剂的方法和操作步骤，如图 9-26 所示。

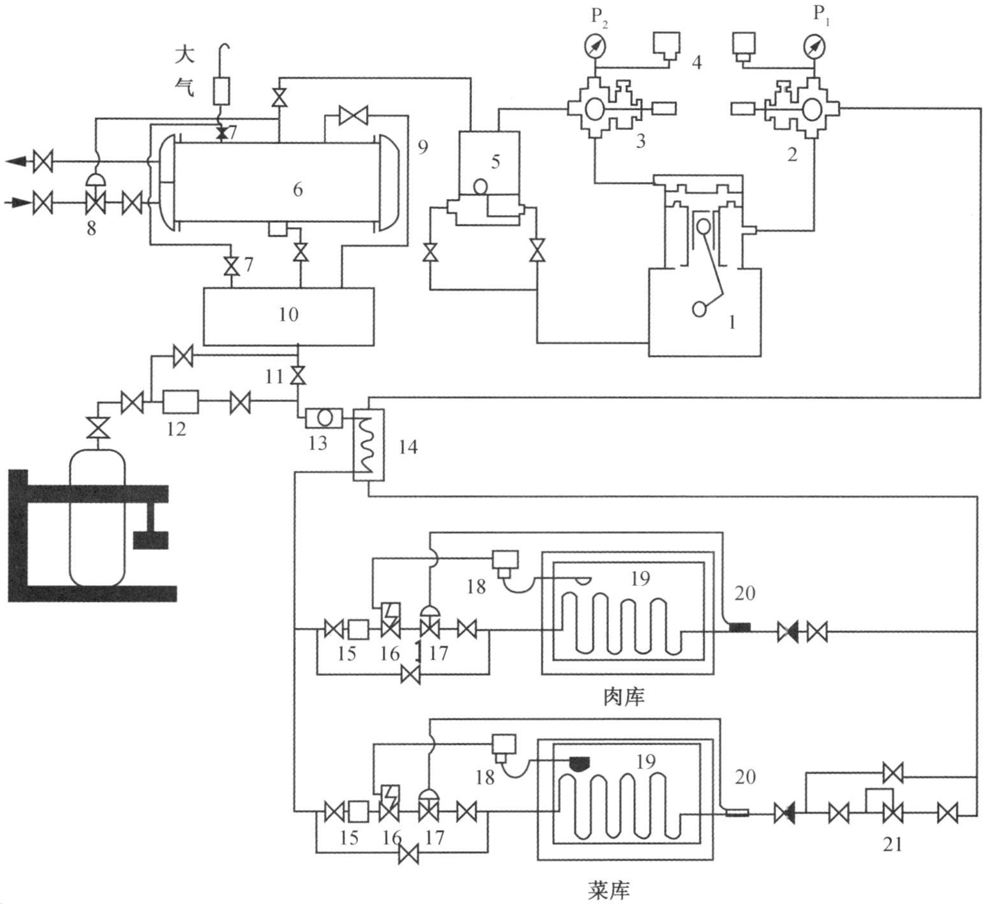

图 9-26 冷剂的取出

1—压缩机；2—吸入阀；3—排出阀；4—压力继电器；5—油分离器；6—冷凝器；7—安全阀；8—水温控制阀；9—平衡管；10—贮液器；11—出液阀；12—干燥器和过滤器；13—冷剂观察镜；14—回热管；15—滤器；16—供液电磁阀；17—热力膨胀阀；18—温度控制器；19—蒸发器；20—温感包；21—蒸发压力调节阀

①将未装满的制冷剂钢瓶放在磅秤上，钢瓶正置瓶口朝上，用充液管连接系统充剂阀与钢瓶阀，用瓶中或系统中的制冷剂吹除管中的空气后上紧接管。最好将钢瓶放在冷水或冰水中连续冷却。

②开启钢瓶阀和充剂阀，关小冷凝器冷却水进口阀，保持较高的冷凝压力，液态制冷剂便

会流入钢瓶。观察钢瓶的称重,若重量不再上升,说明制冷剂不再进入钢瓶。

③当系统已取出要求的制冷剂量时或钢瓶充注量接近最大充注量80%~90%时,关闭充液阀,加热连接管(使管中的制冷剂尽量进入钢瓶),最后关闭钢瓶阀,拆除接管。

(2)全部取出制冷剂的操作

当系统存留的制冷剂不多、压力较低时,若要全抽出系统的残存制冷剂,操作方法如下:

①将压缩机排出截止阀的多用接头与钢瓶连接(或利用排气管路上的压力表接头装一"T"形接头,一端接钢瓶,一端接压力表接头)。

②打开钢瓶阀、压缩机吸排截止阀和系统的各截止阀,旁通蒸发压力调节阀。

③起动压缩机,并以最小容量抽气,并调低油压差继电器断开值,关小冷凝器冷却水流量,以提高冷凝压力,利于冷剂进入钢瓶。

④缓慢关小排气截止阀,加强钢瓶冷却使冷剂液化,密切关注排气压力。

⑤当排出截止阀已全关闭,吸入压力下降至表压为零时停机,关闭钢瓶阀和排出截止阀多用接头,拆除钢瓶。

3.滑油的更换与添加

制冷装置运行一定时间后,滑油的质量会下降,甚至发生变质,若发现滑油变质或含有大量的污物,需要更换滑油。若系统因漏泄、回油性能差等原因,造成压缩机曲轴箱油位下降过快,查明原因后补充滑油。

无论是更换滑油还是补充滑油,必须保证加入的滑油牌号与原用滑油牌号相同,不同牌号的滑油不能混用,以免滑油变质。添加滑浊应适量,加入过量滑油易使压缩机产生"液击",导致热交换器传热系数和膨胀阀的冷剂流量降低。

1)更换润滑油

制冷装置在运行过程中,若发现系统的润滑油老化、污浊、变黑、黏度下降15%,需要更换润滑油,其操作步骤如下:

(1)关闭吸入截止阀,起动压缩机将曲轴箱抽成真空,收回溶解在滑油中的冷剂。

(2)停止压缩机,关闭排出截止阀。

(3)拧开放油旋塞,放净脏油,拆除曲轴箱侧盖,清洁曲轴箱,用干净的抹布擦干净曲轴箱,装复侧盖和放油旋塞。

(4)从曲轴箱加油接头或旋塞口注入规定牌号的润滑油至4/5视液镜高度,将压缩机侧盖等装复。

(5)打开压缩机排出双向截止阀上的多用孔道,使其通大气,起动压缩机将曲轴箱抽成真空并至稳定状态。

(6)关闭多用孔道,停止压缩机,换油结束。

2)添加润滑油

根据压缩机容量大小的不同、结构的区别、部件设置的多少不一,对压缩机添加润滑油的方法和地方也有所不同,下面就针对一些中、小型制冷压缩机添加润滑油的方法进行介绍。

(1)从压缩机吸入多用孔道添加润滑油

①将需要添加的润滑油盛在油盆或油桶中,并放置于压缩机旁,准备好加油接管。

②放出双向截止阀阀杆,关闭双向截止阀的多用孔道,拆除"T"形接头上(已装"T"形接头)连接压力继电器的接管,将加油接管旋于"T"形接头上并拧紧,用手指盖住加油管另一端

并稍留间隙。微开多用孔道，用压缩机内冷剂驱除接管内的空气，当手指有凉爽感觉时，关闭多用孔道，手指堵死管口并放入油盆或油桶里。

③将压缩机吸入双向截止阀的阀杆旋入，使压缩机与吸气管路的通道隔断，与多用孔道的通道相通。此时，压缩机的吸气容积就剩下吸气腔、曲轴箱和加油管路。

④把压缩机控制箱的转换开关置于“手动”位置，“点动”压缩机 2~3 次，防止“奔油”而发生“液击”。将曲轴箱抽成一定真空后停机。

⑤松开堵住加油接管的手指，滑油在压差的作用下，经加油管、多用孔道、吸气腔、回油孔，进入曲轴箱。密切注意观察曲轴箱视油镜油位的变化；若一次加油量不够，可重复以上操作，直至滑油加足为止。

⑥关闭吸入多用孔道，拆除加油接管，接上压力继电器接头并拧紧，将吸入双向截止阀置于正确位置，加油结束。

(2)从压缩机曲轴箱的加油孔添加润滑油

①关闭压缩机的吸入截止阀，起动压缩机，将压缩机曲轴箱、吸气腔内的冷剂收入贮液器内，直至压缩机自停机或低压压力抽至表压为“0”时停机。

②关闭排出截止阀，将压缩机从制冷系统中隔离出来，拧开压缩机曲轴箱加油孔旋塞，从加油孔注入滑油，直至油面达到要求的油位线为止。

③开启吸入截止阀，用系统中的冷剂驱赶侵入曲轴箱内的空气后，旋紧加油孔旋塞并开启排出截止阀。

④当油加到位后，先旋紧加油孔旋塞，然后打开压缩机排出双向截止阀上的多用孔道，使其通大气，起动压缩机将曲轴箱抽成真空并至稳定状态，关闭多用孔道，将吸、排双向截止阀置于正确的位置。

4. 不凝性气体的排除

系统中的不凝性气体主要是在抽真空时不彻底，管路系统漏入，在充冷剂、添加滑油或更换干燥剂时，操作不当进入系统。在系统中存在不凝性气体，会造成冷凝压力和冷凝温度升高、装置的制冷量和制冷系数下降，严重时还可能使压缩机运转不停或因高压继电器动作而自动停机。

若发现压缩机的排气压力和排气温度升高，冷凝器壳体上部很热，排出压力表的指针剧烈摆动，则表明在冷凝器至压缩机段管路中，积聚有不凝性气体。不凝性气体可在冷凝器上部的放气阀或压缩机的排出多用孔道处排放。不凝性气体的排放操作步骤如下：

(1)关闭贮液器出液阀，起动压缩机，将系统中的冷剂和不凝性气体均收回冷凝器与压缩机之间，直至吸入压力表压力略高于“0”停止压缩机，或低压继电器动作自动停机。

(2)让冷凝器的冷却水继续循环，充分冷却，使气体冷剂全部转变为液体，不能转换为液体的气体积存在冷凝器上部至压缩机排出阀之间。

(3)开启冷凝器上部的放气阀或压缩机的排出多用孔道，用手指盖住部分排气口，让气流从排气口的手指处流出，开始只是感觉风在吹动手指，说明放出的是不凝性气体；若手指感觉到吹出气体有清凉感，则说明不凝性气体已经放完，排出的是气体冷剂了，应立即停止排气。

(4)打开贮液器出液阀，恢复装置的工作。

应当指出，压缩机运转中，绝对不能排放不凝性气体，避免大量冷剂被排出。为了提高排放效果，排放宜在压缩机停车后，并让冷凝器的冷却水继续循环一段时间后再进行，若一次排放不彻底,可进行多次重复排放。

5. 干燥剂的更换

在制冷装置中,如果存在游离状态的水分,就会在系统中温度较低的部位发生结冰堵塞,为了避免系统发生"冰塞",需要定期对干燥器内的干燥剂进行更换,以提高干燥剂的吸水能力。系统中干燥剂的更换方法和步骤如下:

(1)关闭贮液器出口的出液阀,起动压缩机,将系统中的冷剂收回贮液器中,在收回冷剂时,要保证系统低压端压力高于大气压力,避免空气进入系统。

(2)关闭干燥器进、出口两端的截止阀,将干燥器从系统中隔离出来。

(3)拆除干燥器,用挥发性好的清洗液(如丙酮、无水酒精等)进行清洗,清洗干净后,用压缩空气吹干。

(4)装填新的干燥剂时,一定要将干燥器内部空间填满并墩压结实,避免在工作中,由于冷剂的冲击而产生粉尘。

(5)将干燥器接入系统时,先将进口端连接螺母拧紧,出口端螺母戴上。微开进口截止阀,驱赶空气后将出口阀拧紧。

6. 检漏

在制冷装置中,可能发生漏泄的地方主要有管路连接处、阀杆填料处、压缩机轴封处、焊接处、气缸接合面等。由于氟利昂是无色无味、渗透能力极强的物质,从何处漏出既看不见又闻不着。在维护管理中,只能通过对可能发生漏泄的地方进行检查,以查出漏泄的地方,检漏是经常性的维护工作。检漏的方法有如下几种:

(1)油迹检漏

利用制冷剂与滑油相互溶解的性能,在工作中,制冷剂能带着滑油在系统中参与循环,若系统中某一地方漏泄,那么制冷剂和滑油均会漏出,由于制冷剂挥发性极强,漏出的制冷剂被挥发了,余下的就只有滑油。所以,平时要让整个装置保持洁净,一旦发现系统中什么地方有油迹,说明该处就有漏泄。

(2)肥皂液检漏

将肥皂调制成一定浓度的溶液,然后将肥皂液涂抹在系统中可能漏泄的部位,视其是否冒气泡,若有气泡冒出则该处漏泄,若无气泡冒出则说明该处不漏。检漏处内部压力需在0.35~0.4 MPa以上,否则很难查出微量渗漏。特别注意,此方法不适用于0 ℃以下环境的检漏。

(3)电子检漏仪检漏

电子检漏仪是利用气体电离后测其导电性的原理工作的,适用于检查微量渗漏。使用时,必须保持检漏点附近的空气清新。

7. 融霜

在制冷装置中,低温冷库蒸发器管壁的温度均在0 ℃以下,空气中的水汽就会在管壁上凝结成霜。由于霜层的导热系数不到金属的1%,大大地增大传热热阻,使装置制冷量减小,霜层越厚,影响越大。所以,蒸发器应定期融霜,常用的方法有自然融霜、电热融霜、喷水融霜和热气融霜等。

热气融霜是把压缩机排出的高温气体冷剂引入结霜的蒸发器中,利用排气热量使霜层融化,这种融霜是船用制冷装置常用的一种方法。热气融霜的制冷装置需要有两个及以上蒸发器，在融霜时，将其中一个需要融霜的蒸发器转换为冷凝器即可。所以，该方法适用于一机多库的制冷装置，且需增设融霜热气管和回液管。热气融霜分为顺流式和倒流式两种。

(1)顺流式热气融霜系统原理图如图 9-27 所示。若 1#蒸发器需要融霜，可让 2#蒸发器制冷，融霜步骤如下：

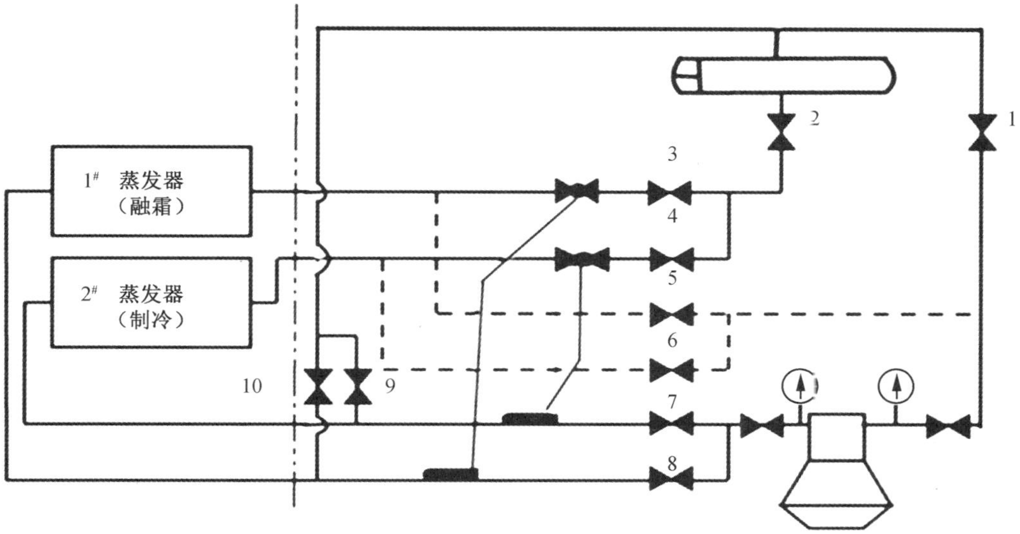

图 9-27　顺流式热气融霜系统原理图

1—冷凝器进气阀；2—冷凝器出口阀；3、4—供液阀；5、6—融霜热气阀；7、8—回气阀；9、10—融霜回液阀

①停止融霜库制冷。关闭 1#蒸发器供液阀 3，停止向该库蒸发器供液；关回气阀 8，以隔断蒸发器与压缩机的通路。

②开始融霜。逐渐开启接于油分离器上融霜热气阀 5，逐渐关闭冷凝器进气阀 1，把压缩机排气引入 1#蒸发器中。开融霜回液阀 10，让在蒸发器中凝结的制冷剂回到冷凝器。

③停止融霜。当 1#蒸发器融霜完时，开启冷凝器进气阀 1，再关闭融霜热气阀 5 和融霜回液阀 10。

④恢复制冷。若蒸发器有风机，则先起动，慢慢开启回气阀。若压缩机进口结霜，则立即将该回气阀暂时关小，以防蒸发器中有残留的制冷剂液体被吸入压缩机，造成“液击”，回气阀开足后无异常情况再开供液阀。

若菜库和乳品库的热负荷过小，融霜的热气就会不足，可开启其中一库或两库的库门，人为地增大热负荷，以加快融霜速度。

(2)倒流式热气融霜系统原理图如图 9-28 所示，这种系统的特点是：

①融霜热气管接到蒸发器后吸气管上的吸气阀前，融霜热气与正常工作制冷剂流动方向相反。

②可以不设融霜回液管，让热气融霜的凝液经该库供液阀逆流流向工作库供液。

热气融霜的速度在很大程度上取决于工作库制冷剂蒸发量的大小，故融霜宜在其他工作库热负荷较大时进行。有的也采取启用空库、开启高温库库门等办法增加工作库热负荷。

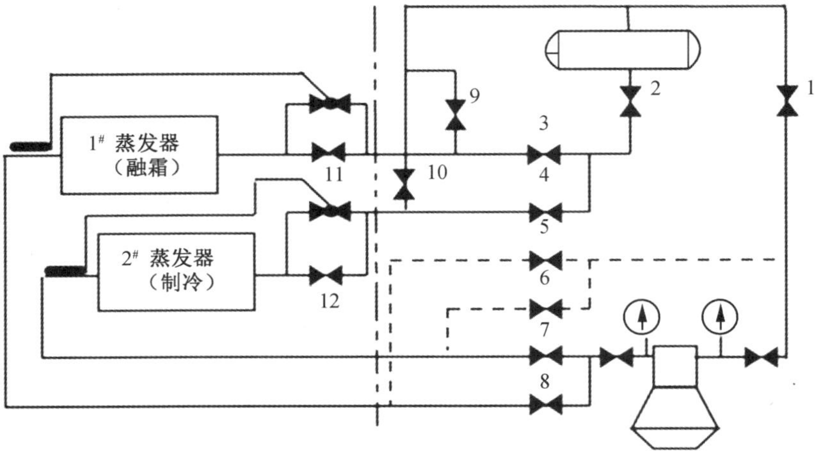

图 9-28　倒流式热气融霜系统原理图

1—冷凝器进口阀；2—冷凝器出口阀；3、4—供液阀；5、6—融霜热气阀；7、8—回气阀；9、10—融霜回液阀；11、12—热力膨胀阀旁通阀

二、制冷装置常见故障分析和处理

制冷装置可能发生的故障有多种形式，某种故障可能由各种不同的原因导致。制冷装置是由许多设备组成的封闭系统，每一设备或元件的工作是相互联系和互相影响的。所以，往往一处有故障，多处出现异常，而同一异常现象又可能由不同故障引起。故对出现的异常现象必须根据装置各部分的内在联系全面分析，找出故障的根源，从而准确而又迅速地排除故障。

1. **“冰塞”**

（1）“冰塞”的原因

“冰塞”是指制冷系统中进入了水分而造成结冰堵塞的现象。在膨胀阀针阀处是冷剂温度首先降至 0 ℃以下的地方，且通道非常窄小，故“冰塞”最容易在膨胀阀处发生。

（2）“冰塞”的危害

当“冰塞”尚未完全堵死通道时，蒸发器的制冷剂流量减少，出口过热度增加，压缩机吸入压力下降，直至低压控制器使压缩机停车；停车后“冰塞”处的冰部分融化。由于装置的制冷剂量减小，库温必然缓慢下降甚至无法降至要求的低温而导致压缩机运转不停，最终导致压缩机完全不能正常工作。若制冷剂的通道阻塞严重，则压缩机会因吸气压力过分降低造成低压继电器动作而停机；停机后，又会因吸气压力快速回升，低压继电器动作而重新起动。如此反复，造成压缩机起、停频繁。

（3）判断“冰塞”部位的方法

①分析法

膨胀阀与蒸发器的连接管始终小于蒸发器管子，有的有多处弯管，故连接的管子和膨胀阀出口处最易发生“冰塞”。

②经验法

一般“冰塞”部位前管子外面附有一层薄霜，后面霜层融化，同时膨胀阀出口处可观察到结霜程度，如膨胀阀出口霜层变为湿霜并逐渐融化（表明非膨胀阀“冰塞”），则可初步判断为“冰塞”。

③实验法

当发现有结霜的管子时，在经验法的基础上，可将该结霜处的前后截止阀关闭，彻底清除管子外部的附着物后，将刚关闭的截止阀迅速开启，当一段管子有霜层，而另一段管子没有霜层时，则该临界处即为“冰塞”处。

（4）消除“冰塞”的处理措施

①热水化冰并用干燥剂吸水。该方法适用于系统有少量水时，先换新干燥剂，在“冰塞”处外敷毛巾并用热水浇，起动制冷装置，水分会随着制冷剂流动，并被干燥剂吸收。采用这种方法时往往很快又在原来“冰塞”处形成新“冰塞”，必须反复进行上述操作。

②用“解冻剂”除“冰塞”后用干燥气体吹除水分。向系统中充入解冻剂（方法和充制冷剂类似），其与制冷剂一起在系统中循环。这时系统将有大量水分，需将冷剂收入钢瓶中，用0.6~0.8 MPa 的氮气或者二氧化碳吹扫系统，最后抽空使系统干燥干净。

2. 压缩机不起动或起动后立即停车

（1）压缩机不起动或起动后立即停车的可能原因

①电源没电或未接上，断线或保险丝烧断；

②电控（高压继电器、油压差控制器、过电流继电器、电机过热保护继电器等）跳闸后未复位；

③压力控制器未调整好（高压继电器上限调得太低，低压继电器下限调得太高）；

④冷凝器的冷却水阀未开；

⑤压缩机排出阀门未开；

⑥电动机断路；

⑦压缩机故障，如卡住、咬煞等。

（2）压缩机不起动或起动后立即停机的处理措施

①检查主电路的电源。用万用表或试电笔检查输入电源电路是否有电，电压是否正常；检查闸刀开关或熔断器的熔断丝是否烧断；检查空气自动开关的插头或接触器的触头接触是否良好。控制箱上设有“手动”和“自动”转换开关。当自动无法起动时，可把转换开关扳至“手动”位置，若压缩机仍不能起动，则故障一般出在主电路上；若能起动，则故障一般出在控制电路上。

②检查控制电路。a. 检查温度继电器的触头是否跳开；b. 检查高低压压力继电器的触头是否跳开；c. 检查热继电器的触头是否跳开；d. 检查油压差继电器的触头是否跳开。

③检查电动机的绕组。用万用表或兆欧表检查接线柱与外壳是否短路，并拆下电源线测量各相的电阻。若短路或某相电阻小，则说明绕组绝缘烧毁或匝间短路，应重绕线圈。

④检查制冷装置控制系统。a. 压力继电器调整好并复位；b. 水冷凝器压力；c. 盘车检查制冷压缩机；d. 检查制冷压缩机的排出阀。

3. 压缩机运转不停

制冷装置在运行过程中，有时会发生压缩机运转不停，产生这种情况的原因很多，其主要原因是库温降不到调定的下限低温，温度继电器的触头不能断开，压缩机不能断电停机或电磁阀不能断电关闭。可能的原因包括：

(1)热负荷过大

冷库的隔热材料受潮变质或库门变形关闭不严，冷库漏冷严重；库内冷藏物过量，空气对流差，均会导致装置的热负荷过大。当装置的热负荷增大到与制冷量相等时，冷库温度就再也不会下降，若此时温度未达到温度继电器的设定下限值，那么压缩机就会因温度继电器不能断电而运转不停。

(2)装置的制冷量不足

①膨胀阀发生“冰塞”“脏堵”；开度过小或感温包充剂漏泄；系统制冷剂量不足；干燥过滤器“堵塞”等；均会造成系统中的制冷剂循环量减小，蒸发压力偏低，制冷量减小。

②压缩机的排气量下降，使系统的制冷剂循环量减小，蒸发压力和温度升高，蒸发器的传热能力变差，造成制冷量的降低。

③冷凝压力过高，使冷凝温度升高，制冷量下降。

④蒸发器的霜层太厚。由于蒸发器的霜层太厚，蒸发器传热热阻剧增，造成蒸发器出口处冷剂蒸汽过热度减小，膨胀阀的开度比正常情况减小，供入蒸发器的冷剂流量减少，装置制冷量减小。

(3)温度控制器的触头黏结或断开温度调得过低。压缩机的电动机常用温度继电器控制其起停。温度继电器的触头黏结或断开温度调得过低(装置不能获此低温)，压缩机就会因温度继电器的触头始终处于闭合状态而运转不停。转动温度继电器的主调螺杆使指针向高温标区移动，若压缩机能停机，则属于断开温度调整不当；若仍不停机，而库温又已达下限值，则属触头黏结。为此，可用精确温度计在冷库内显示的温度，调整温度继电器的闭合温度和断开温度；或断开电源后，强行分离触头，用细砂纸把触头打磨光滑继续使用。

(4)低压继电器的触头黏结断不开。这种故障发生在低压继电器控制压缩机起、停的装置中。

4. 压缩机起停频繁

压缩机起停频繁的可能原因是：

(1)温度继电器的幅差值太小。

(2)低压继电器下限调得太高或幅差太小。

(3)系统制冷剂量太少，库温还未降至下限温度，吸气压力就到达了低压继电器动作值，压缩机停机；但由于电磁阀未关闭，制冷剂还在进入蒸发器，很快吸入压力又达到低压继电器动作值，压缩机起动，周而复始，压缩机起停频繁。

(4)系统发生“冰塞”，其原因与上(3)同。

(5)压缩机高、低压端之间有内部漏泄，如气阀、垫片、油分离器回油阀等。

(6)冷库隔热差，库温变化快；或温度控制器感温包位置不对，感受到的温度变化快。

5. 压缩制冷装置其他常见故障的原因及排除方法(见表9-1)

表9-1 压缩制冷装置其他常见故障的原因及排除方法

故障情况	故障原因	排除方法
1. 排出压力过高	①系统中存在不凝性气体	放空气
	②水冷凝器的水阀未开或水量不够,水压太小,水温太高	检查水阀是否开启及管路是否堵塞
	③冷凝器的污垢积得太多	清洗冷凝器
	④制冷剂加入太多	排出多余工质
	⑤压缩机排出阀未开足	将阀门全部打开
2. 排出压力过低	①制冷剂不足	补充工质
	②排出阀片有漏泄	检修气阀
	③冷却水温度过低或冷却水量过大	调节供水量
	④由于吸入压力过低而导致冷凝压力过低	补充制冷剂或调节膨胀阀
3. 排气温度过高	①由于各种原因而使排气压力提高	参见“1. 排出压力过高”
	②吸气温度(过热度)过高	重调膨胀阀
	③排气阀片、气缸垫片、环与回油阀等漏泄	拆开有关部件检查修复
4. 吸入压力过高	①膨胀阀开得过大	调节膨胀阀
	②吸入阀片断裂或有漏泄	检修气阀
	③系统中有空气	放空气
	④制冷剂加入过多	排除多余工质
	⑤压缩机的高低压腔之间漏泄	更换缸盖密封垫片
	⑥膨胀阀的感温包未扎紧	扎紧感温包
	⑦油分离器回油阀漏泄或未关	研磨回油阀或关闭手动放油阀
5. 吸入压力过低	①膨胀阀关得过小,或膨胀阀“冰塞”、堵塞	调节膨胀阀或系统去潮
	②膨胀阀感温包中充填剂漏掉	调节膨胀阀或感温包
	③吸入阀未开足	重新调节
	④吸入管道不畅通、或膨胀阀不通畅	检查吸入滤网,检查膨胀阀
	⑤电磁阀未开启	检查电路或拆洗阀
	⑥过滤器堵塞	拆卸检查并清洗
	⑦液管路堵塞;电磁阀不动作;过滤器堵塞;出液阀未开足	检查电磁阀,拆修过滤器,打开出液阀
	⑧系统中制冷剂不足	补充工质

第五节 制冷装置的实际操作训练

一、船舶制冷装置起动及停车

1. 船舶制冷装置的起动

(1)油位检查。在压缩机起动前,必须检查压缩机曲轴箱的润滑油量,使油位保持在视油镜的1/3~1/2处。

(2)冷却检查。检查冷却水系统,在压缩机起动之前,应使冷却水系统开始运转。

(3)电器检查。检查电器设备状况,如电流、电压和绝缘等,并使之保持正常。

(4)压缩机检查。检查有无妨碍压缩机运转的因素或障碍物,手动盘车检查压缩机是否处于适宜起动状态。

(5)转向检查。对于新安装或检修后的压缩机,点动观察其起动状态和转向,确认无异常。

(6)阀件检查。关闭压缩机吸入截止阀,打开排气阀及高、低压端相关阀件;能量调节阀转至能量最低位置。

(7)起动压缩机。按下起动按钮,压缩机起动,逐渐打开吸入阀和贮液器出液阀至正常开度,以免压缩机发生“液击”;观察高低压力表的读数是否正常,仔细聆听是否有异响振动。

2. 制冷装置的停车操作

(1)控制转换。制冷装置应采用手动方式停机,停机前将控制箱上转换开关,自“自动”转至“手动”控制。

(2)收储制冷剂。为了避免停机后制冷剂的漏泄,停机时应将制冷剂收储在贮液器内,关闭贮液器出口阀,压缩机运行至吸入压力表表压约高于“0”时停机。

(3)停机关阀。按下停机按钮,压缩机停止运转,关闭压缩机吸、排阀。

二、船舶制冷装置日常管理操作

(1)检查油位油压。油压应高于吸气压力0.10~0.15 MPa。

(2)检查电磁阀状态。可以用手摸电磁阀外壳,若有热感和微小振动,则表明电磁阀已开启。

(3)检验压力继电器工作压力。逐渐关小吸气截止阀,吸气压力缓慢减小直至压缩机停机,此刻为低压继电器的断开压力;逐渐开大吸入阀,吸入压力缓慢升高,此时压缩机重新起动的压力为低压继电器的闭合压力;开足吸气截止阀,关小冷却水泵的排出截止阀,减小冷却水量,排气压力逐渐升高,直至压缩机停机,此刻是高压继电器的断开压力。压力继电器工作压力若不符合要求,则应调整。

(4)检查延时停机工作的可靠性。按动压差继电器的试验按钮。

(5)检查膨胀阀的畅通性。倾听膨胀阀是否有制冷剂流动。

(6)检查负荷。查看电流表、电压表和功率表是否超负荷,发现超负荷应立即找出原因并加以解决。

(7)倾听声响。注意倾听压缩机运转声音,发现异常及时找出原因并加以解决。

三、船舶制冷装置参数调整

制冷系统主要参数的调整就是热力膨胀阀、温度控制器、压力继电器的调整和冷凝压力、蒸发压力的调整。

1. 热力膨胀阀的调整

热力膨胀阀调整过热度。热力膨胀阀配合干式蒸发器工作时,蒸发器出口过热度的调节应适宜。过热度太大,装置制冷量会降低;过热度太小,可能会造成压缩机发生“液击”。一般蒸发器出口处过热 3~6 ℃为宜。旋出调节杆,针阀开度增大,过热度减小;反之,过热度升高。调节时应注意:

(1)应在装置运行正常且工况稳定时进行。

(2)调试应分两步进行。先粗调,每次调节,可转动调节杆一圈左右,但阀的开度不宜调得过大,以防止压缩机发生“液击”。后微调,当装置接近其正常运行工况时,调节杆以转动 1/4 至 1/2 圈为宜,一般调节螺杆每转一圈过热度变化为 1.0~1.5 ℃。无论粗调还是微调,每一次调节后,需等待 15~30 min 才能看出效果,故每两次调节的时间间隔应在 30 min 以上。调好后的膨胀阀轻易不要乱动。

在调节时,对于蒸发温度高于 0 ℃者,若蒸发器外表面均匀凝露,压缩机的吸气管凝露但无冰冷或黏手感,则表明阀的开度合适;若蒸发器后半部或靠近出口管无凝露,则表明阀开度过小;若凝露延续至压缩机上,则表明阀的开度过大。蒸发温度低于 0 ℃者,阀开度大小的判断方法与蒸发温度高于 0 ℃时类似,只是以结白霜代替凝露。但当阀的开度合适时,压缩机的吸气管应有冰冷感而不结霜(装有回热器者),或有黏手感且均匀结一层薄霜(未装回热器者)。

2. 温度控制器的调整

温度控制器型式多样,原理几乎一样,调整方法大致相同,尽量参照温度控制说明书进行调整。以下为 KP 型温度控制器的调整方法。

(1)旋动主调螺母,温度上限、下限同时改变,幅差不变。

(2)旋动幅差螺母,温度上限不变,下限改变。

主调螺杆的调节旋钮是用来调节冷库上限温度(下限温度跟随改变)的,当顺时针转动调旋钮时,冷库上限温度升高;反之降低。幅差调节螺杆的调节螺钉是用来调节冷库下限温度的,当顺时针转动幅差调节螺杆的调节螺钉时,冷库温度上限值与冷库温度下限值的差值增大(即幅差或差动值),则冷库下限温度降低;反之升高。幅差值一般为 3 ℃左右。

3. 压力继电器的调整

(1)调节低压

低压主调螺杆的调节螺钉是用来调节压缩机起动时的上限压力(下限压力跟随改变)的,

当顺时针转动主调螺杆时，压缩机起动时的压力升高，即上限压力值升高；反之降低。幅差调节螺杆的调节螺钉是用来调节压缩机停机时的下限压力的，当顺时针转动幅差调节螺杆时，压缩机上限压力值与下限压力值的差值（即幅差或差动值）增大，即压缩机停机时的压力降低；反之升高。低压继电器的幅差可在 0.07~0.40 MPa 的范围内调节，一般低压继电器的设定下限值不应低于 0.01 MPa。

（2）调节高压

转动（顺转升高，逆转降低）高压调节螺杆即可调节高压断电压力（上限值），一般情况，下限值做成固定幅差。其调节数值可参考表 9-2。

表 9-2　调节数值

冷剂	高压上限值（MPa）	对应饱和温度（℃）
R22	1.7~1.9	46~51
R134a	1.2	50
R404a	2.2	50

4. 冷凝压力的调整

制冷过程中冷凝压力过高，不仅会造成压缩机的耗能增加，而且容易引起设备损坏事故；而冷凝压力过低，则膨胀阀前后建立不起足够的压差，无法满足对蒸发器供液的要求，使制冷装置的工作失调。为保证制冷装置高效运行，必须控制冷凝压力。调节措施有：

（1）通过调整冷却水的流量调整冷凝压力（若有水量调节阀，则通过调节螺钉设定冷凝压力）。

（2）如采用中央冷却系统，可通过调整低温水的温度调整冷凝压力。

5. 蒸发压力的调整

蒸发压力的调整根据蒸发压力调节阀说明书进行。丹佛斯 KVP 蒸发压力调节阀蒸发压力的调整是通过调节螺钉改变主弹簧的张力来实现的。调节步骤如下：

（1）按要求确定蒸发温度（库温减去设计传热温差）的饱和压力，该饱和压力便是蒸发压力。

（2）顶开单向阀。拆下压力表接头的帽罩，拧入压力表的螺纹接头。

拆下保护盖，确定该库蒸发器正在制冷（供液电磁阀开启）时，转动调节螺钉，调节后观察稳定后的压力表读数，直至压力表数值与蒸发压力相等。

第十章 空调装置操作与管理

空调装置是用来对空气进行必要的调节和处理,从而营造一种非常适宜人们学习、生活和工作的舒适环境的设备。

因气象条件复杂,气候多变,为了使船员、旅客有一个舒适的生活、工作环境,现代船舶大多设有空气调节装置(空调装置)。

第一节 船舶空调装置的作用与要求

一、船舶空调装置的作用

能使船舶舱室内形成适宜的人工气候,以便为船员、旅客提供一个舒适的工作和生活环境的机器设备和系统,称为船舶空气调节装置(简称"空调装置")。

空调装置的任务就是对空气进行必要的处理,然后以一定的方式送入舱室,从而使室内的温度、湿度、气流速度和空气的清新度等适宜人们工作和生活的需要。

二、船舶空调装置的基本要求

1. 空气温度

温度用来表述空气冷热的程度,冬季对空气加热和夏季对空气冷却,其目的就是要得到一种适宜的温度。温度在 18~28 ℃的范围内,人们就感到非常的舒适。我国船舶空调舱室设计标准是:冬季室温为 19~22 ℃;夏季室温为 24~28 ℃,夏季室内外温差不超过 6~10 ℃,室内各处温差不超过 3~5 ℃。

2. 湿度

湿度用来表述空气干、湿的程度,要感到舒适除温度满足要求外,湿度也要合适。我国船舶空调舱室设计标准是:冬季湿度为 30%~40%;夏季湿度为 40%~60%。

3. 清新度

所谓清新度是指空气清洁(少含粉尘和有害气体)和新鲜(有足够的含氧量)的程度。如果只从满足人呼吸对氧气的需要出发,新鲜空气的最低供给量每人 2~4 m^3/h 即可,然而要使空气中二氧化碳、烟气等有害气体的浓度在允许的程度以下,则新风量就需达到每人 30~50 m^3/h。

4. 气流速度

在室内的活动区域,要求空气能有微微的流动,以使室内温、湿度均匀和不使人感到气闷,室内气流速度以 0.15~0.20 m/s 为宜,最大不超过 0.35 m/s,否则人会感到不舒适。距室内空调出风口 1 m 处测试的噪声应不大于 55~60 dB(A)。

第二节 船舶空调装置的主要设备

一、船舶空调装置分类

按空气处理和输送的方式,船舶空调装置可分为集中式和半集中式两大类。舱室的温度调节分为变量调节和变质调节。所谓变量调节是指改变进入舱室的新风空气量而实现改变舱室内温度的调节方式。所谓变质调节是指改变进入舱室的新风空气温度而实现改变舱室内温度的调节方式。

船舶空调装置一般都是将空气经过集中处理再分送到各个舱室,这样的空调装置称为集中式或中央空调装置。有的船舶空调装置还能将集中处理后送往各舱室的空气进行分区处理或舱室单独处理,称为半集中式空调装置。只有某些特殊舱室,例如机舱集中控制室,才单独设专用的空气调节器,称为独立式空调装置。

图 10-1 为船舶集中式空调系统示意图,通风机从新风口 3 及回风管 5 吸入新风和回风,两者混合后经中央空调处理器处理,然后由供风管 12 送至各舱室布风器供入各舱室,舱室中多余空气通过房门下部的格栅或空隙流入走廊。

非空调舱室(如:厕所、浴室)设有排风机 7,这样,非空调舱室有一定低压,空调舱室的空气会自动流入,使其达到一定的空气调节和换气效果。

集中式和半集中式船舶空调装置根据其调节方法的不同主要有以下几种型式。

1. 集中式单风管系统

在这种系统中,送风由中央空调器统一处理,然后通过单风管送到各个舱室,如图 10-2 所

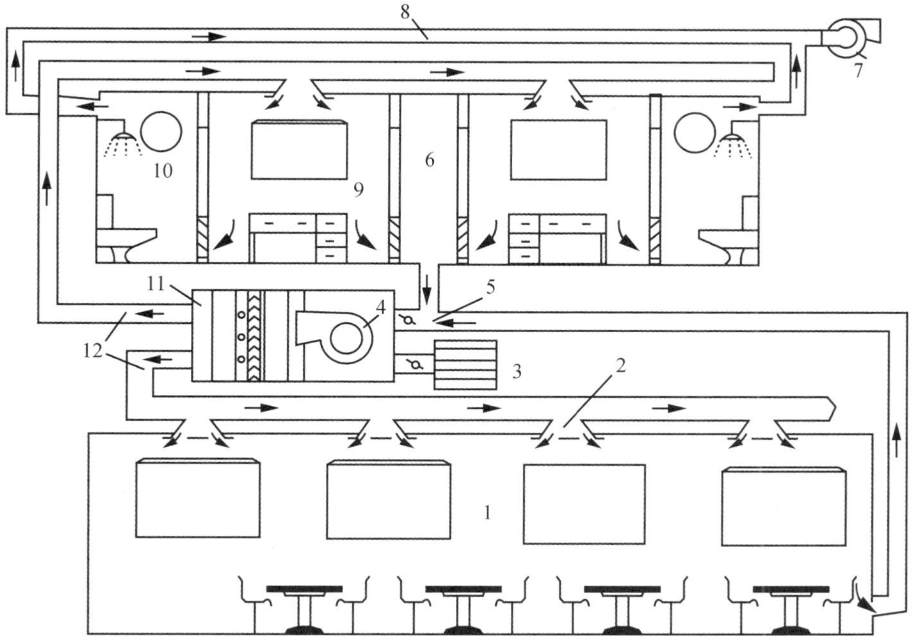

图 10-1　船舶集中式空调系统的示意图

1—厨房;2—布风器;3—新风口;4—通风机;5—回风管;6—走廊;7—排风机;8—排风管;9—卧室;10—卫生间;11—中央空调处理器;12—供风管

示。由于各舱室的送风参数相同,所以对各舱室空气参数的个别调节就只能靠改变布风器风门的开度,即改变送风量来实现。这种系统比较简单,初置费较低,在货船上用得最普遍。但采用变量调节,调节幅度不宜过大,否则难以保证舱室的新风供给量和室内空气参数基本相等,此外,调节时还会对其他舱室的送风量产生干扰。

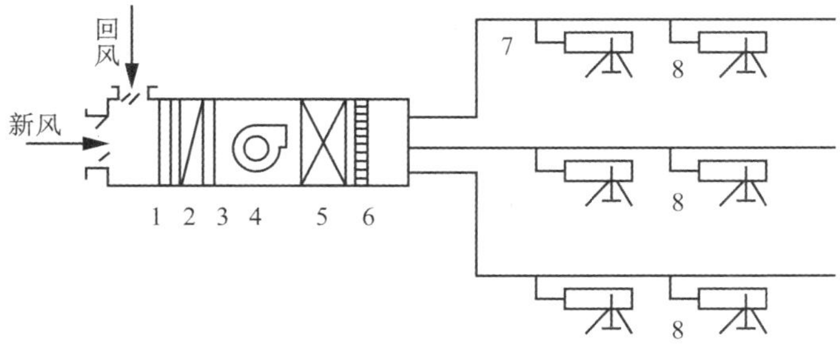

图 10-2　集中式单风管系统

1—滤网;2—加热器;3—加湿器;4—风机;5—冷却器;6—挡水板;7—风管;8—布风机

2. 区域再热式单风管系统

如图 10-3 所示,这种系统将中央空调器统一处理后的空气,由设在空调器分配室各隔离室内或主风管内的二次换热器对送风进行再加热,即对送风温度做进一步调节,然后再用单风管送至各个舱室。这种系统对热负荷(绝对值)较小的舱室可少进行或不进行再加热(即采用较小的送风温差),故一般可不必把送风量过分调小。

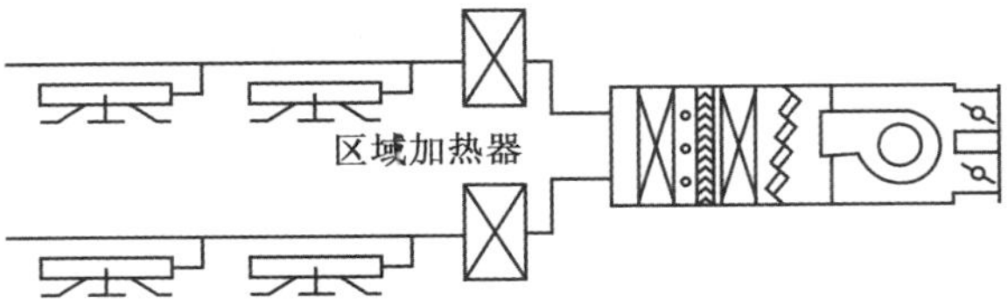

图 10-3　区域再热式单风管系统

3. 末端再处理式单风管系统

这种系统除在中央空调器中对送风做统一处理外，还在各舱室的布风器内设末端换热器，对送风进行末端再处理。末端再处理的方式通常有两种。

一种是末端电再热式，即在布风器内设电加热器，冬季改变加热电阻的阻值进行变质调节。因该系统能对舱室空气温度进行二次处理，所以，空调器送风温度能满足热负荷较低舱室最低室温的要求即可，一般为 20～30 ℃。夏季则只能做变量调节，送风温度为 11～15 ℃。这种方法所花费用不多，管理也较简单，常在低温海域航行的货船上多有使用。

另一种是末端水换热式，即在布风器内设水换热器，冬季通以热水，夏季则通以冷水，如图 10-4 所示。这种系统冬、夏均可通过调节水量实现变质调节。取暖工况时送风温度为 15～25 ℃；降温工况时约为 12～16 ℃。这种系统的空调器只需承担舱室的部分热、湿负荷，故送风量可比其他空调器减少 1/3～1/2，有的即可采用全新风。

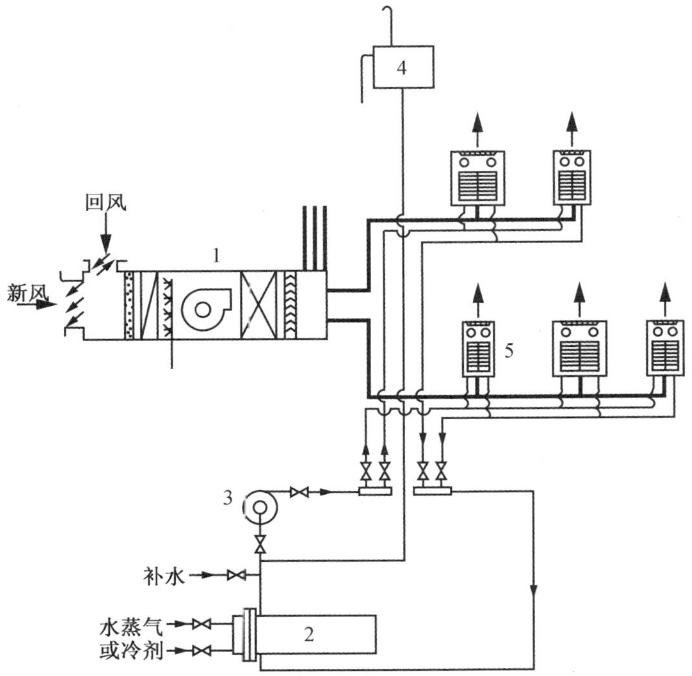

图 10-4　末端再处理式单风管系统

1—水冷却器；2—水加热器；3—循环泵；4—末端加热；5—膨胀水箱

4．双风管系统

这种系统的中央空调器如图 10-5 所示，它由前、后两部分组成，一部分送风经空调器前部预处理后即经中间分配室 6 送至舱室布风器 13，称为一级送风；而其余部分则经空调器后部再处理，经后分配室 10 送至舱室布风器，称为二级送风。

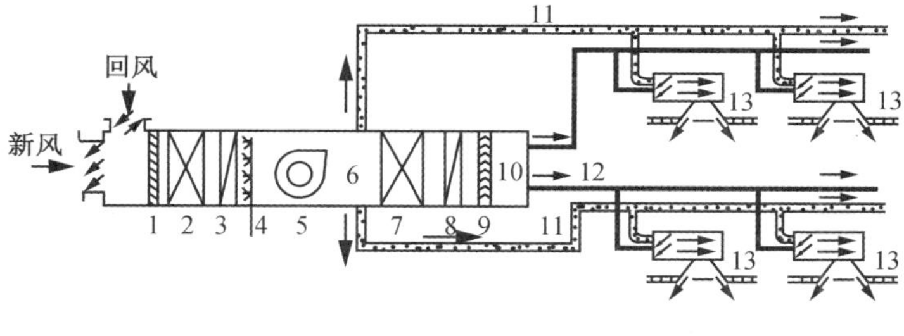

图 10-5　双风管系统

1—滤网；2—空气预冷器；3—空气预热器；4—加湿器；5—风机；6—中间分配室；7—再冷却器；8—再加热器；9—挡水板；10—后分配室；11—预处理送风室；12—再处理送风管；13—布风器

这种系统能向舱室同时供送温度不同的两种空气，因此通过调节布风器两个风门的开度，改变两种送风的混合比，即可调节舱室温度，冬、夏都可变质调节，调节灵敏。虽然空调器和风管系统的重量和尺寸较大，但因不需设末端换热器，可采用较便宜的直布式布风器，故噪声小，管理简单，当布风器数量较多时总造价比末端再处理式低，较适合对空调性能要求高的客船。

取暖工况时：一级送风温度应控制在 15 ℃左右，二级送风温度可视外界气候条件而定，一般在 29～43 ℃的范围内。

降温工况时：一级送风温度为进风温度加风机温升（当不装预冷器时），二级送风温度为 11～15 ℃。

二、船舶空调装置的主要设备

1. 中央空调器

中央空调器是对新风与回风进行混合、过滤消声、冷却、除湿和加热、加湿的集中处理设备，简称空调器，如图 10-6 所示。

（1）空气的混合、过滤和消声

外界新风和空调舱室的回风分别经新风调风门 1 和回风进口被风机 2 吸入。在新风调风门和回风进口处装有铁丝网或百叶窗，以防吸入较大的异物。新风量和回风量的比例可用手动调风门进行调节。回风量和总风量之比称为回风比，设计时已经确定。调风门的开度在空调装置调试时已按要求调好，一般情况下不予变动。

空调通风机的静压应能克服空调器和送风系统的阻力，故采用风压较高、噪声较小的离心式通风机。高速系统可采用效率较高的后弯叶型风机，而低速系统因所需的风量较大，为减小风机尺寸多采用前弯叶型风机。

空调器的工作噪声较大，必须采取消音措施降低经风管传至空调舱室的噪声。风机出口有风道截面突然增大的消音室，用于降低气流的低频噪声；空调器内壁贴多孔吸声材料或直接采用多孔板来降低高频噪声。

（2）空气的冷却和除湿

一般当外界气温高于 25 ℃时，就应使空调装置按降温工况运行。空气的冷却和除湿由空

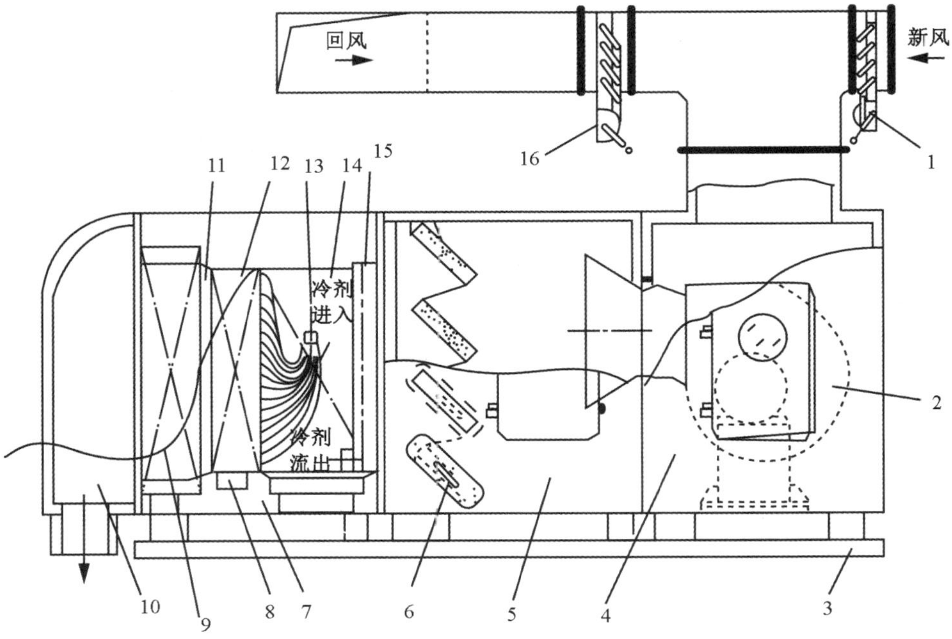

图 10-6　中央空调器

1—新风调风门;2—风机;3—底盘;4—进风混合室;5—消音室;6—空气滤网;7—空气处理室;8—承水盘;9—空气加热器;10—送风分配室;11—加湿器;12—挡水板;13—制冷剂分液器;14—空气冷却器;15—制冷剂回气集管;16—回风调风门

气冷却器完成。

挡水板在冷却器后,挡水板由许多竖立并列放置的曲板组成,如图 10-7 所示,空气气流不断改变,所带水滴便附着于曲板上,流到下面集水盘中。通过挡水板间的风速不宜过大,否则可能失去挡水效果。曲板的出口端常制成挡水沟,以提高挡水效果。挡水板只能用于将空气中已经析出的水粒分离出来,不能起除湿作用。

(3)空气的加热和加湿

一般当外界气温低于 15 ℃时,就应使空调装置按取暖工况运行。在空调器中空气的加热和加湿是由空气加热器和加湿器来完成的。

空气的加热可采用电加热、蒸汽加热或热水加热等方式。除间接冷却式空调系统在取暖工况利用同一换热器以热水加热外,船用集中式空调器多使用蒸汽加热。加热器由带肋片的蛇形管组成。加热蒸汽常用表压为 0.2~0.5 MPa 的饱和蒸汽。

空气的加湿可采用蒸汽加湿或喷水加湿,在某些小型独立的空调装置中还采用电热加湿器。加湿器放置在加热器后比较合适,因为此处空气温度较高,相对湿度较小,喷入的蒸汽(或水)容易被空气吸收,同时还可防止加湿器在进风温度太低时冻结,但应防加湿量过大而造成舱室壁面结露。

2. 布风器

布风器是空调系统最末端的设备,装于空调舱室内,通过布风器将风送入舱室。

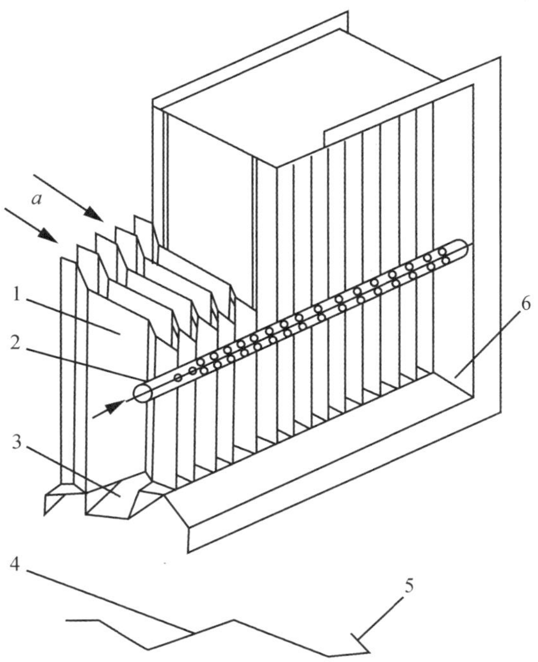

图 10-7 挡水板

1—挡水曲板;2—加湿器;3—集水盘;4—挡水曲线条图;5—挡水沟;6—支架

(1)布风器应满足以下要求:

①能使送风与室内空气很好地混合,从而使室温均匀性好;

②能保持人的活动区内风速适宜;

③能单独进行调节;

④阻力和噪声较小;

⑤结构紧凑,外形美观,价格较低。

布风器按安装位置的不同分为顶式和壁式两类。壁式布风器靠舱壁底部垂直安装,使用方便。顶式布风器装在天花板上,不占舱室地面。所以,布风器在船舶空调系统中采用较多。

(2)布风器按送风诱导作用的强弱可分为直布式和诱导式两类。

①直布式布风器

直布式布风器是一种将送风直接送入舱室的布风器,其出口做成有利于送风气流扩散的形状,如喇叭形、格栅形等。直布式布风器的出口风速较低,一般为 2~4 m/s,送风与室内空气混合较慢,所以送风温差不宜过大,一般在 10 ℃以下。直布式布风器一般都设有风门调节机构,当装有末端换热器时,还设有调温旋钮。

直布式布风器型式多样,图 10-8 所示为一种单风管直布式布风器。这种布风器进风管 8 通入处设有消音箱 4,并设有风节调节旋钮 5 调节风量。

②诱导式布风器(简称诱导器)

诱导式送风(称一次风)从喷嘴喷出,风速较高,能诱导室内空气(称二次风)与送风混合。要求风压高,且噪声大,目前船舶已不使用。

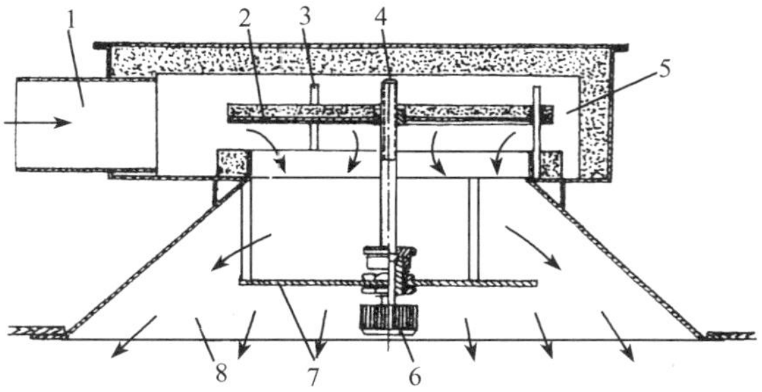

图 10-8　单风管直布式布风器

1—调风门;2—风门导杆;3—调节螺杆;4—消音箱;5—风门调节旋钮;6—挡风板;7—散流器;8—进风管

第三节　船舶空调装置的管理

一、管理要点

1. 做好日常管理工作

(1)检查空气滤网。检查滤网前后的风压差(也可以观察滤网的清洁情况),及时换新。

(2)及时调整皮带的松紧情况。

(3)定期给风机轴承注润滑脂。

2. 保持合适的回风比

在满足新鲜空气需要的前提下,采用较高的回风比,能节省空调耗能。对不带末端冷却器的系统,根据空调区定员的多少,回风比约为 0~60%,一般约为 30%;对带末端水换热器的系统,因送风流量较小,回风比约为 0~40%,有的采用全新风。

3. 在降温工况时,应注意

(1)制冷压缩机的运转状态,是否有振动、噪声和漏泄等。

(2)制冷系统压力表的压力是否正常。

(3)制冷装置滑油油位是否正常(运转期间油位约 1/2 高)。

(4)冷剂液位是否正常(贮液器视液镜的液位在 1/3~1/2 高;若冷凝器兼作贮液器,其下部液位显示约 1/2 高)。

(5)风机运转情况是否有异响或振动。

(6)供风温度是否正常。

(7)冷却水泵情况(声响、振动和水压等)。

4. 在取暖工况时,应注意

(1)风机运转情况是否有异响或振动。

(2)供风温度是否正常。

(3)供风湿度是否正常。

5. 在降温工况和取暖工况时，走廊通外界和机舱的门应随手关闭

6. 注意通风机的开启程序

(1)在降温工况起动空调装置时,应先开风机,后起动空调制冷装置。因为刚起动时由于膨胀阀的感温包降温较慢,致使膨胀阀的开度较大,这时,如风机未投入工作,则进入空气冷却器的冷剂就会因吸热量太小而容易造成压缩机“液击”。为了安全起见,空调制冷压缩机起动时应慢慢开启吸入截止阀,一旦听到“液击”声,就应立即关小吸入截止阀,以后再逐渐开大。

(2)在取暖工况起动空调装置时,应先使加热器投入工作,然后再起动通风机,以免外界的冷空气突然灌入舱室。在启用加热器时,应慢慢开启加热器的进汽阀,对加热器进行预热,并注意泄放凝水,否则很容易引起水击。

7. 注意加湿阀的启闭程度

取暖工况时应先使空气加热器投入工作,然后再开加湿阀。而要停用则应先关加湿阀,半分钟后再停风机,如果先停风机再关加湿蒸汽,则存留在空调器和风管中的加湿空气就会因温度下降而在壁面上结露,导致腐蚀。

8. 取暖工况舱内空气的含湿量一般不应超过 6.5 g/kg

采用蒸汽加湿时应谨慎地调试加湿阀的开度。当外界气温降低时,就需适当加大加湿阀的开度。加湿器置于加热器之后时,由于该处空气温度较高,吸收水分的能力较强,要防止加湿过量,否则送风进入舱内后温度降低,容易使舱内湿度过高,甚至在舱壁结露。冬季外界空气相对湿度较大,气温在 0~5 ℃以上时一般可以不用加湿。

二、故障分析

1. 风量过大或过小

(1)送风量过大

①风机风量偏大,可用关小总风门或关小进风门的办法减小送风量。

②各支管的风门开度调节不当,风门偏大的支管送风量大,应重新调节各分支管的风门。

③同一支管部分舱室负荷减小或部分布风器关闭,造成另一支管送风量过大,可用关小该支管前风门开度的办法调节。

(2)送风量过小

①风机方面的原因或皮带打滑,可检查皮带和维修风机。

②通向风管或风口阀门开度不够,可开大到合适开度。

③送风系统漏风严重,检查并消除漏风。

④风机转速不够、空气滤网阻塞或风门开度过小等原因,造成风机的送风量减小,应检查风机、更换空气滤网及检查风门开度。

2. 降温工况送风温度过高

(1)空调制冷设备的容量过小或舱室热负荷过大,可增大回风量予以补救。

(2)制冷系统工作不正常,制冷量下降,检查制冷系统。

(3)空气冷却器的热交换面脏污,应定期清洁,确保空气冷却器的热交换效率。

(4)空气冷却器内有空气,排出内部空气。

3. 采暖工况送风温度过低

(1)空气加热器流量过小或加热温度过低,可提高加热流量和加热温度。

(2)空气加热器热交换面脏污,应定期清除,确保热交换效果。

(3)气温过低,负荷过大,可适当增大回风量。

第四节 船舶空调装置的实际操作训练

一、通风工况的操作

(1)检查供风机润滑情况,视情况正确注入润滑脂。

(2)检查风机皮带松紧情况。

(3)全开新风门,关闭回风门,开启所需供风舱室的阀门。

(4)检查空气滤网清洁情况及是否有破损。

(5)手动转动风机,检查风机是否能正常转动。

(6)接通控制箱电源,起动风机。检查风机运转情况(如风压、异响、振动等)。

二、降温工况的操作

1. 起动检查与起动操作

(1)检查电源。检查控制箱电源是否接通,开关是否处于正确位置,接线是否牢固。

(2)确定新风比。检查新风门、回风门开度,确保新风比要求;检查送风风门的开关情况与开度。

(3)检查压缩机润滑情况。检查曲轴箱油位是否达到要求。

(4)检查制冷剂储量。检查贮液器视液镜液位高度是否满足要求。

(5)检查系统阀件。开启贮液器出口阀,开启压缩机排出阀,关闭压缩机吸入阀,其余阀件处于正确的开关状态。

(6)起动风机。开启风机起动按钮,风机运转,开始向舱室供风。

(7)起动压缩机。按下起动按钮,压缩机起动,逐渐打开吸入阀,观察高低压力表的读数,并仔细检查是否有异响振动。

2. 降温工况的停用操作

(1)控制转换。制冷装置应采用手动方式停机,停机前将控制箱上的转换开关,自"自动"转至"手动"控制。

(2)收储制冷剂。为了避免停机后制冷剂的漏泄,停机时应将制冷剂收储在贮液器内,关闭贮液器出口阀,压缩机运行至吸入压力表表压约高于"0"时停机。

(3)停机关阀。按下停机按钮,压缩机停止运转,关闭压缩机吸、排阀。

(4)停风机。

三、取暖工况的操作

1. 冬季使用空调装置，在装置起动时的操作

(1)接通控制箱电源。

(2)视情况向空气加热器供入加热介质或开启电加热器。

(3)确定新风比，正确起动风机。

(4)若需要加湿，再开加湿阀进行加湿。

(5)检查供风管供风温度，根据供风温度调节加热器进口阀的开度(若是电加热器，可增减加热组数)。

2. 取暖工况的停用操作

(1)停止加湿。在停止空调装置 30 s 之前停止加湿，让风机将系统中已经加湿的空气全部从系统中吹出，以避免系统腐蚀或下次起动后水分吹入舱室。

(2)停风机。待加湿器停止足够时间后，停止风机运转。

(3)停加热。关闭加热蒸汽阀或按下电加热器按钮，停止加热工作。

第十一章 含油污水处理装置操作与管理

第一节 含油污水的来源及相关定义

一、油污水的定义

油污水是指油类以一定数量融于水中形成的一种油水混合物。船舶油污水是指船舶在发动、航行过程中不可避免产生的含油水及废水。船舶是油污水产生的主要场所,随意排放油污水会造成水域的污染,破坏海洋、江河、湖泊的生态。为了保护环境、维护水域的生态,国际上设立有相关的公约,国内颁布有相关的法律法规,用以防止船舶油污水对水域造成污染。

二、含油污水的来源

根据船舶用途、大小不同,产生油污水的数量和来源各异,总体而言,船舶油污水主要来源于三方面。

1. 机舱舱底水

船舶机舱舱底水是由机舱内各种阀件和管路漏泄的油或水,机器设备在运转过程中涌出的润滑油、燃烧油,设备检修放水等混合形成的污油水。机舱年产油污水量一般为该船总吨位的10%左右。油污水水质较为复杂,它是多种油类的混合物,含油量一般为5 000 mg/L左右。舱底水中层平均含油量为250 mg/L左右。

2. 含油洗舱水

油船进厂修理或更换运油品种必须清洗货油舱。采用高压水清洗船舱产生的污油水称为船舶洗舱污油水。洗舱水的水量一般为该船载重量的 20%左右。洗舱水含油量一般为 15 000 mg/L 左右。洗舱水中层油浓度为 30～130 mg/L。所以,现在油船均采用原油洗舱技术洗舱,不产生上述大量的油污水,减少对水域的污染。

3. 含油压载水

油船卸完油后,为确保航行安全和提高推进器效率,需在货油舱内或压舱内装一定量的水,装入的水和附着在舱壁上的黏油混合就成了压载油污水。压载水一般占该轮载重量的 25%左右,含油量为 3 000 mg/L 左右。压舱水中间层平均含油量一般为 12～15 mg/L。由于压载水的排放有一定的时限,因此来源极不均匀。清洁压载水和专用压载水不含有污油,所以为了防污染,油船压载尽可能采用专用压载水舱压载。

第二节 油污水分离方法与处理方法

油水分离的方法很多,主要有物理分离法、化学分离法和生物处理法等,最常用的油污水处理方法是物理分离法。

一、常用油污水分离方法

1. 物理分离法

物理分离法是利用油、水的密度差或过滤吸附等物理现象使油、水分离的方法,主要特点是不改变油的化学性质而将油、水分离。其方法主要包括重力分离法、过滤分离法、聚结分离法、吸附分离法、气浮分离法、超滤膜分离法、反渗透分离法等。

(1)重力分离法

重力分离法是利用油、水的比重差(或密度差),使油浮于上部排入污油柜中,下部清水符合排放标准排出舷外。重力分离法按作用方式又可分为机械分离、静置分离和离心分离三种。

①机械分离是让油污水流过斜板、波纹板、细管和滤器等,使其产生涡流、转折和碰撞,使微小油粒聚结成较大油粒,在密度差的作用下而上浮,达到分离的目的。

②静置分离是将油污水贮存在舱柜内,靠重力作用油粒自然上浮而达到分离的目的。

③离心分离是让油污水高速旋转,在离心力的作用下实现油、水分离。

(2)过滤分离法

过滤分离法是让油污水通过多孔性介质滤料层,油污水中的油粒及其他悬浮物被截留,去除油分的水通过滤层排出,从而达到油、水分离的目的。

(3)聚结分离法

采用聚结分离法当油污水通过聚结分离元件时,油粒相互碰撞聚合增大,小油粒聚结成大油粒(此过程称为聚结,也叫粗粒化)。粗粒化后的油粒脱离聚结元件表面,在比重差的作用下,克服阻力迅速上浮,从而提高分离精度,以达到满足排放要求的目的。

(4)吸附分离法

吸附分离法是利用多孔性的固体吸附材料直接吸附油污水中的油粒,以达到油、水分离的目的。

(5)气浮分离法

气浮分离是通过产生气泡将水中细微油粒吸附上浮,从而达到油、水分离的目的。

2. 化学分离法

化学分离法是向油污水中投放絮凝剂或聚集剂,絮凝剂使油凝聚成凝胶而沉淀,而聚结剂则使油凝聚成胶体上浮,从而达到油水分离的一种方法。

3. 生物处理法

生物处理法主要有活性污泥分离法、生物滤池法等。活性污泥分离法是利用好气性微生物的氧化作用来处理含油污水的一种方法,适用于陆地污水处理场所。

二、常用油污水处理方法

油污水来源地方不同,处理方法也不相同,下面以船舶舱底水的处理方法加以说明。

1. 达标排放处理

船舶在航行过程中,因机舱舱底(或污水舱)的油污水量越聚越多,油污水积聚至一定程度会影响机舱机器设备和航行安全、减小船舶的载重量,所以当舱底或污水舱中的污水积聚到一定量时,应起动油水分离器对油污水进行处理,达到排放标准后排出舷外。此方法适合长航线、大吨位的船舶。

2. 储存-排岸处理

船舶机舱产生的油污水,不排放而是将其装于船上的储存舱(柜)中,船舶到达港口或停靠点后,将油污水排岸处理或交给油污水接收船舶。这种方法适用于无排放装置的小型船舶或航行于禁止排放水域的船舶。

第三节 油水分离设备和排放控制

一、油水分离器的种类

船用油水分离器的种类繁多,结构各异,为了达到排放标准要求,根据其分离原理,常用油水分离器可分为以下几类:

1. 重力分离加聚结分离型

该型分离器是利用大颗粒油滴与水自然分离,细颗粒油滴采用聚结元件使其聚集为大颗粒油滴而与水分离,实现油水分离,达到排放标准。

2. 重力分离加过滤分离型

该型分离器是利用大颗粒油滴与水自然分离,细颗粒油滴采用过滤元件使其聚结为大颗粒油滴而与水分离,实现油水分离达到排放标准。

3. 重力分离加吸附分离型

该型分离器是利用大颗粒油滴与水自然分离，细颗粒油滴采用吸附元件将其吸附而与水分离，实现油水分离达到排放标准。

二、CYF-B 型油水分离器

船用油水分离器的种类繁多，结构各异，但绝大多数是采用重力分离+聚结分离、重力分离+过滤分离、重力分离+吸附分离等组合结构，以满足国际公约规定的排放标准的要求。下面以 CYF-B 型重力分离+聚结分离的油水分离器为例，说明其结构、工作原理以及排放控制等。

1. CYF-B 型油水分离器的结构

CYF-B 型油水分离器结构如图 11-1 所示。该分离器外形呈长方体状，在分离器内部主要设置有板式聚结器 4、纤维聚结器 14、加热器 7、油位检测器 8。在分离器壳体上设置有细滤器 16、自动排油阀 11、手动排油阀 10 和安全阀 3 等。

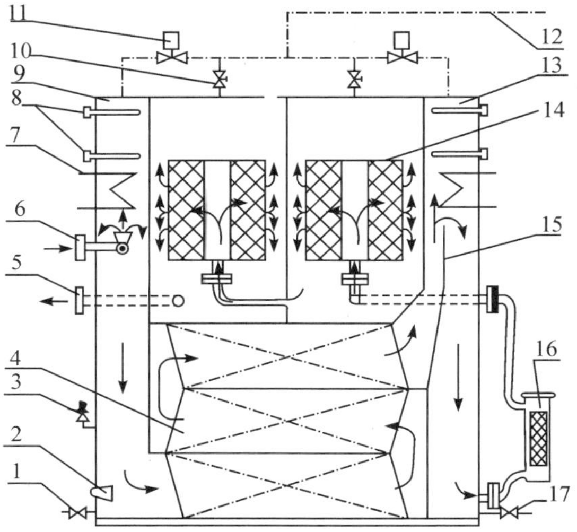

图 11-1　CYF-B 型油水分离器结构图

1—泄放阀；2—蒸汽冲洗喷嘴；3—安全阀；4—板式聚结器；5—清洁水排出口；6—油污水进口；7—加热器；8—油位检测器；9—集油室（左）；10—手动排油阀；11—自动排油阀；12—污油排出管；13—集油室（右）；14—纤维聚结器；15—隔板；16—细滤器；17—泄放阀

2. CYF-B 型油水分离器的工作原理

其工作过程包括第一级重力分离和第二级聚结分离。

第一级重力分离阶段包含静置分离和机械分离两种阶段。

（1）静置分离阶段。舱底水由污水泵抽吸，经油污水进口 6 和喷嘴从左集油室中部送入油水分离器内，由于喷嘴的扩散作用，大颗粒油滴快速上浮，积聚于集油室（左）9 顶部，完成静置分离。

（2）机械分离阶段。不能靠自身浮力上浮的小颗粒油滴，随污水向下流动进入峰谷对置的多层波纹板式聚结器 4（油水在此完成机械分离）。波纹板组湿周大、上浮距离小、流动路径长、流速低，油污水在其内处于层流状态，并在特有的水腔结构内使小颗粒油滴相互碰撞，聚结形成较大的油粒。液流流出波纹管后进入集油室13（右），聚合形成的较大油粒在浮力的作用下，自动上浮至右侧集油室顶部，完成第一级机械分离。

第二级聚结分离包括第一段聚结分离和第二段聚结分离

（1）第一段聚结分离。经第一级分离后，含更小油滴的污水经细滤器16过滤后，进入串联布置的纤维聚结器14中，经第一段聚结分离元件，细微油粒在其中经截留、聚结、脱离和上浮，分离出来的少量残油存留于中间集油室右侧顶部。

（2）第二段聚结分离。经上段分离后，更小油粒的污水再次进入第二段聚结分离元件，油粒在其中再次经截留、聚结、脱离和上浮，分离出的微量残油存留于中间集油室左侧顶部，实现分离器的第二级分离。分离出的清水完全能达到排放标准，后清洁水经排出口5排出舷外。

3. CYF-B型油水分离器的排放控制

（1）污油的排放控制

第一级分离出的污油量较大，采用自动排油控制；第二级分离出的污油量非常少，采用手动排油控制。

①第一级污油排放控制

排油自动控制是利用油与水的导电性不同，油位检测器得到不同信号，从而触发不同的控制信号使排油电磁打开或关闭，实现排油自动控制。现以第一级左侧集油室的自动排油来说明其控制原理。

第一级左侧集油室污油排放由油位检测器8和自动排油阀11共同控制。在左侧集油室随分离出污油量的增多，左侧集油室油位降低，当油位降至油位检测器的低位电极时，油位检测器触发信号使自动排油阀11通电打开并排油；随着排油的进行，水位逐渐上升；当水位升至油位检测器的高位电极时，油位检测器触发信号使自动排油阀11断电关闭，停止排油，从而将左侧集油室的油位控制在油位检测器的两根电极之间。第一级右侧集油室油位控制与左侧控制相同。

②第二级污油排放控制

由于分离器第二级分离出来的污油量非常少，所以第二级采用手动排油阀10定期排油。

（2）清水的排放控制

在清水排放管路上设置油分浓度检测器和排放电磁阀。油水分离器工作过程中，分离出的清水，含油量未超标时，正常排出舷外；当排放的清水中含油量达到或超过排放标准时，油分浓度检测器发出声、光报警，同时发出信号使排放电磁阀断电关闭，超标清水的排放被切断，避免造成污染。

CYF-B型油水分离器，可使排放的清水中含油量小于10ppm，并能在船舶倾斜22.5°的条件下正常运行，其配套污水泵为单螺杆泵。

三、ZYF型油水分离器及系统

1. ZYF型油水分离器的结构

ZYF型油水分离器的结构和工作系统，如图11-2所示。该分离器外形呈圆柱体，在分离器内布置有空心圆柱形的第一级集油器5和第二级集油器2、污水进入喷口10；在分离器外壳

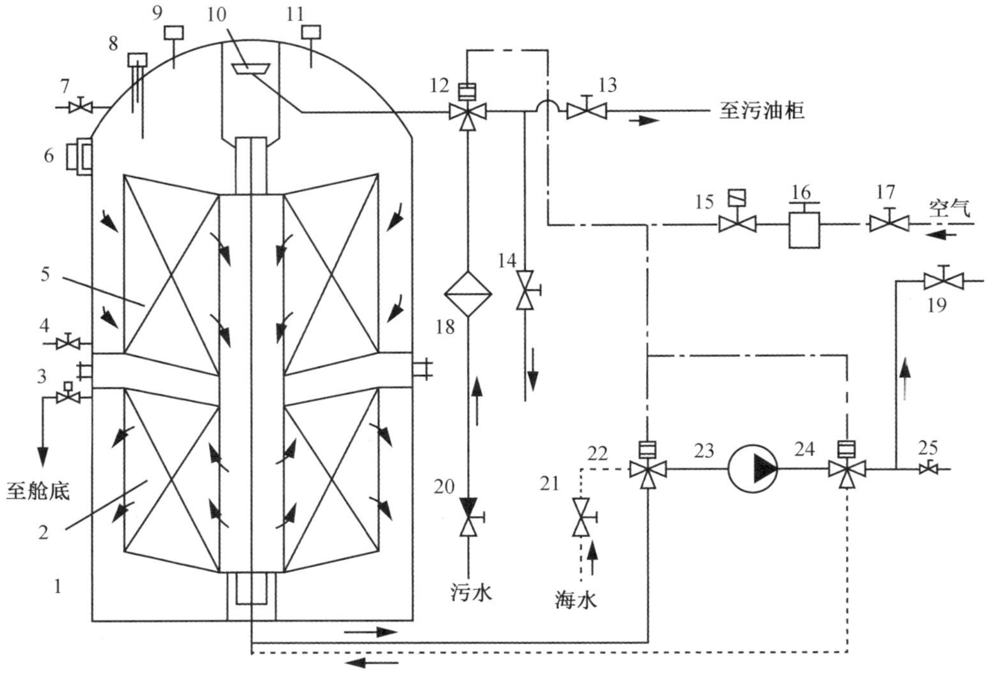

图 11-2　ZYF 型油水分离器的结构和工作系统

1—下排污阀;2—第二级集油器;3—第二级自动排油阀;4—上排污阀;5—第一级集油器;6—电加热器;7—检油旋塞;8—油位探测器;9—真空压力传感器;10—污水进入喷口;11—温度控制器;12、22、24—气动三通阀;13—排油截止阀;14—反冲洗管截止阀;15—气源电磁阀;16—空气压力控制阀;17—气源截止阀;18—污水吸入滤器;19—净水出口;20—污水吸入止回阀;21—海水吸入截止阀;23—单螺杆泵;25—取样旋塞

上布置有第二级自动排油阀 3、电加热器 6、检油旋塞 7、油位探测器 8、真空压力传感器 9、温度控制器 11、下排污阀 1 和上排污阀 4 等。

在管路系统上布置有单螺杆泵 23,气源电磁阀 15,空气压力控制阀 16,气动三通阀 12、22 和 24 等部件。

2. ZYF 型油水分离器的工作原理

当分离器在运行过程中,单螺杆泵 23 在分离装置排出口处抽吸处理后的清水,同时使分离筒内产生真空,舱底水被吸入,舱底水经过污水吸入滤器 18 和气动三通阀 12 进入分离筒内部扩散喷口,进行重力分离,大油滴上浮至顶部集油室。不能上浮的小油滴随污水向下,并由环形室进入第一级集油器 5,在其内进行第一次聚结分离,聚结形成的较大油滴逆向上浮至顶部集油室。更小油滴随污水继续由中心通道向下,进入第二级集油器 2 后流向外腔,聚结后的大油滴停留在环形室顶部。符合排放标准的水(小于 10ppm)则向下经分离器底部流出,经气动三通阀 22,进入单螺杆泵 23,再经气动三通阀 24,最后经截止阀排出舷外。

3. ZYF 型油水分离器的排放控制

(1)分离器污油排放控制

第一级污油的排放,当分离器内油位到达油位探测器 8 的最长电极端面时,油位探测器 8 触发信号,使气源电磁阀 15 开启,压缩空气同时进入 12、22、24 三只气动三通阀。下面分两路介绍管路各自通、断情况和作用。

第一路：压缩空气进入气动三通阀22、24顶部气缸，推动活塞向下，关闭常通口，开启常闭口。气动三通阀22、24控制的管路通、断情况如下：

①分离器（清水）→气动三通阀22→单螺杆泵23（泵不停）→气动三通阀24关闭至净水出口19通路，清水暂停排放。

②海水→截止阀21→气动三通阀22→单螺杆泵23（泵不停）→气动三通阀24→分离器内，对集油器2和5进行反向冲洗，同时提高分离器内部压力。

第二路：压缩空气进入气动三通阀12顶部气缸，推动活塞向下，关闭常通口，开启常闭口。气动三通阀12控制的管路通、断情况如下：

①油污水→污水吸入止回阀20→污水吸入滤器18→气动三通阀12关闭至分离器通路，舱底污水暂停进入分离器。

②由于分离器内部压力升高，分离器内顶部污油经污水进入喷口10→气动三通阀12开启→截止阀13→至污油柜。

第二级污油的排放与第一级污油排放是联动的，即当第一级开始排油时，第二级自动排油阀3自动开启将污油或油水混合液排放至舱底或污水舱。

（2）分离器投入工作的控制

随第一级排油的进行，分离器内油位逐渐上升，当油位上升至油位探测器8的次长电极端面时，油位探测器8触发信号，使电磁阀15关闭，压缩空气切断，气动三通阀12、22、24恢复原状。下面分二路介绍管路各自通、断情况和作用。

第一路：压缩空气切断后，气动三通阀22、24开启常通口，关闭常闭口。气动三通阀22、24控制的管路通、断情况如下：

①分离器（清水）→气动三通阀22→单螺杆泵23（泵不停）→气动三通阀24开启→截止阀→分离器内清水排出舷外，从而使分离器内部压力降低而产生真空。

②海水→截止阀21→气动三通阀22关闭，冲洗海水被切断。

第二路：压缩空气切断后，气动三通阀12开启常通口，关闭常闭口。气动三通阀12控制的管路通、断情况如下：

①由于分离器内已经成为真空，污水经→止回阀20→滤器18→气动三通阀12开启→污水进入喷口10喷入分离器内，开始分离工作。

②由于气动三通阀12关闭，污水进入喷口10→气动三通阀12至截止阀13被切断，停止污油排放。

4. ZYF型油水分离器的特点

（1）水泵后置，真空抽吸含油污水，进、出水泵的液体为处理后的清水，无杂质和泥沙，泵的磨损小，工作可靠。

（2）避免了油与水的乳化，筒内的真空度同时起到了“气浮分离”的效应，提高了油水分离效果。

（3）可采用电动往复泵和螺杆泵，密封性好、自吸能力强、磨损小、工作可靠。

（4）分离装置中的聚结元件能自动反向冲洗，不会堵塞，长期使用不需要更换。

四、油水分离器的管理

正确使用、定期维护、精心管理,是保证油水分离器具有良好性能、发挥正常分离能力的必要条件。轮机管理人员应认真阅读使用说明书,了解分离器的结构原理,熟悉操作程序和维护管理的相关要求。

(1)监视吸、排压力表读数。查看吸入真空和排出压力表读数是否在要求范围内。若吸入真空度太小,说明管路或泵漏泄,无法抽吸油污水,查明原因并修复;若真空度太大,应清洗吸入滤器。如果排出压力太高,开足排出管路上的阀件或清洗油水分离器。

(2)监视油分浓度检测器。经常查看油分浓度检测器读数,若发现读数超过 15ppm 未报警,应立即停止分离器,查找原因并修复。

(3)检查分离器负荷。打开分离器低位检验旋塞,若有油流出,说明分离器超负荷,应立即开启排油阀,并减小分离量或停止工作。

(4)定期排油。油水分离器第一级均采用自动排油,而第二级一般是手动排油,因此需要定期手动排油,防止污油聚积过多。

(5)注意加热。在寒冷季节,分离水温较低时,应将控制箱上加热开关放到自动位置,设定加热温度(最高不超过 60 ℃)。

(6)排水含油检查。经常开启排水管上取样考克,检查排水中的含油情况,并定时进行取样化验。

(7)操作记录。油水分离器每次使用后,必须将使用情况记录到油水记录簿中。

第四节 油污水处理系统及设备

船舶吨位大小、航线长短不同,所设置的油污水处理系统或装置也不同,处理系统形式繁多,现以船舶舱底水系统为例进行说明,图 2-1 为某船舱底水系统图。

一、舱底水系统的作用

舱底水系统的作用是及时将机炉舱、货舱的舱底积水排出舷外。货舱积水一般不含油,可直接排出舷外;机舱积水含油,需要经油水分离器处理,含油量小于 15ppm 后才能排出舷外。

二、舱底水系统的组成

如图 2-1 所示,是某船的舱底水布置系统,其主要由日用舱底水泵 BMV16、油水分离器、舱底水舱、管路、止回阀等组成。

(1)日用舱底水泵

日用舱底水泵 BMV16 是舱底水系统最重要的设备之一,其作用之一是收集各舱底油污水储存在舱底水舱中或排岸;作用二是船舶到港后将舱底水舱或各舱底的油污水排岸。

(2)油水分离器

船舶航行中,将舱底水舱或各舱底的油污水进行处理,达到排放标准后排出舷外。

(3)舱底水舱

舱底水舱为长方体状,是专门用于储存船舶舱底油污水的液舱。

(4)止回阀

在系统管路中均布置有止回阀(如 BMV1、BMV90 等),其作用是只让舱底水泵和油水分离器在各污水井里抽水,不让舷外水倒流进入船舶里面。

三、舱底水系统的功能

1. 将舱底水储存在舱底水舱中

将船舶所产生的舱底积水抽吸储存在舱底水舱中。如将辅机舱舱底水储存在舱底水舱的液流线路为:辅机舱污水井→BMV90 和 BMV89→日用舱底泵→BMV16→舱底水舱。

2. 处理达标排放

利用油水分离器将油污水进行处理,含油量小于 15ppm 后,排出舷外。

(1)将主机舱舱底水处理排放。其液流线路为:主机舱污水井→BMV3 和 BMV4→油水分离器→舷外。

(2)将舱底水舱中的水处理排放。其液流线路为:舱底水舱→BMV66→油水分离器→舷外。

3. 排岸处理

若船舶航行于禁止排放水域,船舶船底产生的油污水只能储存在船底水舱中,待船舶到达港口后,利用船底水系统将积储的油污水排到岸上处理。其液流线路为:舱底水舱→BMV1→日用舱底泵→BMV15→排岸。

第五节 船舶油污水处理装置的实际操作训练

油污水装置的型式很多,下面以如图 11-3 所示的装置为例说明其操作过程。

一、油水分离器检查与测试操作

(1)检查油水分离器各管系是否有漏泄,连接是否紧固。

(2)检查油水分离器供电,打开电源,给水泵、自动排油系统、油分浓度检测器供电。

(3)打开从污水泵到出海阀之间管路上所有的阀门,以及止回阀 V7 和 V18;关闭油水分离器排泄阀 V6、V8 和止回阀 V19。

(4)打开清水充注止回阀 V9 和截止阀 V3,在二级分离室的底部,用干净的海水或淡水充满油水分离器;同时打开第一级和第二级的测试阀 V1 和 V2,排出空气,并打开油水分离器顶部的放气阀。

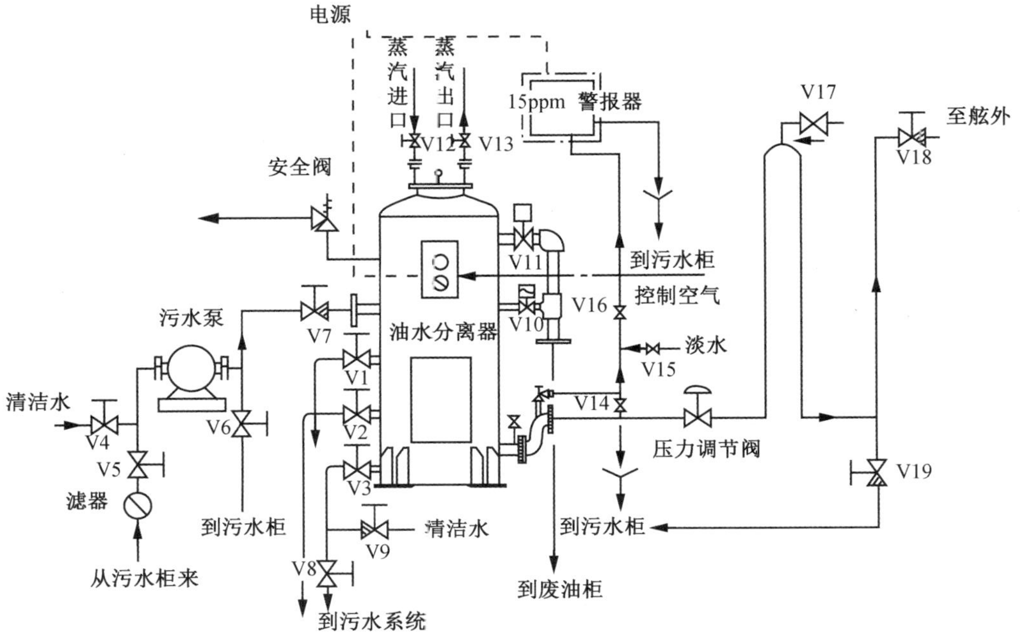

图 11-3　典型油水分离器系统

(5)打开阀 V4,起动污水泵,观察油水分离器或管路上是否有漏泄,发现漏泄及时排除。测试运行期间,用海水循环。

(6)打开油分浓度检测器电源,打开阀 V16,关闭阀 V14,检查 15ppm 警报器是否正常工作:按下“check”按钮,应发出警报。观察 15ppm 警报器,显示 1ppm 以下为正常。

二、油、水分离及排油操作

(1)确认 15ppm 油分浓度警报器正常工作。

(2)打开阀 V5,关闭阀 V4,污水进入油水分离器,清水开始排出舷外。

(3)检查各仪表的读数是否正常,泵出口压力不能太高,安全阀整定值为 0. 26 MPa ,排出管压力值应为 0. 05~0. 10 MPa。如果泵出口压力值超过规定值,应检查管路是否堵塞;若无堵塞,则表明分离筒太脏,应用清水冲洗或更换分离器滤芯,或彻底清洗分离器。

(4)将控制箱上的排油开关切换到“手动”位置上,手动开启排油电磁阀 V11,观察排油电磁阀动作是否正确。此时,排油信号灯亮,排油电磁阀处于开启状态。正常后将开关置于“自动”位置。

(5)确保 15ppm 警报器持续正常工作,显示小于 15ppm 正常。

(6)如果水温较低,可以开启蒸汽阀 V12 和 V13,对污水适当加热,提高分离效果,但温度不宜超过 60 ℃。

(7)分离器投入正常工作,分离出的清水排出舷外。

三、停止分离器操作

(1)当油污水处理完毕后,打开阀 V4,关闭阀 V5,用海水冲洗油水分离器。

(2)用清水冲洗期间,手动打开自动排油电磁阀 V11 和二级手动排油阀 V10,尽量排空油水分离器内部集油。

(3)连续冲洗分离器 15 min 后停泵,并关闭装置所有的进出口阀和加热装置。

(4)油水分离器停止工作后,打开阀 V15,用淡水冲洗 15ppm 警报器 5 min 左右。

(5)关闭所有阀门,切断电源。装置停止工作后,让其内部充满清水,以防分离器内部污染。

第十二章

生活污水处理装置操作与管理

船舶生活污水一般分为两大类。一类是来自厨房、盥洗室、洗衣房等处的废水，称为“灰水”。另一类是来自卫生间、医务室、装载活动物处所的冲洗水，称为“黑水”。

船舶生活污水不仅含有有机物和矿物质，而且还有大量的细菌和寄生虫，有的还含有危害人体和水生物的病毒，如不经过任何处理而将其任意排放的话，就可能造成周围水域的污染，会发生一系列生化作用，造成水环境中的鱼类等动物死亡或迁移。粪便污水如果不经过充分处理以杀死病菌的话，可传染多种肠道传染病。

第一节 生活污水的概念及排放标准

一、船舶生活污水的概念

船舶生活污水是指由船员、旅客以及船舶所载的动物日常生活所形成的污水和废物。

生活污水是指下列各种类型：

(1)任何形式排放的粪便污水；

(2)从医务室(药房、病房等)排出的污水；

(3)装有活的动物处所的排出物;

(4)混有上述排出物的其他废水。

二、名词解释

(1)生活污水贮存舱(柜),收集和贮存生活污水的舱(柜)。

(2)生活污水处理装置,以生化、物化等手段降低生活污水中的大肠菌群、悬浮固体和生化需氧量等指标的装置。

(3)打包收集设施,用打包形式收集生活污水(不含冲洗水)的设施。

(4)接收设施,岸上或船上(生活污水收集船)用于接收生活污水的设施。

(5)排放水,经生活污水处理装置处理达到排放标准后排往水域的水。

三、船舶生活污水的排放标准

自 2018 年 7 月 1 日起,400 总吨及以上的船舶,以及 400 总吨以下且经核定许可载运 15 人及以上的船舶,在不同水域船舶生活污水的排放控制分别按以下要求执行。

(1)在内河水域,船舶生活污水不得直接排入环境水体,应采用下列方式之一进行处理:

①利用船载收集装置收集,排入接收设施;

②利用船载生活污水处理装置处理,达到排放标准规定要求后在航行中排放。

(2)在内河水域,根据船舶类别和安装(含更换)生活污水处理装置的时间,利用船载生活污水处理装置处理的船舶生活污水分别执行相应的污染物排放限值。

①在 2012 年 1 月 1 日以前安装(含更换)生活污水处理装置的船舶,向环境水体排放生活污水,其污染物排放控制按表 12-1 中的规定执行。

表 12-1 污染物排放控制(一)

序号	污染物项目	限值	污染物排放监控位置
1	五日生化需氧量(BOD_5)(mg/L)	50	生活污水处理装置出水口
2	悬浮物(SS)(mg/L)	150	
3	耐热大肠菌群数(个/L)	2 500	

②在 2012 年 1 月 1 日及以后安装(含更换)生活污水处理装置的船舶[不包含在 2021 年 1 月 1 日及以后安装(含更换)生活污水处理装置的客运船舶],向环境水体排放生活污水,其污染物排放控制按表 12-2 中的规定执行。

③在 2021 年 1 月 1 日及以后安装(含更换)生活污水处理装置的客运船舶,向内河排放生活污水,其污染物排放控制按表 12-3 中的规定执行。

表 12-2 污染物排放控制(二)

序号	污染物项目	限值	污染物排放监控位置
1	五日生化需氧量(BOD_5)(mg/L)	25	生活污水处理装置出水口
2	悬浮物(SS)(mg/L)	35	
3	耐热大肠菌群数(个/L)	1 000	
4	化学需氧量(COD_{cr})(mg/L)	125	
5	pH 值(无量纲)	6.0~8.5	
6	总氯(总余氯)(mg/L)	<0.5	

表 12-3 污染物排放控制(三)

序号	污染物项目	限值	污染物排放监控位置
1	五日生化需氧量(BOD_5)(mg/L)	20	生活污水处理装置出水口
2	悬浮物(SS)(mg/L)	20	
3	耐热大肠菌群数(个/L)	1 000	
4	化学需氧量(COD_{cr})(mg/L)	60	
5	pH 值(无量纲)	6.0~8.5	
6	总氯(总余氯)(mg/L)	<0.5	
7	总氮(mg/L)	20	
8	氨氮(mg/L)	15	
9	总磷(mg/L)	1	

第二节 生活污水的处理方式

为满足排放标准,目前船上采用的生活污水处理方式基本分两种:一种是收集、贮存、集中排放的方式;一种是在船上处理后直接排出的方式。

一、收集贮存式处理

通过专设的粪便柜收集贮存含粪尿的厕所冲洗水,集中排放到岸上接收装置。其粪便柜应将加强筋放在柜的外侧,以方便清洁内部。同时柜内应涂敷环氧树脂或采用玻璃钢衬里,以防锈蚀。

采用这种处理方式的装置,只需从各个厕所安装汇集粪尿的管路和足够容量的贮存柜即可,装置简单,造价低。但是当粪尿贮存时间长时,需使用化学药品除臭、杀菌和消毒,增加了药品费用。

该装置主要由贮存柜、排出泵、粉碎泵和污水管路组成，如图 12-1 所示。贮存柜内壁涂有防腐层，柜底倾斜利于排空。其工作原理如下：污水和废水经粉碎泵处理后流入贮存柜，然后由排出泵排至露天甲板的标准排放接头送到岸上接收设备。当船舶航行到禁排水域或在无接收设备的港口时，污水贮存在柜内。

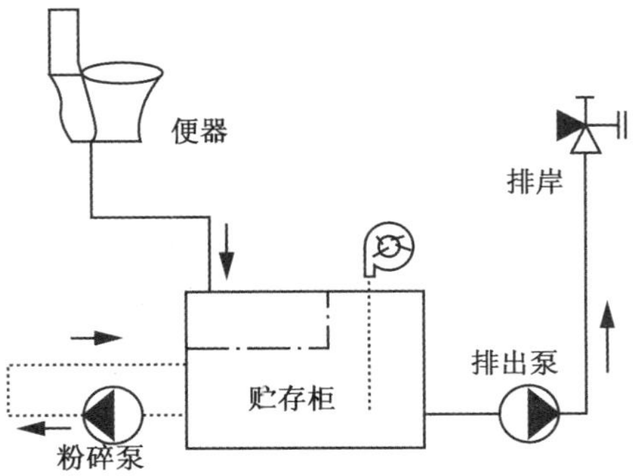

图 12-1　收集贮存式示意图

二、排放式处理

船上一般选用的都是排放式生活污水处理方式，并按其净化方式不同有生化处理、物理化学处理等方式。

1. 生化处理方式

生化处理分为好氧生物法和厌氧生物法。好氧生物法分为活性污泥法和生物膜法。

船上常用的方法是以好氧菌为主的活性污泥法处理生活污水。其通常是利用好氧性微生物（好氧菌）为主的活性污泥对污水中的有机物进行氧化分解，使其变成无机物，然后使用化学药品或紫外线消毒处理，再排放入水域。

活性污泥的主要成分是粒状或粉末状的活性炭，常取自木质物、果质物、煤质物以及石油残渣和生物骨头等，这种活性污泥对有机物有很强的吸附能力和氧化分解能力。活性污泥所发酵产生的微生物，在有氧的条件下，能透过细菌的细胞壁将污水中的溶解性有机物分解吸收，固体和胶体的有机物先附在细菌体外，由细菌所分泌的外酶分解为溶解性物质再加以吸收。细菌通过其自身的生命活动（氧化、还原、合成等过程），将一部分被吸收的有机物氧化成简单的无机物，同时放出能量，使细菌活动、生长、繁殖，而将另一部分有机物软化为生物体所必需的营养物质，使细菌生长繁殖。

消毒化学药品在船舶上常采用氯化物（如氯化钙、次氯化钙、氯氨、二氧化氯等）。采用化学药品消毒，处理效果好，比较简单可靠，已广泛使用。

生化处理装置主要是利用好氧菌为主的活性污泥对污水中的有机物质进行分解处理。一般生化处理装置由曝气室、沉淀室、加药器、消毒杀菌室、鼓风机、排出泵等组成，如图 12-2 所示。

其工作原理如下：生活污水由曝气室顶部进入曝气室，由于有鼓风机的空气吹入，以好氧菌为主的活性污泥能将污水中的有机物质进行分解，其中一部分变成无机物（如二氧化碳、水），另一部分转化为自身的营养物质，供其生长繁殖。曝气室中无机物和新的活性污泥流入

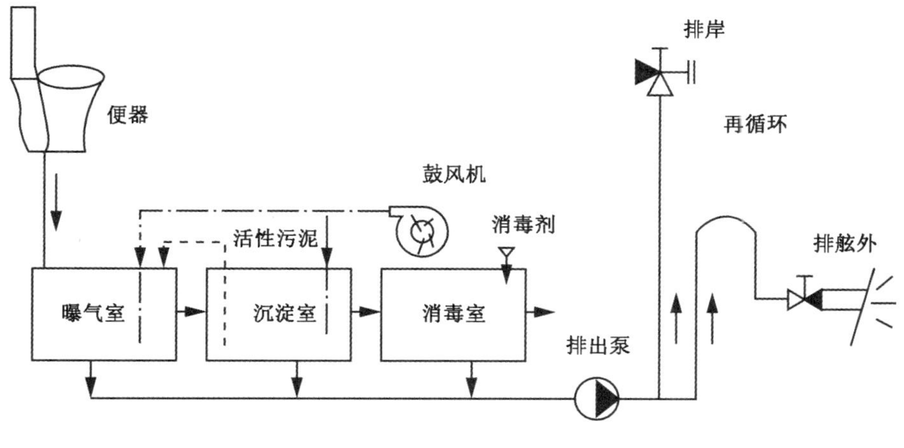

图 12-2 生化处理方式示意图

沉淀室。在沉淀室中,由于没有空气的扰动,活性污泥形成团状沉淀到室底,并在空气的吹送作用下和顶部的浮渣一起返回曝气室,以保持该室内活性污泥的浓度。沉淀室中处理过的清水流入消毒杀菌室。当消毒杀菌室水位升高时,在浮子水位计的控制下,起动排出泵将水排出。

2. 物理化学处理方式

生活污水进入固液分离室分离,使液体和固体分开,然后用化学药品对污水进行除臭、消毒、杀菌,达到排放标准排放或循环利用,而泥渣、污泥等固体废物则送到焚烧炉焚烧,如图12-3 所示。

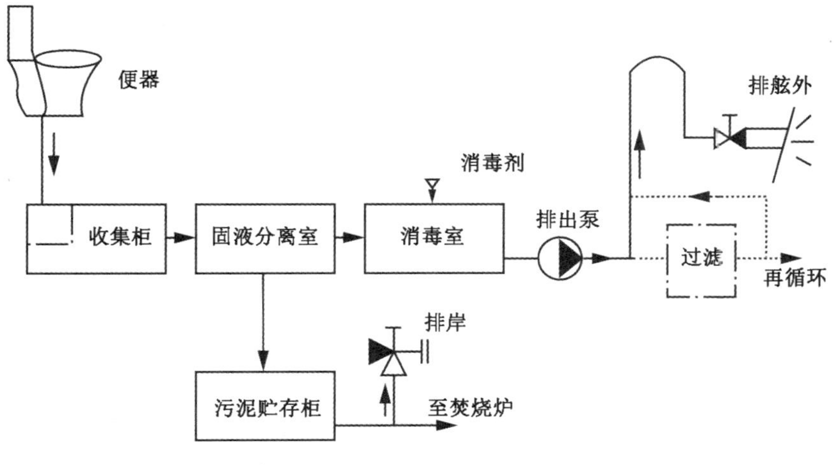

图 12-3 物理化学处理方式示意图

这种处理与生化处理相比较,理化处理装置较轻小,随时可停止或起动,并且可实现自动控制,而且处理后的水质不受船舶摇摆影响,是船舶常用的另一种处理方式。

第三节 ◉ 生活污水排放控制

一、典型装置排放控制

WCB 型生活污水生化处理装置采用生化法处理生活污水，利用活性污泥与生物膜中的微生物在有氧环境下联合作用来消除污水中的有机污染物。

主要污水处理指标为：生化需氧量 ≤ 50 mg/L；悬浮固体 ≤ 50 mg/L；大肠杆菌数≤2 500 个/升。其处理流程图如图 12-4 所示。

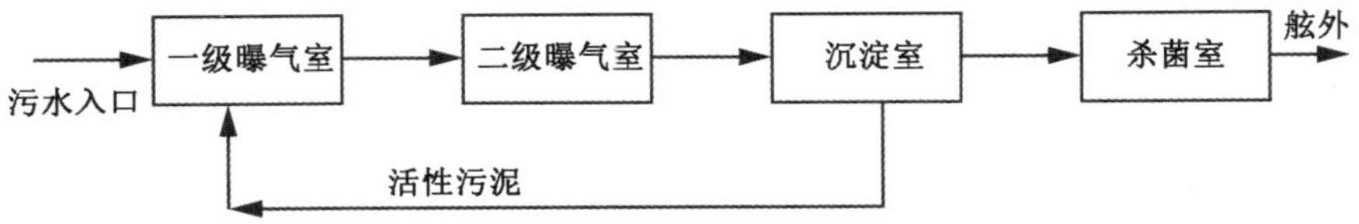

图 12-4 WCB 型生活污水处理流程图

其原理示意图如图 12-5 所示。

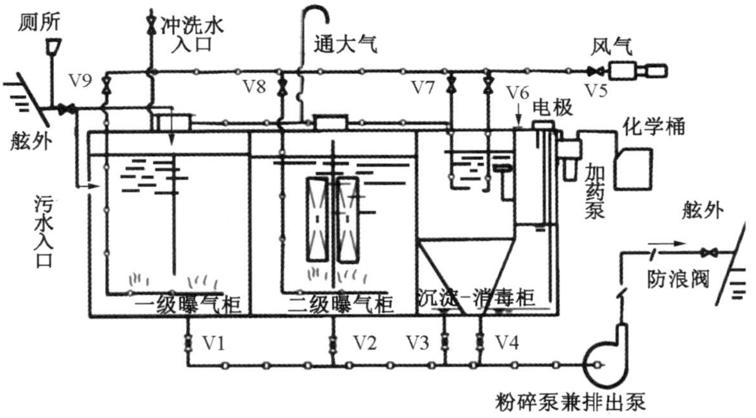

图 12-5 WCB 型生活污水处理原理示意图

在一级曝气室内，以好氧菌为主的活性污泥菌团形成像棉絮状且带有黏性的絮体吸附有机物质，在充氧的条件下（风机用于向装置内供送空气），消解有机物质，将其变成无害的二氧化碳和水。同时，活性污泥得到繁殖，在作为菌团营养的有机污染物质减少时细菌呈饥饿状态以致死亡，死亡的细菌就成为附着在活性污泥中的原生动物和后生动物的食物被其吞噬，粪便污水中 95%以上易消解的有机物质，完全被氧化。

在二级曝气室（接触氧化室）内，悬挂有软性生物膜填料，具有吸附消解有机物功能的生物膜在水中自由漂动，大部分原生动物寄居于纤维生物膜内，同样由于充氧的作用，有机物质进一步与生物膜接触氧化分解。

污水在进入沉淀柜时，其中的污泥量已经很少，在沉淀柜内积累的活性污泥沉淀物被返送至一级曝气柜内供菌种繁殖。

经过沉淀清洁的污水最后进入消毒柜用含氯药品杀菌(加药泵用于向装置内添加含氯药品),当液位达到“中位”电极时,排出泵自动起动,最后由排出泵排至舷外。当液位降低到“低位”电极时,泵自动停止,此时,加药泵自动加药。当液位达到“高位”电极时,控制箱将发出报警信号。

生活污水处理装置运行期间,在其周围的水中不应产生可见的漂浮固体,也不应使水变色。

二、法定规则排放控制

(1)为防止船舶生活污水污染水域,船舶应符合下列要求之一:

①装设生活污水储存舱(柜),该储存舱(柜)应有足够的容积以贮存船舶产生的生活污水,并应将生活污水排往接收设施。

②装设生活污水处理装置,该装置对船舶产生的生活污水进行预处理或最终处理,最终处理达到排放标准后,方可排往水域。配套装设生活污水储存舱柜,其舱柜应具有足够容积以储存船舶停泊期间或在禁止排放生活污水水域航行期间产生的生活污水。

③装设打包收集设施(免冲),将船舶产生的生活污水打包收集,打包后的生活污水应送到接收设施。

(2)经过处理的船舶生活污水的排放应避开取水源,并不应在停靠码头时排放。

(3)应对经过处理的船舶生活污水的排放速度进行控制,不应顷刻排放。排放应在船舶航行中进行。

(4)航行于京杭运河、漓江等要求生活污水零排放水域的船舶的生活污水应贮存在船上,排放给接收设备,严禁将生活污水排往航行水域。

三、生活污水处理装置的运行管理

(1)经常检查曝气风机,工作时勿停,否则会造成微生物死亡,降低处理效果。

(2)维持装置运行的最佳温度,一般为20~25 ℃,确保处理效果。

(3)定期检查曝气室和沉淀室活性污泥的浓度,一般每三个月检查一次,正常情况下呈巧克力色或淡棕色。如曝气室和沉淀室活性表面浮渣过多,说明活性污泥量过大,需要调整,一般活性污泥量为曝气室容量的1/3~1/2为宜。

(4)防止超负荷运行,冲洗水量每人每天60 L左右。同时应注意防止不易溶解的物品进入系统堵塞系统或影响处理效果。在清洗便池时,尽可能不采用各种化学药品或将采用清洗化学药品的冲洗水直接排出舷外,以防止杀死微生物。

(5)及时对消毒室补充消毒化学药品,通常3个月补充一次,按每人每月20 g的量投放,充量约占药筒高度的1/4。消毒化学药品是有毒、易燃、易受潮溶化的物品,需要装入密封的陶瓷容器存放在阴凉通风处,并注意防止火灾和人员中毒。更换药品时须戴胶皮手套,防止灼伤。

第四节 生活污水处理装置性能要求

一、一般要求

(1)对于装设生活污水储存舱(柜)的船舶,应装有生活污水输送管系,该管系所配备的泵、管路和附件应具备将生活污水粉碎后排往接收设备的能力。

(2)防止生活污水污染系统的舱(柜)、处理柜、生活污水管路及有关附件均应以钢或其他等效材料制成,并应考虑防腐措施。

(3)防止生活污水污染系统的设计及安装应考虑维修和操作的需要。

(4)生活污水管路不应穿过饮用水舱和锅炉水舱。

(5)生活污水管路不应穿过客舱、厨房等舱室,若不可避免时,在这些舱室内不应有可拆接头。

(6)生活污水储存舱(柜)和生活污水处理装置均应设有液位计或其他等效设施。

(7)生活污水储存舱(柜)和处理柜一般应设液位报警装置或采用其他等效措施,避免生活污水的溢流。

(8)生活污水储存舱(柜)和处理柜应设有透气管,透气管应通往大气或适宜处所。对可能产生易燃气体的舱(柜)、处理柜,其透气管端应设有金属防火网。

(9)真空式生活污水储存器可不设液位计和透气管。

(10)船舶不应设有直接通往舷外的生活污水排放管路;生活污水处理装置因维修需要而设的旁通管路应与临时的生活污水储存设施相连。

二、生活污水贮存舱(柜)的要求

(1)生活污水贮存舱(柜)不应与饮用水舱和锅炉水舱相邻,若不可避免时,应以隔离空舱隔离。

(2)生活污水贮存舱(柜)的容积应不小于按下式计算所得之值:

$$V_S = 10^{-3} \cdot f \cdot p \cdot D \cdot q \quad (m^3)$$

式中:V_S ——生活污水储存舱(柜)的容积;

f ——营运条件系数。其主要由船舶计划排放生活污水给接收设施的时间 t 确定,当 $t \geq 24$ h 时,$f = 1$;当 $8\ h \leq t < 24\ h$,$f = 0.5$;当 $4\ h \leq t < 8\ h$ 时,$f = 0.25$;当 $1\ h \leq t < 4\ h$ 时,$f = 0.13$;当 $t < 1$ h 时,$f = 0.1$;

p ——船上人员;

D ——需容纳生活污水的天数;当需容纳生活污水的天数小于 1 时,D 取值为 1;

q ——每人每天产生的生活污水量。

三、生活污水处理装置的要求

(1)生活污水处理装置应在船舶处于横倾 10°、纵倾 5°时仍能正常工作。

(2)生活污水处理装置应能手动控制排放水。

(3)在生活污水处理装置排放管路的适当位置应设有取样检测口。生活污水处理装置的布置应能方便地对生活污水及排放水取样。

(4)生活污水处理装置的安装处所应有良好的通风。

(5)生活污水处理装置的布置应便于污泥的排放与接收。

(6)生活污水处理装置产生的污泥及浮渣严禁排往水域。

7)船舶所选用的生活污水处理装置应与船上所产生的生活污水量相匹配。

(8)生活污水处理装置的排放水质标准和性能试验应符合国际海事组织以 MEPC. 227(64)决议通过的《2012 年生活污水处理装置国际排放标准和性能试验实施指南》或国家标准的相关规定。

(9)为了使接收设备的管子能与船上生活污水的排放管路相连接,在这两组管路上应配有如图 12-6 所示的标准排放接头,标准排放接头应能快速方便地与接收设施相连。

①标准接头的法兰应能接收最大内径不大于 100 mm 的管子;

②标准接头应能承受 0.6 MPa 的压力;

③法兰螺栓尺寸为 4×Φ16 mm。

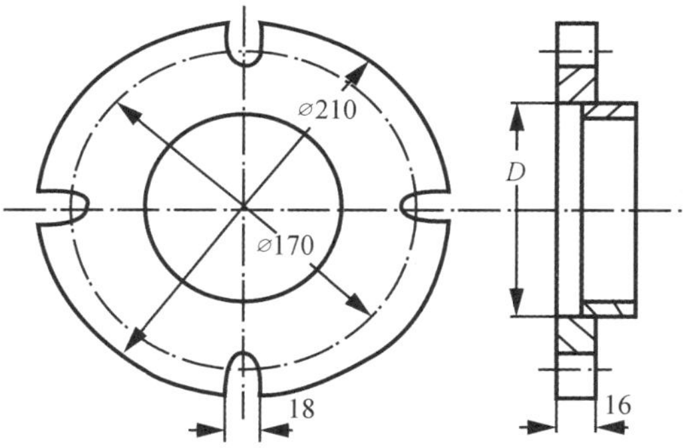

图 12-6 标准排放接头

第五节 船舶生活污水处理装置的实际操作训练

船舶生活污水处理装置随处理方法的不同而异,现以生化处理方式为例进行说明。

一、起动前的检查与起动操作

(1)起动前检查装置电路电源。

(2)检查排出泵、曝气风机工作是否正常。

(3)打开污水入口阀,检查曝气室的液位,不够则注水,直到有液体流入杀菌室为止。

(4)按说明书要求的程序开启各阀、泵和风机等,排出泵转至自动位置。若为初次使用或长期停用后第一次使用,需进行微生物的人工移植,并在装置起动运行后 10~15 天内连续投药。

二、停用时的操作

(1)关闭污水进口阀,排尽柜内污水,并冲洗干净。

(2)冲洗前应将加药溶解器中的药品取出,防止中毒,冲洗水温不超过 65 ℃。

(3)清洁时不允许用刮刀刮、铲,防止把柜内涂层破坏。

(4)装置重新使用时,应通过微生物的移植来恢复使用。

(5)若是短期停用,曝气风机应连续运行,以免微生物死亡;若是长期停用,关闭曝气风机。

第十三章 船舶固废垃圾处理

目前，我国内河船舶固废垃圾处理的依据是基于 2018 年 11 月 9 日中华人民共和国海事局公布的《内河船舶垃圾管理计划》及《内河船舶垃圾告示》两个文件。上述文件是根据《中华人民共和国水污染防治法》《中华人民共和国海洋环境保护法》《防治船舶污染海洋环境管理条例》《中华人民共和国防治船舶污染内河水域环境管理规定》《船舶水污染物排放控制标准》及其他有关法律、法规编写的，中华人民共和国海事局要求内河船舶、码头遵照上述两个文件进行固废垃圾的处理。

第一节 船舶垃圾管理计划

内河船舶垃圾管理计划的目的旨在指导船员正确管理和处置船舶垃圾，防止船舶垃圾污染水域，保护水域环境。内河船舶全体船员应严格按本“计划”的要求，认真管理和处置船舶垃圾，防止船舶垃圾污染水域。该“计划”声明，内容仅供内河船舶船员在船使用。依据《防止船舶垃圾和沿岸固体废物污染长江水域管理规定》第六条，凡 400 总吨及以上的船舶和经核定可载客 15 人及以上的船舶，均应备有经海事管理部门批准的船舶垃圾管理计划。

一、管理要求

（1）船上应设置符合格式要求的垃圾告示牌并张贴在明显的位置。

（2）垃圾管理计划应被船员所了解和熟悉。

（3）垃圾记录簿的记录。依据《防止船舶垃圾和沿岸固体废物污染长江水域管理规定》第六条，凡400总吨及以上的船舶和经核定可载客15人及以上的船舶，均应备有经海事管理部门签发的垃圾记录簿。

①每次排放操作，均要记录在垃圾记录簿上并签字，每页用完后，需要船长签字。

②每次排放至港口接收设施或接收船舶，须在垃圾记录簿中填写垃圾接收日期、时间、港口接收设施或接收船舶的名称、垃圾的分类、每类垃圾的估算量（以立方米计）。

③垃圾记录簿应作为文件存放在船上，便于检查所需，并从最后一则记录日期起在船上保存两年。

④垃圾因意外或其他异常情况排放或落失水域时，应在垃圾记录簿中记录该排放或落失水域时的日期、时间、港口名称或船位（经纬度和水深）、原因、种类和估算量，以及为防止和尽量减少该排放或意外落失业已采取的合理措施和大致说明。

二、船舶垃圾管理计划实施人员及职责

1. 船舶垃圾管理计划实施总负责人及其职责

（1）本船船舶垃圾管理计划实施的总负责人是本船船长（或履行船长职责的人）。

（2）船舶垃圾管理计划实施总负责人的职责：

①负责垃圾管理计划在船上的全面贯彻实施；

②指定实施船舶垃圾管理计划的具体负责人员；

③负责组织全体船员进行有关船舶垃圾管理和处置的培训、教育工作；

④船舶发生垃圾污染事故时，组织船员进行应急处理并及时报告主管机关。

2. 船舶垃圾管理计划具体实施负责人及其职责

（1）本船船舶垃圾管理计划具体实施负责人由船舶垃圾管理计划实施总负责人指定。

（2）船舶垃圾管理计划具体实施负责人名单见附件。

（3）船舶垃圾管理计划具体实施负责人的职责：

①负责指定船舶垃圾管理与处置人员，并监督其工作的执行情况；

②负责组织船舶垃圾管理人员具体实施本船垃圾管理计划；

③负责本船垃圾管理人员的垃圾管理培训、训练、演习等工作；

④船舶发生垃圾污染事故时，作为现场指挥，组织进行应急处理工作；

⑤负责联系船舶垃圾的陆上接收处理事宜；

⑥负责垃圾记录簿的记录和保管；

⑦负责对船员、旅客进行防止船舶垃圾污染水域的宣传工作。

3. 垃圾管理与处置人员及其职责

（1）垃圾管理与处置人员由船舶垃圾管理计划具体实施负责人指定。

(2)垃圾管理与处置人员名单见附件。

(3)垃圾管理与处置人员的职责:

①负责日常垃圾收集、处理工作;

②负责分类、收集、处理垃圾;

③保持垃圾收集容器、垃圾储存点的卫生,防止发生污染,或产生腐烂、恶臭气味;

④负责所分管的垃圾管理与处置设备的维修与保养,使其处于良好技术状态,并严格按照垃圾管理程序进行操作;

⑤船舶发生垃圾污染事故时,按现场指挥的指令参加应急处理工作。

三、垃圾分类及说明

(1)塑料废弃物:含有或包括任何形式塑料的固体废物,其中包括合成缆绳、合成纤维渔网、塑料垃圾袋和塑料制品的焚烧炉灰。

(2)食品废弃物:船上产生的变质或未变质的食料,包括水果、蔬菜、奶制品、家禽、肉类产品和食物残渣。

(3)生活废弃物:船上起居处所产生的各类废弃物,不包括生活污水和灰水(洗碟水、淋浴水、洗衣水、洗澡水以及洗脸水等)。

(4)废弃食用油:废弃的任何用于或准备用于食物烹制或烹调的可食用油品或动物油脂,但不包括使用上述油进行烹制的食物。

(5)操作废弃物:船舶正常保养或操作期间在船上收集的或是用以储存和装卸货物的固态废弃物(包括泥浆),包括货舱洗舱水和外部清洗水中所含的清洗剂和添加剂,不包括灰水、舱底水或船舶操作所必需的其他类似排放物。

(6)货物残留物:货物装卸后在甲板上或舱内留下的货物残余,包括装卸过量或溢出物,不管其是在潮湿还是在干燥的状态下,或是夹杂在洗涤水中。货物残留物不包括清洗后甲板上残留的货物粉尘或船舶外表面的灰尘。

(7)动物尸体:作为货物被船舶载运并在航行中死亡的动物尸体。

(8)废弃渔具:放弃使用的渔具,含布设于水面、水中或海底用于捕捉水生生物的实物设备或其部分部件组合。

(9)电子垃圾:废弃的电子卡片、小型电器、电子设备、电脑、打印机墨盒等。

四、船舶垃圾管理与处置的原则

(1)禁止向内河水域排放船舶垃圾,船舶垃圾必须排放到港口接收设施或者由垃圾接收单位接收处理。在允许排放垃圾的海域,根据船舶垃圾类别和海域性质,分别执行相应的排放控制要求。

①在任何海域,应将塑料废弃物、废弃食用油、生活废弃物、废弃渔具和电子垃圾收集并排入接收设施。

②对于食品废弃物,在距最近陆地 3 n mile 以内(含)的海域,应收集并排入接收设施;在距最近陆地 3~12 n mile(含)的海域,粉碎或磨碎至直径不大于 25 mm 后方可排放;在距最近陆地 12 n mile 以外的海域可以排放。

③对于货物残留物，在距最近陆地 12 n mile 以内（含）的海域，应收集并排入接收设施；在距最近陆地 12 n mile 以外的海域，不含危害海洋环境物质的货物残留物方可排放。

④对于动物尸体，在距最近陆地 12 n mile 以内（含）的海域，应收集并排入接收设施；在距最近陆地 12 n mile 以外的海域可以排放。

⑤在任何海域，对于货舱、甲板和外表面清洗水，其含有的清洁剂或添加剂不属于危害海洋环境物质的方可排放；其他操作废弃物应收集并排入接收设施。

⑥在任何海域，对于不同类别船舶垃圾的混合垃圾的排放控制，应同时满足所含每一类船舶垃圾的排放控制要求。

（2）内河船舶应当配备有盖、不渗漏、不外溢的垃圾储存容器，或者实行袋装，以满足航行过程存储船舶垃圾的需要。

（3）本船垃圾在船舶离港前应尽可能排放到港口接收设施或由垃圾接收单位接收处理，以减少船上垃圾的存量。

（4）进行垃圾处理作业时按要求如实填写垃圾记录簿。

（5）全体船员应尽量少携带容易产生垃圾的物品上船。

（6）船舶及其成员应尽量选用可重复使用的包装和容器，进行物品的包装或储存，以减少垃圾的产生量。

（7）尽可能选用可重复使用的盖布、垫板、衬板和填充材料。

五、船舶垃圾的收集和处置

（1）本船在________________________________等处按规定设置垃圾告示牌。

（2）本船配备垃圾收集容器__________只，分别放在__________________________等处所。

（3）本船配备的垃圾收集容器分为三类，其标识及功能分别为：

①食品类船舶垃圾：用于收集食品废弃物。

②塑料类船舶垃圾：用于收集塑料和混有塑料制品的垃圾。

③其他船舶垃圾：用于收集其他垃圾。

（4）船舶上所产生的垃圾均应按照上述原则分类，并分别存储在相应的储存容器中。

（5）船舶将含有有毒有害物质或者其他危险成分的垃圾排入港口接收设施或者委托船舶污染物接收单位接收的，应当提前向对方提供此类垃圾所含物质的名称、性质和数量等信息。

（6）船舶到港前，船舶垃圾管理计划实施负责人做好垃圾接收计划，到港后及时将垃圾排放到港口接收设施或交付船舶垃圾接收单位处理。

（7）船舶垃圾交付垃圾接收单位的，垃圾管理计划实施负责人应向接收方索要接收处理凭证，并在垃圾记录簿上做好记录。

六、发生垃圾污染事故时的应急反应

（1）当发生垃圾污染事故时，应及时向就近的海事主管机关报告。

（2）报告的主要内容有以下几项：船名、船籍港、船舶位置、污染发生的时间、污染状况（垃圾种类及估计数量）、污染的原因和已经采取的应急措施以及拟采取的措施。

(3)船舶垃圾管理计划具体实施负责人应立即组织有关人员进行应急反应行动。采取措施防止污染范围的扩大,并尽可能及时对入水的垃圾进行打捞。

(4)对于带有病菌的食品废弃物及其用具、有毒有害垃圾造成的污染,应按照垃圾种类采取防止污染扩大的措施,避免污染事故对人类及其他生物造成危害。

七、培训、教育与演习

(1)船上定期组织全体船员学习船舶垃圾管理计划有关内容及国家关于船舶垃圾管理的法律、法规,教育全体船员严格贯彻落实国家的法律、法规,按船舶垃圾管理计划的要求管理和处置船舶垃圾。

(2)首次到达一个新的港口时,船舶垃圾管理计划实施总负责人应及时向全体船员宣传港口对垃圾管理的规定和特殊要求等。

(3)对主管垃圾处理设备的船员,须先经培训后再上岗工作。对新到岗的船员应及时进行船舶垃圾管理的教育。

(4)船上定期组织船舶垃圾污染水域应急处置演习。

第二节 船舶垃圾告示牌

依据《防止船舶垃圾和沿岸固体废物污染长江水域管理规定》第二章第五条,总长度为12米及以上的船舶应设置统一监制的告示牌,告知船员和旅客关于垃圾管理的要求及处罚的规定。内河船舶垃圾告示牌可由码头、船舶单位自行制定,应当经久耐用和醒目,永久固定于船上适当地方例如餐厅、走廊、主甲板等显著位置上。

一、垃圾告示牌的相关内容

(1)禁止向内河水域排放船舶垃圾,船舶垃圾必须排放到港口接收设施或者由垃圾接收单位接收处理。

在允许排放垃圾的海域,根据船舶垃圾类别和海域性质,分别执行相应的排放控制要求。

(2)本船配备的垃圾收集容器分为三类,其标识及功能分别为:

①食品类船舶垃圾:用于收集食品废弃物;

②塑料类船舶垃圾:用于收集塑料和混有塑料制品的垃圾;

③其他船舶垃圾:用于收集其他垃圾。

船舶上所产生的垃圾(包括旅客登船期间产生的垃圾)均应按照上述原则分类,并分别存储在相应的储存容器中。

(3)来自疫区船舶的船舶垃圾应当经检疫部门检疫合格后,方可进行接收和处理。

(4)带有病菌的食品废弃物及其用品、有毒有害垃圾应与其他垃圾分开,储存在专用容器中妥善保存,有条件的要先进行消毒。到港后按照有关规定送往港口接收设施处理。

(5)对违反规定处理船舶垃圾的,海事管理机构将依据有关法律、法规,视情节不同处3

000 元以上 20 万元以下罚款。

第三节 船舶固体垃圾的管理

根据《中华人民共和国防治船舶污染内河水域环境管理规定》《防止船舶垃圾和沿岸固体废物污染长江水域管理规定》和《加强长江船舶垃圾和沿岸固体废物管理的若干意见》等法律法规的要求，船舶应配备有盖、不渗漏、不外溢的垃圾储存容器，或实行袋装，及时运往垃圾接收设施。客船（含旅游船）、客货船和渡船的船公司应配备专（兼）职环保监督员，负责船上环境卫生的管理工作，禁止船员和乘客向内河抛扔垃圾。港航监督部门要严格执法，对防止船舶垃圾污染内河水域实施监督管理。

一、垃圾收集容器

常见的内河船舶垃圾收集容器有固体垃圾收存柜、垃圾集装箱或使用聚乙烯材料制成的垃圾存放袋等。船舶一般配有红、绿、蓝、黑四色标识的垃圾收集容器，蓝色用于收集生活垃圾；红色用于收集塑料垃圾；黑色用于收集操作废弃物；绿色用于收集食品废弃物。

检查垃圾收集容器时常见缺陷：

（1）垃圾收集容器不足。有的船上，船员餐厅只放一只垃圾桶，上面也未注明垃圾种类，长期存放点的垃圾桶（容器）无盖或盖子漏水。

（2）垃圾不按类别存放。有的船舶虽然配备了齐全的垃圾收集容器，但垃圾未分类存放，特别是塑料垃圾和非塑料垃圾（食品类垃圾等）混在一个容器中。

二、船舶固体垃圾的存放及接收管理

（1）在内河禁止倾倒船舶固体垃圾。

（2）存放船舶垃圾和固体废物的设施或容器，必须保持完好，外观和周围环境应当清洁。不得任意搬动、拆除、封闭。

（3）凡从事船舶垃圾收集、运输、处理服务的单位和个人，必须将船舶垃圾运往当地城市市容环境卫生行政主管部门指定的垃圾转运站或处理场，不得任意倾倒。

（4）港方、船舶垃圾接收单位和城市环卫单位必须保证到港船舶的垃圾及时接收、运输和处理。城市环卫单位与船舶垃圾接收单位应按照有偿使用的原则就船舶垃圾的运输和处理达成协议，以满足到港船舶垃圾接收的需要；如果不能达成上述协议，双方首先要保证船舶垃圾得到接收、运输和处理，并应服从城市市容环境卫生行政主管部门的协调和仲裁。

（5）凡需从事船舶垃圾接收作业的单位，须分别向城市市容环境卫生行政主管部门和港航监督部门提交书面申请，经审核批准，并取得城市市容环境卫生行政主管部门和港航监督部门共同签发的船舶垃圾接收作业许可证，方能进行船舶垃圾接收作业。船舶垃圾接收单位在作业前须向船方出示船舶垃圾接收作业许可证，作业完毕向船方开具船舶垃圾接收证明。

（6）内河各港口必须设置足够的船舶垃圾接收设施，要使各港口接收垃圾的设施与城市

垃圾收集、处理系统相衔接，与航运部门的船舶运输量相匹配。各港口不得因接收设施不足而造成船舶不当延误和经济损失。

(7)船舶固体垃圾接收单位，应按有关规定计收费用，不得乱收费。

第十四章 机舱辅助设备检修

第一节 离心泵的拆装与检修

一、离心泵的结构

离心泵的结构型式多种多样,种类繁多,现以图 14-1 为例,说明离心泵的结构、拆装、检修工艺。

如图 14-1 所示,离心泵主要由叶轮 3、泵轴 4、泵体 1、泵盖 2 和填料轴封等构成。叶轮装在泵轴上并由键传递动力,叶轮装于泵体中;泵轴伸出端盖并由轴承支撑,泵轴伸出端盖处用填料进行密封并用填料压盖压紧;叶轮由泵轴传动。

二、离心泵的拆卸

1. 离心泵泵体的拆卸

做好离心泵的结合面的对应记号,拧下泵盖 2 与泵体 1 的连接螺栓,拆掉离心泵吸入端泵体。

2. 离心泵叶轮的拆卸

用套筒扳手或专用扳手拆下叶轮的紧固螺母(左旋),取下止动垫圈,叶轮即可从泵轴上取下。若叶轮拿不下来,可将专用工具的两根螺栓拧入叶轮上有丝牙的平衡孔中,中心丝杆顶正轴端中心,慢慢转动手柄,将叶轮从泵轴上拉出。如果叶轮锈蚀咬死在泵轴上而拉不动,可在键连接处刷上少量渗透剂,稍候片刻,再拉出叶轮,取下轴上平键。

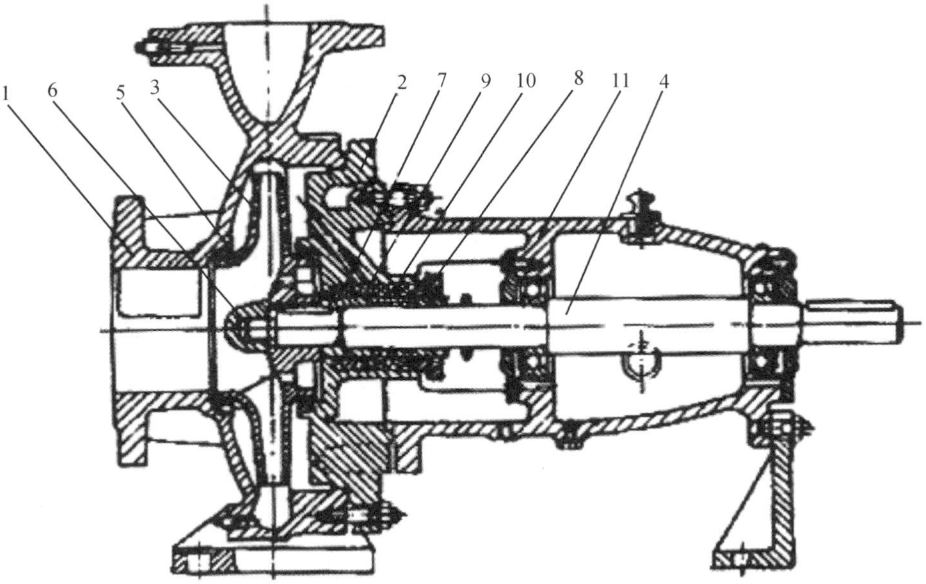

图 14-1　离心泵的结构图

1—泵体;2—泵盖;3—叶轮;4—泵轴;5—密封环;6—叶轮螺母;7—轴套;8—填料压盖;9—填料环;10—填料;11—悬架轴承部件

3. 离心泵泵轴的拆卸

拆卸填料压盖,拆卸泵盖螺栓,拆下轴承箱上前、后两端轴承盖,然后用一木块(或铜棒)垫在叶轮方向的泵轴端面处,用榔头轻轻敲打木块(或铜棒),就能将泵轴连同轴承一起拆下。

4. 离心泵轴承的拆卸

离心泵泵轴的轴承一般是采用滚珠轴承,拆卸轴承时尽可能不要损伤轴承,拆卸工具是三爪拉马。拆卸时用拉马的拉钩钩住轴承内圈,丝杆顶正轴端,用扳手慢慢转动丝杆,轴承即可从泵轴上拉出。

三、离心泵部件的检修

1. 离心泵泵壳的检修

检查时用锤子轻轻敲击泵壳,若声音清脆,则泵壳完好;若声音沙哑,则说明有裂纹,然后借助放大镜或探伤剂查找。裂纹大概位置确定后,可用煤油-白粉法确定裂纹的大小和形状,以便于修理。

(1)裂纹出现在泵壳不承受压力和不起密封作用的部位时,在裂纹的两端各钻一个直径为 3 mm 左右的止裂孔即可。

(2)若裂纹出现在泵壳承受压力的部位,裂纹长度较短且未穿透,可用焊补或环氧树脂进行修复。

(3)若裂纹是穿透性的,在泵壳承压部位的裂纹较严重,已无修理的价值时,应予换新。

2. 离心泵叶轮的检修

(1)叶轮若出现下列缺陷之一时,应予换新。①表面出现较深的裂纹或开式叶轮的叶瓣断裂;②表面因腐蚀而出现较多的砂眼或穿孔;③轮壁因腐蚀而显著变薄,影响了机械强度;④叶轮进口处严重磨损而又难以修复。

(2)对于铜质叶轮,若在叶轮盖板上有少许穿孔,可采用黄铜焊补进行修理,以恢复叶轮的使用性能。

(3)叶轮进口密封环上有划痕或偏磨不严重时,可用油石、砂纸进行打磨;在厚度允许的情况下,可进行光车消除损伤。若修理后间隙值能满足使用要求,可继续使用;若修理后间隙值超标,则可进行镶套修理,见下一小点(4)。

(4)叶轮密封环间隙的测量与修理。用外径和内径千分尺分别测量叶轮进口外圆、泵体内孔在上下和左右两个对应位置的直径,然后将对应位置上直径相减,其差值的一半即为密封环的间隙。将所测得间隙值与使用说明书和相关标准进行比较,以便于确定修理方案。

若测量间隙值超标,密封环是可拆的,则只需更换密封环,以满足密封间隙即可。

若测量间隙值超标,密封环是不可拆的,可进行镶套修复,即先对叶轮入口外圆、泵体内孔进行光车,以消除损伤和误差,然后加工一个套子镶嵌在泵体内孔中,以满足密封间隙的要求即可。

3. 离心泵泵轴的检修

(1)离心泵泵轴的外观检查

泵轴清洗干净后先进行外观检查,若发现泵轴已产生裂纹、磨损产生颈缩、腐蚀凹坑而影响泵轴的机械强度、键槽扭裂、叉口等严重损伤情况,应予以换新。

(2)离心泵泵轴弯曲变形的检查

①泵轴弯曲在车床上的检查

将清洁干净的泵轴一端装于车床卡盘中,在卡盘处注意垫好铜片。另一端用尾架顶针顶住泵轴定中孔,将百分表架置于车床拖板上,将触头顶压于泵轴中部的外圆柱表面上,用手慢慢转动卡盘,观察百分表指针的变化,记录下最大值和最小值,百分表读数的最大值和最小值之差的一半即为泵轴的弯曲变形量。

②泵轴弯曲在平台上的检查

检查时,在平板上放置两块“V”形铁块,把泵轴置于铁块“V”形槽内,将百分表架放在平板上,装好百分表,将百分表触头顶压在泵轴中间的外圆柱面上,用手慢慢转动泵轴,并观察百分表指针的变化量,记录最大值和最小值,其最大值和最小值之差的一半即为泵轴的弯曲变形量。

上述方法实际上测量的是泵轴的径向跳动量,在轴中部径向跳动量不超过0.05 mm,在轴两端不超过0.02 mm,否则应进行校直修复。

(3)离心泵泵轴的校直修理

①捻打校直泵轴

泵轴校直最简易的方法是捻打,捻打时将泵轴放在硬木或垫有铜皮的铁块上,凸面朝上,用铜锤捻打,并随时进行测量,直至变形量符合要求为止。

②手摇螺旋压力机校直泵轴

手摇螺旋压力机来校直泵轴如图 14-2 所示，具体方法是在平台上放置两块“V”形铁，将泵轴置于其上，将泵轴弯曲凸面朝上，然后将校直机的钩头钩住泵轴，丝杠顶住泵轴弯曲部位的凸面，各相应的位置上应垫好铜片，缓慢而连续地转动手柄，旋以一定的压力，直至完全校直为止。

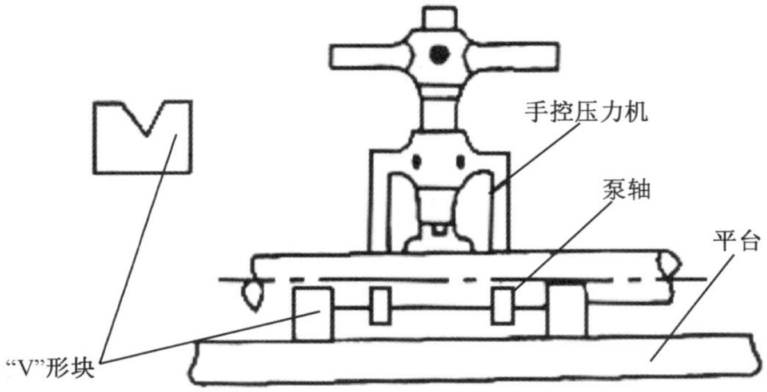

图 14-2　手摇螺旋压力机

4. 离心泵轴承的检修

离心泵轴承一般是采用滚动轴承，滚动轴承的检修方法见本章第二节齿轮泵的检修。

5. 离心泵机械轴封的检修

（1）动、静环间动密封面的检修

如图 1-5 所示，检查动环 3 与静环 2 的密封面时，若发现密封面上有拉毛或擦伤，可将其密封面在平板上进行研磨，消除损伤后继续使用；若动环工作面损伤严重，可换面研磨后继续使用。

（2）弹簧的检查

若检查发现弹簧断裂、产生裂纹、弹力不足等，则更换弹簧。

（3）动环密封圈的检查与更换

机械轴封经检修后，所有密封圈均应换新。

对新换动环密封圈，一定要进行箍紧力的检查。检查时把泵轴清洁干净，将动环、密封圈和弹簧装于泵轴上，用手将动环推入后放手，若动环能在弹簧力的作用下缓慢弹出，说明密封圈在泵轴上箍紧力合适；若动环快速弹出，说明密封圈在泵上箍紧力太小，液体会沿泵轴漏泄，其密封无法保证；若动环不能弹出，说明密封圈在泵上箍紧力太大，动、静环磨损后，其间隙得不到补偿，造成动密封面大量漏泄。

四、离心泵的安装

离心泵的零部件经过检查、测量、修理，其质量达到使用要求后，即可以进行离心泵的装复工作。

1. 离心泵转子部件的安装

（1）轴承的安装。轴承的安装主要有两种方法。

①油浴法。先将轴承在滑油中加热，然后再将轴承套装在泵轴上即可。

②敲打法。将泵轴竖直放在木块上，把轴承内圈套在泵轴上，用导管(空心钢管)顶在轴承内圈上，用榔头打击导管，并将轴承打击到位即可。此法不推荐使用。

(2)转子部件的安装。将装好轴承的泵轴从润滑油室侧装入，敲击泵轴端到位，装上轴承端盖并压紧。轴承端盖压紧必须保证：

①轴承端盖应压住滚动轴承外圈；

②轴承端盖对外圈的压紧力不要过大，轴承的轴向间隙不能消失，用手转动泵轴，应灵活轻便。

2. 离心泵端盖的安装

套上填料压盖，装上泵盖和轴承支架的连接螺栓，注意轴承支架和泵盖的相对位置。

3. 离心泵叶轮的安装

将键装入泵轴键槽中，叶轮键槽对准泵轴上的键，将叶轮装到泵轴上，装上锁紧螺母并压紧。转动叶轮，观察叶轮与泵盖是否有碰擦，若有应查明原因并加以解决。

4. 离心泵泵体的安装

按安装对应记号，将泵体对准泵盖，使叶轮装入泵体中，装上连接螺栓并拧紧。转动泵轴，观察叶轮与泵体之间的密封环处是否有碰擦，若有应查明原因并加以解决。

5. 离心泵填料轴封的安装

根据填料函的大小，选择合适的填料。将填料绕在泵轴上，填料要切成45°左右的斜切口，切口尽可能平整光洁。

将切好的填料装入填料函中，每装入一根就用压盖推入一根，同时每根填料之间的搭口要错开180°左右。填料要装至最后一根填料推入后，压盖既要与填料函端面有一定的距离，又要让压盖螺栓(或螺母)能装上。压盖螺栓的拧紧：在泵装配时用手拧紧，待泵起动运行后，再根据填料轴封处的漏泄情况，调节压盖的松紧，漏水量以滴漏为宜。

第二节 往复泵的拆装与检修

一、往复泵的结构

往复泵的结构型式多种多样，有手动的和电动的，有单作用的和多作用的，有单缸的和多缸的。现以典型单缸双作用电动往复泵为例说明其结构和检修过程，如图14-3所示。

其结构主要由缸体2、活塞6、活塞杆3、吸入阀、排出阀、阀箱11、十字头23、连杆24、偏心轮与轴等组成。活塞装于泵缸中，两端分别由填料箱和缸盖封闭，活塞两侧空间分别与阀箱的中层空间相通；阀箱的下层和上层分别与吸入管和排出管相连。活塞装在活塞杆上并通过十字头与连杆相连，连杆装于偏心轮上，并由泵轴来传动，同时带动活塞在缸体中做往复运动。活塞杆伸出缸体处用填料进行轴向密封。

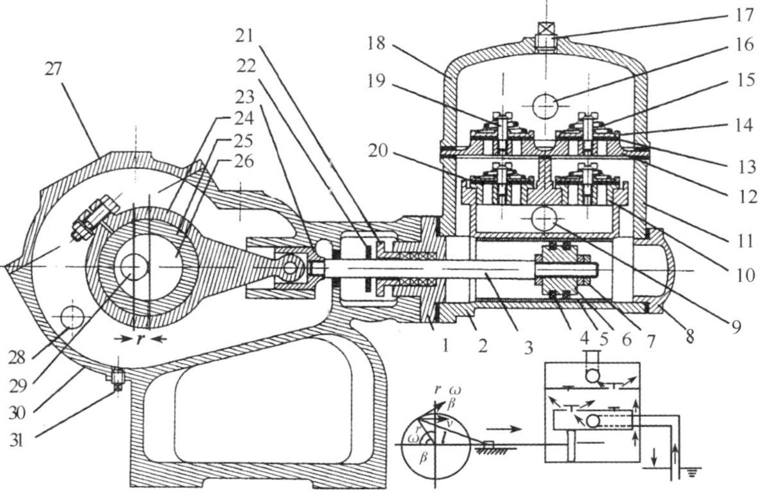

图 14-3　典型单缸双作用往复泵的结构图

1—填料箱；2—缸体；3—活塞杆；4—活塞环（胶木胀图）；5—缸套；6—活塞；7—螺母；8—缸盖；9—吸入口；10—阀座；11—阀箱；12—垫片；13—阀片；14—排出阀；15—弹簧；16—排出口；17—放气塞；18—排出腔；19—阀杆；20—阀体；21—填料压盖；22—防漏盘；23—十字头；24—连杆；25—轴承；26—偏心轮；27—曲柄箱盖；28—液位镜；29—轴；30—曲柄箱；31—泄放塞

二、往复泵的拆卸

(1)在泵接合面处做好对应记号，以便于装复。

(2)拆除图 14-3 中泵缸盖 8。

(3)拆卸填料压盖 21 的螺栓和缸体 2 的螺栓，托住缸体并小心移出缸体。

(4)逆时针转动活塞，可将活塞杆从十字头拧下。

(5)拆卸活塞杆的锁紧螺母，取出活塞。

(6)拆卸填料压盖，取出填料箱和填料。

三、往复泵部件的检修

1. 泵缸的检修

用煤油或柴油彻底清洗缸套表面，对缸套进行仔细的检查、测量和修理。

若检查发现泵缸有裂纹，缸套两端有较深的磨损凸台，则采用换新缸套。

若检查发现缸套内表面只有轻微的擦伤、拉毛、腐蚀麻点等缺陷，可用油石、砂纸对缸套表面进行打磨，再用细帆布抛光。

缸套的磨损情况，可用量缸表或内径千分尺进行测量，将测量结果与相关标准或使用说明书要求进行比较。若未超标，则继续使用；若超标，可采用电镀修理或更换缸套。

2. 活塞的检修

检查活塞时，若发现有腐蚀的麻点、轻微的划痕等，可采用油石或砂纸打磨以消除。

检查活塞时，若发现活塞圆柱表面有拉痕、擦伤，圆度误差、圆柱度误差超标，可采用对活塞进行车削加工，然后进行电镀的方法恢复其尺寸。

检查活塞时，若发现有裂纹，则更换活塞。

3. 活塞环的检查与更换

往复泵活塞环的材料根据所输送的液体、温度、压力的不同而异，常用的活塞环有铸铁、青铜和胶木活塞环等。对于输水用往复泵，常用夹布胶木的活塞环，对活塞环主要进行以下几方面的检查。

(1)活塞环外观检查

检查时若发现活塞环断裂、活塞环搭口处有较严重的缺损、活塞环外圆表面有较深的拉痕、活塞环有较严重的翘曲变形，则将活塞环换新。

(2)活塞环搭口间隙的检查

将活塞环平放在泵缸中磨损量最小的位置，用塞尺测量其间隙的大小，若间隙超标则更换。

(3)活塞环天地(轴向)间隙的检查

将环装入活塞环槽中，用塞尺插入活塞环与环槽之间，沿环整个圆周(或测量 3~4 个点)方向拉动塞尺且有阻滞感，塞尺片厚度即为天地间隙，其值若超标则换新。

更换新活塞环时，必须将活塞环放入热水(80 ℃)中浸泡一段时间，使之完全胀开后再配制活塞环的切口间隙，以保证工作时有合适的间隙。

4. 吸、排阀的检修

本例往复泵的吸、排阀为环片阀，拆开阀箱，解体吸、排阀，解体时一定要将阀片与阀座对应放置，不能搞混，然后对吸、排阀的各零件进行检查与修理。

(1)阀片翘曲变形检查

阀片翘曲变形的检查与空压机气阀检查相近，其检查方法见空压机气阀检查。

(2)阀片磨损检修

检查发现阀片密封面有磨损的划痕、腐蚀的斑点，可将阀片在平板上进行“8”字形研磨，消除其密封面的缺陷即可。

(3)弹簧弹性检查

将弹簧置于平板上，测量自由高度，然后连续按压几次，再测量弹簧高度，其变形量小于5%为合格，否则更换弹簧。

5. 阀密封性的检查

检修组装好的阀组在使用前，应进行密封性检查。将组装好的吸、排阀倒置，向阀通道中注入煤油，若 5 min 内无泄漏，则阀密封性合格。

四、往复泵的装复

1. 活塞组件安装

将清洁干净的活塞 6 装在活塞杆 3 上，装上螺母 7 并锁紧；将用热水浸泡并配制好间隙的新活塞环 4 装在活塞环槽中，搭口错开 180°左右。

2. 安装填料箱

安装填料箱 1，将装好活塞的另一端活塞杆穿入填料箱，同时装上填料压盖 21 和防漏盘 22。

3. 安装活塞杆

逆时针旋转活塞杆 3，将活塞杆拧紧在十字头 23 上。

4. 安装缸体

将活塞从缸体 2 的一端小心套入，并特别注意活塞环 4 要正确进入泵缸中，按螺栓上紧的方法上紧缸体，安装上缸盖 8。

5. 安装填料

将填料切成斜切口，填料每装一根就用压盖推入填料函中，注意相邻两根填料的切口错开 180°左右，填料装足后，用手旋上螺栓，待泵起动后，再将压盖螺栓对称均匀上紧至滴漏为止。

第三节 齿轮泵的拆装与检修

一、齿轮泵的结构

齿轮泵的种类繁多，结构各异。下面以常见的外啮合齿轮泵为例说明拆装和检修过程，如图 14-4 所示为齿轮泵的结构。该齿轮泵主要由主动齿轮 1、从动齿轮 2、泵壳 7、泵轴和轴承等组成。

主、从齿轮分别装于泵壳中的两根平行轴上，并用键连接在各自的轴上，齿轮两端面被前、后端板所封闭，在泵内形成两个密闭的空间，即吸入腔和排出腔。如图 14-4 所示，当主动齿轮沿顺时针方向转动时，左侧为吸入腔，右侧为排出腔。吸入腔轮齿退出啮合，压力降低，吸入液体；排出腔轮齿进入啮合，压力升高，挤压液体而排出，实现泵的输送。

二、齿轮泵的拆卸

（1）准备好拆卸所用的各种工具。

（2）在泵体结合面处做好对应记号，便于装复。

（3）用内六角扳手将泵的紧固螺栓拧松并取下。

（4）拆卸泵端盖时，若拆卸困难，可用丝刀沿端盖与本体的结合面处轻轻将端盖撬松，注

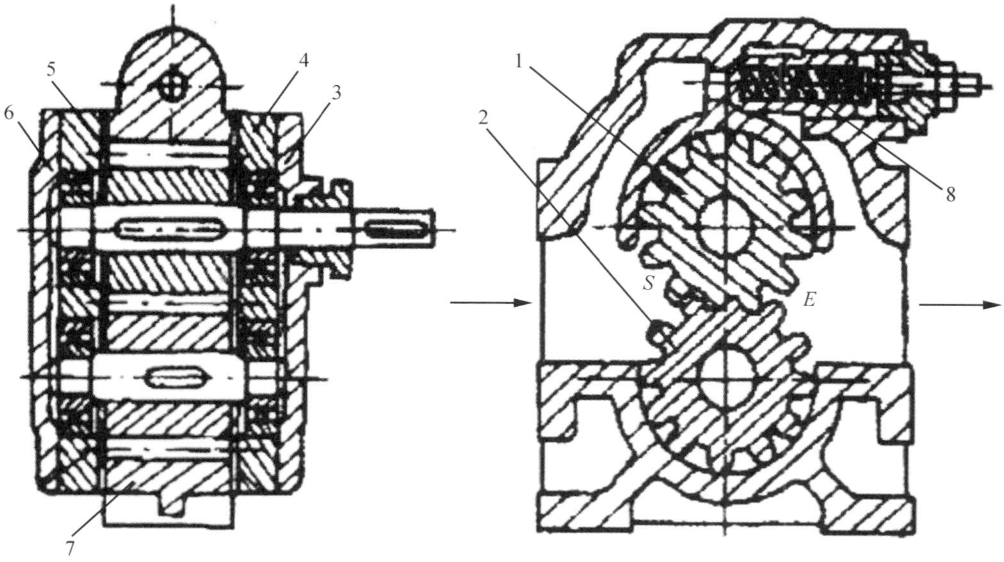

图 14-4　齿轮泵结构图

1—主动齿轮；2—从动齿轮；3—泵壳前盖；4—前端板；5—后端板；6—泵壳后盖；7—泵壳；8—安全阀

意不要划伤密封面。

（5）将拆下的零件摆放于垫有干净软布或油盘中妥善保管，以待检查与测量。

三、齿轮泵零件的检修

1. 齿轮泵零件的外观检查与修理

检查齿轮、泵体、端盖等零件时，若发现其工作表面有轻微的划痕、擦伤等，可采用油石、砂纸等进行打磨，以消除其工作面的损伤痕迹即可。

检查齿轮、端盖时，若发现其端面有磨损的痕迹、锈斑等，可采用在平板上进行“8”字形研磨的方法，以消除损伤即可。

检查齿轮泵的各种零件时，若发现其工作表面损伤严重，如发现有较深的沟槽、轮齿表面有腐蚀的凹坑、金属脱落、有裂纹等，则需换新。

2. 齿轮泵间隙的检测与处理

齿轮泵内部间隙包括轴向（或端面）间隙、啮合（或齿间）间隙和径向（或齿顶）间隙。

（1）齿轮泵端面间隙的测量与处理

测量时将铅丝（一般为间隙的 1.5 倍）摆放在齿轮端面齿根与泵轴之间的圆环面上，并用黄油粘着，小型齿轮只需摆放一根铅丝，大型齿轮泵可摆放两根或三根。装复泵盖与螺栓，对称均匀上紧泵盖螺母并达到要求的力矩，然后再拆卸端盖取出铅丝并清洁，用千分尺测量其厚度，所测铅丝数值即为齿轮泵的轴向间隙。

将测量得到的间隙值与相关标准或说明书的间隙极限值进行比较。若测量间隙值未超过极限值，泵继续使用；若间隙值超过了极限值，可采用减少泵体与端盖间的垫片的方法来调节端面间隙；若磨损量太大，全部垫片去掉后其间隙仍大于磨损极限，可采用将泵体端面磨去少许的方法来减少端面间隙,以供应急之用。

(2)齿轮泵啮合间隙的测量与处理

齿轮泵啮合间隙测量方法有塞尺法和压铅法两种。

①塞尺法测量齿轮泵啮合间隙

用塞尺测量齿轮泵啮合间隙时,将两齿轮的任意两个齿紧贴,在轮齿的另一侧形成了间隙,将塞尺插入其间隙中,塞尺插入的深度为轮齿宽度 1/3 左右为宜,用手拉动塞尺有一定阻力感,拉出塞尺片测量其厚度即为该齿轮泵的啮合间隙。

②压铅法测量齿轮泵啮合间隙

将主动齿轮装入一侧泵盖与泵体中,选用直径合适的铅丝(0. 25~0. 50 mm),在从动齿轮的某一齿上,沿齿宽方向等距离包裹两根铅丝并用黄油粘住,将该齿对准吸入腔部位装入泵体中,装好泵盖和联轴器。转动联轴器,使粘着铅丝的轮齿直接从吸入腔转至排出腔,注意不要用力过猛,避免泵损伤。拆卸从动齿轮,取下铅丝片并清洁,用千分尺测量每段铅丝在轮齿啮合处的厚度并记录,轮齿啮合点处对应两侧铅丝片厚度之和即为啮合间隙(若一侧已被压断,则断裂处对应点另一侧铅丝的厚度即为啮合间隙)。

无论采用塞尺法或是压铅法,均将所测间隙值与相关标准或说明书中的极限值进行比较,若测量值超过标准,则需修理或更换齿轮。

(3)齿轮泵径向间隙的测量与处理

齿轮泵径向(齿顶)间隙是指齿轮轮齿的顶部与泵体内壁的间隙。齿轮泵径向间隙一般采用塞尺进行测量,测量时将主、从动齿轮装入一侧泵盖与泵体中,用塞尺插入齿顶与泵壳的间隙中,插入 1/3 齿宽深度左右,用手拉动具有一定的阻力,并且在齿轮的圆周部分至少测量三齿以上,所测塞尺片的厚度即为泵的径向间隙并做好记录。

将测量的间隙值与相关标准或说明书中的间隙极限值进行比较,若测量值超过标准,可采用“喷涂”或“镶套”或换新的方法修理。

3. 齿轮泵泵轴的检查与处理

检查泵轴时,若发现泵轴有碰伤、划伤、擦伤和腐蚀麻点等,可采用锉刀、油石、砂纸等进行修复。若发现有裂纹,则换新。

4. 齿轮泵轴承的检修

齿轮泵的轴承有滑动轴承和滚动轴承两种型式。

1)滑动轴承检修

通过测量孔与轴的直径,可以计算出径向间隙的大小,将测量值与标准值进行比较,若间隙超过磨损极限应换新。轴承与轴的间隙应符合表 14-1 所规定之值。

表 14-1　轴承与轴的间隙规定值

轴颈	安装值	极限值
≤30	0. 03~0. 05	0. 10
>30~50	0. 03~0. 06	0. 12
>50~80	0. 04~0. 08	0. 14

2)滚动轴承检修

(1)滚动轴承外观检查

对滚动轴承进行外观检查时,若发现轴承发蓝、保持架损坏、转动不灵活、轴承腐蚀严重等情况,轴承应予以换新。

(2)滚动轴承外圈与轴承座孔打滑修理

在工作中,若发现轴承外圈与座孔配合面打滑,轴承应换新或对座孔进行喷涂修理。

若暂时无备件更换,可将轴承取下后,用"点冲"的方法在轴承座孔内表面上轻锥一些均匀的小点,然后将轴承装入即可暂时使用。

(3)滚动轴承间隙检查

①滚动轴承径向间隙的测量

滚动轴承径向间隙的测量方法是将轴承平放于平板上,磁性百分表架置于平板上,装好百分表,然后将百分表触头顶在轴承外圆柱面上(径向),一只手固定轴承内圈,另一只手来回推动轴承外圈,仔细观察百分表指针读数的变化,其最大值与最小值之差即为轴承的径向间隙。

②滚动轴承轴向间隙的测量

滚动轴承轴向间隙的测量方法是在平板上放置两等高度的"V"形块,将轴承外圈置于"V"形块上,使轴承内圈悬空;将磁性表座置于平板上,装好百分表并将触头顶于内圈的上平面,然后用一只手压住外圈,另一只手托起内圈。仔细观察百分表指针读数的变化量,其最大值与最小值之差即为轴承的轴向间隙。

③经验法检查

经验法检查是用大拇指、食指和中指拿住轴承的外圈并来回甩动,若感觉内圈部分有明显的晃动,则轴承应换新;或用左、右手分别拿住轴承的内、外圈并轴向来回推移,若感觉内、外有轴向运动,说明间隙过大,轴承应该换新。

5. 齿轮泵轴封的检修

目前,齿轮泵的轴封主要是采用橡胶密封圈和机械式轴封两种型式。

(1)橡胶密封圈轴封的检查与更换

小型齿轮泵大多采用橡胶密封圈轴封,拆下橡胶密封圈,检查橡胶圈整体有无破损、橡胶是否老化、密封圈唇边是否磨平、弹簧是否断裂。如果有以上情况,则均需要更换。

(2)机械式轴封的检修

内河船舶上一般使用小型齿轮泵。小型齿轮泵采用机械轴封较少,若有涉及可参照本章第四节离心泵的检修课程中的内容。

四、齿轮泵的装复

(1)准备好新的密封调节垫片、橡胶密封圈(橡胶轴封)。

(2)清洁泵的各零件,擦净吹干并涂上滑油。

(3)将泵体装在一侧(非轴伸出侧)端盖上,再将主、从动齿轮(按工作原理或对应记号)从泵体中装入端盖的轴承孔中。

(4)按已经测量出的轴向间隙值的大小,选择好泵的密封垫片。

(5)装上另一侧(轴伸出侧)端盖,装好轴封,然后对称均匀上紧螺栓即可。

第四节 液压泵的拆装与检修

液压泵属于液压系统的动力元件，为液压系统提供动力，在液压系统中齿轮泵、叶片泵、螺杆泵和柱塞泵等均可作为液压泵。现以液压系统中使用最多的柱塞泵为例说明其结构、拆装、检查和修理的工艺。

一、斜盘式轴向柱塞泵的结构

CY14-1 为斜盘式轴向柱塞泵，其结构如图 4-4 所示。缸体 4 通过花键与传动轴 1 相连并经轴承套支撑于圆柱滚子轴承中，轴承安装于泵体 23 之中。柱塞 22 装于缸体 4 的柱塞孔中，柱塞铰接于滑履 21，并与回程盘 9 相连；装于缸体中心孔中的定心弹簧 6 通过钢珠 8 顶于回程盘上，并将滑履压紧在斜盘 18 上；斜盘 18 通过销轴 15 与差动活塞 12 相连，差动活塞装在变量机构壳体 19 内，差动活塞上装有伺服滑阀 12，伺服滑阀用以控制差动活塞运动而调节斜盘倾角以改变泵的流量。伺服滑阀壳体和泵盖 2 分别与泵体 4 两端用内六角螺栓连接成一体。

二、斜盘式轴向柱塞泵的拆卸

准备好拆卸工具，在钳台上铺好毛巾，在伺服滑阀壳体和泵体与泵壳的结合面之间，做好相应的记号。

将柱塞泵置于钳台上，用内六角扳手拧下伺服滑阀壳体与泵壳间的连接螺栓，拆下变向变量机构；取下斜盘置于毛巾上；做好柱塞与缸体的对应记号，连同回程盘一起小心将柱塞从泵缸中拉出，放置毛巾上；取下钢球 8、内套 7、定心弹簧。

用同样的方法，连同泵轴一起拆下柱塞泵另一端的泵体，取下缸体端面的配油盘 3，小心地从泵壳中取出缸体。

拆除变量机构两端盖螺栓并取下端盖，拉出伺服滑阀，取出差动活塞。

三、斜盘式轴向柱塞泵的检修

1. 柱塞与滑履的检修

检查柱塞时，若发现其圆柱表面有磨损的痕迹、腐蚀的锈斑等，可用绸布加机油对圆柱表面进行擦抹，以消除表面的损伤。

检查中若发现柱塞圆柱表面上的圆环形润滑油槽被填堵，可用划针将其清除。

检查柱塞与滑履的连接是否牢固灵活，检查滑履平面上的静压支承凹坑是否磨平，以确保滑履的静压支承和润滑。

检查滑履上油孔是否堵塞，若堵塞可用通针将其疏通。

检查滑履的摩擦表面，若发现有磨损的划痕，可将其在平板上进行研磨，消除损伤。

2. 缸体的检修

检查缸体与配油盘贴合端面是否有沟槽、划痕等,若有可用油石、细砂纸进行打磨,以消除缸体端面的损伤即可。

3. 配油盘的检修

配油盘的结构如图 4-6 所示。其检修内容如下:

(1)检查配油盘配合端面,若发现有擦伤、划痕等损伤,可将配油盘在平板上进行研磨消除即可。

(2)检查配油盘阻尼孔(或三角沟槽)是否堵塞,若有堵塞,可用通针将其疏通。

(3)检查配油盘密封区盲孔是否被脏物填塞,若有,则用划针清除即可。

4. 斜盘的检修

检查斜盘的摩擦平面,若发现有擦伤、划痕、腐蚀的锈斑等,可将斜盘在平板上进行研磨,以消除其损伤。

5. 变量机构部件的检修

检查差动活塞和伺服滑阀,若发现圆柱表面上有擦伤,可采用帆布加滑油进行擦抹,以消除损伤。

检查差动活塞上的油道是否堵塞,若有堵塞,可用铁丝或钢丝将其疏通,以保证差动活塞的正常运动。

四、柱塞泵的装复

变量机构的装复:将销轴 15 装入差动活塞的销孔中,在差动活塞和变量机构壳体孔内涂抹滑油,将差动活塞装入变量机构壳体孔中;在伺服滑阀 11 及其滑阀孔内涂抹滑油,再将滑阀连同拉杆装入差动活塞孔中;装好变量机构两端的端盖,装上螺栓并旋紧;最后将斜盘背面叉口对准销轴插入,并使斜盘耳轴落入耳轴轴承内。

将缸体小心装入泵壳并置于滚珠轴承中,将配油盘装于泵轴上并定位于泵体的定位销钉处,连同泵体将泵轴对准缸体中心孔装入,并特别注意泵壳与泵体对应记号,装上泵壳与泵体的连接螺栓,按螺栓拧紧的方法将其拧紧。

在缸体的另一端,将定心弹簧装入缸体中心孔内,装入内套和钢珠;将所有柱塞装在回程盘孔中,然后将柱塞一一对应装入缸体孔中,并将回程盘上的凹坑压紧在钢珠上。

将已经装配好的变量机构对正泵壳端面,按对应记号装入泵壳端面,装上螺栓拧紧。

第五节 液压阀件的拆装与检修

液压系统由动力元件、控制元件、执行元件和辅助元件构成。液压阀件属于控制元件,是构成液压系统的重要设备。构成液压系统的液压阀件种类复杂、繁多,下面就以溢流阀、换向阀、节流阀等为例说明液压阀件的拆装与检修。

一、溢流阀的检修

溢流阀的种类较多，结构大同小异，下面以先导式溢流阀为例，说明其结构、拆装过程和检修工艺，如图 4-15 所示。

1. 先导式溢流阀的结构

先导式溢流阀的结构和主要组成部件如图 4-15 所示。该阀由先导阀和主阀两部分组成，先导阀实际上是一个小流量直动式溢流阀，其锥形导阀芯 1 在调压弹簧 9 的作用下紧压在导阀座 2 上。转动调压手轮 11，通过调压螺钉 10，可以调节液压系统的工作压力。主阀芯 6 的下部锥形阀面与主阀座 7 相配合，中部圆柱面（又称平衡活塞）与主阀体 4 相配合，上部圆柱面与导阀体（又称主阀盖）3 相配合，此三处均起密封作用。主弹簧 8 作用在主阀芯的上方，将主阀芯压向主阀座 7。主阀芯平衡活塞与主阀体 4 和主阀体盖构成的油腔，通过油道 a 与导阀锥面相通。

2. 溢流阀的拆卸

如图 4-15 所示，将溢流阀夹在虎钳上，用内六角扳手拧松并取出导阀体 3 与主阀体 4 的连接螺栓，取下导阀体，取出主阀弹簧 8 和主阀芯 6 并置于钳台毛巾上。从虎钳上取下主阀体置于钳台上，再将导阀体夹在虎钳上，旋下导阀体右侧端盖，取出调压弹簧 9 和导阀芯 1 放在钳台毛巾上，取下导阀体放在钳台上，拆卸工作就完成了。

3. 溢流阀的检修

（1）主阀芯与主阀座的检修

检查主阀芯外圆柱密封面与主阀体内孔表面有无划痕、擦伤、腐蚀斑点等轻微的损伤，若有，可用细砂纸进行打磨，以消除损伤。

检查主阀芯与主阀座密封面的磨损情况时，若发现有划痕、腐蚀斑点等损伤，可采用将主阀芯与主阀座的密封面进行相互研磨的方法，以消除损伤，保证密封。

检查主阀芯上阻尼孔是否堵塞，若有堵塞，可用通针将其疏通。

（2）导阀与导阀座的检修

检查导阀与导阀座的密封面时，若发现因磨损的划痕、腐蚀斑点造成密封不严而发生漏泄，可对导阀与导阀座之间进行研磨，以消除损伤而避免漏泄。

（3）主阀弹簧与调压弹簧的检修

对主弹簧和调节弹簧进行检查时，若发现弹簧断裂、有裂纹或弹簧性减弱，应换新弹簧。

（4）密封垫片的更换

拆检溢流阀，在装配时，主阀体与导阀体之间的垫片均需要换新。

4. 溢流阀的装配

导阀的组装：把修理合格的零件清洁干净，将导阀体夹在虎钳上，小心把导阀装入导阀体中，再装入调节弹簧，最后再装入导阀盖并旋紧，将组装完毕的导阀从虎钳上取下。

将主阀体夹在虎钳上，小心装入主阀芯，装上主阀弹簧。将新的垫片清洁干净，并把垫片装在主阀体的密封面上，再将组装好的导阀体按对应记号装入主阀体上，装入紧固螺栓并拧紧。

二、换向阀的检修

换向阀的种类繁多,结构大同小异,下面以三位四通电磁换向阀为例,说明其结构、拆卸过程和检修工艺,如图 4-11 所示。

1. 三位四通电磁换向阀的结构

三位四通电磁换向阀的结构和主要部件如图 4-11 所示。阀体 1 内除有阀孔外还有三条沉割槽,中间为进油腔 P,其左右相邻的是出油腔 A 和 B,两端还有两个相互连通的回油腔 T。阀芯 3 上有两段大圆柱面,在此两段圆柱面上均铣有几道圆周方向细小的均压槽。阀芯装于阀体之中并处于中间位置时,阀体内形成了几个密闭空间。电磁铁 2 紧固于阀体两端,弹簧 4 的弹力作用于阀芯两端并在无外力作用下使阀芯处于中间位置,电磁铁的推杆 5 顶在阀芯的两端。

2. 三位四通电磁换向阀的拆卸

将三位四通电磁换向阀置于拆装钳台上,拆除换向阀两端的连接螺钉,拆除两端电磁铁,取下弹簧、弹簧座、推杆,然后小心将阀芯从阀体中取出。

3. 三位四通电磁换向阀的检修

(1)三位四通电磁换向阀阀芯的检修

检查三位四通电磁换向阀阀芯的大圆柱表面以及阀孔内表面,若发现有轻微的拉痕、腐蚀麻点等损伤,可采用帆布加上机油对表面进行擦抹,以消除损伤。若发现阀芯的大圆柱表面上的均压槽被填塞,可用划针将其疏通。

(2)电磁铁的检修

电磁铁 2 存在剩磁会严重影响电磁阀的工作,用电磁铁吸附铁磁粉,若能吸住铁磁粉,则说明电磁铁存在剩磁。其处理方法是将电磁铁进行加热以消除剩磁,以恢复电磁阀的正常工作性能。

(3)电磁线圈的检修

电磁线圈断路的检查,其方法是对线圈通电,用手感知,若无温热或用锯条感知无吸力,则判断线圈断路。若线圈断路是属于接线与接线柱虚焊或是接线脱焊,则将断线焊接于接线柱上即可。若线圈断路是属于绕线断裂,则重新绕制线圈或更换线圈。

(4)推杆的检修

检查推杆 5 是否有弯曲变形,若有则可采用校直离心泵泵轴的方法进行校直。

(5)推杆密封圈的更换

经拆检后的电磁阀,其推杆密封圈应更换,在更换密封圈时,应检查密封圈在推杆上的箍紧力是否适宜。若未箍紧,则会漏泄;若箍紧力过大,推杆在密封圈处的阻力非常很大,使阀芯推动困难甚至不能推动。

4. 三位四通电磁换向阀的装复

把已经修理合格的各零件清洁干净并用压缩空气吹干,在阀体内孔与阀芯大圆柱外表面抹上滑油,小心将阀芯装入阀体孔内。将检查好的密封圈装于推杆上,装上对中弹簧和弹簧座。再将电磁铁装在阀体端面,拧紧连接螺栓即可。

三、节流阀的检修

节流阀是用于控制液压系统流量大小、执行元件动作快慢的控制元件。节流阀的种类较多,下面以 L 形节流阀为例,说明其结构、拆装过程和检修工艺,如图 14-5 所示。

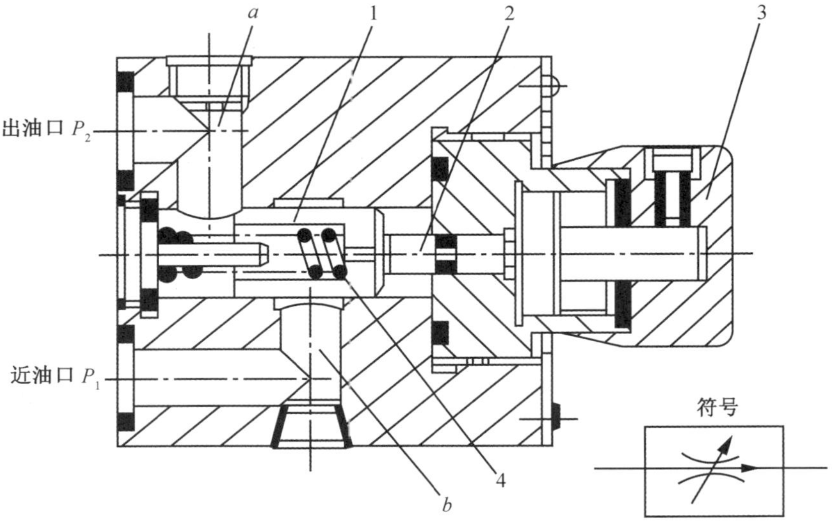

图 14-5 L 形节流阀结构图

1—阀芯;2—推杆;3—调节旋钮;4—弹簧

1. 节流阀的结构

节流阀的结构和主要部件如图 14-5 所示。它主要由有进出油通道的阀体、轴向三角沟槽节流口的阀芯 1、推杆 2、弹簧 4 和调节旋钮 3 等部件组成。阀芯装于阀体内,弹簧力将阀芯推向右端并顶在推杆端面,转动调节旋钮 3 就可以改变阀芯与阀体的相对位置,从而改变阀芯与阀体间节流口开度的大小。

2. 节流阀的拆卸

拧松调节旋钮的定位螺钉,取下旋钮帽;拆除阀体端盖螺钉,取下端盖和推杆 2。拧下阀体另一端的旋塞,取出弹簧座和弹簧,然后小心取出阀芯,拆卸工作即完成。

3. 节流阀的检修

(1)节流阀阀体和阀芯的检修

检查阀体孔和阀芯外圆柱表面,若发现有划痕、腐蚀麻点等,可采用帆布和机油擦抹其表面,以消除表面的损伤。

检查阀芯轴向三角沟槽,若三角沟槽被填塞,可用划针将其堵塞的杂物清除,以保证节流口的流通量。

(2)节流阀弹簧的检查

检查节流阀弹簧,若发现弹簧断裂、弹簧变弱,则更换弹簧。

(3)节流阀垫片的更换

每次拆检节流阀后,节流阀所用的垫片均要换新。

4. 节流阀的装复

把各零件清洁干净并用压缩空气吹干,在阀体内孔与阀芯大圆柱外表面抹上滑油,小心将阀芯装入阀体孔内。装入推杆和阀端盖,旋上螺钉并拧紧;装上旋钮帽并用螺钉定位。在阀的另一端装入弹簧和弹簧座,再装入旋塞并拧紧。

第六节 活塞式空压机的检修

国家标准规定空压机的气缸、气缸盖、冷却器、气液分离器等承压部件,需要进行 1.5 倍额定工作压力的水压试验;承受盐水或冷却水压力的部件,应进行 1.5p(p 为设计压力)的水压试验,但其试验压力应不小于 0.34 MPa。各种水压试验应历时 30 min 不许渗漏。空压机中修期内,主要零件不应发生影响正常运转的损坏或损伤,各主要间隙不超过允许的极限间隙。

一、活塞式空压机的结构

空压机结构型式较多,如图 3-10 所示为 0.34/30B 型直立式双缸两级压缩活塞式空压机,其结构前面已述,在此不重复。

二、0.34/30B 型活塞式空压机的拆卸

切断空压机电源,关闭空压机与外部联系管路的阀件;拆卸进气管、排气管、冷却器、油水分离器及仪表,拆卸空气滤清器;松开一、二级进、排气阀的压紧接头,取出各级气阀并拆下气缸盖。

如图 3-10 所示,打开曲轴箱道门,取下连杆大端螺母开口销,做好标记。将第一级气缸的活塞盘至上止点,拆下连杆螺栓以及大端下轴承,并从缸体上部取出活塞组件;再盘车至下止点,拆下第二级(高压级)气缸的连杆螺栓以及大端下轴承,并从曲轴箱中取出活塞组件。

活塞组件的拆卸与柴油机类同,在此只介绍高压级活塞环的拆卸与装配的方法。在拆装时,由于活塞与活塞环的直径很小,应特别小心,不能采用一般拆装活塞环的方法。拆装时用 3~4 片 5 mm 左右宽的白铁皮(或铜片),拆卸时将白铁皮从活塞环搭口处一片一片地套入环的内表面,并使铁皮沿活塞的外圆柱面均匀分布,这样就可以把活塞环一道一道地抹出。安装时,采用与拆卸同样的方法,将活塞环一道一道地装入相应的环槽内。

三、0.34/30B 型活塞式空压机气阀检修

1. 活塞与活塞环的检修

活塞与活塞环的检修,类同于柴油机活塞与活塞环的检修,在此不述。

2. 空压机气阀的检修

(1)气阀阀座的检修

阀座用于支承阀片，其上开有由阀片控制开关的气流通道，要求阀座与阀片的气密性好，阀座常采用铜合金耐冲击的材料制造。阀座的损伤形式主要包括变形、划痕或擦伤、气流通道堵塞等。

①阀座变形的检修。气阀拆卸后，检查阀座时，将其置于平板上，观察整个阀座平面与平板是否均贴合，若发现有变形，则更换阀座。

②阀座密封面的检修。气阀拆卸后，检查阀座密封面时，若发现密封面上有擦伤或划痕，则应将阀座密封面在平板上进行“8”字形研磨，以消除损伤。

③阀座气流通道的检修。气阀拆卸后，检查阀座气流通道时，若发现气流通道有堵塞，可用通针或铁钉将其疏通。

(2)气阀阀片的检修

阀片用于开、关气流通，它是空压机最重要的零件和易损件。阀片的受力情况复杂，一般采用强度高、韧性好、耐磨和耐腐蚀的合金钢材料制造；要求阀片与阀座气密性好、配合面光滑平整和无伤痕。阀片的损伤形式主要有翘曲变形、磨损、擦伤、腐蚀等。

①阀片翘曲变形的检修。气阀拆卸后，将阀片置于平板上，观察阀片圆周方向与平板的贴合情况，若阀片与平板均匀贴合或用 0.03 mm 的塞尺片不能插入，则可用；若用 0.03 mm 的塞尺片能插入，说明阀片已经发生较大的翘曲变形，则应换新。

②阀片磨损、擦伤、腐蚀的检修。检查阀片工作面，若发现有轻微的磨损、擦伤或腐蚀的斑点，可将阀片在平板上进行“8”字研磨，以消除损伤。

检查阀片工作面，若发现有较深的划痕，但强度满足使用要求的情况下，可将阀片换面后研磨使用；若强度不能满足要求，则阀片应换新。

(3)气阀弹簧的检查与更换

气阀弹簧的作用是使气阀关闭及时并使阀片与阀座紧密贴合，缓冲阀片与升程限制器的冲击。要求气阀弹簧的弹性软硬适宜，若弹簧弹力太硬，则阀开启迟滞，阻力损失和阀片对阀座的冲击均大；若弹簧弹力太软阀关闭不及时，空气回流，排气量降低，而且阀片与阀座冲击将更大。

①检查弹簧力。将其置于平板上，先测量弹簧的自由高度，然后连续按压几次，再测量其高度，计算变形量若小于 0.5%，则合格；否则换新。

②灵活性检查。将组装好的气阀，用细竹签从阀座孔伸入，反复顶压阀片，松手后阀片能快速落座，说明阀片启闭灵活、自如、无卡阻，即灵活性检查合格。

③牢固性检查。组装吸气阀时，连接件紧固后并装上开口销即为合格。对排气阀，在气阀的连接螺栓处必须要安装弹簧垫圈，以防螺栓松动。

四、空压机的装复

(1)将需要装复的组件、部件表面进行彻底清洁。

(2)将低压缸曲轴转到上止点位置，在曲柄销和缸壁上涂抹润滑油，然后把组装好的低压缸活塞连杆组件吊入气缸内，活塞环搭口互相错开 180°，装上连杆大端下轴承盖，连杆螺栓，按规定上紧螺母并装上开口销。

(3)把高压缸曲轴转到下止点位置,将高压缸活塞连杆组件从曲轴箱装入高压缸的气缸中,装好下轴承盖并按规定上紧螺栓。

(4)盘车数圈,检查空压机转动是否灵活,装上曲轴箱道门。

(5)检查气缸中有无异物,装上缸盖,将气阀装入缸盖阀窝中,装好缸盖附件与连接管路。

(6)接好电源线,检查转向是否正确。

第七节 分油机的检修

一、分油机的结构

分油机结构型式较多,在此以国产 DZY-30 型半自动排渣分油机为例说明其检修内容。其结构前面已述,如图 7-5 所示。

二、DZY-30 型分油机的拆卸

1. 准备工作

准备好拆装用的专用工具、油盆和物料;切断分油机控制箱电源,并挂上“严禁合闸”警示牌;关闭所有与分油机连接管路上的截止阀。

2. 打开集油器

脱开分油机本体上的制动器,拧松并脱开集油器 9 上的手轮压块 8,抬起集油器 9 并将其锁定。

3. 固定分离筒

如图 7-6 所示,用手转动分离筒 1,使其上的标记与止动器对正,将止动器旋入分离筒外表面的凹坑中,以固定分离筒 1 并便于拆卸。

4. 拆卸重力环

如图 14-6 所示,用专用工具拧松重力锁环 12(注意左旋螺纹),取下重力锁环 12 和重力环 14;再将重力锁环 12 安上并旋紧,以便于拆卸分离筒盖。

5. 拆卸分离筒盖

如图 7-6、图 14-7 所示,用专用工具旋松并取下主锁紧环 8(大螺母,左旋螺纹),取下分离筒盖 7。

6. 拆卸分离盘架

如图 14-8 所示,用专用工具旋入盘架中心孔中,连同分离盘一起吊出盘架。

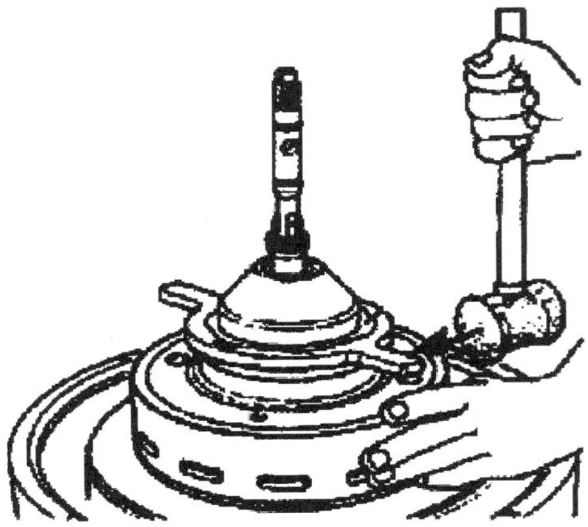

图 14-6　拆卸重力环锁紧环图

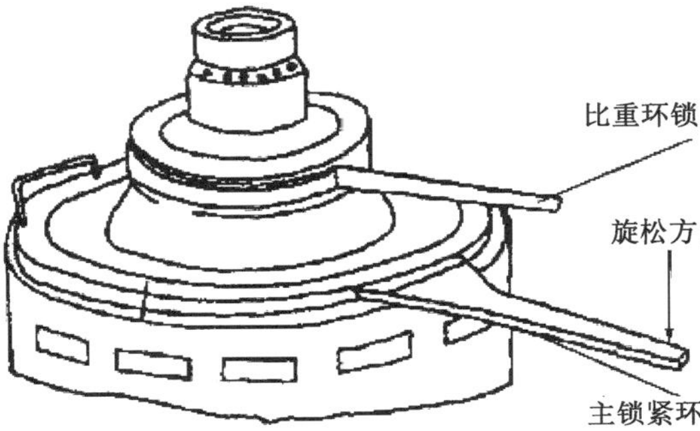

图 14-7　拆卸主锁紧环图

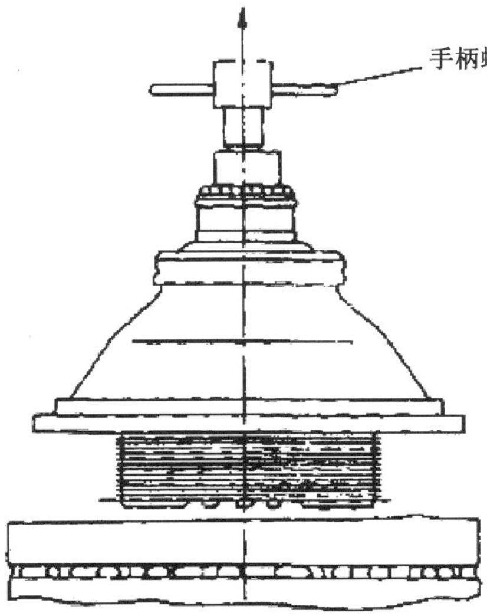

图 14-8　拆卸分离盘架图

7. **拆卸分离筒底**

拆下立轴螺母,如图 14-9 所示。在立轴孔中旋入定中螺塞,再装上组合拉模,转动拉杆,拉出分离筒底,如图 14-10 所示。

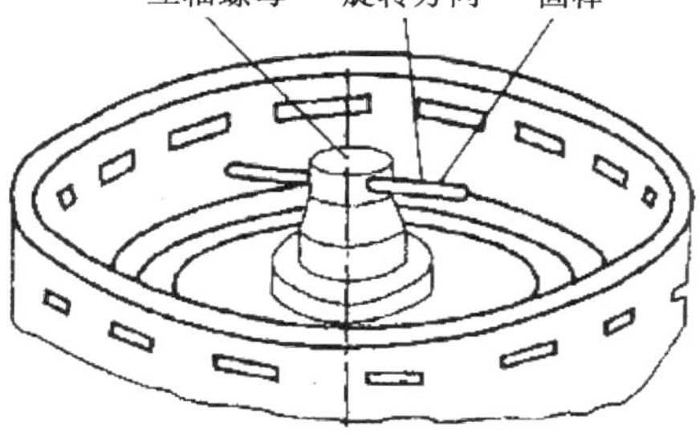

图 14-9 拆卸立轴螺母图

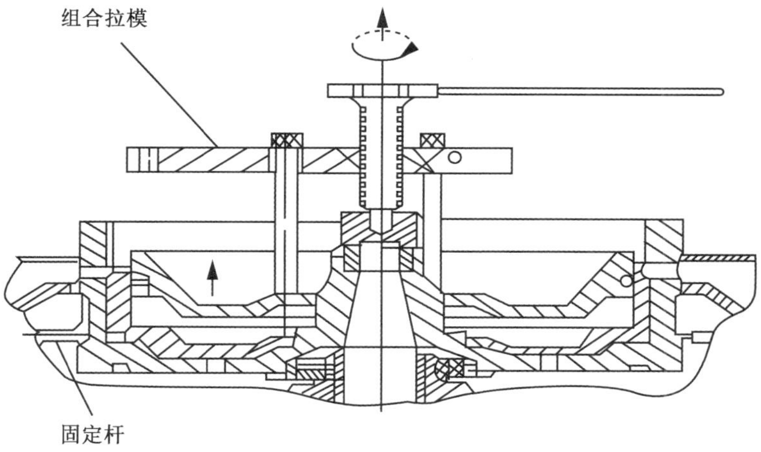

图 14-10 拆卸分离筒底图

8. **拆卸活塞**

与拆卸分离筒底方法相近。

9. **拆卸分离筒本体**

旋出止动器,用专用工具吊出分离筒本体。

10. **拆卸配水盘**

根据不同配水盘安装方式,采用相应的方法进行拆卸。

三、分油机的检修

1. **分油机内结垢的检修**

如图 7-7 所示,在分油机内部有许多水流通道,长时间工作后,会造成水道结垢,如配水盘、分流挡板通道、分离筒底部、活塞底部等部位均易结垢。若结垢较少,可采用竹块或木块刮铲,不可用硬质工具刮铲;若结垢严重,应用化学药剂浸泡后,再进行清洗。

2. 孔道堵塞的检修

如图 7-6 和图 7-7 所示，在分油机内有许多水流通道和泄水孔，如水流通道 a、b、e、f，泄水孔 c、d 等。分油机长期工作，容易造成结垢或杂质而堵塞，若发现有堵塞现象，应将其疏通。特别是泄水孔 d，若堵塞，一定要将其疏通，否则分离机在进行密封工作时较困难或不能进行。

3. 密封元件的检修

如图 7-6 所示，在活塞外表面与分离筒本体内表面之间、活塞内表面与分离筒底外表面之间设有橡皮环衬簧 19 和 20，活塞顶部与分离筒盖之间设有主密封环 6。检查以上密封元件时，若发现磨损严重或老化则换新。

4. 分油机定位元件的检修

如图 7-6 所示，分油机在分离筒本体 1 与分离筒底之间、分离筒底与分离盘架之间设有定位销钉；在分离筒内表面与分离筒盖之间设有定位销块。

检查定位销钉时，若发现定位销钉弯曲，可将销钉取下，在平板上进行校直后继续使用；若发现销钉头部翻边，可采用锉削后继续使用。

检查分离筒内表面上的定位销块时，若发现销块脱落，重新装上销块即可；若发现销块损坏，则换新。

5. 分油机腐蚀检修

分油机许多部件均会与水接触，容易造成各部件腐蚀或锈蚀。检查时，若发现部件上有腐蚀或锈蚀斑点，可采用油石、砂纸等物料进行打磨，以消除损伤即可。

6. 分油机摩擦部件的检修

分油机的摩擦部件较多，但容易造成磨损破坏的部件主要是摩擦联轴器和制动器两个部件，现主要针对此两个部件加以说明。

（1）摩擦联轴器

对分油机摩擦联轴器检查时，若发现摩擦片坚固螺栓松动，用螺丝刀拧紧螺栓即可；若发现摩擦片磨损严重或基本磨损殆尽，则更换新摩擦片；若发现摩擦片浸油，摩擦筒内表面有油或油脂，首先是将摩擦筒内表面的油或油脂清洁干净，同时更换已经浸油的摩擦片。

（2）制动器

使用制动器时，使用不当会造成制动器快速磨损。在对制动器进行检查时，若发现摩擦片磨损严重或基本磨损殆尽，则更换新摩擦片。

四、分油机的装复

1. 配水装置的装复

先安装导水座，安装相应密封元件，并注意与密封水管和开启水管的连接；后安装配水盘并注意检查密封元件是否安装正确，上紧螺钉时不可用力太猛，防止螺钉损坏。

2. 分离筒本体及附件安装

如图 14-11 所示，清洁干净分离筒本体 1 的底面，并用压缩空气吹通分流挡板上的小孔，适当涂抹润滑油；装上新密封圈（若有的话），装复分流挡板，上紧紧固螺钉。切忌用榔头等工具将分流挡板硬性敲入。

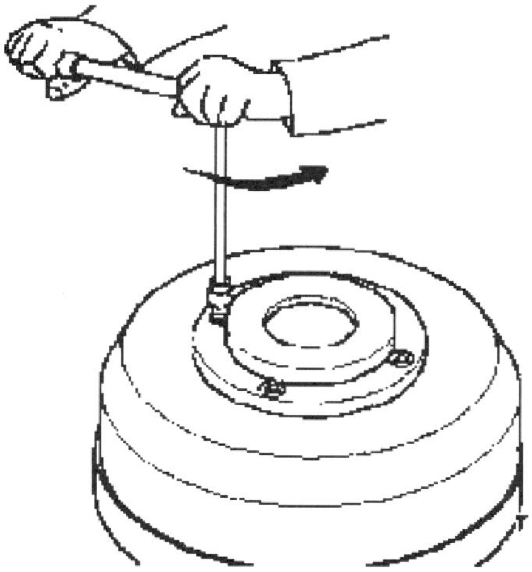

图 14-11 拆卸分离筒底

清洁干净分离筒本体 1 后，用专用工具吊起分离筒本体 1 并装复。

3. 装复分离筒内部件

清洁干净分离筒本体 1 内表面并涂抹少量润滑油；清洁干净活塞 2 外表面，将橡皮环 3 装入环槽内，特别注意橡皮环不能扭曲并涂抹少许润滑油；用专用工具将活塞 2 吊入分离筒内并小心装入，如图 7-6 所示。

清洁干净活塞 2 内表面，涂抹少许润滑油；清洁干净分离筒底，在环槽中装入新橡皮环 4，注意防止橡皮环扭曲并涂抹少许润滑油；用专用工具将分离筒底吊入，并对准底部的定位销钉，小心将分离筒底装入定位。

将清洁干净的分离盘按顺序装入分离盘架上，清洁干净分离筒底内表面，用专用工具吊起分离盘架，对准分离筒底上的定位销钉，小心将分离盘架装入并定位于分离筒底上。

将分水颈盖按标记装入分享盘架上。

4. 装复分离筒盖

首先将止动器重新放入分离筒本体外表面的凹坑中，使分离筒止动。再将已经更换新密封环 6 的分离筒盖用专用工具吊起，对准分离筒本体内表面上的定位销块，小心将分离筒盖装入并定位；装上主锁紧环 8（大螺母，左旋螺纹），旋紧至主锁紧环 8 与分离筒本体上的记号对正为止。

5. 装复重力环

在分离筒盖固紧后，旋下重力锁环 12（注意是左旋螺纹），换新顶密封环 13，盖上重力环，重新旋上重力锁环并拧紧。

6. 使分油机处于工作状态

放出止动器并将其锁紧，脱开制动器，用手转动分离筒，检查有无卡阻，若转动灵活，脱开防翻转扣，盖上集油器，旋紧手轮压块 8 即可。

参考文献

[1]刘德宽. 船舶辅机. 大连:大连海事大学出版社,2016.
[2]费千. 船舶辅机和电气. 大连:大连海事大学出版社,2011.
[3]陈立军. 船舶辅机. 大连:大连海事大学出版社,2007.
[4]潘新祥. 船舶辅机. 大连:大连海事大学出版社,2012.
[5]林凌海. 船舶辅机和电气. 大连:大连海事大学出版社,2011.
[6]刘转照. 动力设备拆装与操作. 大连:大连海事大学出版社,2011.
[7]吕凤明. 动力设备拆装与操作. 大连:大连海事大学出版社,2009.
[8]王宝军. 本港海船船员培训教材同步辅导:轮机员. 大连:大连海事大学出版社,2014.
[9]何宏康. 船舶动力装置拆检与操作. 北京:人民交通出版社,2019.
[10]中华人民共和国海事局. 内河船舶垃圾管理计划,2018.
[11]中华人民共和国海事局. 内河船舶垃圾公告牌,2018.
[12]中国船级社. 钢质内河船舶建造规范,2016.